KB247380

인류의 가장 오래된 상상력의 역사

신화로 보는 세계사

인류의 가장 오래된 상상력의 역사

신화로 보는 세계사

인류의 가장 오래된 상상력의 역사

신화로 보는 세계사

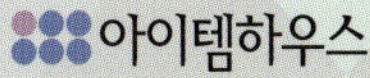

아이템하우스

신화, 인류 문명의 원형을 찾아서

신화는 인간이 역사를 만들어 가던 시기보다 훨씬 더 오래전, 불가사의와 위험, 그리고 경이로 가득했던 태곳적 시대로부터 시작되었다.

《신화로 보는 세계사》는 5대양 6대주의 20여 개 신화를 아우르는 전 세계 신화 문명 서사시이다. 척박한 자연환경 속에서의 생존과 초인적인 존재에 대한 공포와 숭앙을 담고 있는 신화는, 같은 듯 다른 저마다의 결말과 뿌리로 역사가 말하지 못하는 신비한 영역을 상상하게 한다.

아시아에서는 메소포타미아, 이집트, 페르시아, 인도, 중국, 일본, 태국, 베트남, 필리핀, 몽골, 티베트의 신화가 창세 신화와 영웅 서사시, 자연 신화, 홍수 신화로 독특한 상상의 나래를 펼친다. 유럽에서는 그리스와 발트해, 슬라브, 켈트, 핀란드, 북유럽의 영롱한 미지의 세계가 영웅과 신들의 전설 속 보검으로 맞부딪치며 상징과 서사의 파노라마를 거침없이 펼쳐낸다. 아프리카에서는 줄루족, 도곤족, 폰족, 거인족 등 대륙의 정글과 밀림을 헤집고 다니던 용사들의 거칠 것 없는 모험과 동물신, 곡물신의 기묘한 신화가 태곳적 아프리카의 신비를 그대로 전해준다. 아메리카 원주민들의 신화를 통해서는 인디언과 마야인, 잉카인, 에스키모가 자연과 더불어 살고자 했던 순수한 꿈을 우주와 교감하는 오색찬란한 세계 속에서 생생하게 만나볼 수 있다.

우리가 흔히 어떤 민족이나 부족의 불가사의한 이야기를 '신화'라고 부르지만, 이는 해당 부족민에게는 신성한 종교일 수 있다. 신화는 대개 천지창조에 관한 이야기이며, 세계의 기원과 신들의 탄생, 그리고 인류의 탄생을 설명한다. 예컨대 북유럽 사람들은 토르가 망치를 던져서 천둥과 번개가 친다고 믿었다.

창조 신화와 성격은 유사하지만 그 목적이 다른 신화는 바로 사회나 국가의 성립을 설명하는 '건국 신화'이다. 건국 신화에는 시조가 신의 직계 자손이라는 우월 의식이 깔려 있는 경우가 많다. 이집트 신화에 대한 이해 없이 이집트의 역사와 문화를 이해하는 것은 불가능하다. 대부분의 고대 문명(이집트, 중국, 메소포타미아 등)은 종교와 국가가 하나인 신권정치를 펼쳤는데, 그러기 위해서는 건국 신화가 필수적이었다. 유럽 문명을 탄생시킨 로마에서도, 섬나라만의 독특한 세계를 영위해야 했던 일본에도 각자의 건국 신화가 필요했다.

이 책에는 신화가 발생한 지역의 자연적, 우주론적 상황에 따라 각기 다른 창조 신화가 존재한다. 인도에는 신의 초월적 영성을 중요시하는 베다 창조 신화가, 중국에는 중국인의 정신세계가 잘 반영된 반고 신화가, 북구에는 열악한 자연조건을 극복하기 위한 천지창조 신화가, 아메리카 마야인에게는 우주와 교감하는 마야 창조 신화가, 아프리카 거인족에게는 자연과 더불어 살아가는 원주민의 창조 신화가 각각 그들만의 생존 방식과 문화를 담고 있다.

독자들이 신화의 세계에 열광하며 흥미로운 모험의 여정에 빠져드는 것은 인간으로서는 할 수 없는 대담하고 신비로운 무용담을 펼치는 영웅들의 대서사시 때문이다. 요즘 젊은 독자들 사이에서 선풍적인 사랑을 받고 있는 북유럽 신화 속 영웅들, 어마어마한 망치를 휘두르며 인간적인 모습을 보여주는 토르의 대활약이나 험담꾼 로키의 미워할 수 없는 매력은 살아 숨 쉬는 캐릭터의 변화무쌍한 모험 활극을 선사한다.

영웅 서사 신화가 어느 신화에나 어김없이 등장하는 이유는 신들의 존엄과 초월적 능력을 과시하기에 영웅 활극만큼 훌륭한 이야기의 힘도 드물기 때문이다. 메소포타미아 신화에는 길가메시와 이슈타르 여신, 마르두크가 대활극을 펼치고, 이집트 신화에서는 마트 여신이 무대를 누빈다.

하지만 이 모든 영웅들보다 우리의 뇌리에 가장 선명하게 박힌 영웅을 꼽자면 그리스 신화의 헤라클레스와 페르세우스를 들 수 있을 것이다. 여기에 중세 기사도로 유명한 쿠훌린과 핀 막 쿨, 메브 여왕의 세상을 뒤흔든 무용담은 아일랜드의 한 수도원에서 쓰인 《침략의 서》, 《얼스터 전설》, 《페니언 전설》, 《마비노기온》 등 네 권의 신화 모음집 덕분에 오늘날까지 우리에게 전해질 수 있었다.

신화에는 수만 년 전 인간 앞에 주어졌던 이해할 수 없는 자연의 모든 현상들을 신과 여신, 영웅의 이야기로 투사해 해결하고자 했던 불완전한 존재의 간절한 바람이 담겨 있다. 그 이야기 속에서 우리가 과학적으로 규명한 지금의 자연현상은 그 당시에는 공포와 혼돈의 무서운 괴담이기도 했을 것이다. 그래서 그때 사람들은 천둥과 지진, 계절 변화, 비, 일식과 월식에 모두 신이 개입했다고 생각했다.

인간의 한계와 초월의 세계가 고스란히 담겨 있는 신화의 역사는 문명의 역사와 함께 손을 잡고 나란히 나아갔다. 그 신화를 만들었던 이집트, 메소포타미아, 중국, 그리스, 인도 등의 고대 문명은 인류 문명 발전의 중요한 변곡점이 된 바퀴, 역

법, 문자, 청동, 유리, 화약, 종이, 맥주 등을 만들어 냈다. 그리고 바로 그 옛사람들이 신화도 '발명'하여 그들의 문명과 함께 나아가게 했다. 옛날의 전설은 아직도 우리의 삶에 언어, 꿈, 예술, 문학, 심리, 역사, 종교로 살아남아 큰 영향력을 행사하고 있다.

이제 우리는 현대라는 신화의 세계에서 우리의 영혼에 깃들어 있는 신과 인간의 까마득한 서사의 세계를 찾아 나만의 길가메시 여정을 떠나볼 시점에 이르렀다. 이 책과 함께 마음껏 신비의 세계를 탐험하는 눈부신 여정을 기원한다.

차례

00 머리글 ·· 006

1 메소포타미아 문명의 신화

01 수메르 신화 ··· 016

02 홍수 신화 ·· 020

03 길가메시 신화 ··· 023

04 오리엔트의 여신 이슈타르 ··· 031

05 티아마트와 마르두크 신화 ··· 034

2 이집트 문명의 신화

06 이집트 창세 신화 ··· 038

07 마트 여신의 깃털 ··· 040

08 천공을 떠받치는 누트 여신 ··· 042

09 오시리스 신화 ··· 045

10 호루스 신화 ··· 051

11 하토르와 세크메트 ·· 054

12 저승의 신 토트와 아누비스 ··· 057

3 페르시아 문명의 신화

13 바루나와 미트라 ··· 062

14 페르시아 창세 신화 ·· 065

15 로스탐의 칠난도 ··· 068

16 파리둔과 자하크 ··· 074

17 키루스 대제 신화 ··· 078

4 인도 문명의 신화

18 베다 창조 신화 ·· 084

19 전쟁의 신 인드라 ··· 089

20 물의 신 바루나 ·· 093

21 브라만교 창조 신화 ·· 095

22 힌두교 신화 ··· 100

23 비슈누와 불사의 감로수 ·· 102

24 비슈누의 아바타라 ··· 108

25 시바와 사티 ··· 114

26 가네샤 탄생 신화 ··· 121

5 중국 문명의 신화

27 반고 창조 신화 ·· 126

28 인간을 창조한 여와 ·· 128

29 복희와 여와 ··· 130

30 삼황오제 ·· 137

31 치우 신화 ··· 140

32 예(羿) 신화 ··· 144

6 헤브라이 문명의 신화

33 바알 신화 ··· 150

34 바알과 아나트 ·· 153

35 하늘의 활 ··· 155

36 몰렉 신화 ··· 158

37	헤브라이 천지 창조 신화	161
38	인간의 창조와 추방	164
39	유대의 시조 아브라함	167
40	야곱과 라헬	171
41	요셉의 성공기	176
42	아랍 신화의 변천	182

7 북유럽 문명의 신화

43	북구의 천지 창조	190
44	신들의 주신 오딘	193
45	토르의 망치 묠니르	197
46	사랑의 여신 프레이야	201
47	로키의 악담	204
48	신들의 멸망 라그나뢰크	212
49	핀란드 신화의 배이내뫼이넨	216

8 동유럽 · 슬라브 문명의 신화

50	발트 신화	226
51	슬라브 신화	232

9 아메리카 문명의 신화

52	이누이트 신화	242
53	아메리카 인디언의 창세 신화	246
54	아스테카 신화	254

55 마야 창조 신화 ···················· 261

56 마야 달력의 신화 ···················· 266

57 잉카 신화 ···················· 269

10 폴리네시아 문명의 신화

58 마우이 신화 ···················· 276

59 모아이 석상 ···················· 285

60 화산의 여신 펠레 ···················· 289

11 아시아 문명의 신화

61 라마끼안 ···················· 292

62 살아 있는 신 쿠마리 ···················· 301

63 여러 피부색의 신 ···················· 304

64 하이누웰레 신화 ···················· 311

65 락 롱 꾸언과 어우 꺼 ···················· 313

66 곡물 기원 신화 ···················· 318

67 일본 건국 신화 ···················· 323

68 천둥의 검신 타케미카즈치 ···················· 327

69 몽골의 영웅 신화 ···················· 330

70 알랑고아 신화 ···················· 334

12 아프리카 문명의 신화

71 아프리카 부족의 신화 ···················· 342

72 줄루 탄생 신화 ···················· 350

73 요루바 신화 · 354

74 도곤족의 미스터리 신화 · 357

75 폰족 탄생 신화 · 360

76 거인족의 창세 신화 · 363

13 켈트 문명의 신화

77 에린 침략의 서 · 366

78 쿠 훌린 영웅 신화 · 373

79 쿠 훌린과 메브 여왕 · 381

80 쿠 훌린의 최후 · 390

81 아서 왕 신화 · 396

82 니벨룽의 노래 · 401

14 그리스 · 로마 문명의 신화

83 펠라스고이 신화 · 408

84 그리스 창세 신화 · 411

85 신들의 전쟁 · 417

86 프로메테우스 신화 · 423

87 아이네이아스 신화 · 428

88 로물루스 신화 · 435

신화로 보는 세계사

메소포타미아 문명의 신화

오늘날 이라크 지역인 메소포타미아는 인류 최초의 문명 발상지로, 티그리스강과 유프라테스강을 이용한 관개 농업으로 수메르, 아카드, 아시리아, 바빌로니아 문명을 꽃피웠다. 이곳의 신화는 거대한 대홍수와 강의 범람을 주요 모티브로 삼으며, 헤브라이 홍수 신화에 영향을 준 것으로 알려진 《아트라하시스 이야기》 등으로 이어진다. 특히 기원전 7세기 12개 점토 서판에 기록된 《길가메시 신화》는 고대 동양에 널리 퍼진 전설적인 영웅담이며, 수천 년간 왕국들의 흥망성쇠 속에서 싸우는 신, 용을 죽이는 영웅, 사랑의 여신 등 풍부한 상상력으로 가득 찬 이야기를 만들어냈다.

수메르 신화

메소포타미아 신화는 수메르를 비롯한 아카드, 아시리아, 바빌로니아 신화들을 모두 포괄한다. 이 모든 신화들은 세부 내용과 신들의 이름은 다를지라도, 근본적으로 수메르 신화에 그 뿌리를 두고 있다.

대부분의 고대인들처럼 수메르인들은 자연을 두려워하여 자연에 인격을 부여하고 신으로 추앙했다. 수메르의 아버지 신은 '안'으로 두 명의 아내를 거느렸는데, 하나는 심연 혹은 지하수를 관장하는 남무 여신이며 다른 하나는 대지의 여신 '키'였다.

수메르 신의 계보에는 남무를 가리켜 '하늘과 땅을 낳은 어머니'라고 표현한 문자 점토판이 있다. 이 기록을 유추해 보면 남무가 하늘의 안과 대지의 키를 낳은 모친이 아니었을까 하는 설이 있고, '사람들이 범람하는 유프라테스와 티그리스 강이 아닌 지하수로 생명을 이어 간다'는 의미라는 또 하나의 설이 있다.

하늘의 신 안은 대지의 여신 키와의 사이에서 엔릴과 닌후르쌍을 낳았다. 엔릴은 '바람의 주인'이라는 의미이며, 하늘과 땅 사이의 바람 혹은 대기를 의미하는 신이다. 엔릴의 누이인 여신 닌후르쌍은 산기슭 언덕의 여신으로, 산기슭에 위치한 작은 언덕들을 말한다.

그녀는 '모든 자식들의 어머니'라는 칭호를 가졌으며 어머니 신이자 산파 여신인 닌투이기도 하다.

신화의 세계에서 신들은 근친상간도 서슴없이 벌인다. 신들에게는 그것이 죄가 아니며, 힘을 합쳐 새로운 것을 창조하는 생명행위인 것이다. 이를 반영하듯 형제자매간인 엔릴과 닌후르쌍 사이에서 천둥을 의미하는 전쟁 신 닌우르타가 태어났다.

엔릴의 아내는 바람의 여신 닌릴이었다. 그는 처녀 닌릴을 배에 태워 강에 띄우고, 그곳에서 그녀를 범하여 '밝고 외로운 떠돌이' 달의 신 쑤엔을 낳았다. 그 후에 그는 세 사람으로 변장하여 각각 닌릴과 관계를 갖고 기쁨에서 나온 젊은이 네르갈, 긴 측량줄의 주인 닌아주, 강의 감독관인 엔 비루루를 낳았다. 이 셋은 아버지의 권능을 받고 지하로 내려가 저승의 신들이 되었다.

하늘 신 안은 다른 아내인 지하수 여신 남무와의 사이에서 지하수와 연못의 신 엔키를 낳았다. 지하수란 민물과 연못 등을 의미하는 것이기도 했다. 이 엔키는 지혜의 신이기도 했다. 엔키는 담갈눈나를 아내로 맞아 마귀를 쫓는 사제 아쌀루히를 낳았다. 또한 엔키는 양의 수호여신 두투르와 관계를 가져 포도주의 여신 게쉬틴안나와 양치기 두무지(탐무즈)를 낳았다. 두무지는 달의 신 난나의 딸인 금성의 여신 이난나와 결혼하여 부부가 된다.

고대 수메르 신화에서 풍요의 여신 이난나는 양치기 신 두무지의 적극적인 모습에 반해 그와 결혼했다. 처음에는 행복했던 이들의 결혼 생활은 고대 성혼 의례와 풍년 기원의 상징이 되었으나 두무지는 이난나와의 결혼으로 자신의 입지에 변화가 생기며 곧 시련을 맞게 된다.

이후 신들의 아버지인 하늘 신 안은 하늘로 올라가며, 최고 신의 위치는 유지하지만 신들 사회에서의 최고 결정자 역할은 자식들에게 물려준다. 그 후에 최고 신격의 지위는 안의 아들 엔릴에게 돌아갔다.

수메르의 신들 중에 세상의 운명을 결정하는 일곱 명의 고위신이 있었다. 이 일곱 신은 각각 운명을 결정하는 서열이 다 달랐다. 하늘 신 안을 제외한 다른 여섯 신은 각각 수메르의 주요 도시 여섯 곳을 수호하는 신이었다.

인간은 지혜의 신 엔키에게서 태어났다. 그런데 슬프게도 인간은 신들의 노역(勞役)을 대신하기 위해 만들어진 존재였다. 태초에 작은 신들은 먹고살기 위해 직접 일을 해야 했고, 아눈나키라고 불리는 50명의 큰 신들은 작은 신들을 감시하는 존재였다.

작은 신들은 매년 범람하는 유프라테스 강과 티그리스 강의 침적토를 파내고 그곳에서 농사를 지어야 했다. 고된 노역에 지쳐버린 작은 신들은 지혜의 신 엔키를 원망하기 시작했다. 결국 작은 신들은 호미와 흙을 나르는 바구니 따위의 연장들을 부수고 반란을 일으켰다. 반란이 일어나자 엔키는 그의 어머니 남무의 조언을 받아들여 신들의 노역을 대신할 다른 존재를 만들기로 했다.

그는 우선 점토를 빚어 출산의 모신(母神)들을 창조하고, 그녀들과 의논한 끝에 인간을 만들기로 결심한다.

수메르 신화의 삼주신 중 하나인 엔키는 물과 지혜를 관장하는 신이다. 그는 인간 창조에 관여하고 최초의 도시 에리두를 세우는 등 문명에 크게 기여한 중요한 존재이다.

성서에서 여호와가 진흙으로 인간을 빚고, 그리스 신화에서 프로메테우스가 같은 방식으로 인간을 창조했다면, 인류 최초의 문명인 수메르에서는 지혜의 신 엔키가 진흙으로 인간을 빚어냈다. 이는 인류 창조 신화의 오랜 기원을 엿볼 수 있게 하는 중요한 단서가 된다.

진흙으로 빚어 인간을 만들기 위해서는 신의 능력이 서려 있는 '이름 있는 피'가 필요했다. 엔키는 반란을 일으킨 작은 신들의 우두머리 웨일라를 잡아 죽인 후 그 피를 점토와 섞어 인간을 만들었다. 인간(아윌라)이라는 단어는 웨일라의 이름에서 나왔다고 한다.

엔키는 일곱 명의 출산의 여신들의 도움을 받아 인간을 창조한 후 인간들에게 대신 노역을 맡겼다. 이런 하찮은 이유로 창조되었을지라도 인간들은 열심히 노동하고 성과물을 신에게 바쳐야 했다. 이로써 신들은 인간이 바친 제물을 기뻐하고, 엔키는 신들에게 '창조자'라는 의미의 누딤무드라는 칭호를 내려주었다.

홍수 신화

메소포타미아 홍수 신화는 헤브라이 신화보다 오래된 최초의 홍수 신화로, 《길가메시 서사시》 제11서판에 아시리아어판이 실렸다. 1914년 수메르어판 단편이 발견되며 그 오랜 기원이 더욱 명확해졌다.

수메르 신들의 실권자 엔릴은 지상에서 벌어지는 인간들의 난잡한 성행위로 혼혈이 늘기 시작하자 분노했다. 더욱이 일부 신들도 인간들과 가담하여 이런 추잡한 일을 벌이자 엔릴은 더 이상 두고 볼 수 없었다.

엔릴은 지상에 대홍수를 일으켜 인간을 멸종시키고자 자신들은 우주선을 타고 지구 밖으로 나갈 계획을 세웠다. 이 계획은 인간에게 누설되지 않도록 신들에게만 비밀리에 알렸다. 엔릴의 계획에 대부분의 신들은 찬성했으나 인간 창조에 관여한 엔키는 어떻게든 인간을 살리려고 하였다.

엔키는 인간에게 비밀을 직접 누설하면 안 되었기에 자신의 충실한 사제이자 도시의 왕이었던 아트라하시스를 갈대 벽 밖에 세워두고 '갈대 벽'에 혼잣말을 하여 그가 엿듣게 하는 편법으로 홍수가 일어날 것이라는 사실을 알려준다. 동시에 아트라하시스에게 가로, 세로, 높이가 같은 정육면체의 이층 구조인 방주를 만들라고 지시한다.

엔키의 지시를 받은 아트라하시스는 마을 사람들과 함께 방주를 건조하였다. 그리고 마을 사람들과 동원할 수 있는 동물들을 모두 배에 태우고 하늘에서 해가 뜰 때 그 배의 문을 봉했다. 얼마 후 신들이 로켓으로 추정되는 물체를 이용해 우주로 대피하면서 지구에 대홍수가 시작되었다. 홍수는 그날부터 40일간 계속되어 온 세

엔키는 아트라하시스에게 다가올 대홍수를 예고하며 배를 만들도록 지시한다. 윌리엄 블레이크 작품.

상을 물바다로 만들어버렸다. 대홍수의 피해는 워낙 어마어마하고 비참해서 인간을 낳은 산파의 여신 닌후르쌍조차 엔릴의 말에 찬성한 것을 후회하며 오열할 정도였다.

아트라하시스 부부는 맨 처음 비둘기를 날렸으나 비둘기가 다시 돌아와 물이 덜 빠진 것을 알았고, 다음으로 제비를 날렸으나 제비도 다시 돌아와 물이 채 다 빠지지 않은 것을 알았다. 부부는 마지막으로 까마귀를 날려 까마귀가 돌아오지 않자, 드러난 뭍에 배를 정박하고 방주의 동물들 중 하나를 잡아 하늘에 제사를 드렸다. 그러자 비축해 둔 식량이 다 떨어졌는지 굶주림에 시달리던 신들이 주변에 파리 떼처럼 몰려들었다.[수메르 신화에서는 인간이 일을 해서 제사를 바쳐야 신들도 먹고살았다.]

대홍수가 끝나고 우주에서 지구로 돌아온 엔릴은 지상에 살아남은 인간이 있음을 알고 엔키를 추궁한 끝에 그가 비밀의 맹세를 어겼음을 깨닫고 분노한다. 하지만 엔키는 "나는 맹세를 어기지 않았다. 다만 어떤 대단히 현명한 인간이 자신의 감각과 지혜를 통해 스스로 신들의 비밀을 깨달은 것이다. 이제 그의 처우에 대해 상의해 보도록 하자!"는 식의 납득할 만한 달변으로 엔릴을 달랬다. 인간이 없어지면 자기들도 굶는다는 걸 깨달은 신들은 아트라하시스 부부에게 영생을 약속하며 신들의 낙원인 '딜문'에 거처할 권리를 부여했다고 한다.

아카드 판 홍수 신화는 《길가메시 서사시》 제11 서판(書板)의 이야기 중의 에피소드로 나오고 있는데, 1914년에 수메르어판 홍수 신화의 단편이 발견되어 메소포타미아 홍수 신화가 아시리아 홍수 신화보다 기원이 더 오래된 것임이 판명되었다. 이것은 현실적으로 자주 일어났던 티그리스·유프라테스 강 하류 지역의 홍수, 혹은 페르시아만의 해일을 소재로 하고 있는 것으로 생각된다. 특히 메소포타미아 홍수 신화는 헤브라이 홍수 신화보다 더 오래되어 헤브라이 홍수 신화에 영향을 준 것으로 알려졌다. 아시리아어판 《아트라하시스 이야기》도 《구약 성서》〈창세기〉의 노아에 해당하는 주인공에 관련된 홍수 이야기를 다루고 있다.

길가메시 서사시의 아카드어 홍수 석판_1850년대 초, 약 15,000점에 달하는 길가메시 서사시의 아시리아 쐐기문자 조각들이 오스틴 헨리 레이어드와 그의 조수 호르무즈드 라삼, 그리고 W. K. 로프투스 연구팀에 의해 니네베의 아슈르바니팔 도서관에서 발굴되었다.

길가메시 신화

길가메시 신화의 근원은 기원전 7세기, 니네베의 아슈르바니팔 왕궁 서고에서 출토된 12개의 점토 서판에 담겨 있다. 이 서판의 내용이 1862년 영국인 조지 스미스에 의해 세상에 공표되면서 길가메시 신화는 비로소 전 세계에 알려지게 되었다.

우루크는 몸의 3분의 2가 신이고 3분의 1은 인간인 길가메시 왕이 다스리고 있었다. 길가메시 왕은 매우 잘생기고 총명한 데다 엄청난 힘을 가지고 있었다. 그는 늘 세상에서 자신이 가장 강하다는 자만에 빠져 싸움 잘한다는 남자들을 찾아가서 두들겨 패고, 초야권을 발동시켜 결혼하는 처녀들의 첫날밤을 자신이 치르는 등 갖은 악행을 일삼았다. 그의 행패에 백성들은 하늘의 신 아누에게 길가메시를 벌해 달라고 호소했다. 그러자 아누는 신들과 의논을 했는데, 신들은 길가메시가 너무 강해서 반대로 자신들이 당할 수도 있으니 길가메시보다 더 강한 초인을 만들어 벌하고자 했다. 아누는 창조의 여신 아루루에게 초인을 만들 것을 명했다. 이에 아루루는 점토로 초인 엔키두를 만들었다. 엔키두는 강한 괴력을 가지고 있었으며 온몸은 온통 털로 덮여 있었고 여인처럼 긴 머리칼이 소의 몸 같은 그의 신체를 덮고 있었다.

문명화된 땅에 대해서는 아무것도 모르던 엔키두는 동물(야수)들과 같이 풀을 뜯고 물웅덩이 근처에서 살

우루크의 반신반인 왕 길가메시, 불멸을 찾아 나선 영웅.

엔키두는 길가메시의 폭정에 호소하는 백성들을 위해 결투한다.

앞다. 하지만 얼마 안 가 희한한 짐승이 있다는 이야기가 우루크에 퍼졌다.

길가메시는 그 희한한 동물이 신들이 자신을 벌하려고 보낸 녀석이라는 것을 눈치채고 그의 힘을 약화시키기 위해 이슈타르 신전의 무녀 샴하트를 엔키두에게 보내 그를 유혹하게 하였다.

엔키두는 샴하트와 일주일 동안 쉬지 않고 동침하였고, 샴하트는 엔키두와 동침하면서 그의 야수성을 벗겨내었다. 샴하트와 일주일간 쉬지도 않고 관계를 맺은 엔키두가 본래 친구들인 짐승들에게 다가가자 짐승들은 엔키두를 피했다. 이제 엔키두는 짐승들의 말도 알아들을 수 없었으며 예전처럼 그들을 쫓아갈 만큼 잘 달릴 수도 없게 되었다. 하지만 짐승의 탈을 벗자 인간처럼 지혜로워졌다.

우루크에 도착한 엔키두는 백성들의 호소를 듣고 분노하여 길가메시와 결투를 하게 된다. 두 사람의 승부는 판본에 따라 엔키두가 이기기도 하고, 길가메시가 이기기도 하고, 서로 비기기도 하는 등 그 유형이 무척 다양할 정도로 둘의 승부는 치열했다.

하지만 치열하게 싸우면서 서로 교감을 느꼈기 때문인지 둘은 친한 친구가 되었고, 길가메시도 이때부터 마음을 고쳐먹고 백성을 생각하는 좋은 왕이 되었다. 이후 두 영웅은 함께 다니며 많은 영웅담을 남기는데 그중 하나가 훔바바 퇴치이다.

태양신 우투는 엘림 산에 자신의 신전을 짓고 싶었으나 그곳에는 엔릴 신이 삼목을 보호하기 위해 산을 지킬 것을 명한 괴물 훔바바가 있었다. 훔바바는 숲속에서 움직이는 생명체를 보호하거나 잠들게 하는 능력이 있으며, 자신의 눈을 보는 자를 돌로 만드는 마력까지 갖고 있었다. 뿐만 아니라 거대한 체구에 야성적이고 거친 소의 뿔이 있으며 꼬리와 성기는 뱀인 무시무시한 괴물이었다.

태양신 우투는 길가메시라면 훔바바를 퇴치할 수 있을 거라 생각하고 길가메시에게 "우루크의 백성들에게 나무가 필요한데 숲에 괴물이 있으니 가서 괴물을 퇴치하고 나무를 베어오라"고 했다. 그 말을 들은 길가메시는 엘림 산으로 가려고 했지만, 엔키두가 훔바바는 자신이 야수일 때 함께 뛰어놀던 친구라며 그에 대해서 이야기해 주었다.

"친구여, 당신과 나 같은 사람이 어떻게 삼나무 숲속으로 들어간단 말이오? 엔릴 신이 삼나무 숲을 지키려고 사람들을 겁주기 위해서 훔바바를 임명한 거요. 엔릴 신이 일곱 후광이라는 무서운 운명을 그에게 주었단 말이오. 그곳에 가서는 안 되오."

엔키두는 길가메시를 뜯어말렸지만 길가메시는 엔키두와 같이 간다면 훔바바를 이길 수 있을 거라 생각하고 함께 산으로 갔다. 엔키두와 길가메시가 산에 가자 일곱 후광을 두른 훔바바가 나타났다. 그 후광의 힘에 길가메시와 엔키두 역시 벌벌 떨면서 엎드릴 수밖에 없었다.

길가메시와 엔키두는 친구가 된 후 힘을 합쳐 숲의 괴물 훔바바를 퇴치했다.

하지만 이 상황에도 길가메시는 기지를 발휘하여 훔바바에게 "나의 누이와 여동생을 주어 그대를 가족으로 맞이하고 싶으니 후광을 잠시 거두어주게"라고 부탁했다. 이에 훔바바가 잠시 일곱 후광을 거두는 틈을 타 엔키두와 협공하여 순식간에 제압하였다.

훔바바는 목숨만은 살려 달라고 애원했다. 이를 불쌍히 여긴 길가메시는 자비를 베풀까 생각했지만 엔키두가 훔바바를 살려두면 후환이 일어 그가 일곱 후광을 두르고 우리를 공격하면 승산이 없다며 훔바바를 죽일 것을 강력하게 주장했다. 옛 친구의 야속한 말에 화가 난 훔바바는 엔키두에게 욕을 퍼부었고 이에 화가 난 엔키두는 훔바바의 목을 베어버렸다. 이후 그 산에는 우투의 신전이 만들어졌고 훔바바의 죽음에 분노한 엔릴은 일곱 후광을 빼앗아 여기저기에 나누어 주었다.

두 사람의 명성이 하늘에까지 알려지자 풍요의 여신 이슈타르가 길가메시에게 사랑을 고백했다. 하지만 길가메시는 "그대는 나에게 부를 주겠다고 말하면서 그대신 내가 감당할 수 없는 것을 나에게 요구할 것이다. 그대가 먹는 음식과 옷은 여신의 것과 걸맞은 것을, 집은 여왕의 궁전과 같은 것을, 그리고 옷감도 최상의 것을 바랄 것이다. 내가 왜 그대에게 그런 것을 바쳐야 하는가? 그대는 낡아빠진 문짝, 허물어져 가는 엉성한 궁전, 머리에 쓸 수도 없는 터번, 손에 달라붙는 송진과 깨진 항아리, 거기에다 발에 맞지도 않는 헌신짝 같은 한 푼의 가치도 없는 존재가 아닌가"라고 말하면서 매몰차게 여신을 거절했다.

여신의 몸으로 인간에게 차이는 수모를 당한 이슈타르는 아버지인 아누 신에게 자신을 돕지 않으면 지하의 망자들을 내보내 산 자들을 뜯어먹어 세상을 멸망시키겠다고 협박하여 하늘의 황소 구갈안나를 지상에 풀어놓았다. 하늘의 황소는 우루크 땅을 황폐화시키고 백성들을 죽였다. 이에 분노한 길가메시는 엔키두와 함께 구갈안나를 처치하러 나섰다. 먼저 엔키두가 어마어마한 힘으로 구갈안나를 붙잡아 움직이지 못하게 하였고, 그 틈에 길가메시가 황소를 찔러 죽이려고 했다.

아누 신에게 빌린 구갈안나를 두 영웅이 죽이려고 하자 당황한 이슈타르는 어린 신들을 데리고 두 영웅을 말리러 갔다. 하지만 그때는 이미 구갈안나는 죽어 버렸고 엔키두는 "내 친구에게 손끝 하나 대지 못할 것이다"라고 말하며 황소의 넓적다리를 잘라 이슈타르에게 던져 그녀를 모욕했다.

이에 분노한 이슈타르는 신들을 모아 엔릴이 숲의 수호자로 임명한 훔바바와 아누의 소인 구갈안나를 죽인 두 영웅을 벌해야 한다는 회의를 열었다. 하지만 길가메시는 애초에 신들이 어떻게 할 수 없어 엔키두를 보낸 것이었기 때문에 그들을 벌할 방법이 없었다. 그래서 신들은 각고의 회의 끝에 자신들의 피조물인 엔키두를 죽이기로 결정하였다.

결국 엔키두는 병에 걸려 12일에 걸쳐 죽어갔고, 죽어가면서 자신을 인간으로 만든 무녀 샴하트를 저주했다. 하지만 그 말을 들은 태양신 우투가 샴하트가 아니었으면 엔키두는 길가메시와 친구가 되지도 못했을 것이고 지금까지의 영화도 누릴 수 없었을 것이라고 그를 설득했다. 그 말에 엔키두는 자신의 저주를 거두고 길가메시의 품에 안겨서 죽었다. 길가메시는 그의 시체가 썩어 벌레가 나올 때까지 그를 안고 있었다고 한다.

엔키두의 죽음을 목격한 길가메시는 죽음이 두려웠던지 불로불사(영원히 죽지 않고 늙지 않는 삶)를 손에 넣겠다고 결심하고 대홍수에서 살아남은 인류의 조상이자 불사의 존재가 된 우트나피쉬팀을 찾기 위한 여정을 떠난다.

계속해서 길을 가던 길가메시는 이 세상 끝에 존재하는 마슈 산에 다다르게 되었다. 마슈 산에는 두 개의 커다란 문이 있는데, 아침에 동쪽문에서 태양이 떠서 밤에 서쪽 문으로 지게 되는 곳이었으며, 우트나피쉬팀을 만나기 위해서는 반드시 그 문을 지나 태양의 길목으로 들어서야만 했다.

그래도 길가메시에게 다행이었던 것은, 파빌사그는 무턱대고 공격하는 존재가 아니었으며 말이 통하는 상대였기 때문에 서로 대화를 나누게 되

친구 엔키두의 죽음에 절망한 길가메시는 불멸을 찾아 마슈 산에 도착, 그곳을 지키는 반인반전갈 파빌사그에게 문을 열어 달라 간청한다.

었다. 길가메시의 말을 들은 파빌사그는 "지금까지 어느 누구도 우트나피쉬팀이 있는 곳에 가서 돌아온 적이 없었으니 그만두는 것이 좋겠다"라고 말하며 타일렀다. 하지만 길가메시는 용기를 내어 어떤 고난이나 슬픔도 다 견딜 자신이 있으니

걱정하지 말고 문을 열어 달라며 필사적으로 매달렸다. 포기하지 않고 매달리는 길가메시의 끈기를 인정한 파빌사그는 "가라, 길가메시여. 마슈 산을 넘는 것을 허락한다. 산들과 산지를 넘어서 가라! 아무쪼록 너의 두 다리가 무사히 너를 돌아오게 할 것을 빌겠다. 산의 입구는 널 위해 열린다"라고 격려해 주며 문을 열어 주었다. 길가메시는 그 말을 듣고는 암흑 속을 힘차게 나아갔고 마침내 우트나피쉬팀이 살고 있는 행복의 섬에 도착했다.

불로불사의 비법을 알려 달라는 길가메시의 간청에 우트나피쉬팀은 처음에는 당연히 거절하였지만 그가 포기하지 않을 것을 알기에 7일 동안 잠을 자지 않으면 영생의 비법을 알려주겠다고 하였다.

길가메시는 그의 조건을 받아들여 6일까지는 잘 참아냈으나 7일이 되기 직전에 그만 잠이 들어 버렸다. 이에 우트나피쉬팀은 "잠도 이기지 못하면서 어떻게 죽음을 이기려고 하느냐?"라며 길가메시에게 돌아가라고 했다. 그런데 우트나피쉬팀의 아내는 길가메시가 불쌍해 보였는지 여기까지 찾아온 성의를 봐서 선물을 주라고 남편에게 부탁했다.

아내의 청을 거절할 수 없었던 우트나피쉬팀은 할 수 없이 그에게 이 세상에 마지막 남은 불로초가 있는 장소를 알려주었다. 길가메시는 심연에서 불로초를 손에 넣지만 그걸 그 자리에서 먹지 않고 우루크로 가져가서 재배하면 모든 국민들이 함께 영생을 누릴 수 있을 거라 생각하고는 불로초를 가지고 우루크로 돌아갔다.

길가메시가 어렵게 얻은 불로초를 뱀이 훔쳐 먹어버리며, 영생의 꿈은 물거품이 되고 말았다.

길가메시: 죽음을 통한 완성_우루크로 빈손 귀환한 길가메시는 지난 과오를 한탄하며 깊은 잠에 빠져든다. 꿈속에서 신들이 나타나 죽음을 피할 수는 없으나 죽으면 저승의 왕이 될 수 있음을 고하며 죽음을 받아들이라 조언한다. 잠에서 깨어난 그는 자신의 행적을 돌에 새긴 후 백성들 앞에서 의연히 죽음을 맞이한다.

하지만 돌아오던 길에 길가메시가 연못에서 목욕을 하는 틈을 타서 늙은 뱀이 그 귀한 불로초를 먹어 버린 뒤 껍질을 벗고 젊어져 기운차게 달아나 버렸다. 그로 인해 뱀은 해마다 허물을 벗고 새 생명을 얻게 되었지만 인간은 죽음의 운명에서 벗어나지 못하게 되었다고 한다.

결국 우루크에 빈손으로 돌아온 길가메시는 자신의 과오를 한탄하다 잠들어 버린다. 그리고 꿈속에 신들이 나타나 죽음을 피할 수는 없지만 죽으면 저승의 왕이 될 수 있으니 죽음을 받아들이라고 말해 주었다. 꿈에서 깬 그는 자신의 행적을 돌에 새긴 뒤 백성들이 보는 앞에서 의연하게 죽음을 받아들였다.

오리엔트의 여신 이슈타르

이슈타르는 메소포타미아 신화(아시리아, 바빌로니아)의 여신으로, 미, 연애, 풍요, 다산, 전쟁, 금성을 상징한다. 수메르인들에게는 이난나(하늘의 여왕)로 불렸으며, 성숙미와 깊은 관련이 있다. 신들의 천사이자 많은 정인을 가졌다고 알려져 있으며, 그녀와 연관된 성스러운 도시 에릭은 '천사의 도시'로 불렸다.

이슈타르의 명계(죽은 자들이 가는 지하 세계인 저승) 신화는 설형문자로 된 문서에 기록된 이야기로, 이슈타르가 명계를 찾아가는 이유와 탐험 과정을 자세히 서술하고 있다.

이슈타르가 명계로 내려간 이유는 여러 가지 설이 있는데, 자신의 연인 탐무즈를 찾기 위해서라는 설과 생명의 여신이 되어 죽은 자의 세계를 정복하기 위해서 배다른 자매인 언니 에레쉬키갈이 다스리는 명계로 갔다는 설이 있다.

명계는 누구도 한번 가면 돌아올 수 없는 곳이다. 하지만 그녀는 그것을 어기고 명계의 비밀을 알고 나서 바로 이승으로 돌아올 생각을 하고 있었다. 그러나 이 사실을 알게 된 언니 에레쉬키갈은 분노하고 만다.

이슈타르는 지하 세계로 내려가기 전에 일곱 가지 신권을 모아 몸에 장신구로 걸치고 만약의 사태에 철저히 대비했다. 그리고 시녀 닌슈부르에게 자신이 사흘이 지나도 돌아오지 않으면 지혜의 신 엔키에게 도움을 청하라 일렀다.

지하 세계에 도착하자 에레쉬키갈의 명령을 전달받은 문지기는 이슈타르에게 일곱 곳의 문을 차례대로 열게 하여, 하나의 문을 지날 때마다 그녀가 걸치고 있던 일곱 가지 장신구 중의 하나를 벗도록 하였다. 이것은 에레쉬키갈이 자신에게 위협이 되는 이슈타르의 일곱 가지 신권을 제거하고자 했던 것이며, 저승에 갈 때는

에레쉬키갈 앞에 선 이슈타르_온갖 역경을 딛고 에레쉬키갈의 방에 도착한 이슈타르는 분노한 에레쉬키갈에게 붙잡혀 어둠의 감옥에 감금당했다. 에레쉬키갈은 이슈타르에게 지독한 고통을 맛보게 했고, 결국 그녀는 죽음에 이르게 된다.
▶남성의 힘을 상징하는 가짜 수염을 달고 있는 아시리아 양식의 이슈타르.

이승에서 누리던 모든 권력을 버려야 함을 의미하기도 했다.

이슈타르는 하나둘 문을 지날 때마다 자신의 왕관, 청금석 구슬 목걸이, 구슬 끈, 가슴에 대는 금속판, 금팔찌, 청금석 홀, 예복이 차례대로 벗겨져 일곱 문을 모두 통과했을 때는 그만 벌거숭이가 되고 말았다. 온갖 역경을 딛고 이슈타르는 가까스로 에레쉬키갈의 방에 도착할 수 있었지만, 에레쉬키갈은 그녀를 어둠의 감옥에 감금했다. 그리고 지독한 고통을 맛보게 하고 죽음에 이르게 했다.

이슈타르가 명계에서 눈을 감자 지상의 농작물은 성장을 멈추고 모든 동물의 생식 활동이 멎었다. 이러한 상태로 사흘이 지나자 이슈타르의 시녀인 닌슈부르는 주인이 지시한 대로 지혜의 신 엔키를 찾아가 도움을 청했다.

엔키는 거세된 남자를 만들어 시녀에게, 에레쉬키갈에게 가서 위대한 신의 이름으로 그녀에게 대항하여 그녀의 가방에 있는 생명의 물을 요구하라 하였다. 에레쉬키갈은 거세된 남자의 말에 화가 났지만 어쩔 수 없이 그 요구대로 생명의 물을 주었다. 거세된 남자가 이슈타르에게 생명의 물을 뿌리자 이슈타르는 되살아났다.

이슈타르가 다시 살아나자 명계의 신들은 저승의 규칙을 지키고자 그녀를 대신하여 죽을 자를 내놓으라고 요구했다. 이슈타르는 처음엔 어느 누구도 자기 대신 죽도록 허락하지 않았으나, 자신이 그토록 찾던 연인 탐무즈가 지상의 옥좌에 태연히 앉아 있는 것을 보고 화가 나 탐무즈가 자신을 대신해 저승에 가도록 한다.

이때 탐무즈의 누이 게슈티난나가 오빠 대신 자신이 죽겠다고 자원하자 이슈타르는 탐무즈와 게슈티난나가 교대로 명계에서 지내도록 했다. 이슈타르는 명계를 벗어나면서 일곱 곳의 문을 다시 지나게 되고 문을 지날 때마다 자신의 장신구를 되돌려 받았다.

메소포타미아 지방의 신들은 대부분 수메르 신화에 그 원류를 두고 있다. 또한 그 이후의 문명에도 지대한 영향을 끼쳤다. 다른 신화에 등장하는 신들도 그 성격은 변하지 않은 채 후대로 계승되었다.

기원전 1200년경 서아시아를 통일한 아시리아는 이슈타르를 전쟁의 여신으로 특별히 숭배했다. 이 때문에 아시리아에서 여신은 활과 화살통을 가지고 있는 턱수염이 달린 남성의 모습으로 묘사되었다. 무기와 턱수염은 강인함의 상징이라고 볼 수 있다.

탐무즈의 부조 _고대 메소포타미아 신화에 등장하는 식물, 성장, 풍요를 상징하는 양치기의 신으로, 이난나/이슈타르 여신의 남편이며, 바빌로니아 달력의 한 달을 기념할 정도로 중요한 위상을 지녔다.

티아마트와 마르두크 신화

티아마트는 수메르 신화에서 세계를 창조한 대지 모신이다. 그녀는 바다의 인격신 아프수(단물)와 함께 녹아 뭄무와 라무(또는 라하무)라는 한 쌍의 뱀을 낳았다. 이 뱀들 사이에서 안샤르와 키샤르가, 그리고 다시 아누, 마르두크, 에아 등의 신들이 태어났다. 따라서 신화학자들은 티아마트를 세계를 낳은 여성적 요소로 추정한다.

위대한 대지의 어머니 신화는 세계 각지에 저마다의 신화가 있다. 대체로 각국의 위대한 대지의 어머니 신화는 서로 다른 요소들이 있긴 하지만 기본적인 틀은 유사한 형태였다. 이것이 바빌로니아 신화에서 성격이 다른 극적인 변화를 겪는다. 이보다 앞선 수메르 신화에서는 위대한 어머니 신화의 세부적인 부분에 상당한 변화가 일어나고 있지만 기본적인 틀은 대부분 유지되고 있었다.

그러나 바빌로니아 신화에 오면 위대한 어머니 여신의 성격이 극적으로 변해 어머니 신화가 위대한 아버지 신화로 전환되는 계기를 전형적으로 보여주고 있다. 이처럼 신화의 원형이 전적으로 바뀌는 현상은 원시적 씨족사회에서 가부장적인 부족사회로의 출발을 알리는 단면이기도 하다.

티아마트는 수메르 신화에서 세계를 창조한 대지 모신이다. 겉모습은 시대에 따라 여러 가지로 바뀌었지만, 상반신은 여성, 하반신은 뱀의 모습을 한 거대한 괴물의 형상이다. 성격은 대체로 큰 특징이 없지만 일단 화가 나면 무서운 여신으로 돌변한다. 당시 세계는 신들이 갑자기 불어나 시끄럽게 되자 아프수와 티아마트는 자손이 더 이상 번창하지 못하게 하려고 조치를 취하려 했다.

이때 마침 에아가 이들의 의도를 눈치채고 신들을 피신시켰다. 또한 처음엔 티아마트의 생각에 찬동했던 아프수와 다른 신 뭄무가 티아마트의 구상에 마음을 돌

티아마트의 부조_바빌로니아 창조 신화 '에누마 엘리시'에 등장하는 태초의 혼돈을 의인화한 원시적인 여신이자 마르두크의 주요 적대자로, 어린 신들과의 전쟁에서 패배한 후 그 몸이 하늘과 땅으로 나뉘어 세상이 창조되고 티그리스 및 유프라테스 강의 원천이 되는 등 세계 창조의 기반이 된 존재이다.

리자 성난 티아마트는 뱀과 용, 거인, 회오리바람 등을 만들어 자신의 구상에 반대하는 신들과의 전쟁을 준비하였다. 이 사실을 안 신들은 두려움에 떨었다.

신계(神界)의 위기를 타개하기 위해 아누 신과 에아 신이 모신(母神) 티아마트를 설득하려고 파견되었으나 그녀의 무시무시한 협박에 못 이겨 그만 쫓겨오고 말았다. 곤경에 빠진 신들은 에아의 아들인 용감한 마르두크에게 도움을 청했다. 이에 마르두크가 티아마트를 타도하겠다고 약속하자 신들은 그를 축복하고 자신들의 왕으로 추대했다.

마르두크는 '공포의 갑옷'을 걸치고 벼락 투창과 활로 무장했다. 그리고 일곱 개의 폭풍과 아누 신이 하사한 큰 그물을 등에 걸치고 전차에 올라탔다. 보무도 당당한 마르두크의 머리 위에서는 불멸의 등불이 반짝이고 있었다. 많은 신이 뇌성과 폭풍을 일으키며 달려가는 마르두크의 전차 뒤를 따랐다.

마르두크는 신들과 함께 티아마트가 진을 치고 있는 혼돈의 소굴로 향했다. 혼돈의 여신 티아마트는 태초의 거대한 용으로 변신하여 사지를 보기 흉하게 꿈틀거리며 마르두크의 공격에 대비하고 있었다. 마르두크와 티아마트는 서로 격렬한 저주의 말을 퍼부은 후 정면으로 대치했다. 양 진영의 신들과 마물(魔物)들도 저마다 손에 무기를 들고 앞으로 나섰다.

선공(先攻)에 나선 신은 마르두크였다. 마르두크는 아누의 큰 그물을 티아마트에게 던졌다. 사지의 자유를 빼앗긴 용은 직경이 20킬로미터나 되는 거대한 입을 벌려 신들을 집어삼키려 했다. 이때 마르두크는 일곱 개의 폭풍을 일으켜 용의 입을 향해 불었다. 티아마트는 마르두크가 불어댄 폭풍의 엄청난 압력 때문에 입을 다물 수조차 없었다. 잠시 후 티아마트의 몸은 바람으로 부풀어 올라 터질 지경이 되었다. 호흡이 곤란해진 용의 심장은 아주 약하게 고동치고 있었다.

마르두크는 용으로 변신해 고통으로 헐떡거리는 티아마트를 향해 최후의 일격을 가할 벼락 투창을 던졌다. 투창은 티아마트의 부풀어 오른 몸을 찢고 들어가 그대로 심장을 관통했다. 마침내 거대한 용은 죽고 말았다.

마르두크가 티아마트를 죽이자 혼돈의 세력들은 앞다투어 빛이 미치지 않는 심연으로 달아나기 시작했다. 그러나 그들도 얼마 못 가 마르두크가 던진 아누의 그물에 걸려 그 자리에서 꼼짝도 할 수 없는 몸이 되었다. 마르두크는 혼돈의 세력들의 무기를 빼앗은 뒤 그들을 심연의 감옥에 던져 넣고 그들이 이용한 괴물들은 밟아 뭉개버렸다. 그러고 나서 혼돈의 세력의 대장인 킹구를 붙잡아 '운명의 서'를 빼앗았다. 이렇게 해서 우주 최고 권력자의 지위는 마침내 마르두크의 차지가 되었다.

혼돈의 신들을 쳐부순 마르두크는 티아마트의 시체로 향했다. 그는 곤봉으로 티아마트의 두개골을 부수고 북풍을 일으켜 그 피를 흩뿌렸다. 또한 티아마트의 몸을 둘로 잘랐다. 그러자 티아마트의 몸의 반쪽은 하늘이, 다른 반쪽은 땅이 되었다. 또한 그녀의 유방은 산과 들이 되고, 그 옆에 샘물이 만들어졌으며, 눈에서는 티그리스 강과 유프라테스 강이 흘러 나왔다고 한다.

이렇게 천지를 창조한 신들은 그 안에서 살 인간을 만들기로 했다. 신들은 에아 신의 아들 베르스의 목을 잘라 그 피와 흙을 반죽하여 인간을 창조했다. 이처럼 용의 시체에서 세계가 창조되고 많은 생명체가 만들어진 것이다.

이집트 문명의 신화

고대 이집트 신화는 3,000년 이상 이어진 고대 이집트의 신앙 체계였다. 중세 기독교와 이슬람 확산 이전에 존재했으며, 헬리오폴리스의 엔네아드 신앙을 바탕으로 많은 신화가 전해졌다. 나일강 유역에서 5,000년 이상 번성한 이집트 문명은 웅장한 건축과 예술을 남겼고, 메소포타미아 등 주변 문명에 영향을 미쳤다. 지리적 안정 덕분에 사후세계에 대한 믿음이 강했다는 특징을 가졌다. 각 지역 신앙이 통일 왕국을 거쳐 하나의 세계관으로 합쳐진 이 신화들은 문명의 영혼을 이루었다. 태양신 라, 부부신 이시스와 오시리스, 그리고 파라오들이 자신을 '하토르의 아들'이자 호루스와 동일시한 것 등이 그 예이다. 이러한 신들은 이집트 문명의 위대한 업적에 영감을 주었으며, 이후 수천 년간 흔적을 남겼다.

이집트 창세 신화

이집트 신화는 중세에 기독교와 이슬람이 확산되기 이전에, 약 3,000년에 걸친 고대 이집트 사람들의 신들에 대한 신앙 체계를 말한다. 이 신앙은 긴 역사 동안 여러 차례 변화를 거듭했으며, 일반적으로는 헬리오폴리스의 엔네아드 신앙을 기반으로 한 신화가 많이 전해진다.

고대 이집트 문명에서 탄생한 신화는 이집트 각 지역에서 따로 전승되던 신앙이 통일 왕국이 결성되면서 하나의 세계관으로 합쳐진 이야기이다. 이웃한 메소포타미아와는 달리 이집트는 예로부터 사후세계에 대한 믿음이 강했다. 이는 메소포타미아가 여러 차례 외침에 시달리던 지역인 것과는 달리, 이집트는 지리적으로 방어하기 유리한 위치를 갖춘 지역이라 별다른 사건이 없어서 그렇다는 의견이 지배적이다.

이집트 창조 신화는 이집트 지역의 우주론을 담고 있다. 고대 이집트는 신전이 있는 도시별로, 시대별로 각기 다른 창조 신화가 다양하게 존재했지만, 이집트 사람들에게는 주로 헬리오폴리스 도시 버전의 창조 신화가 널리 전해져 왔다.

태초에 혼돈의 암흑 바다(나일강) 누(Nun)가 있었다. 어느 날 바닷속으로부터 벤벤이라는 언덕이 솟아올랐고, 그 언덕에서 아툼이 스스로 존재하여 최초의 신이 되었다. 그가 태어난 후 최초로 주위에 빛을 만들었으며, 그 빛은 곧 태양신 라(Ra)가 되었다. 라는 혼자(자웅동체) 법과 정의, 조화, 지혜의 여신 마아트(Ma'at)를 낳았으며, 법과 조화의 여신인 마아트는 스스로 우주 창조의 법칙이 되었다. 이로써 창조 신인 아툼과 최초의 빛이자 태양의 신인 라, 그리고 우주 창조 법칙인 마아트는 삼위일체(3신, 아툼-라라 부른다)를 이뤘으며, 이집트인들의 창세 신화의 기반이 되었다.

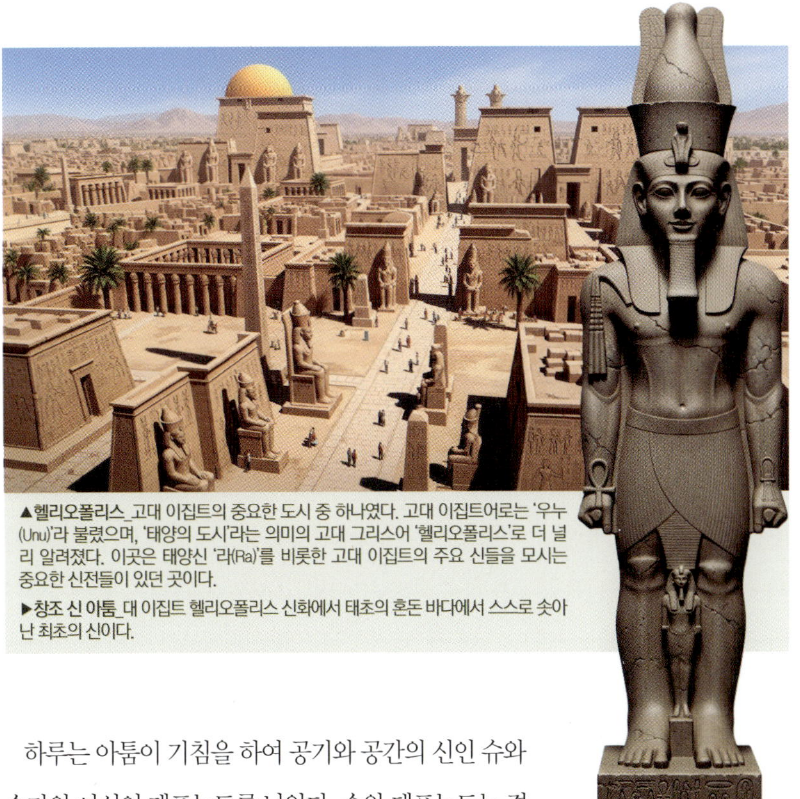

하루는 아툼이 기침을 하여 공기와 공간의 신인 슈와 습기의 여신인 테프누트를 낳았다. 슈와 테프누트는 결혼하여 대지의 신인 게브와 하늘의 여신인 누트를 낳았다. 후에 게브와 누트는 결혼했으며, 지식과 서기의 신인 토트로부터 누트의 자식들이 하늘의 주인이 될 것이라는 예언을 들었다. 라는 이 예언을 시기하여 게브(땅)와 누트(하늘) 사이에 슈(공기)를 두어 1년 360일 동안 서로 만나지 못하게 했다. 그러나 누트의 부탁을 들은 토트가 달의 신 콘수와 내기하여 달의 빛을 얻어 5일 동안 세상을 비춰, 그 5일 동안 게브와 누트는 5명의 자식을 출산하였다. 이후로 1년은 365일이 되었으며, 항상 보름달이었던 달은 달의 빛을 잃어 주기적으로 변하게 되었다. 그 5명의 자식들이 오시리스, 이시스, 세트, 네프티스, 대(大)호루스(후대의 신 호루스와 구별하기 위하여 붙은 이름)이다.

마트 여신의 깃털

마아트(Ma'at)는 정의, 법, 진리를 의미하는 여신이다. 무릎을 꿇거나 서 있는 여성의 모습으로 표현되며, 머리에 타조 깃털을 꽂거나 때로는 눈을 가린 모습으로 나타난다. 원래 마아트는 고대 이집트 말로 '정의·진리'를 뜻하는 추상적인 개념이었으나, 신들이 정의와 진리를 중요시하면서 이 관념을 신격화한 것으로 볼 수 있다.

이집트 사람들은 이집트 신화 속 우주가 법과 조화, 진리의 여신인 마아트의 힘으로 다스려진다고 믿었다. 마아트 여신이 다스리는 세상은 자연과 인간 사회에서의 정의, 그리고 영원한 우주가 서로 연관되어 있다고 보았다. 그녀는 모든 자연의 가장 기본적인 것을 다스리는 자로서, 세계를 안전하게 유지하기 위해 우주 창조 때부터 존재했던 신으로 숭상되었다. 사람들에게 마아트는 모든 사람과 모든 계급 사회의 조화를 의미했다. 고대 세계에서 마아트에 대한 거역은 엄청난 대가를 치러야 했기 때문에 모든 사람은 그 법칙 속에 살아야 했다.

마아트는 자연에 존재하는 모든 힘의 균형을 의미한다. 이것은 낮과 밤, 계절, 그리고 인간 세대의 순환을 포함하는 거대한 법칙이다. 고대 이집트 사람들은 시간을 수평적으로 인지함과 동시에 순환적으로도 보았다. 이 변화 속에서 이집트인들은 마아트가 무질서한 것을 부수고 새롭게 부활시킴으로써 우주의 근본적인 창조물들이 계속해서 순환한다고 생각하였다. 그래서 많은 이집트인의 종교의식에는 우주의 순환과 관련된 의미 있는 의식이 많았다.

마아트는 또한 각각의 기본 원소들을 제자리에 고정해 주어 세계 구조를 지탱하는 역할도 한다. 이집트인들은 세계 구조에 대한 구체적인 묘사를 하였는데, 그들이 상상한 세계는 혼돈과 심연의 신 누로 인격화된 무한한 물(아비스, 심연)에 둘러싸

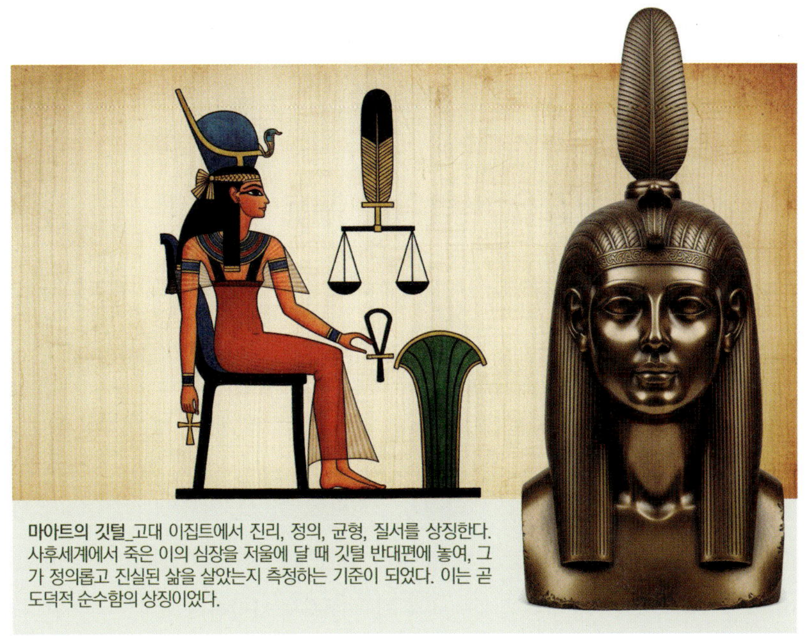

마아트의 깃털_고대 이집트에서 진리, 정의, 균형, 질서를 상징한다. 사후세계에서 죽은 이의 심장을 저울에 달 때 깃털 반대편에 놓여, 그가 정의롭고 진실된 삶을 살았는지 측정하는 기준이 되었다. 이는 곧 도덕적 순수함의 상징이었다.

여 있다. 그 가운데에는 대지의 신 게브로 묘사되는 땅이 접시처럼 떠 있으며, 그 위에는 하늘의 여신 누트가 땅과 사이에 공기의 신 슈를 놓고 아치 모양으로 엎드려 있다.

낮 동안에는 태양신 라가 태양의 돛단배를 타고 누트를 따라 수놓아져 있는 천상의 나일 강과 은하수를 따라 동쪽에서 서쪽으로 항해하며, 태양의 돛단배가 두아트라 불리는 계곡을 따라 지하 세계(저승)로 들어가면 밤이 되었다. 두아트는 서쪽 하늘과 땅이 만나는 지점에 있는데, 이곳에는 거대한 뱀 아펩이 있어, 라는 해질녘마다 이 뱀과 싸워야 했다.

만약 라가 이 뱀에 지면 일식이 찾아왔다고 이집트인들은 믿었다. 하지만 라는 늘 아침이 되면 동쪽 하늘에서 부활한다고 생각했기 때문에 나일강 서쪽 땅은 피라미드와 같은 무덤을 짓는 죽음의 땅으로, 동쪽 땅은 사람들이 사는 부활의 땅으로 인식하였다.

천공을 떠받치는 누트 여신

누트는 고대 이집트 신화에 등장하는 하늘의 여신이자 엔네아드를 이루는 아홉 신 중 한 명이다. 그녀의 이름은 '밤'이라는 단어에서 유래했으며, 주로 남편인 대지의 신 게브 위에 몸을 엎드린 모습으로 표현되고, 옷에는 별들이 수놓아져 있다.

이집트 신화의 우주관은 다른 나라의 우주관과는 좀 다른 독특한 구조를 갖추고 있다. 대부분의 신화에서 하늘은 남신, 땅은 여신이지만 이집트 신화에서는 하늘이 여신이다. 태양은 매일 동쪽 하늘에서 떠서 공중을 가로질러 서쪽으로 기운다. 고대 이집트 사람들은 태양신이 태양을 '만제트(태양의 돛단배)'라는 배에 태워 이동시킨다고 생각했으며, 밤에 태양이 없어지는 것은 태양이 천공의 여신인 누트에게 잡아먹히기 때문이라고 해석했다.

즉, 서쪽으로 사라진 태양은 누트의 입에 들어가 밤 동안 그녀의 몸속을 지나가고, 다음 날 아침이 되면 여신의 자궁에서 다시 태어나는 아이가 바로 아침에 떠오르는 태양이라고 봤다. 또한 별들도 여신에게 삼켜졌다가 나중에 다시 태어났다.

이집트 사람들이 태양의 순환을 이렇게 해석하는 것은 재생과 부활을 암시하는 것이라고 할 수 있다. 그래서 사람들은 누트를 죽은 자를 수호하는 신으로 여기게 되었다. 파라오는 사후에 그녀의 몸에 들어가 나중에 부활한다고 믿었다.

고대 이집트에서는 죽은 사람을 보호하기 위하여 관의 안쪽에 천공을 그려 넣었다. 이때 무덤이 있는 방은 수많은 별이 있는 남색의 밤하늘을 그려 넣었는데, 이는 사자의 혼이 누트를 잘 찾아갈 수 있도록 하기 위한 장치이자 축복에 대한 염원이 담겨 있는 의미라고 볼 수 있다.

하늘을 떠받치는 누트_누트는 대기의 신 슈에 의해 지지받아 두 팔과 다리를 동서 지평선에 둔 모습으로 하늘을 떠받치는 여신으로 표현된다. 때로는 몸에 별이 박힌 거대한 암소의 모습으로 나타나기도 한다. 고대 이집트인들은 태양신의 배가 밤낮으로 누트의 몸속을 왕복한다고 믿었다.

고대 이집트 사람들의 우주관은 한 차례 큰 변화를 겪었다. 그들은 세계가 아툼이라는 태양신에 의해 창조되었다고 생각했다. 이렇게 창조된 세계는 천공, 창공, 대기, 대지, 물, 지하 세계 등으로 구성되어 있었다. 이 여섯 곳에는 모두 각각의 지역을 관장하는 신들이 있었다. 그중 천공의 신이 누트였다. 창공은 네네트, 대기는 슈, 대지는 게브, 물은 누, 지하 세계는 다트가 다스렸다. 물의 신 누는 그 후 이집트의 신들을 낳았으며 바다를 상징한다. 바다는 커다란 숲으로 불리며 대지를 휘감았다. 사람들은 누의 힘이 지하와 대지에도 미쳤으며 지하수와 함께 많은 혜택을 베풀어 준 나일 강을 누라고 생각했다. 말하자면 물 그 자체를 신격화했던 것이다.

게브는 대지의 신으로, 당시 사람들은 대지가 둥근 원반 형태로 생겼다고 생각했다. 그래서 신화에서는 대지 위로 길게 뻗어 있는 산들을 타고 다니는 천공의 신 누트가 게브와 서로 사랑하는 사이였다. 그들은 언제나 함께했고 마치 샴쌍둥이처럼 겹쳐 있었다.

이처럼 연인 사이였던 누트와 게브의 관계가 못마땅했는지 창조 신인 아툼은 누트에게 연인인 게브가 아닌 대기의 신 슈와 결혼하라고 명령했다(일설에 따르면, 누트와 게브의 사랑에 질투를 느낀 슈가 둘 사이를 갈라놓았다고도 한다). 슈는 아툼의 명령을 받아 누트의 배를 떠받치게 함으로써 그녀의 배는 하늘이 되고 게브는 땅이 되었다.

서로를 애타게 연모하던 누트와 게브는 이때부터 서로 떨어지게 되었는데, 아툼은 활 모양으로 변해 손가락과 발가락으로 몸을 지탱하고 있는 누트의 복부에 별을 수놓아 그 복부가 하늘의 궁륭(穹窿: 한가운데가 제일 높고 사방 주위는 차차 낮아진 하늘 모양)을 이루도록 해 놓았다. 그런데 누트의 복부가 너무 높이 솟아 누트는 가끔씩 현기증을 일으켰다. 그래서 아툼은 누트가 조금은 편할 수 있도록 누트의 두 발과 손, 즉 하늘의 네 기둥이 된 그녀의 다리와 팔에 각각 신을 하나씩 두어 받치도록 하였다. 이후 아툼은 누트에게 1년에 한 달도 땅에 눕지 못하도록 하였으나 그녀를 가엾게 여긴 정의의 신 토트의 도움을 받아 누트는 5일 동안 잇따라 게브를 만나 오시리스, 하로에리스(大호루스), 세트, 이시스, 네프티스 등 다섯 자녀를 낳았다.

누트는 아툼의 딸인 까닭에 태양의 어머니라 불리며 매일 아침 그녀의 품에서 태양이 태어나는 것으로 여겨지기도 하였다. 또 죽은 자의 수호신으로 숭배되기도 하였는데 보통 암소의 모습 또는 머리 위에 둥근 단지를 인 사람의 모습으로 표현된다.

누트를 형상화한 암소의 배에는 그 수를 알 수 없을 만큼 많은 젖이 달려 있고 그것을 빠는 어린 소들이 함께 등장한다. 어린 소는 어린아이를 의미하는 동시에 천공에 떠 있는 수많은 별을 뜻하는 것이라고도 한다. 그 밖에도 누트는 발가락 끝으로 발돋움을 하고 서서 손가락 끝을 대지에 대고 있는 여성의 모습으로, 석관의 뚜껑 안쪽에서 죽은 자를 지켜보고 있는 우아한 여성의 모습 등 여러 형태로 나타난다.

오시리스 신화

오시리스는 고대 이집트 신화에 나오는 신으로서 풍요를 상징하며 또한 저승세계를 믿는 고대 이집트의 종교에서 죽은 사람을 다시 깨운다고 믿었던 신이다. 오시리스를 둘러싼 신화는 특히 아내이자 누이인 이시스 그리고 세트와의 싸움으로 잘 알려져 있다. 파라오는 오시리스의 화신으로 받들어졌다.

오시리스는 이집트 신화에서 중요한 위치를 차지하고 있는 신으로, 한때 이집트를 지배하는 신들의 왕이었다. 이시스, 네프티스, 세트, 대(大) 호루스를 포함한 5남매 중 맏형으로, 여동생인 이시스를 아내로 맞이하고 이집트의 왕이자 신으로서 군림하며 사람들의 절대적인 지지를 받았다.

오시리스는 이집트인에게 밭을 갈아 농사를 짓는 법과 신들을 경배하는 방법을 가르쳤다. 그리고 여동생인 이시스와 결혼하여 아들 호루스가 태어났다. 이렇게 오빠와 여동생이 결혼하는 풍습은 고대 이집트 왕가에서 그 후에도 계속되었다. 오시리스는 이집트 방방곡곡을 돌아다니면서 사람들에게 여러 가지 가르침을 베풀었고, 아내 이시스도 남편을 도와 사람들과 함께 좋은 일들을 하면서 이집트의 평화로운 시대를 이끌었다.

그런데 동생 세트는 그것을 못마땅하게 여겨 형 오시리스를 처치하려고 마음먹었다. 그래서 많은 동료를 불러 모아 은밀히 계획을 세웠다. 그런데 이 당시 이집트인은 죽은 후에도 새로운 생활을 하게 된다고 생각하여 자신이 죽은 뒤 누울 훌륭한 관을 원하는 풍습이 있었다. 그 점을 이용해 세트는 형 오시리스의 체격을 잘 재어 그 크기에 맞는 훌륭한 관을 만들어 궁전으로 가져갔다. 세트의 동료나 부하들이 떼를 지어 몰려와 이 관을 보고 저마다 칭찬을 아끼지 않았다. 사람들의 호의

하늘을 떠받치는 누트_누트는 대기의 신 슈에 의해 지지받아 두 팔과 다리를 동서 지평선에 둔 모습으로 하늘을 떠받치는 여신으로 표현된다. 때로는 몸에 별이 박힌 거대한 암소의 모습으로 나타나기도 한다. 고대 이집트인들은 태양신의 배가 밤낮으로 누트의 몸속을 왕복한다고 믿었다.

에 득의양양한 표정을 짓던 세트가 관만을 주시하는 사람들을 향해 이렇게 말했다.

"이 관이 몸에 꼭 맞는 사람에게 이것을 주겠다."

그의 말에 그곳에 있던 사람들이 앞을 다투어 관 속에 들어가 누워 보았으나 모두 크기가 맞지 않았다. 그때 오시리스가 나타나서 말했다.

"어디 내가 해보자."

그리하여 오시리스가 그 관 속에 들어가 눕자 크기가 꼭 맞았다. 오시리스가 편안히 관 속에 눕자 세트의 동료들은 기다렸다는 듯이 무거운 관 뚜껑을 덮고 단단히 못질을 했다. 그들은 그 관을 나일강으로 가져가 강물에 던져버렸다. 관은 나일강 하구에서 지중해로 흘러들고 다시 북쪽으로 흘러갔다.

그 사건은 곧 사람들의 입에서 입으로 전해져 널리 퍼졌다. 백성들을 잘 다스린 오시리스의 죽음과 사악한 세트의 지배는 사람들에게 놀라움과 공포를 안겨 주었다. 그 소식을 전해 들은 오시리스의 아내 이시스는 머리카락의 일부를 잘라서 슬픔을 표시하고 곧 상복을 입었다. 그녀는 남편 오시리스가 갇힌 관에 대해 알아보기 위해 밖에 나가 만나는 사람마다 물어보았다. 그때 그 관이 나일강에 던져진 것을 목격한 아이들이 이시스에게 관이 바다 쪽으로 흘러들어갔다고 일러주었다.

이시스는 관을 찾아 레바논의 뷔블로스까지 가서 오시리스가 갇힌 관이 버드나무에 에워싸인 것을 알게 되었다. 그런데 버드나무가 무성하게 자라서 그 줄기로 온통 관을 에워싸고 있었다. 뷔블로스의 왕은 궁전을 짓는 데 쓰일 목재를 찾다가 이 큰 버드나무를 발견하고 곧 베게 하여 궁전의 기둥으로 만들었다. 이시스는 신들의 가르침을 통해 그 사실을 알고는 이 궁전을 찾아왔다. 그녀는 몸에서 향취를 뿜었으므로 시녀들로부터 환대를 받았는데, 이어서 왕비와도 가까워지게 되었다. 왕비는 이시스를 어린 왕자의 유모로 삼았다. 이시스는 낮에는 어린 왕자를 돌보고 밤이 되면 왕자를 영원히 살 수 있는 몸으로 만들기 위해 불에 굽고 자신은 제비의 모습으로 변했다.

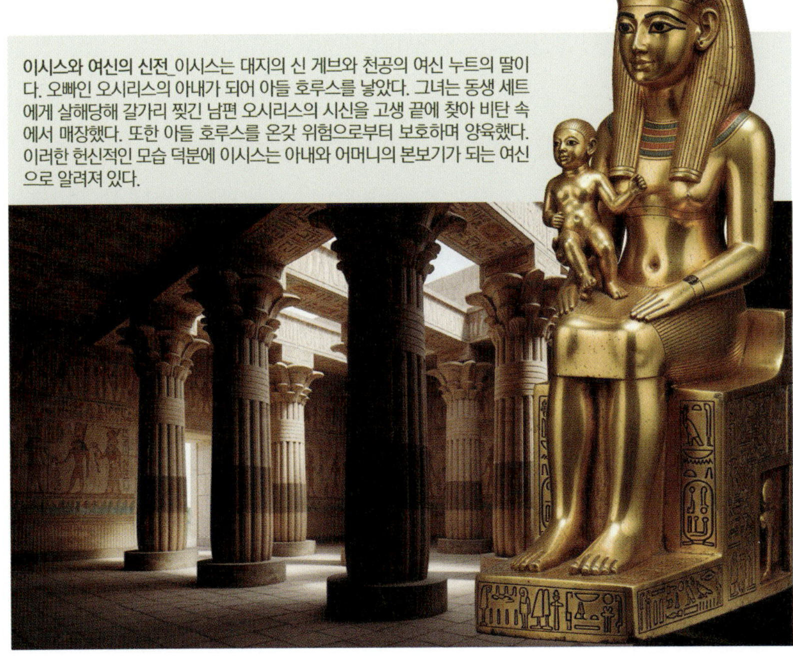

이시스와 여신의 신전_이시스는 대지의 신 게브와 천공의 여신 누트의 딸이다. 오빠인 오시리스의 아내가 되어 아들 호루스를 낳았다. 그녀는 동생 세트에게 살해당해 갈가리 찢긴 남편 오시리스의 시신을 고생 끝에 찾아 비탄 속에서 매장했다. 또한 아들 호루스를 온갖 위험으로부터 보호하며 양육했다. 이러한 헌신적인 모습 덕분에 이시스는 아내와 어머니의 본보기가 되는 여신으로 알려져 있다.

그런데 왕자를 불에 굽는 것을 우연히 본 왕비가 깜짝 놀라 비명을 지르는 바람에 왕자는 영원히 살 수 있는 몸이 될 수 없었다. 이시스는 왕비에게 자기는 이집트의 여신이며 남편 오시리스의 관이 궁전 기둥에 에워싸여 세워져 있다는 것을 말하고 그 기둥을 갖게 해 달라고 부탁했다. 왕비는 그 기둥이 궁전을 떠받치고 있기 때문에 어떻게 해야 할지 모르겠다며 난처한 표정을 지었다. 그러자 여신 이시스는 쉽사리 기둥의 일부를 떼어서 관을 꺼냈다. 그리고 버드나무의 기둥은 왕과 왕비에게 되돌려 주었으므로 뷔블로스 사람들은 지금도 이시스 신전에 보관되어 있는 그 나무를 소중히 여긴다고 한다.

이시스는 애통한 마음으로 그 관을 배에 싣고 이집트로 돌아왔다. 이시스는 아들 호루스가 있는 부토에 가서 남편 오시리스가 들어 있는 관을 그 근처의 길가에 숨겨 놓았다. 그런데 사악하기 이를 데 없는 세트가 이 사실을 알고 그 관을 열어서 형 오시리스의 몸을 13토막으로 찢어 여기저기에 묻어버렸다. 어쩌면 이것은 죽은 자의 신으로서의 오시리스를 숭배하기 위해 곳곳에서 그 시체를 원했기 때문인지도 모른다.

여신 이시스는 또다시 슬픔에 잠겨 갈대로 만든 조각배를 타고 늪지대를 돌아다니면서 토막 난 남편의 시체를 찾았다. 전하는 바에 의하면 이시스는 시신의 생식기 하나만 빼고 모두 찾아냈다고 하며, 토막 난 시체를 찾을 때마다 장례를 치렀으므로 이집트에는 오시리스의 무덤이 대단히 많다고 한다. 이것은 이미 앞에서 말한 바와 같이 고대 이집트에서 오시리스에 대한 숭배가 성행하고 있었음을 말해 주고 있다.

일설에 의하면 이시스가 찾아내지 못한 생식기는 나일 강에서 물고기들이 먹어버렸다고 하며, 물고기가 오시리스의 생식기를 먹었기 때문인지 고대 이집트 사람들은 물고기를 썩 좋게 여기지 않아서 강이 옆에 있어도 물고기를 자주 먹지 않았다고 한다. 특히 사자의 제사상에는 절대로 물고기를 올리지 않는다고 헤로도토스가 기록했다.

그런데 세트에게 살해당한 오시리스의 혼령이 아들 호루스에게 나타나 이렇게 물었다.

"너에게 가장 소중한 것이 무엇이냐?"

호루스가 오시리스의 혼령에게 대답했다.

"그것은 아버지와 어머니에게 사악한 짓을 한 자에게 복수를 하는 것입니다."

그리하여 오시리스의 혼령은 호루스의 몸을 단련시켜 전쟁 준비를 시켰다. 오시리스의 혼령이 호루스에게 물었다.

"전쟁에서 사자와 말은 어느 쪽이 더 쓸모가 있느냐?"

"말입니다."

"어째서 그러냐?"

"말은 사람의 말을 잘 듣고 적이 도망치는 길을 막을 수 있기 때문입니다."

오시리스의 혼령은 호루스의 대답을 듣고 대단히 기뻐했으며 세트와 싸울 준비가 됐다고 깨달았다. 호루스의 주위에는 많은 동료가 모여들었다. 세트의 아내 네프티스도 호루스가 옳다고 생각하여 세트를 저버리고 호루스 편에 가담했다. 세트는 뱀을 시켜 그녀를 뒤쫓게 했으나 호루스의 부하들은 그 뱀을 잡아 칼로 토막 내 버렸다.

죽음과 부활의 왕 오시리스_오시리스는 고대 이집트 신화에서 이집트를 다스리던 신들의 왕이자 중요한 신이다. 게브와 누트 사이에서 태어난 다섯 남매 중 맏형으로, 여동생 이시스와 결혼하여 이집트를 평화롭게 통치했다. 그는 백성들에게 밭을 가는 농사법과 신들을 경배하는 방법을 가르치며 문명의 번영을 이끌었고, 그 덕분에 사람들의 절대적인 지지를 받았다. 이시스 역시 남편을 도와 백성들과 좋은 일을 함께하며 이집트의 황금기를 이끌었다.

호루스와 세트의 투쟁과 왕위 계승_이집트 신화에서 호루스는 아버지 오시리스의 원수를 갚기 위해 숙적인 세트와 치열한 싸움을 벌여 결국 승리했으며, 세트의 방해에도 불구하고 신들에 의해 오시리스의 정통 후계자이자 정당한 왕으로 인정받았다.

호루스는 세트를 찾아가 아버지의 원수를 갚겠다며 덤볐다. 싸움은 며칠을 두고 치열하게 계속되었다. 호루스는 아버지 오시리스의 혼령으로부터 가르침을 받은 대로 세트를 여러 가지 방법으로 괴롭혔고 세트는 드디어 무릎을 꿇었다. 호루스는 세트를 사슬에 묶어 어머니 이시스에게 끌고 갔다. 그러나 마음이 착한 이시스는 남편 오시리스를 죽인 세트에게 보복을 하지 않았다. 그녀는 사슬을 풀어 세트를 놓아주었다. 그러나 호루스는 화가 머리끝까지 치밀어 어머니가 머리에 얹고 있는 신의 표지를 없애버렸으나 나중에 토트 신이 그녀에게 암소의 모습을 한 모자를 씌워주었다고 한다.

호루스와 세트의 싸움은 그 후에도 두 차례나 있었는데 세트는 완전히 패하고 말았다. 세트는 신들에게 호루스가 오시리스의 첫 번째 부인이 낳은 아들이 아니라고 호소했으나 호루스는 신들에 의해 정통적인 아들로 인정받아 오시리스의 정당한 후계자가 되었다.

호루스 신화

호루스는 이집트 신화에서 죽음과 부활의 신 오시리스와 최고의 여성 신 이시스의 아들이자 사랑의 여신 하토르의 남편이다. 그는 오시리스, 이시스와 함께 이집트에서 최고 신으로 숭배받았다. 주로 태양과 하늘의 화신으로 매의 머리를 가진 신으로 표현되며, 왕자나 신의 아들로 나타나기도 한다.

매의 얼굴을 한 호루스는 죽었다 부활한 아버지 오시리스와 어머니 이시스가 관계하여 낳은 아들이다. 호루스의 아버지 오시리스가 동생 세트에게 살해당하자 오시리스의 여동생이자 부인인 이시스는 자매 네프티스와 함께 이집트 전역을 돌아다니면서 오시리스의 유해를 모아 그를 살려냈다. 그리고 잠시 부활한 오시리스와 관계하여 호루스를 낳았다. 어린 시절에는 마법에 능통한 어머니 이시스와 기록의 신 토트, 전갈 여신 셀케트의 아들들의 비호를 받아 성장했다. 호루스는 성인이 되자 아버지의 복수를 하고 이집트 왕위를 되찾기 위해 세트와 대결을 펼친다.

호루스와 세트의 대결에 관해서는 다양한 전설이 전해지고 있다. 호루스 일행은 세트에게 복수하기 위해 갈대로 만든 배를 타고 나일 강을 거슬러 올라갔다. 호루스가 자신을 찾아 나일 강을 거슬러 올라온다는 소식을 들은 세트는 거대한 뱀으로 변신하여 나일 강에 누워 악어와 하마의 모습을 한 마물(魔物)들을 잇따라 풀어 호루스의 힘을 떨어뜨려 놓는다.

호루스의 탄생_이시스가 죽은 오시리스를 부활시켜 주문의 힘으로 잉태해 태어났다.

하지만 호루스는 마물들을 간단히 제압하고 곧바로 세트에게 달려들어 한바탕 신들의 싸움을 벌인다. 이들의 싸움은 나일강의 수원에서 아시아와의 경계선에 이르기까지 이집트 전역에서 행해졌다고 한다.

두 신의 힘은 엇비슷했다. 젊은 신 호루스는 떠오르는 태양과 같이 충만한 힘을 갖고 있었지만, 그의 숙부인 세트는 뛰어난 전쟁 신으로서 경험과 지략에서 앞서 있었다.

호루스와 세트는 하마로 변해 강 밑바닥에서 누가 더 오래 버티나 겨루기로 했는데, 이시스 여신이 아들 호루스를 돕기 위해 세트를 작살로 찔렀다. 세트는 눈물을 흘리며 이시스에게 남매의 정을 호소했다. 망설이던 이시스는 더 이상 세트를 찌르지 않고 작살을 뽑았다. 그러자 분노한 호루스는 화가 머리끝까지 치밀어 어머니가 머리에 얹고 있던 신의 표지를 없애버렸다. 호루스의 패륜적 행위에 분노한 신들은 세트를 시켜 잠들어 있는 호루스의 눈을 뽑아 갈기갈기 찢어버리는데, 이를 하토르가 치료해 준다.

싸움이 길어지면서 나일강 일대는 점점 황폐화되었으나 승부는 좀처럼 판가름 나지 않았다. 끝없이 이어지는 싸움에 짜증이 난 세트는 신들의 법정에 자신의 처지를 호소했다. 오시리스의 살해범이 오히려 원고가 된 것이다. 교활한 세트는 논점을 이집트의 지배권으로 슬쩍 바꿔치기했다.

호루스는 오시리스의 아들인 자신이 이집트를 계승해야 한다고 주장했고, 세트는 자신이 실질적인 지배자임을 강조했다. 세트는 태양신 라의 배를 구해 준 적이 있는 터라 자신에게 유리한 판결이 나올 것이라 기대하며 음흉한 미소를 짓고 있었다.

그런데 재판장 태양신 라는 나이가 들면서 점점 우유부단해지고 있었다. 태양신이 손바닥 뒤집듯 판정을 번복하는 바람에 재판은 80년간이나 계속되었다. 재판이 진행되는 동안에도 호루스와 세트는 틈만 나면 상대를 쓰러뜨리기 위해 머리를 짰다.

호루스의 눈_고대 이집트 신화에서 매우 중요한 상징적 의미를 지닌 표식이다. 이는 오시리스의 아들인 호루스가 숙부 세트와의 왕권 다툼 중 잃었던 한쪽 눈을 의미한다. 이 손상된 눈은 지혜의 신 토트(혹은 하토르 여신)에 의해 기적적으로 회복되었으며, 이집트어로 '온전한 눈' 또는 '치유된 눈'을 뜻하는 우제트(Wadjet)로도 불렸다. 호루스의 눈은 단순히 신체의 일부를 넘어, 보호, 치유, 건강, 왕권 수호, 재생, 그리고 완전성을 상징하는 강력한 부적으로 인식되었다. 고대 이집트인들은 이 부적이 악을 물리치고, 질병으로부터 회복을 도우며, 사후세계에서의 부활을 가능하게 한다고 믿어 장신구, 벽화, 미라 장식 등에 널리 활용되었다.

난처해진 신들은 마침내 저승에 있는 오시리스에게 재판에서 증언해 줄 것을 청했다. 저승 세계에서 달려온 오시리스는 호루스가 이집트의 왕위를 물려받는 데 반대하는 자는 아무리 신이라고 해도 자신이 있는 곳으로 데려가겠다고 협박했다. 신들은 결국 호루스의 손을 들어주었다.

이 판결로 인해 신들의 세계에 새로운 질서가 만들어지게 되었다. 늙은 라는 호루스에게 태양신의 자리를 내주고 천계로 물러났으며, 오시리스는 저승 세계의 신으로서 인간들의 사후를 주관하게 되었다. 그리고 전쟁과 재판에서 모두 패하여 쇠사슬로 꽁꽁 묶인 세트는 폭풍과 바람의 신으로서 오시리스의 배를 모는 명을 받았다.

하토르와 세크메트

하토르는 고대 이집트에서 하늘, 사랑, 기쁨, 결혼, 춤, 아름다움 등 다양한 역할을 수행하는 여신으로, 주로 사랑과 미의 여신으로 숭배받았다. 세크메트는 하토르의 분신으로, 태양신 라의 뜻을 어긴 인간들을 징벌하기 위해 하토르가 사자의 모습으로 변해 무차별 살육을 자행했다.

하토르는 하늘, 사랑, 기쁨, 결혼, 춤, 아름다움 등 다양한 역할을 수행하는 여신으로 표현되는데, 주로 사랑과 미의 여신으로 숭배받는다.

하토르는 암소의 모습으로 그려지거나, 암소 뿔들 사이에 태양 원반이 얹힌 왕관을 쓴 사람의 모습으로 그려진다. '하토르'라는 이름은 '호루스의 집'이란 뜻이며, 이는 하늘의 여신으로서의 역할을 상기시킨다. 이집트에서 오시리스 신앙이 크게 번성하자, 신화 체계에도 변화가 일어났다. 이에 따라 하토르의 역할도 변하게 되었다. 즉 하토르는 이집트인들에게 대단히 인기가 높은 여신이어서 오시리스 신앙 속으로 편입되었던 것이다. 그래서 언제부턴가 하토르도 오시리스 신화에 등장하게 되었는데, 오시리스의 아들 호루스의 아내로 나타난다.

이집트의 제왕인 파라오들은 스스로를 '하토르의 아들'이라 칭했다. 파라오들은 당시에 이집트 사람들로부터 호루스와도 동일시되었던 바, 처음에는 파라오에게 우유를 주는 현실 속 하찮은 존재였지만, 사후에까지 우유를 주는 역할을 새롭게 맡으면서 위치가 격상되었다.

하토르는 태양신 라의 눈에 관한 전설에서는 인성(人性)이 부여되지 않은 채 단지 파괴적인 성질만을 갖는다. 이 전설에 따르면, 라는 자신을 거역할 역모를 꾸미고 있다고 생각되는 인간들을 파멸시키기 위해 하토르 여신을 파괴의 여신 세크메트

덴다라 하토르 사원의 하토르 여신의 부조_이집트 룩소르 인근에 있다. 하토르 여신은 호루스의 부인으로 사랑과 음악의 신으로 일컬어진다.

로 만들어 인간들에게 내려보낸다. 세크메트는 인간들을 닥치는 대로 잡아먹으며 어느덧 피의 맛에 취해 살육을 멈추지 않았다. 세크메트의 멈출 줄 모르는 살육으로 인류가 절멸될 지경에 이르자, 태양신 라는 결국 마음을 바꾸어 붉게 물들인 맥주로 홍수를 내어 대지를 피처럼 붉게 물들여 버린다. 이에 그녀는 술을 피로 잘못 알고 이를 마시기 위해 멈추어 섰고, 곧 술에 취해 버려 그 무서운 임무를 수행하지 못하게 되었다.

하토르는 종종 파피루스 갈대나 뱀, 혹은 시스트룸이라고 알려진 악기로 그려진다. 하토르상(像)은 이집트 건축에서 기둥머리를 장식하는 데에도 사용되었다. 중심 성소는 덴다라에 있으며, 이곳은 하토르가 숭배되던 초기부터 그 중심지였으며, 하토르 신앙의 기원지라고 할 수 있을 것이다. 하토르는 특히 덴다라에서는 풍요, 여성, 아이의 여신으로서의 역할과 관련하여 숭배된다. 테베에서는 태양신 라가 서쪽 지평선 밑으로 가라앉는 것과 관련해 '서역의 여인'이라는 이름 아래 죽은자의 여신으로 여겨졌다. 그리스인들은 하토르를 아프로디테와 동일시하였다.

세크메트는 고대 이집트 신화에 등장하는 암사자 머리를 한 파괴의 여신이다. 이야기에 따라서는 사랑과 미의 여신 하토르와 동일 인물로 그려지기도 한다. 반면에 남편인 프타는 창조의 신이다. 프타는 아내 세크메트와 농작물의 신이자 의술의 신인 아들 네페르템과 더불어 멤피스의 3신이며, 이집트의 신들 가운데 아몬, 라에 이어 제3위의 신으로 숭배되었다. 세크메트는 여성적인 힘의 화신이자 전쟁과 복수의 여신으로, 이집트 신화에서는 태양신 라가 세상을 파괴하기 위해 세크메트를 만들었으나 마음을 바꾸어 세크메트를 제지하였다고 한다. 세크메트는 인류에게 질병과 재앙을 가져다주는 공포의 여신이었으나, 반면에 추종자들에게는 질병의 치료법을 알려주는 의사의 신이기도 하였다.

세크메트는 라의 눈에서 뿜어져 나온 불길에서 탄생하였다고 하며, 아들은 향료의 신 네페르템이다. 고대 이집트에서는 파라오가 전투를 할 때면 세크메트의 가호를 받는다고 생각했다. 고대 이집트인들은 세크메트가 파라오가 땅에 떨어지는 일이 없도록 하고 불화살로 적을 파괴한다고 믿었다. 세크메트는 한낮의 태양이 내뿜는 불꽃과 같은 빛의 상징이었다. 이 때문에 세크메트는 '화염 부인'이라고도 불렸다. 사막의 바람과 함께 작열하는 태양은 당연히 죽음과 파괴의 상징으로 여겨졌다.

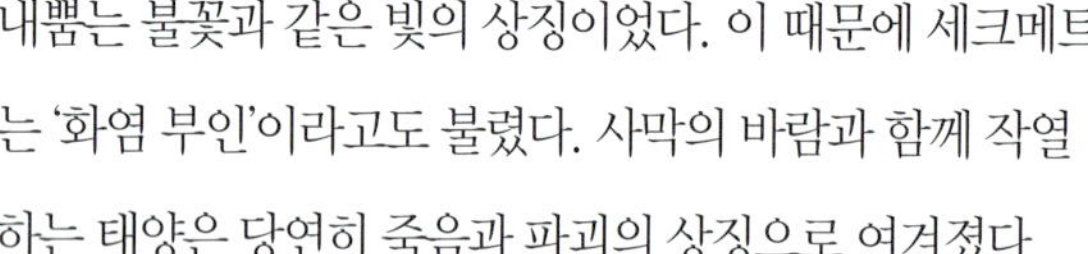

세크메트_파괴와 재생의 여신. 이름은 '강한 여성'을 뜻하며 본래는 라토폴리스의 여신이었다. 사랑과 아름다움의 여신 하토르의 분신으로 여겨지기도 한다.

저승의 신 토트와 아누비스

토트는 달의 신이자 달력 계산을 주관하는 신이었다. 이후 과학, 예술, 의학, 수학, 천문학, 점성술 등 지식과 지혜를 탄생시킨 학문의 신으로 발전했으며, 언어와 글을 발명하여 서기이자 통역의 신으로도 불렸다. 아누비스는 죽은 자를 오시리스의 법정으로 인도하며, 그들의 심장을 저울에 달아 살아생전의 행위를 판정하는 역할을 맡았다.

토트는 인간의 몸에 따오기 머리를 지닌 모습으로 그려지기도 한다. 그는 지혜의 신으로, 문자를 쓸 수 있어 신들의 세계에서 서기 역할을 담당했다. 고대 이집트 도시 헤르모폴리스에서는 최고 신으로 여겨지기도 했다. 명계의 신 오시리스의 법정에는 '라의 천칭'이라 불리는 저울이 있어 죽은 자의 심장 무게를 쟀는데, 토트는 저울 옆에서 측정 결과를 갈대 펜으로 파피루스에 기록하는 일도 맡고 있었다. 토트가 기록한 결과는 오시리스에게 보고되었고, 이 기록이 죽은 자가 천국으로 갈 수 있는지의 여부를 결정하는 기준이 되었다고 한다. 그는 또한 눈금을 새긴 갈대를 들고 시간의 순환을 상징하는 달 모양 원반을 쓴 모습으로 형상화되기도 하는데, 이때의 토트는 시간의 측정자를 의미한다.

토트는 우주의 조화신으로서 말[發話]을 통해 스스로 탄생한 것 외에 출생이나 신분에 관해서는 여러 기록이 전해진다. 《피라미드의 서》에는 라의 맏아들, 대지의 신 게브와 하늘의 여신 누트의 아들, 사랑과 여성의 신 이시스와 남매지간으로 등장하기도 한다. 보통 지식과 지혜의 신, 정의의 신 등으로 불린다.

아누비스는 자칼 머리에 인간의 몸을 가진 고대 이집트의 죽은 자들의 신이다. 가끔 그의 모습은 자칼 그대로의 모습으로 그려질 때도 있다. 세트의 아내인 네프티스가 오시리스를 사랑하여 오시리스에게 술을 먹인 뒤 그와 관계하여 아누비스

토트와 아누비스_토트는 지혜, 기록을 관장하며 신들의 서기로서 죽은 자의 심판 결과를 기록하고, 아누비스는 죽은 자를 명계로 인도하여 심장 무게 측정 의식을 감독하는 중요한 역할을 수행한다.

를 낳았다. 이후 외간 남자와 관계하여 낳은 아이인 아누비스는 세트에게 목숨을 위협받게 되자 이모인 이시스가 키워 줬다고 한다.

세트가 오시리스를 살해하고 상자에 담아 나일 강에 띄운 뒤 다시 상자를 찾아 시체를 13개 토막으로 잘라 들판에 뿌리자, 네프티스는 세트를 버리고 언니 이시스를 도와 조각난 시신을 수습하여 오시리스를 부활시켰다. 이때 아누비스가 갈기갈기 찢겨진 오시리스의 몸을 복원시키고 방부 처리를 하여 이집트에서 처음으로 미라를 만든 신으로 여겨지고 있다.

그 뒤 아누비스가 맡은 일은 오시리스가 있는 저승에서 죽은 자의 영혼을 심판하는 것이었다. 그는 자신이 가지고 있는 진실의 깃털과 죽은 자의 심장 무게(이집트인들은 인간의 혼이 심장에 머무른다고 여김)를 천칭에 달아 비교해 죽은 자의 혼이 깨끗

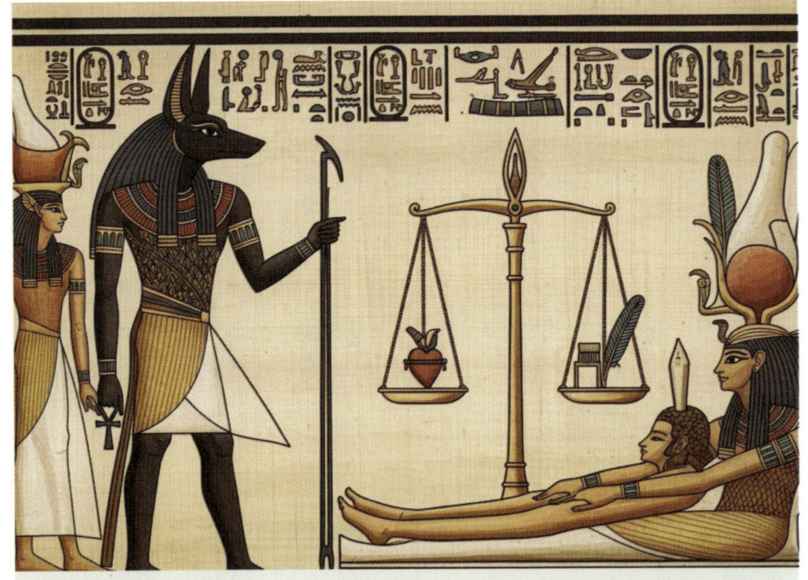

사자의 서와 심장 측정 의식

사자의 서는 고대 이집트인들이 사후 세계를 무사히 통과하기 위해 필요한 주문과 안내를 담은 일종의 안내서이다. 이집트 신화에서 죽은 자가 영원한 삶을 얻기 위해서는 '두아트'라 불리는 지하 세계를 거쳐 오시리스 신 앞에서 '심장 측정 의식'이라는 최종 심판을 받아야 했다. 이 심판의 과정에서 죽은 자의 영혼은 저승의 신 아누비스의 인도를 받아 오시리스의 법정에 서게 된다. 아누비스는 죽은 자의 심장(이집트인들은 심장에 인격과 양심이 깃든다고 믿었다)을 저울의 한쪽에 올려놓고 다른 한쪽에는 진리와 정의, 우주의 질서를 상징하는 마아트 여신의 깃털을 올려 무게를 쟀다. 만약 죽은 자의 심장이 마아트의 깃털보다 무거우면, 이는 그가 생전에 악행을 저질러 죄와 욕심으로 가득 찼음을 의미했다. 이 경우, 그 심장은 하마, 사자, 악어의 모습을 합친 괴물 암무트(Ammit)에게 잡아먹히게 되고, 해당 영혼은 영원한 소멸을 맞아 영생을 얻지 못했다. 반대로 심장이 깃털과 같거나 더 가벼우면, 그 영혼은 깨끗하고 정의로운 삶을 살았다고 인정받아 오시리스의 축복 아래 영생을 누릴 수 있었다. 토트 신은 이 모든 과정을 기록하는 역할을 했다.

아누비스 형상의 기원과 의미_고대 이집트 신 아누비스의 검은 자칼 머리 형상은, 무덤이 늑대나 들개에 의해 파헤쳐지는 현상에 대한 본능적인 두려움을 극복하고 망자를 사후 세계로 인도하는 긍정적인 수호자로서 자칼을 투영한 결과이다. 아누비스는 악신이 아닌 죽은 자를 지키는 신이며, 이 외에도 주인을 보호하는 개처럼 망자를 지켜주길 바라는 마음에서 개과 동물의 머리를 하게 되었다는 설도 전해진다.

한지 더러운지의 여부를 판가름한다. 이때 더러운 혼으로 가득한 심장은 아래로 떨어져 거대한 괴수인 암무트에게 잡아먹힌다고 한다.

아누비스가 검은 자칼 머리를 하고 있는 이유에 대해서 다음과 같은 이야기가 전해지고 있다. 고대 이집트 무덤은 우리가 흔히 생각하는 피라미드가 아닌 보통 무덤이었다. 아랍어로 마스타바라고 부르는데, 이렇게 분묘를 조성해 두면 배고픈 늑대나 들개, 하이에나들이 무덤을 파헤쳐 시체를 뜯어먹는 일이 빈번한 데서 자칼이나 하이에나에 대한 본능적인 두려움이 생겼고, 이 두려움을 긍정적으로 극복하는 과정에서 사후 세계로의 인도자로서의 자칼 신 아누비스가 탄생했던 것이다. 다만 어디까지나 자칼에 대한 두려움이 있었을 뿐이지 아누비스가 악신인 것은 아니다. 아누비스가 악신으로 오해받는 것은 고대 이집트 문명의 사후 세계관에 대한 이해도가 부족한 사람들이 기독교의 지옥과 일치시키면서 나타난 오류이다.

고대 이집트를 다룬 어떤 서적에서 제시하는 또 다른 설로는 주인을 지키는 개처럼 죽은 사람을 지켜주길 바라는 마음에서 개과의 머리를 하게 되었다는 설도 있다. 토트와 아누비스는 그리스 신화에서 제우스의 아들이자 전령의 신인 헤르메스와 동일시된다.

페르시아 문명의 신화

페르시아 신화는 이란의 유구한 역사와 함께 발전하며 중동 지역의 신화에 지대한 영향을 미쳤다. 현재는 그리스어 유래의 '페르시아 신화' 대신 '이란 신화'로 불리는 추세이다. 인도로 남하한 아리아인들과의 공통된 뿌리로 인해 초기 페르시아 신화는 베다 시대 인도 신화와 많은 유사점을 공유한다. 이 신화의 주요 골격은 바루나와 미트라, 아후라 마즈다와 앙그라 마이뉴의 대립, 그리고 주르반 창세 신화 등으로 구성된다. 특히 조로아스터교의 최고 신인 아후라 마즈다(선과 빛)는 앙그라 마이뉴(악과 어둠)와의 대결을 통해 이분법적 세계관을 형성했다. 이는 인간이 선과 악 중 하나를 선택해야 한다는 당시의 지배적인 사상이었다. '일정 시기'를 의미하는 주르반은 바로 이 아후라 마즈다와 앙그라 마이뉴 쌍둥이 신을 낳은 창조자로 숭앙받는다.

바루나와 미트라

바루나와 미트라는 고대 아리아인들이 숭배하던 매우 중요한 신이었다. 이들은 아리아만과 더불어 주신으로 추앙받았으며, 특히 그중에서도 최고 신의 위치를 차지했다. 페르시아(이란) 지역에서는 오랫동안 이 두 신이 함께 숭배되며 주신의 자리를 굳건히 누렸다.

바루나는 고대 페르시아(이란)와 인도 지역의 창조신으로, 천공의 신으로 일컬어지고 있다. 고대 아리아인의 주신으로서 신들 중 가장 높은 지위를 가졌었다. 하지만 인도 지역에서는 인드라 신앙이 생기면서 신들의 격이 떨어졌고, 힌두교의 3주신이 성립되면서부터는 그 존재가 미미해졌다.

바루나는 조로아스터교 탄생 이전에 이 지역에서 군림했던 아수라계 신족의 뿌리이다. 고대 페르시아에서는 데바와 아수라의 세력 경쟁에서 아수라계가 승리했고, 인도에서는 반대로 데바계가 아수라계를 이겼기 때문에 두 계열의 신 사이에 차이가 생긴 것이다.

미트라는 바루나와 상보관계(상호 보완하여 힘을 나타내는 현상)에 있는 신이다. 두 신은 서로 협력할 때 더욱 완벽해진다고 하며, 부분적으로는 동일 신격을 공유하는 측면까지 보인다. 두 신은 전쟁과 승리의 신인 베레트라그나와 상관관계(사건과 사건 또는 현상과 현상 사이에 나타나는 특정한 관계)에 있는 신이라 전해지며, 인간이 죽었을 때 정의의 신 라슈누와 함께 영혼의 운명을 결정지었다고 한다.

미트라는 태양을 상징하는 신으로, 미트라교에서는 천지를 창조한 창조신으로 나온다. 미트라는 로마 제국 후반기에 군인들 사이에서 폭풍 같은 인기를 끌었는데, 이는 조로아스터교 때부터 굳어지기 시작한 군신(軍神)의 이미지 때문이었다.

미트라 부조상_젊고 힘찬 모습의 미트라가 황소를 제압하여 칼로 가슴을 찌르는 장면을 묘사한다. 그의 머리 위에는 해와 달이 있고, 희생된 황소 주변으로는 피를 받아먹는 개와 뱀, 그리고 황소의 후손에게 독을 뿌리려는 전갈이 함께 그려져 있다.

그와 동시에 로마 황제도 미트라를 좋아했다. 그 이유는 로마 황제의 심벌 중 하나가 태양이었는데, 미트라가 무적의 태양신이었기 때문이다. 또한 로마의 주요한 조약 체결 시에 대상자들이 미트라의 신전에 가서 조약을 맺었다.

미트라교 창조 신화에 의하면, 미트라가 황소를 죽임으로써 식물과 동물이 만들어졌다고 말한다. 즉, 황소를 제물로 바침으로 지구 생물계의 창조가 시작된 것이다. 이 희생제에는 창조뿐만 아니라 미트라교의 신비와 비밀이 담겨 있다. 해마다 반복되는 희생제의 의미는 세계의 죽음과 생명의 반복을 상징한다.

미트라교와 조로아스터교의 창조론과 종말론은 매우 비슷하다. 조로아스터교에서도 유일신 아후라 마즈다가 처음으로 만든 창조물이 키유마르스라는 황소에서 나온 사람이다.

조로아스터교의 창조론에서는 모든 사람이 키유마르스의 등에서 나왔으며, 모든 동물과 식물은 유일한 창조물인 황소에서 나온 씨를 통해 만들어졌다고 한다.

조로아스터교와 미트라교의 황소 창조 신화_조로아스터교와 미트라교의 창조론은 악신 아흐리만으로부터 영향을 받아 병들어 죽게 된 원초적 황소를 통해 모든 식물과 동물이 탄생한다는 공통된 서사를 공유한다. 조로아스터교에서는 황소의 씨가 달을 거쳐 비와 함께 땅에 뿌려져 생명을 낳았다고 보는 반면, 미트라교에서는 선과 악의 중재자인 미트라가 황소를 죽여 그 안에 잉태된 생명을 살려냄으로써 창조를 완성했다고 전한다.

이 황소가 아후라 마즈다의 대적자인 악신 아흐리만에 의해 병들어 죽게 되었으나 황소에서 나온 씨가 달로 옮겨져 그곳에서 자라 비와 함께 땅에 흩뿌려지고 그로부터 식물과 동물들이 창조되었다는 것이다. 미트라교의 창조설에 따르면 유일한 창조물인 황소는 모든 식물과 동물을 임신한 상태였다. 그러나 아흐리만에 의해 병들어 죽을 처지에 놓인다. 그러자 선과 악의 중재자였던 미트라는 황소가 잉태한 모든 식물과 동물을 살리기 위해 황소를 죽인다. 결국 선악의 중재자인 미트라를 통해서 창조가 완성된다.

페르시아 창세 신화

페르시아 신화는 현재 이란 및 주변 중동 지역에 전해지는 신화를 일컫지만, '페르시아'가 그리스어 유래이기에 이제는 '이란 신화'라고 부르는 추세이다. 주르반은 '일정 시기 또는 시대'라는 뜻에서 유래한 신으로, 조로아스터교의 일부 신자들에게 숭배되었다. 그는 선신 아후라 마즈다와 악신 앙그라 마이뉴라는 두 쌍둥이 신을 낳은 최초의 신이자 창조자로 여겨진다.

페르시아 신화는 이란 역사만큼이나 오래된 신화로서 이란이나 조로아스터교뿐만 아니라 당시 다른 지역의 신화에도 지대한 영향을 끼쳤다. 초기 페르시아 신화와 베다 시대의 인도 신화는 상당히 닮은 부분이 많았는데, 이는 인도로 남하한 아리아인들이 페르시아인과 같은 뿌리였기 때문이다. 페르시아 신화라고 하면 조로아스터교 성립 이전 고대 아리아인의 신화, 조로아스터교의 신화, 그리고 이슬람교 도래 이후의 신화를 한데 묶어서 말하지만, 좁은 의미로는 이슬람교 도래 이전의 신화들을 가리킨다.

아후라 마즈다는 페르시아(이란) 제국의 조로아스터교 최고 신이다. 페르시아인들은 이 세상을 선(善)과 빛의 신 아후라 마즈다와 악(惡)과 어둠의 신 앙그라 마이뉴의 대결로 보았다. 당시 페르시아인들은 인간은 선과 악 가운데 하나를 선택할 수 있다고 믿었다. 이러한 이분법은 나와 너, 친구와 적, 이익과 손해로 극명하게 갈리는 단순하지만 힘이 센 당시의 사상이었다. 아후라 마즈다는 세상(우주)의 법칙과 질서를 창조하였고 그것을 유지하였다. 그는 세상을 움직이기 위해 선과 진리, 빛과 생명을 택하고, 사악한 영 앙그라 마이뉴(아리만)는 죽음과 어둠을 취했다. 이에 따라 세상의 역사는 이들 쌍둥이 영(靈)의 투쟁으로 이루어지게 되었다. 1만 2천 년 후에 아후라 마즈다와 앙그라 마이뉴가 최후의 결전을 벌이고 치열한 접전

아후라 마즈다와 앙그라 마이뉴의 부조_고대 페르시아 신화는 선(善)과 악(惡)의 두 원리가 공존하는 이원론적 세계관을 바탕으로 한다. 이 신화 체계에서 아후라 마즈다는 선과 빛을 상징하며, 악령인 앙그라 마이뉴와 끊임없이 대립한다. 이러한 대립 구도는 페르시아인들이 겪었던 정치적 갈등과 상호작용하며 '창조와 파괴'의 병행을 아후라 마즈다에 의해 최종적으로 완결시키려는 사상적 시도로 발전하였다. 이는 신화가 당대 사회상을 반영하며 철학적 의미를 부여하는 양상을 보여준다.

끝에 끝내는 선신(善神)이 승리한다. 신의 세계에서도 인과의 법칙이 따르는지 아후라 마즈다를 따르는 사람은 구원받아 천국에 태어나고 악신의 추종자는 버림받는다. 이러한 조로아스터교의 교리는 훗날 성서에서 그리스도와 적그리스도의 대결로 변신한다. 이분법이 종교에 깊은 그림자를 드리운 것이다.

주르반의 창세 신화에는 이슬람 초기 아랍인들의 세계관이 잘 나타나 있다. 세상 만물이 창조되기 전의 혼돈의 시대인 태초에 위대한 신 주르반이 있었다. 주르반은 양성(兩性)을 가진 신으로, 세계 만물을 창조할 자식을 낳고자 천 년간 번제(제물을 불에 태워 그 향기로 신(세상)을 기쁘게 해 드리는 제사)를 올렸다. 그토록 지성으로 드린 번제에도 불구하고 자식이 생길 기미가 보이지 않자 주르반은 자신의 정성을 의심하기에 이른다. 바로 그 순간 주르반에게 그토록 고대했던 자식인 아후라 마즈다와 앙그라 마이뉴가 동시에 잉태되었다. 번제에서 아후라 마즈다가, 의심에서 앙

주르반_고대 조로아스터교의 한 분파인 주르반교에서 숭배되던 신으로, '일정한 시기 또는 시대'를 뜻하는 아베스타어에서 유래했듯이 시간을 인격화한 원시 창조신이자 선과 악을 상징하는 아후라 마즈다와 앙그라 마이뉴 쌍둥이 신을 낳은 제일원리로 여겨진다.

그라 마이뉴가 잉태되었다. 임신한 사실을 깨달은 주르반은 먼저 태어나는 자식에게 세상의 주인이 될 권리를 주기로 작정한다. 순리대로라면 아후라 마즈다가 먼저 태어나야 했지만, 낌새를 눈치챈 앙그라 마이뉴가 주르반의 자궁을 찢고 안에서 먼저 튀어나왔다.

조로아스터교의 기본 경전인 《아베스타》에서는 주르반을 고대 세계의 여러 신들 중 하나로 소개하지만 그의 존재에 대해서는 자세히 다루지 않는다. 특히 서기 9세기에서 10세기 이후 조로아스터교 관련 문헌에서는 주르반 자체가 거의 언급되지 않는다. 주르반을 구체적으로 언급한 시기는 대부분 사산 왕조 시대, 그것도 이란 본토의 기록보다는 시리아, 아르메니아, 그리스의 기독교도 기록자들이나 이슬람 초기 아랍 기록자들의 기록에서 나타난다. 그 신의 이름까지 나와 있지는 않지만, 이 기록을 주르반을 다룬 설명으로 가정하면 주르반 신앙의 태동은 최소 아케메네스 왕조 시대까지 거슬러 올라가야 하지만, 기타 기록이 대부분 사산 왕조 시대의 것이므로 대부분의 학자들은 주르반 신앙이 본격적으로 나타나는 시기는 사산 왕조 시대라고 보고 있는 것이다.

로스탐의 칠난도

로스탐은 페르시아의 잘과 뱀왕 자하크의 후손인 루다베 사이에서 태어난 영웅이다. 그는 그리스 신화의 헤라클레스처럼 칠난도의 길을 선택하여 모험을 떠난다.

로스탐은 어머니 루다베의 배를 갈라(제왕절개) 태어났다. 그는 성장하며 서서히 용맹한 사자처럼 단단한 신체와 강인한 힘을 지녀, 갈고리가 달린 철퇴를 거뜬히 휘두르며 코끼리를 손쉽게 죽이곤 했다. 그는 몸이 무거워 그 어떤 말도 그를 견디지 못했는데, 라크시라 불리는 망아지가 그를 거뜬히 태워 죽을 때까지 로스탐의 애마로 고락을 함께했다.

당시 이란과 투란(중앙아시아의 한 나라)은 적대적 관계로 치열한 전쟁을 치르던 중이었다. 어느 날 카이 쿠바드가 잘에게 사신을 보냈다. 사신은 잘에게 마잔다란이 악귀에게 침범을 당하여 고통을 겪고 있으니 마잔다란을 도와달라는 쿠바드의 간곡한 부탁을 전했다. 잘은 아들 로스탐을 불러 마잔다란의 악귀를 물리칠 것을 명한다. 그러면서 로스탐에게 마잔다란으로 가는 길은 두 갈래로, 하나는 안전하지만 먼 길이고 다른 하나는 가깝지만 위험해서 칠난도(일곱 가지의 시련)라고 불리는 길이니 자신 있는 길을 선택해 가라고 한다. 그러자 로스탐은 칠난도를 선택하여 모험을 떠난다.

로스탐은 기나긴 모험의 길을 가다 지쳐 명마 라크시의 등에서 내려 잠깐 잠을 청했다. 그때 사나운 사자가 나타나 곤히 잠에 빠져 있는 로스탐을 해치려 했다. 이를 지켜본 라크시는 주인을 지키기 위해 사자에게 덤벼들었다. 난폭하게 사자에

주인 로스탐을 돕는 명마 라크시_로스탐의 첫 번째 시련은 그의 애마 라크시의 충성심을 통해 극복되었다. 고된 여정 중 잠시 휴식을 취하던 로스탐이 사나운 사자의 위협에 처하자 그의 명마 라크시는 주인을 보호하기 위해 사자를 제압했다. 잠에서 깨어 이 사실을 알게 된 로스탐은 라크시의 활약으로 첫 번째 난관을 성공적으로 헤쳐나간 것을 기뻐하며, 이는 로스탐 서사에서 영웅과 그의 충직한 조력자 간의 유대를 상징적으로 보여준다.

게 달려가 뒷발굽으로 사자를 걷어차자 사자는 그 자리에서 쓰러지고 말았다. 잠에서 깬 로스탐은 이 사실을 알고 라크시를 끌어안고 첫 번째 시련을 무사히 넘긴 것을 기뻐하였다.

잠시 사자의 공격을 받아 지체된 시간을 벌고자 로스탐은 발걸음을 재촉해 곧 거대한 사막에 들어서게 된다. 그러나 끝없이 펼쳐지는 사막에서 로스탐과 라크시는 타는 듯한 갈증으로 탈진하여 죽기 직전에 이르게 된다. 죽음의 그림자가 서서히 로스탐 일행을 덮쳐오자 그는 간절한 마음으로 신에게 기도를 드려 물을 원했다. 그러자 태양 아래서 난데없이 양이 지나가는 것이었다. 로스탐은 양의 인도로 오아시스에 도착하여 겨우 목숨을 건진다.

사막의 폭염 속에서 무사히 위기를 넘긴 로스탐은 밤이 되어 잠을 청했다. 이때 숲에서 사나운 용이 나타나 로스탐에게 거칠게 달려들었다. 그 용은 로스탐의 할아버지 삼 나리만 장군이 포플러 화살로 죽인 용의 손자였다. 용이 나타나자 라크

용과 싸우는 로스탐과 명마 라크시_로스탐은 사막의 혹독한 더위를 이겨낸 후 휴식을 취하던 밤, 할아버지가 처치했던 용의 손자인 사나운 용과 마주한다. 용이 나타날 때마다 그의 명마 라크시가 경고하여 로스탐을 깨웠으나 용은 감쪽같이 사라지기를 반복했다. 이에 로스탐은 의도적으로 잠든 척하며 용을 유인하였고, 용이 다시 모습을 드러내자 라크시의 도움을 받아 용과 치열한 격투를 벌여 마침내 검으로 물리침으로써 또 하나의 시련을 극복했다. 이 사건은 로스탐의 지혜와 용맹함뿐 아니라 라크시의 맹렬한 충성심을 다시 한번 부각시킨다.

시가 소리를 질러 로스탐을 깨웠다. 그러자 용은 감쪽같이 사라지고 잠에서 깬 로스탐은 다시 잠을 청했다. 로스탐이 잠든 것을 보고 사라졌던 용이 다시 나타나자 라크시는 또다시 로스탐을 깨웠다. 하지만 용은 또다시 모습을 감췄다. 번번이 용이 나타났다 사라지는 바람에 화가 난 로스탐은 일부러 용에게 보이려고 잠을 자는 척했다. 그러자 기다렸다는 듯이 엄청난 빛을 뿜으며 용이 모습을 드러냈다. 만반의 준비를 하고 있던 로스탐은 용과 사력을 다해 격투를 벌였다. 이때 라크시도 주인을 도와 용의 꼬리를 물었고 로스탐은 검을 휘둘러 용을 물리쳤다.

용을 처치한 뒤 로스탐은 꽃이 가득한 아름다운 녹색의 땅에 이르렀다. 그곳에는 로스탐을 위해 진수성찬이 펼쳐졌고 악기와 술잔이 그의 눈에 띄었다. 로스탐이 악기를 연주하며 노래를 부르자 매력적인 여마법사가 나타나 로스탐의 옆자리에 앉으며 술을 권했다. 로스탐은 그동안의 악전고투를 보상받듯 사막에서 펼쳐지는 감미로운 향연에 빠져들며 미녀가 따라주는 술잔을 받았다. 그러나 기쁨도 잠

유혹과 극복_로스탐은 용과의 사투를 마친 후, 아름다운 꽃이 만발한 녹색 땅에서 풍성한 향연과 함께 여마법사의 유혹에 직면한다. 악전고투 끝에 맞이한 감미로운 휴식의 순간, 미녀가 권하는 술잔에 취해가던 로스탐이 신에게 감사 기도를 올리자 여마법사는 본색을 드러내며 검은 악마의 모습으로 변한다. 이에 로스탐은 놀라면서도 침착하게 악마를 결박하고 제압함으로써 쾌락과 위장된 위험이라는 또 다른 시련을 영웅적인 기지로 극복하였다.

시, 그가 신의 이름을 부르며 감사의 기도를 올리자 미녀의 모습은 서서히 변해 검은 악마의 모습이 그 앞에 나타났다. 깜짝 놀란 로스탐은 밧줄을 던져 악마를 꼼짝 못 하게 결박하고는 검을 휘둘러 악마를 제압했다.

천신만고 끝에 겨우 사막을 통과한 로스탐은 마잔다란에 도착했다. 잠시 라크시에서 내려 쉬던 중 라크시가 난동을 부려 농작물을 망치고 말았다. 이에 화가 난 일꾼들이 그에게 입에 담지 못할 심한 욕을 하자 로스탐은 자비 없이 이들을 처치했다. 그러자 이들을 지배하던 올라드가 부하를 이끌고 나타나 로스탐을 공격했다. 로스탐은 이들을 간단히 물리치고 올라드를 밧줄로 결박하고는 주변의 정보를 얻기 위해 그를 심문했다. 로스탐은 심문을 통해 아르장이라는 악마가 카이 쿠바드를 동굴에 감금했다는 사실을 알게 된다.

카이 쿠바드를 구출하기 위해 로스탐은 동굴로 들어갔다. 그곳에서 악마의 군대와 마주친 그가 산과 바다를 뒤흔드는 함성을 지르자 악마의 군대는 혼비백산하여

마잔다란 원정 및 일곱 시련의 종결_로스탐은 마잔다란에 도착하여 올라드를 제압하고, 카이 쿠바드 왕이 악마 아르장에게 감금되었음을 알아낸다. 그는 동굴에서 악마들을 물리치고 왕과 용사들을 구출했으나, 마법으로 잃은 시력을 회복시키기 위해 강력한 하얀 악마의 피가 필요했다. 로스탐은 하얀 악마와의 격렬한 전투 끝에 승리하여 그 피로 시력을 되찾아주며, 이로써 일곱 시련을 성공적으로 완수하였다.

도망쳤다. 함성에 놀랐던 아르장이 곧 전열을 가다듬어 로스탐에게 달려들었지만 로스탐은 간단히 아르장을 제압한다. 로스탐이 감금된 카이 쿠바드와 용사들을 구출했지만 그들은 이미 악마의 마법으로 시력을 잃은 상태였다. 이를 치료하기 위해선 이들을 제압한 하얀 악마의 피가 필요했다. 로스탐은 카이 쿠바드 일행의 시력을 찾아주기 위해 하얀 악마를 잡으러 간다.

하얀 악마는 강한 힘을 가졌고 마법에도 능했으며 마잔다란을 정복한 강력한 악마였다. 로스탐도 처음엔 하얀 악마를 보고 겁을 먹었지만 곧 용기를 내어 용호상박의 격렬한 접전을 벌인 끝에 겨우 하얀 악마를 쓰러뜨린다. 로스탐은 악마의 심장에서 나온 피로 카이 쿠바드와 사람들을 치료해 그들의 시력을 찾아준다. 그러고는 하얀 악마의 머리를 그의 투구로 삼는다. 이로써 로스탐은 일곱 시련을 무사히 벗어나게 된다.

로스탐은 모험 중 사망간 지방(아프가니스탄)의 왕의 딸인 타흐미나 공주를 만나 그녀와 결혼하게 된다. 로스탐은 사망간 왕국을 떠나서 다시는 돌아오지 못했는데, 그가 떠나기 전에 로스탐은 임신 중인 타흐미나에게 자신의 완장을 증표로 주고 훗날 아들이 태어나면 그 완장을 물려주라는 말을 남긴다. 타흐미나는 곧이어 아들을 낳고 이름을 수흐랍이라고 지어주었으며, 수흐랍은 투란의 용장으로 자라났다.

세월이 흘러 수흐랍이 성인이 되자 투란의 군대가 페르시아에 다시 쳐들어간다. 이때 수흐랍은 페르시아를 유린하면서 자신의 아버지를 찾았다. 하지만 로스탐이 이끄는 페르시아 군은 매일같이 투란의 맹장들을 처치하고 있었고, 수흐랍은 밀정을 보내는 등 다양한 방법으로 적장의 정체를 밝혀내려다가 번번이 실패로 끝났다. 결국 수흐랍은 적장과 일기토(말을 탄 무사가 일대일로 싸우는 것)를 신청했다. 결국 로스탐과 수흐랍은 갑옷을 단단히 갖춰 입고 사흘 밤낮을 싸웠다. 결국 수흐랍은 적장의 강력한 일격에 가슴에 치명상을 입고 쓰러지는데, 죽기 직전에 자신을 죽인 적의 이름을 묻는다. 그리고 자신을 찌른 적장이 로스탐이며 그가 자신의 아버지임을 확인하고 죽는다. 로스탐이 수흐랍의 투구와 갑옷을 벗기자 놀랍게도 수흐랍이 차고 있는 완장이 과거 아내에게 준 그 완장이었음을 확인하게 된다. 로스탐은 자신이 친아들을 죽였다는 것을 알고는 가슴을 쥐어뜯으며 통곡하였다.

로스탐_페르시아 신화의 최고 영웅으로 간주되며, 서사시 '샤나메(왕서)'에 등장하는 거대한 힘과 용기를 지닌 전설적인 인물로, 탄생과 동시에 산속에 버려졌다가 동물의 도움을 받는 서사를 가지며 이란 및 중앙아시아 지역에서 널리 불리는 이름이다.

파리둔과 자하크

페르시아 신화에서 자하크는 어깨에 돋은 뱀에게 인간의 뇌를 먹이던 흉측한 괴물 왕으로, 천 년간 이란을 폭정으로 다스렸다. 이에 맞서 영웅 파리둔은 대장장이 카베와 힘을 합쳐 자하크에 반란을 일으켰고, 그를 격파한 뒤 알보르즈 산에 구금하였다. 이후 파리둔은 왕위에 올라 500년간 선정을 베풀며 평화를 정착시켰다.

파리둔은 페르시아 전설에 나오는 영웅이자 고대 이란의 전설적인 왕이다. 어느 날 악마의 신 앙그라 마이뉴가 아랍의 왕자를 부추겨 아버지를 죽인 뒤 왕위를 차지하라고 유혹하였다. 악마의 유혹에 넘어간 왕자는 아버지인 마르다스 왕을 살해한 뒤 왕좌에 올랐다. 이 패륜적인 왕자가 바로 자하크다.

왕에 오른 자하크를 축하하기 위해 요리사로 변신한 앙그라 마이뉴가 그에게 산해진미를 해서 바치자 자하크는 크게 기뻐하였다. 자하크는 자신에게 그토록 큰 즐거움을 안겨준 요리사에게 뭔가를 보답하고 싶어 원하는 소원을 물었다. 그러자 앙그라 마이뉴는 자하크의 양 어깨에 입맞춤을 하게 해달라고 소원을 청했고, 자하크는 이를 수락한다. 그런데 앙그라 마이뉴가 자하크의 어깨에 입을 맞춘 순간부터 그의 양 어깨에서 검은 뱀 두 마리가 자라나기 시작했다. 뱀은 아무리 잘라내도 죽지 않고 다시 자라났다.

자신의 어깨에서 뱀이 자라는 모습에 당황한 자하크 앞에 이번에는 명의(名醫)로 변한 앙그라 마이뉴가 나타나 뱀을 길들이려면 인간의 뇌를 먹이는 수밖에 없다고 조언했다. 자하크는 이 말에 따라 매일 두 사람을 죽여 그 뇌를 뱀에게 먹이로 주었다.

그 무렵 이란에서는 7백 년 동안 선정을 베풀던 자무시드 왕이 만년에 타락하여

폭군의 기원과 악마의 저주_페르시아 전설 속 영웅 파리둔의 대척점인 자하크는 악마의 신 앙그라 마이뉴의 유혹으로 친부인 마르다스 왕을 살해하고 왕좌를 찬탈한 패륜적 존재이다. 왕위에 오른 그에게 앙그라 마이뉴는 요리사로 변신하여 산해진미를 바쳤고, 자하크의 소원에 따라 그의 양 어깨에 입맞춤으로써 검은 뱀 두 마리를 돋아나게 하는 저주를 내렸다. 이 뱀들은 끊임없이 재생되었으며, 앙그라 마이뉴는 다시 명의로 변장하여 이 뱀들에게 매일 두 명의 인간 뇌를 먹여야 한다고 속삭였다. 이는 자하크를 극악무도한 폭정의 길로 이끌었으며, 그의 잔혹한 통치의 서막이 된다.

인심을 잃고 있었다. 호시탐탐 기회를 노리고 있던 자하크는 자신의 군대를 파견하여 자무시드 왕을 체포하고 이란을 정복해 버린다. 자무시드 왕의 딸인 샤하르나즈와 아르나와즈도 자하크의 군대에게 포로가 되었다. 포로로 잡힌 이란의 젊은이들은 매일 두 명씩 뱀의 먹이로 희생되었다. 어느 날, 재치 있는 요리사가 양의 뇌를 인간의 것으로 속여 자하크의 제물로 희생될 뻔한 젊은이 한 명을 탈출시켰는데, 그의 자손들이 바로 쿠르드인이라고 한다. 이렇게 자하크의 폭정은 1천 년이나 이어졌다.

어느 날, 자하크는 꿈속에서 파리둔이라는 자가 자신을 쓰러뜨리게 될 것이라는 계시를 듣는다. 자하크는 잠에서 깨자마자 부대에 명해 파리둔이 성장하기 전에 그를 찾아내 죽이라고 한다. 이에 자하크의 군사들은 파리둔을 찾기 위해 전국을 샅샅이 수색하기 시작했다.

자하크가 그토록 찾고 있는 파리둔은 왕가의 자손으로서 아버지는 자하크의 손에 죽음을 당했다. 자하크의 꿈과 수색에 관한 소문을 들은 파리둔의 어머니 파라나크는 암소 비르마야의 젖으로 아들을 키워 마왕의 손이 미치지 못하는 곳으로 아들을 데리고 도망쳤다. 엘부루스 산의 은자(隱者)에게 맡겨진 파리둔은 은자의 가르침을 받으며 훌륭한 젊은이로 성장했다. 열여섯 살이 되어 산을 내려온 파리둔은 자신의 출생에 얽힌 얘기를 듣고 사악한 마왕을 타도하고야 말겠다고 굳게 결의했다.

이 무렵 카베라는 대장장이가 "자하크의 꿈에 나온 파리둔을 왕으로 추대하여 마왕을 타도하자"고 사람들에게 호소하며 군사를 일으켰다. 그는 창끝에 대장장이의 가죽 앞치마를 묶어 깃발로 삼았다. 파리둔은 두 형과 함께 이 군대에 합류하여 열렬한 환영을 받았다. 파리둔은 카베에 의해 왕으로 추대되며 카베의 깃발을 황금, 비단, 보석으로 장식했다.

파리둔은 성스러운 암소 비르마야의 머리를 본뜬 창을 들고 작은 산만한 크기의 말을 타고 군대의 선두에 섰다. 진군 도중에 아름다운 젊은이로 변신한 천사가 파리둔에게 나타나 마법을 푸는 방법을 가르쳐주었다. 아르완드 강(티그리스 강)에 이르자 파리둔은 자하크를 두려워하는 나룻배 사공의 경고를 무시하고 그를 따르는 사람과 말을 이끌고 모두 헤엄쳐 무사히 강을 건넌다.

이윽고 파리둔의 군대는 예루살렘의 궁전에 도착했다. 파리둔의 침공에 대비해 자하크는 궁전의 모든 경비를 악마와 마법사들이 지키도록 했다. 하지만 악마와 마법사들은 마법의 저주를 푸는 법을 알고 공격하는 파리둔의 적수가 되지 못했다. 파리둔은 간단히 그들을 제압하고 두 공주를 구출했다. 마침 인도에 머물고 있던 자하크는 전갈을 받자마자 급히 군사를 이끌고 돌아왔다. 그러나 모든 백성들

파리둔, 폭군 자하크를 제압하고 새 시대 열다_자하크의 폭정이 극에 달하자 대장장이 카베는 파리둔을 왕으로 추대하며 민중 봉기를 이끈다. 파리둔은 군대를 이끌고 자하크의 궁전으로 진격하여 악마들의 방어를 뚫고, 백성의 지지를 받지 못하던 자하크를 궁지(窮地)에 몰아넣는다. 신의 계시에 따라 자하크를 죽이는 대신 데마반드 산에 구금한 파리둔은 이후 500년간 평화로운 통치를 펼치며 새로운 시대를 열었다.

이 파리둔의 편에 서서 집집마다 자하크를 향해 돌을 던졌다. 할 수 없이 홀로 궁전의 지붕으로 올라간 자하크가 마당을 내려다보니 샤하르나즈 공주가 젊은 파리둔의 곁에 서 있었다. 질투심에 휩싸인 그는 공주를 죽이기 위해 궁전으로 침입했다. 이를 알아챈 파리둔은 소머리 모양의 창을 던져 자하크의 투구를 박살 냈다.

이때 천사가 나타나 파리둔에게 지엄한 하늘의 명령을 내렸다. "자하크를 묶어 데마반드 산에 가두어라. 그는 아직 죽을 때가 안 되었다."

파리둔은 데마반드 산의 동굴에 강철 말뚝을 박고 거기에 자하크를 쇠사슬로 꽁꽁 묶어놓았다. 그 후 파리둔은 선정을 베풀며 5백 년 동안 평화롭게 나라를 다스렸다고 한다.

키루스 대제 신화

페르시아제국의 건설자. 메디아를 멸망시키고 에크바타나를 수도로 하였으며 박트리아 · 칼데아 등을 함락시켜 이집트를 제외한 오리엔트 전체를 자신의 지배하에 두었다.

이란 고원을 중심으로 발흥한 메디아의 왕 아스티게스는 꿈에 딸이 오줌을 누는데 오줌이 황금 강물로 변해 왕국을 순식간에 홍수로 뒤덮어 버리는 해괴한 꿈을 꾼다. 아스티게스가 사제들에게 꿈의 해몽을 묻자 손자들이 왕국의 통치를 위협할 것이라고 해석했다. 이에 겁을 먹은 아스티게스는 딸인 만다네의 자식이 왕위에 오를 수 없도록 딸을 변방의 작은 왕국이었던 얀산의 왕에게 시집을 보내 버렸다.

결혼한 만다네는 얼마 후 임신했는데, 어느 날 아스티게스는 만다네의 음부에서 포도나무가 자라 온 세상으로 뻗어나가는 꿈을 꾸었다. 이를 수상히 여긴 아스티게스가 다시 사제들에게 그 꿈을 해몽해 보도록 하니 '만다네의 아이가 왕이 되어 아시아를 지배한다'는 내용이었다. 이윽고 만다네가 아들을 낳았는데 그가 키루스였다. 이에 아스티게스는 하르파고스라는 신하에게 키루스를 죽이라고 명령하였다.

그런데 당시 아스티게스에게는 아들이 없어, 메디아의 왕위 승계법에 따라 외손자가 차기 왕이 되는 것이 순리였다. 이 때문인지 하르파고스는 키루스를 죽이지 않고 소치기에게 죽이라 명령해 왕의 명을 거역해 버린다. 그런데 소치기도 아내의 제안으로 출산하다 죽은 자신의 아들과 바꿔치기하여 키루스를 기른다. 하르파고스는 소치기의 계략을 까맣게 모른 채 소치기의 사산된 아이의 시신을 가져가 아스티게스에게 임무를 끝냈다고 보고했다.

아스티게스의 예언 회피와 키루스의 생존_메디아의 왕 아스티게스는 딸 만다네의 후손이 자신의 왕위를 위협할 것이라는 예언적 꿈을 연달아 꾼다. 첫 꿈에서는 만다네의 오줌이 강물이 되어 왕국을 덮치고, 두 번째 꿈에서는 음부에서 자란 포도나무가 세상을 지배하는 환상이었다. 이 예언을 막기 위해 아스티게스는 만다네를 변방의 왕에게 시집보내고, 그녀가 낳은 아들 키루스를 살해할 것을 신하 하르파고스에게 명령한다. 그러나 하르파고스는 왕의 명령을 거역하고 키루스를 소치기에게 맡기며, 소치기 또한 죽은 자신의 아이와 바꿔치기하여 키루스를 비밀리에 기르면서 왕위 계승을 둘러싼 운명의 실타래는 더욱 복잡하게 얽히게 된다.

이렇게 아스티게스도 모른 채 자신의 손자를 죽이려는 계획은 눈처럼 희미하게 사라져 버린 채 어느덧 세월이 흘러 키루스는 동네 아이들과 왕 게임을 하던 중 왕으로 뽑혔다. 이에 어느 고위 관리의 아들이 고집을 부리면서 "내가 왜 소치기 자식의 말을 들어야 하냐"며 키루스의 말을 듣지 않고 오히려 훼방만 잔뜩 놓아댔다. 이에 화가 난 키루스는 그 아이를 흠씬 두들겨 팼다. 관리의 아들은 이를 아버지에게 일러바쳐 관리의 아버지가 키루스를 고발하였다. 아이들끼리 놀다가 어이없이 어른에게 고발당해 아스티게스 왕 앞으로 불려 나간 키루스는 "놀이라지만 왕인 나의 명령을 어긴 것은 죄가 아니냐"며 변론했다. 이 변론을 들은 아스티게스는 단번에 키루스가 자신의 외손자임을 알아챘다.

아스티게스는 하르파고스와 소치기를 불러 심문하여 아이가 죽지 않았다는 것을 밝혀냈다. 그리고 그들을 불러들여 변론하는 아이가 자신의 외손자임을 확인하

키루스의 생존과 아스티게스의 복수_아스티게스 왕의 명령에도 불구하고 하르파고스는 외손자 키루스를 죽이지 않고 소치기에게 맡겼으며, 소치기는 죽은 자신의 아들과 키루스를 바꿔치기하여 키루스는 목숨을 건진다. 시간이 흘러 키루스가 평민 아이들과 왕 놀이를 하던 중 드러난 왕의 기품으로 아스티게스는 그가 자신의 외손자임을 깨닫는다. 키루스의 생존 사실을 확인한 아스티게스는 그를 친부모에게 돌려보내는 대신, 명령을 어긴 하르파고스에게 자신의 아들을 죽여 만든 음식을 먹이는 잔혹한 복수를 감행한다. 이러한 비극은 훗날 메디아의 멸망을 야기할 갈등의 씨앗이 된다.

게 한다. 아이가 자신의 외손자임을 확신한 아스티게스는 외손자를 죽이려 하기보다는 사제들을 불러와 이를 해석하게 했다. 이에 사제는 아스티게스에게 "비록 놀이라곤 하지만 어쨌든 아이가 왕이 되었으니 이제 죽이지 않아도 된다"라고 말하자 아스티게스는 키루스를 페르시아의 친부모에게 돌려보냈다.

이후 아스티게스는 자신의 명령을 어긴 하르파고스와 그의 열세 살 난 아들을 초대했다. 그리고 하르파고스에게 음식을 내놓았다. 그 음식은 하르파고스의 열세 살 난 아들을 죽여 만든 음식이었다. 이런 사실을 모르는 하르파고스는 음식을 맛있게 다 먹었다. 그가 음식을 다 먹자 아스티게스는 그 음식이 그의 아들임을 밝혀 하르파고스를 겁박했다. 그러나 하르파고스는 당황하지 않고 왕에게 임무 실패에 대해 사죄하며 영원한 충성을 맹세했다. 아스티게스는 충성스러운 신하의 맹세에 만족하여 하르파고스를 돌려보냈다.

키루스 대제의 오리엔트 통일과 페르시아 제국 건설_메디아 왕 아스티게스를 무너뜨린 키루스 대제는 기원전 550년부터 리디아, 동방 여러 지역을 넘어 기원전 538년 바빌로니아까지 차례로 정복하였다. 이 과정에서 유대인 포로를 해방하는 등 정책적 포용력을 보이며 이집트를 제외한 오리엔트 전체를 지배하에 두었고, 이를 통해 광대한 페르시아 제국의 기초를 확립하는 위업을 달성했다.

키루스의 무덤_이란 파사르가다에에 위치한 아케메네스 제국의 시조, 키루스 2세의 유택이다. 이 무덤은 거대한 제국을 세운 위대한 왕의 것이라고는 믿기 어려울 만큼 소박하고 검소한 모습이 특징이다. 황백색 석회암으로 지어진 무덤은 계단식 기단 위에 직사각형의 묘실이 놓인 형태로, 키루스 2세가 생전에 검소한 무덤을 유언했기 때문에 이처럼 절제된 모습으로 건축되었다고 전해진다. 그의 무덤에는 "나는 페르시아인의 제국을 건국한 왕 키루스라네. 나의 뼈를 감싸고 있는 이 한 줌의 흙을 비웃지 말게."라는 비문이 새겨져 있었다고 한다. 이처럼 키루스의 무덤은 거대했던 제국의 창시자가 보여 준 겸손함과 실용성을 상징하며, 고대 세계에서 추구했던 가치관을 오늘날까지 전하는 중요한 역사적 유적이다.

　아스티게스의 의심에서 풀려난 하르파고스는 이 뒤로 키루스를 계속해서 충동질해 반란을 모의케 했고, 군을 일으킨 키루스에게 아스티게스가 키루스의 반란군을 진압하라며 붙여 준 메디아 군을 통째로 헌납해 아스티게스를 배신하였다.

　기원전 550년, 키루스는 마침내 아스티게스를 쳐서 메디아를 멸망시켰고 그 도읍인 에크바타나로 수도를 옮겼다. 그리고 기원전 546년에는 리디아의 수도 사르디스를 함락시켰고 소아시아를 지배하에 두었다. 다시 또 박트리아ㆍ마르기아나 등 동방의 여러 지역도 평정하여 북방 유목민에 대한 방비를 굳혔고 그 여세를 몰아 이번에는 바빌로니아로 전진하여 기원전 538년 나보니도스를 무찔러 칼데아(신바빌로니아)를 멸망시켰다. 바빌로니아에 잡혀 있던 유대인 포로들은 이때 해방되었다. 이렇게 해서 이집트를 제외한 오리엔트 전체가 그의 지배하에 들어갔고, 여기서 페르시아 제국의 기초가 다져졌다.

신화로 보는 세계사

인도 문명의 신화

인도 신화는 약 4,500년 전 인더스 문명에 기원을 두며, 베다 신화와 힌두교 신화로 발전해 왔다. 초기 베다 신화는 자연 현상을 신격화한 다신교적 특성을 보였으나 이후 브라만교가 《베다》를 기반으로 창조신 브라흐마를 절대시하는 일신교적 경향으로 체계화되었다. 힌두 신화는 우주 생성 원리를 창조, 유지, 파괴를 관장하는 삼신일체(브라흐마, 비슈누, 시바)로 정립하며 신들의 역할을 확고히 하였다. 특히 힌두교의 화신(아바타라) 개념은 다신교적 다양성과 일신론적 신앙을 융합하고, 불교의 석가모니까지 비슈누의 화신으로 포용하며 고유한 종교적 포용성을 드러낸다.

베다 창조 신화

인도 신화는 크게 베다 신화와 힌두교 신화로 구분된다. 특히 《베다》에 나타나는 신들은 성격에 따라 세 가지 범주로 분류될 수 있다. 첫째, 빛, 물, 태풍과 같은 자연현상을 신격화한 자연신이다. 둘째, 인간의 의지, 이상, 사랑 등을 의인화한 의인화된 신이다. 셋째, 제사 의식의 핵심 요소인 불, 술, 꽃 등을 신격화한 관념화된 신이다. 이러한 분류는 초기 인도 신화가 자연 현상과 추상적 개념에 신성함을 부여하는 방식을 명확히 보여준다.

태초에 원시 바다가 있었다. 바다는 넓고 깊었으며 어두웠다. 그때는 아무것도 존재하지 않았다. 얼마간의 시간이 흐른 후 바다는 황금 달걀을 만들어 아홉 달 동안 물 위로 띄웠다. 그리고 아홉 달이 지나자 갑자기 어느 날 황금 달걀이 열렸고 그 안에는 프라자파티가 나왔다. 그는 남성도 여성도 아닌 중성의 존재였다. 그는 거의 일 년 동안 말하거나 움직이지 않고 깨어진 황금 달걀 속에서 휴식을 취했다. 일 년 후 그는 침묵을 깼다. 그가 첫 번째 내뱉은 말은 지구가 되었다. 그리고 두 번째 말한 말이 계절을 나누는 하늘이 되었다. 그는 수많은 생명의 시작에서부터 1,000년 후의 자신의 죽음까지 세계와 자신의 모든 생애를 볼 수 있었다.

세상에 혼자밖에 없다는 외로움을 견디지 못한 그는 자신을 둘로 나눠 남자와 여자가 되었다. 그리고 이들은 불, 바람, 해, 달, 새벽이라는 다섯 명의 자식 신을 만들었는데 이때 시간이 만들어졌고 프라자파티는 시간의 화신이 되었다.

최초로 세상에 태어난 것은 불의 신 아그니였다. 일단 불이 있다면 그곳에는 프라자파티가 낮과 밤으로 분리시키는 빛이 있었다. 곧이어 사악한 아수라와 아름다운 새벽의 여신 우샤스를 포함한 다른 신들이 태어났다. 프라자파티의 딸인 새벽의 여신 우샤스가 아름다운 여인의 모습으로 그들 앞에 나타나자 오빠인 그들은 자신도 모르게 사정하고 말았다.

프라자파티의 탄생과 우주 창조_태초의 광활하고 어두운 원시 바다에서 황금 달걀이 형성되고, 그 속에서 남녀 구별 없는 프라자파티가 탄생한다. 오랜 침묵 끝에 그는 언어로써 지구와 하늘을 창조하고, 외로움에 자신을 분리하여 남녀로 나눈 뒤 불, 바람, 해, 달, 새벽 등의 자식 신들을 낳았다. 특히 그의 딸인 새벽의 여신 우샤스와 관련된 일화는 초기 신들의 탄생과 그들의 본능적 관계를 보여준다.

  프라자파티는 이 기회를 놓치지 않으려고 황금 그릇을 만들어 그 속에 그들의 정액을 담았다. 얼마 후 황금 그릇 속에서 천 개의 눈과 발, 화살을 가진 신이 나타나 프라자파티에게 이름을 지어 달라고 간청하였다. 프라자파티는 그에게 브하바(존재)라는 이름을 주었고 브하바로부터 세상 만물이 창조되고 순환할 수 있도록 해주었다. 프라자파티는 선과 악을 나누고 그의 사악한 자손을 지구 깊숙이 숨겼다.

  프라자파티는 힌두 신화의 브라흐마처럼 쉽게 욕정을 느끼는데 이것은 창조의 본능 때문이다. 그는 심지어 자신이 만든 딸(새벽의 여신 우샤스)을 보고도 욕정을 주체하지 못했다. 딸은 프라자파티로부터 도망치기 위해 암사슴으로 몸을 바꾸었다. 그러자 프라자파티는 수사슴으로 변신해 자신의 딸을 쫓아다녔다. 그들의 쫓고 쫓기는 추격전 때문에 하늘이 소란스러워졌다. 참다못한 신들이 폭풍의 신 루드라에게 프라자파티를 화살로 쏘아 달라고 부탁했다.

프라자파티의 욕망과 새로운 창조의 순환_프라자파티는 황금 그릇에 모인 정액으로 '브하바'를 탄생시켜 세상 만물의 순환을 이룩한다. 그러나 그는 자신의 딸 우샤스에게 욕정을 품고 암사슴으로 변한 그녀를 쫓아다녔으며, 이에 신들의 부탁을 받은 루드라의 화살에 맞아 정액을 세상에 흩뿌리게 된다. 이 정액은 브라스파티의 탄생과 함께 불꽃처럼 터져 세상 만물을 창조하는 씨앗이 되며, 프라자파티는 밤하늘의 사슴머리성좌(염소자리)가 되어, 그의 욕망과 좌절이 새로운 창조로 이어지는 순환의 본질을 보여준다.

루드라의 화살을 맞은 프라자파티는 소리를 지르며 하늘로 솟구쳐 올라갔다. 그러면서 자신의 정액을 세상에 흩뿌렸다. 떨어진 그의 정액들이 흘러 호수가 되었다. 프라자파티는 밤하늘의 사슴머리성좌(염소자리)가 되었다. 그의 딸 우샤스는 하늘로 돌아갔지만 아버지의 존재가 두려워 결코 밤에 가까이 오지는 않았다. 신들은 사방으로 흩어진 창조의 씨들을 잘 모아서 불로 감쌌다. 그러나 조심성 없는 바람이 그만 정액을 날려 버렸다. 그 바람에 불이 붙은 정액들이 불꽃처럼 터지며 세상 만물을 창조하기 시작했다. 그곳에서 태어난 브라스파티는 '기도, 위대한 아버지'라는 뜻으로 모든 신들의 지도자 혹은 사제로 알려졌다.

우샤스가 세상에 출현할 때는 진홍빛 옷을 몸에 걸치고 황금 띠를 두른 모습으로 나타난다. 영원히 젊은 이 여신은 상당히 매력적이어서 예로부터 가장 아름다운 여신으로 숭배되어 왔다. 우샤스는 일곱 마리의 암소가 끄는 빛나는 전차를 타

새벽의 여신 우샤스: 빛과 평등의 현현_영원히 젊고 매혹적인 새벽의 여신 우샤스는 진홍빛 옷과 황금 띠를 두르고 일곱 암소가 끄는 빛나는 전차를 타고 동쪽 하늘에 출현한다. 그녀는 태양신 수리아에 앞서 모든 생명을 잠에서 깨우는 역할을 하며, 신화에 따르면 부유한 자든 가난한 자든 차별 없이 모든 이에게 평등한 빛과 행복을 선사한다. 우샤스가 거룩한 빛을 세상에 뿌리고 나면, 그녀의 뒤를 이어 태양신 수리아가 일곱 말이 끄는 황금 전차를 타고 하늘을 가로지르며 낮을 시작한다.

고 하늘을 달린다. 태양보다 먼저 동쪽 하늘에 나타나 모든 자들을 잠에서 깨우는 것이다. 신화에 따르면, 우샤스의 빛은 부유한 자나 가난한 자, 지위가 높은 자나 낮은 자를 가리지 않고 평등하게 비추며 행복을 가져다준다고 한다. 이렇게 우샤스가 한바탕 거룩한 빛을 세상에 뿌리고 지나간 다음에는 태양신 수리아가 일곱 마리의 말이 끄는 황금 전차를 타고 아내의 뒤를 좇아 하늘을 가로지른다.

한편, 어두운 옷을 입은 라트리는 빛나는 별과 함께 하늘로 나아간다. 이 여신은 안식의 신으로서 세상의 구석구석까지 그림자를 만드는 것이 주된 임무라고 한다. 어둠을 틈타 잠입하는 도둑이나 무서운 맹수로부터 보호받기를 원하는 사람들은 이 여신에게 기도를 드린다고 한다. 어둠을 주관하는 신의 가호를 비는 것이다. 라트리는 언니에 비해 다소 소박한 형상을 하고 있는데, 이는 그녀가 상징하는 밤이 어둠을 연상시킨다는 불길함 때문인지도 모른다. 하지만 이 여신은 세상에 어둠을

밤의 여신 라트리: 안식과 순환의 수호자_어두운 옷을 입고 빛나는 별과 함께 나타나는 라트리는 밤의 여신이자 안식의 신이다. 그녀의 주된 임무는 세상에 그림자를 드리우고 휴식을 제공하며, 밤의 위험으로부터 기도를 드리는 자들을 보호하는 것이다. 언니인 새벽의 여신 우샤스에 비해 소박한 모습으로 그려지지만, 라트리는 어둠을 가져오는 것 외에 우샤스를 깨워 새로운 새벽을 여는 중요한 역할을 수행한다. 이는 밤이 지나면 반드시 새벽이 찾아오는 자연의 순환 원리를 상징한다.

가져다주는 것 외에도 중요한 임무를 맡고 있다. 그것은 어둠 속에서 언니 우샤스의 잠을 깨우는 것이다. 이러한 전설 덕분에 사람들은 밤이 오면 그 다음에는 반드시 새벽이 온다고 믿었던 것이다.

그리스나 켈트족 신화의 신과 같이 초기의 베다 신은 자연의 힘을 나타냈다. 베다의 가장 오래된 종교서인《리그베다》에서 33명의 신은 하늘의 11명의 신과 대지의 11명의 신과 물의 11명의 신으로 형상화된다. 그들 중 인드라, 바루나, 비슈누 등이 우주와 하늘에 태양을 놓았고 하늘과 대지를 떨어뜨려 놓았다고 전해진다. 몇몇 주요 신들은 자연 현상을 의인화하였기에 이 신들의 개성은 분명히 묘사되지 않았다.

전쟁의 신 인드라

인드라는 고대 인도 신화에 나오는 전쟁의 신이다. 외래인인 아리아인들의 수호신으로, 인도에 침입해 원주민인 인도인들을 정복한 신이기도 하다. 인드라는 천둥과 번개를 지휘하고 비를 관장한다. 베다 시대의 최고 삼신(三神)을 형성한다. 특히 《리그베다》에서 그 어느 자연신보다 많은 250여 찬가가 인드라에게 바쳐지고 있어, 고대 신들 중에서 가장 신성한 신이자 신들의 제왕으로 숭배된다.

인드라는 인도에 침입해 원주민들을 정복한 아리아인들의 수호신으로서 천둥과 번개를 지휘하고 비를 관장한다고 한다. 그와 동시에 베다 시대에서 아그니와 바유와 함께 최고 삼신을 형성한다. 《리그베다》에서는 그 어느 자연신보다도 많은 250여 찬가가 그에게 바쳐지고 있으며, 리그베다에 등장하는 신들 중에서도 가장 신성한 신이자 신들의 제왕으로 숭배되었다.

인드라의 형상은, 머리카락과 피부는 황금빛으로 빛나며 왼손에는 번개를 상징하는 바즈라(금강제)를 들고 있다. 그는 두 마리의 붉은 말이 이끄는 전차나 어금니가 네 개인 흰색 코끼리 '아이라바타'를 타고 다닌다. 몸 전체에 1,000개의 눈이 달려 있어서 세상의 모든 일을 동시에 볼 수 있다.

그런데 그의 몸에 1,000개의 눈이 달린 사연이 재미있다. 그는 힌두 시대 때에 현자 고타마(부처와 관계없음)의 아내 아할리아를 겁탈하려다 이를 목격하고 분노한 고타마가 인드라의 온몸에 1,000개의 음문(여자의 생식기)을 다는 저주를 내려 인드라는 그만 온몸에 1,000개의 음문을 달고 사는 흉측한 괴물이 될 처지에 놓이게 되었다. 고타마의 가혹한 처분에 인드라가 통곡하며 잘못을 인정하고 그에게 사정하자 고타마는 인드라의 형을 감량해서 음문들을 눈으로 바꿔줬다고 한다.

이 장면은 베다의 최고 신이 힌두 시대에 들어서서 권력이 바뀌는 대표적인 장

아리아인의 수호신이자 천둥과 전쟁의 왕 인드라_아리아인의 수호신 인드라는 천둥과 번개, 비를 관장하며, 베다 시대 《리그베다》에서 가장 많은 찬가를 받으며 최고 신으로 숭배되었다. 황금빛 형상에 번개 바즈라를 들고 코끼리나 전차를 타며, 몸에 1,000개의 눈으로 세상을 꿰뚫어 보는 위엄 있는 모습을 지닌다.

면이다. 하지만 그렇다고 인드라의 권위가 약하다고 생각해서는 오산이다. 그 후 힌두가 서서히 체계를 갖추면서 삼주신은 우주의 섭리 그 자체이자 최고 신이 되었고 인드라는 다른 신들의 우두머리가 되었을 뿐 아니라 베다에서도 최고 신 중의 한 신으로 칭송받았다.

인드라는 세상으로 나오기 이전부터 타고난 능력이 이미 신들의 세계에 널리 퍼져 다른 신들에게 질투를 사고 있어서 대지의 여신이자 어머니인 프리티비의 태내에서 수십 년 동안 머물러 있다가 예정된 시간보다 훨씬 나중에 세상에 태어났다고 한다. 게다가 태어나면서도 그가 갖고 있는 강대한 힘으로 인해 신들의 세계가 어지럽혀질지도 모른다는 신들의 경계로 아버지이자 천공의 신인 디아우스와 어머니인 대지의 여신 프리티비까지도 그를 외면하고 심지어 학대까지 하였다. 자신의 부모에게 철저히 버림받으며 태어난 인드라는 부모에게 큰 원한을 품은 채 성장하다 소년이 되자 부모를 살해하고 말았다.

인드라의 탄생과 거친 권력 장악_갓 태어난 인드라는 가뭄에 시달리는 인간의 고통을 듣고, 비를 가두었던 어머니 브리트라를 물리친다. 이 과정에서 아버지의 뇌전을 빼앗고 소마를 마시는 등 타고난 강함과 거친 성정으로 신들의 우려를 현실화시켰다.

　인드라가 태어날 무렵, 비를 내리게 하는 '하늘의 소'가 그의 어머니 브리트라에게 붙잡혀 있어서 지상은 가뭄이 극심했다. 갓 태어난 인드라는 인간들의 고통에 찬 소리를 듣고 아버지의 뇌전을 빼앗고 신의 술인 소마를 마시고는 브리트라를 쓰러뜨렸다. 신들의 우려대로 그는 태어날 때부터 압도적인 강함과 거친 성격을 가지고 태어난 바람에 이런 패륜적인 행동을 저지르고 만 것이다.

　인드라는 인간에게 이로운 세상을 만들어 주기 위해 태어나면서 인간들을 고통에 머물게 하는 신들인 부모님을 제압하고 만다. 그 후 차츰 힘을 키워 강력한 무기인 번개를 쟁취하여 하늘, 땅, 지하 3계를 지배하는 최고 권력자가 되었다. 또한 그는 술을 좋아하여 방탕했으며 여인을 좋아하는 호색한이었다고 한다. 이러한 패륜적이고 탐욕스러운 성정(性情)을 지닌 탓에 훗날 성자와 다른 신들에게 온갖 굴욕을 당하는 원인이 되기도 했다.

　베다가 쓰이기 이전 시대의 아리아인들에게는 '바루나'가 가장 강하고 중요한 신

아리아인의 전쟁 신에서 힌두교 삼대신에 밀린 위상_베다 이전 아리아인 사회에서 최고 신이던 바루나를 대신하여, 인도 침략 시기에 인드라는 전쟁의 신으로서 아리아인의 신앙 중심에 서며 왕으로 자리매김했다. 그는 폭풍의 신 루드라의 군대를 이끌고 적을 섬멸하는 용맹한 영웅이었으나 시간이 흐르고 드라비다인의 신앙과 결합하며 힌두교 체계가 확립되면서 위상은 변화했다. 비록 무용신의 칭호는 유지했지만, 브라흐마, 비슈누, 시바 삼대 신에게 최고 신의 지위를 내어주며 권위가 약화되는 양상을 보였다.

이었다. 그러나 아리아인들이 인도로 침략해 들어오는 시기에 아리아인들에게 전쟁의 신 인드라의 신앙이 받아들여지면서 인드라가 왕으로 자리매김했다고 추정된다. 비록 시간이 흘러 고대 아리아인의 신앙이 드라비다인의 신앙과 결부되면서 변형되어 무용신(武勇神)의 칭호만은 유지했으나 힌두의 3대 신, 즉 브라흐마, 비슈누, 시바에게 밀리는 상태가 되었다. 인드라가 용맹을 떨쳤던 시기에는 인드라가 폭풍의 신 루드라의 군대를 이끌며 머리가 셋 달린 코끼리를 타고 다니며 적을 섬멸하는 영웅이었다.

물의 신 바루나

바루나는 《리그베다》에 나오는 아수라(신)이다. 아수라는 악마가 아닌 신이라는 뜻으로, '창공의 신', '아수라의 왕', '진리의 수호자', '우주의 운행자' 등 다양한 신으로 묘사된다. 바루나는 미트라와 마찬가지로 서약의 준수와 관련된 신앙에 관여된 신이다. 경전에선 네 개의 팔에 황금빛 피부를 하고 있다고 묘사된다.

힌두 세계에서 바루나는 물의 신이자 하늘과 비의 신이며 정의의 신이었다. 또한 저승의 신이기도 하다. 보통 남자의 모습으로 나타나지만 상황에 따라 중성이나 여성의 모습으로 나타나기도 한다. 보통 미트라와 함께 그려지거나 인드라와 함께 등장하기도 한다. '천공의 바다'라 불리는 하늘의 어두운 면의 신이기도 하다. 힌두 세계에서 전쟁의 신 인드라, 불의 신 아그니와 대등한 위치에 있는 중요한 신으로 숭배되었고, 미트라와 짝을 이뤄 '미트라-바루나'라는 찬가로 사람들에게 찬송되었다.

하지만 절정의 권위를 자랑하던 시대를 지나 어느덧 시간이 지나면서는 힌두의 창조신 브라흐마에게 하늘의 신 지위를 박탈당했으며, 또 죽은 자를 재판하는 저승의 왕 야마에게는 죽은 자의 법의 신 위치마저 빼앗겼다. 결국 강과 바다를 관장하는 물의 신으로 권력이 대폭 축소되었다.

그나마 바루나가 물을 관장하는 신으로 남을 수 있었던 이유는 다음과 같다. 한때 신들과 마족 간의 큰 전쟁이 벌어진 적이 있었는데 가까스로 승리를 거둔 신들은 그들이 가지고 있는 권력의 재검토에 들어갔다. 즉, 전쟁에서의 활약 여부에 따라 신들의 위계질서를 다시 정한 것이었다. 그 결과 바루나는 서쪽의 지배자가 되었고, 그것은 동시에 바다를 통치하는 신이기도 했다. 이때부터 바루나는 바다의

바루나 신상_바루나는 불교에 수용된 후 '수천(水天)'이라는 이름을 얻었고, 세계를 지키는 십이천(十二天)의 하나로서 서방의 수호신이 되었다.

지배자가 되었다.

베다 시대 이전까지는 전쟁의 신 인드라가 없었기 때문에 바루나가 전쟁의 신까지 포함하는 주신이었다. 바루나는 힌두 세계 초기의 최고신이었던 만큼 세계를 주도하는 강력한 모습이 많았다. 그는 서약, 계약, 맹세와 같은 신뢰 기반의 가치를 수호하는 신이며 인간사의 도덕률과 우주의 운행 법칙을 관장하는 신이었다. 따라서 그는 절대 지각을 사용하여 인간들의 마음속을 꿰뚫어 볼 수 있으며, 이를 통해 선악을 판단하고 그에 대한 과보를 내리는 사법의 신이기도 했다. 또한 해와 달, 바람과 강 등의 운행을 관장하는 우주의 질서(다르마) 그 자체로 여겨졌다.

브라만교 창조 신화

브라만교는 《베다》 경전을 근거로 성립된 고대 종교로서 우주의 근본 원리인 브라만과 개인의 본체인 아트만이 서로 동일하다는 《우파니샤드》의 범아일여(梵我一如)사상이 중심이 된다. 브라만교는 1세기부터 3세기까지 불교에 밀려 쇠퇴하다가 4세기경 인도의 여러 토착종교와 결합해 비슈누와 시바를 최고신으로 하는 힌두교로 발전하였다.

인도의 창조 신화는 후대에 이르러 다양한 모습으로 변화하는 힌두교 내의 시바 신, 비슈누 신 등을 창조신으로 하는 다양한 신화로 발전해 간다. 힌두교의 근간이 된 브라만교는 베다, 브라흐마나, 우파니샤드로 엮어진 창조 신화를 바탕으로 이루어졌다. (인도 신화는 여러 가지가 있는데, 브라만교와 관련된 베다 신화, 힌두교와 관련된 힌두 신화 그리고 불교, 조로아스터교와 관련된 신들, 이렇게 네 가지로 나누어 볼 수 있다. 여기서는 브라만교의 신화를 설명한다.)

우주 창조 신화는 모든 민족이 가지고 있는 신화의 기본이며, 민족의 신화를 논할 때 언제나 등장하는 단골 신화이다. 그런데 특이하게도 《리그베다》의 주요 부분에는 창조신에 의한 세계의 명료한 창조는 구체적으로 명시되어 있지 않다. 《리그베다》에서는 단지 인드라 혹은 바루나가 창조신과 같은 역할을 했다는 것을 추측할 수 있을 정도의 내용만 언급될 뿐이다. 그런데 인상적인 것은 《리그베다》에서 비교적 후기에 성립되었다고 보이는 몇몇 찬가에서 우주 창조에 대한 견해가 소박하게 설명되어 있다. 여기서 묘사되고 있는 네 가지 창조설은 다음과 같다.

첫째로, 기도의 주신 브라흐마나스파티를 창조자라고 하는 설이다. 브라만은 이후에 나오는 우파니샤드 사상에서 우주의 근본 원리라고 여겨지지만, 《리그베다》에 있어서는 성스러운 기도의 언어, 찬가를 의미하는 것으로 해석되었다. 이 브라

비슈바카르만_'만유(萬有)의 창조자'란 뜻으로 베다 시대 창조주 가운데 하나인 프라자파티와 동일시된다. 《리그베다》 찬가(讚歌)에 따르면 모든 방위(方位)에 눈·얼굴·팔·발을 가지고 있고, 그 양 팔과 날개를 들어 천지를 창조한 유일신(唯一神)이며, 또한 목재나 수목을 사용하여 대지를 생산하고 천공(天空)을 열었다.

만을 담당하는 신이 브라흐마나스파티이다. 브라흐마나스파티는 대장장이가 일하는 것처럼 세상 만물을 만든 창조주로 당시 사람들로부터 칭송받았다. 경전에는 '유(有)는 무(無)에서 생긴다'라고 기술되어 있다. 즉 브라흐마나스파티가 대장장이가 일하는 것처럼 세상에 흩어져 있던 만물을 용접하여 지금의 질서 정연한 세상을 창조했다는 것이 그의 창조관이다.

둘째로, 비슈바카르만('모든 것을 만든 자'의 뜻)을 창조자라고 하는 설이다. 성선(聖善)한 그는 모든 방향을 볼 수 있는 눈을 가지고 있으며, 모든 방향으로 뻗어 있는 팔과 모든 방향으로 향해 있는 발을 가지고 있다고 한다. 그는 천지를 창조했을 때 두 팔을 날개로 만들어 뜨거운 천지를 부채질하여 식히고 그것들을 단련했다고 한다. 그리고 그를 도운 신들은 마치 목수가 목재로 집을 짓는 것처럼 천지를 만들었다고 한다. 이 창조설과 함께 창조와 제식의 밀접한 관계를 가리키는 설도 있다. 즉 가옥의 건축을 본떠서 비슈바카르만이 천지를 만들었다는 창조관이다. 후에 나온《브라흐마나》문헌에 의하면 비슈바카르만은 우주의 제사 의식을 행하고 살아 있는 것을 희생시켜 제사에 바친 후에 마지막으로 그 자신을 바쳤다고 한다. 여기에 정기적인 제식은 영원히 회귀하는 우주의 궤멸과 재생의 모방이라고 하는 사고방식이 나타나 있다. 후대에는 비슈바카르만이 다른 창조주보다 유력한 창조자가 되었으며 나중에는 보다 구체적인 공예·건축의 신이 되었다.

셋째로, 황금태아(히란니야가르바)가 창조신으로서 태초의 물 가운데에 잉태되어 출현했다는 설이 있다. 그러나 그 신의 이름은 숨겨져 있기 때문에 '누구'라고 하는 의문사로 불려 왔다. 황금태아의 원형은 여러 민족의 창조 신화에 나타나는 우주란(宇宙卵: 자발적인 부화)과 대응하는 것이다. 즉 출생을 본떠 히란니야가르바라는 창조신이 태초의 근원인 물속으로부터 임신되어 출현해 만물의 주재신이 되어 천지를 확립했다는 창조관이다.

넷째로, 같은《리그베다》에는 앞의 창조설과는 성격을 달리하면서 힌두 세계에 큰 영향을 미치게 된 두 가지의 창조 신화도 서술되어 있다. 이른바 원인찬가(原人讚歌: 최초 인간을 찬양하는 노래)와 나싸드찬가이다.《리그베다》의 다른 우주 창조설이 일신교적인 것에 비해《리그베다》의 '원인찬가'는 범신론이고 다른 창조찬가와는 성격을 달리한다. 태초의 인간 뿌루샤는 세상에 존재하는 모든 것이다. 이 찬가에 의하면 뿌루샤의 형상은 천 개의 머리와 눈과 다리를 갖고 있고 대지보다도 넓은 것을 덮고 있었다고 한다. 그는 과거와 미래에 걸쳐 있는 존재였다. 그런데 이 모든 존재는 사실 그의 4분의 1에 지나지 않고 그의 4분의 3은 천계(천계에 있는 불사자)라고 한다. 결국 4분의 1이 현상계에 해당되고 4분의 3은 본원적 실재라는 것이다. 신들이 뿌루샤를 희생하여 제사를 치르자 신비롭게도 그의 몸에서 말·소·산양·양 등이 태어났다. 그리고 천계와 우주에 걸쳐 있는 거대한 뿌루샤를 분할했을 때 그의 머리는 브라만이 되고 양팔은 크샤트리아가 되고, 두 다리는 바이샤가 되고, 두 발에서 수드라가 생겼다고 한다. 후에 이 찬가는 인도 사회의 사성 제도

뿌루샤_이 신화는 인드라-브라트라 신화보다는 후대의 신화로 간주된다. 이 신화에는 의례화, 즉 제사에 더 무게를 둔 신화이다. 그렇지만 뿌루샤의 몸에서 우주의 삼라만상이 생겨난다는 개념은 인드라-브라트라 신화와 유사하다.

(四姓制度: 고대 인도의 세습적 계급제도)에 권위를 부여하여 브라만들에 의해 즐겨 인용되었다. 이 '원인찬가'는 세계가 거인의 신체에서 창조되었다는 거인 해체 신화의 중요한 사례이다.

또한 《리그베다》의 '나싸드찬가'에 나오는 우주 창조설은 신화적 요소보다는 철학적 요소의 색채를 띤다. 찬가에는 "태초에 무도 없고 유도 없다. 어떤 유일물(중성의 근본 원리)은 자력으로 바람 없이 호흡한다"라고 서술해 만물의 근원을 유일자로 보았다. 그것을 인격적 창조신이 아니라 중성적 원리에 의한 우주의 창조로 주장한 것이다. 이것을 효시로 해서 이후 만물의 본원을 찾는 사색적 탐구가 촉진되어 《브라흐마나》 문헌을 지나 《우파니샤드》 문헌에 이르러서는 중성 원리 브라만에 이르게 된 것이다.

인도의 우주 창조에 관한 신화는 생식적 창조 또는 희생 제에 의한 자기 해체적 창조, 그리고 철학적이며 관념적인 창조의 형태로 나누어 볼 수 있다. 이들 모두의 공통점은 창조가 창조주 자신의 자기 분화에서 비롯된다는 사실이다. 다시 말해서 창조 행위 속에서 창조주는 이전에 존재하지 않았던 것을 새롭게 만들어내는 것이 아니라 자기 자신 속에 이미 담겨져 있던 것을 내놓을 뿐이라는 것이다. 일반적으로 창조라는 개념은 이전에는 전혀 없던 것에서 새롭게 존재하는 어떤 것을 만들어내는 행위를 의미한다. 그러한 관점에서 본다면 인도 신화에는 서양의 기독교적 전통에서 나오는 창조와 같은 무(無)로부터의 창조와는 다른, '자기 안의 이미 있는 것의 새로운 발현'이라는 색다른 개념의 창조를 만들어내고 있다고 볼 수 있다.

힌두교 신화

힌두교는 범인도교라 하며, 힌두(Hindū)는 인더스 강의 산스크리트어인 '신두(Sindhu)'에서 유래한 것으로, 인도와 동일한 어원을 갖기 때문에 붙인 종교이다. 이러한 관점에서는 기원전 2500년경의 인더스 문명까지 소급될 수 있으며 아리안족의 침입 이후 형성된 브라만교를 포함한다.

《베다》의 등장은 기원전 1300년경이며, 이후 4대 베다가 다 형성되어 인도에 토착화되는 수백 년 동안 베다는 인도인의 정치, 경제, 사회, 종교를 지배하는 절대적인 지침서로서 인도인의 정신적 기준이 된다.

이후 인도의 고대 종교는 더욱 체계적이고 신권 집중적인 종교로 변모하는데, 그 결정적인 역할을 하는 것이 바로《베다》에 바탕을 둔 브라만교의 등장이다. 토속 신앙 시대는 물론《베다》 신화 시대에도 인도의 종교는 다신교였으나 브라만교에 이르러 창조의 신 브라흐마를 절대신으로 숭배하게 된다.

그리고 세월이 흐르면서 종교 철학의 급진적 발전으로 인도의 종교는 종파와 신앙체계를 초월하여 범인도적인 종교로 진화하는데, 그것이 바로 '인도의 종교'라는 뜻의 힌두교이다. 힌두 신화 체제로 접어들면서 신들의 역할은 정형화되고 종교관도 집약적으로 정비되었다. 힌두 신화는 우주의 생성 원리를 창조의 신 브라흐만, 파괴의 신 시바, 유지와 질서를 주관하는 비슈누 등 삼신일체에 의해 창조되고 파괴되었다가 다시 재창조되는 무한대의 우주 생성 질서로 설명하고 있다.

초기 힌두 신화는 아리안족의 통치 수단인 카스트 제도에 의해 신관만이 성전을 접할 수 있으며 일반인은 의심 없는 믿음만 종용받았다. 하지만 〈라마야나〉, 〈마하바라타〉 같은 민중 예술적인 대서사시로 꾸며져 일반 민중에게 가까이 다가감으

힌두교 사원_힌두교는 인도에서 고대부터 전해 내려오는 브라만교와 민간신앙이 융합하여 발전한 종교이다. 사진은 화려한 스리 베라마칼리암만 사원. 싱가포르 소재.

로써 새로운 종교관을 형성하기에 이른다. 그리고 예전에는 꿈도 꾸지 못했던 신의 말씀을 《바가바드 기타》를 통해 일반 민중이 읊조릴 수 있게 될 만큼 대중화된다.

이러한 새 종교 사관도 힌두교가 갖는 특징 중 하나인 이질적인 종교관에 대한 포용력과 다신교와의 절묘한 융합에 의해 무리 없이 받아들여진다. 그리고 그 접점 역할을 화신(Avatar)이라는 새로운 형태의 종교 사관이 주도한다. 즉 힌두교에서는 화신이라고 하는 융통성 있는 변형을 통해 하나의 신의 역할을 다신교에 접목시켰으며, 덕분에 다신교는 다신교대로, 또 브라만교는 브라흐만 신만을, 비슈누파는 비슈누 신만을 유일신으로 믿으며, 세상 모든 신이나 영웅, 인격체, 생물에 이르기까지 모든 신의 화신이 조화를 이루는 것으로 믿는다. 동시에 불교라고 하는 이질적인 종교 역시 비슈누 신의 화신으로서의 석가모니라는 해석에 의해 힌두교와 불교는 불가분의 관계를 맺는다.

비슈누와 불사의 감로수

힌두 신화에서 가장 유명한 신들은 브라흐마 · 비슈누 · 시바 등 세 신이다. 이 세 신은 삼위일체의 신으로 '트리무리티(trimūriti)'라고 불리며, 각각 우주의 창조 · 유지 · 파괴를 주관한다. 이 가운데 브라흐마는 이름뿐인 명목상의 신이었으나 비슈누 · 시바 두 신은 많은 교도를 모아 힌두교의 2대 종파를 형성하였는데 이에 관한 수많은 신화가 전해지고 있다.

옛날에는 신들이나 악마나 똑같이 죽음 앞에서는 속수무책이었다. 악마보다 약했던 신들에게 죽음은 치명적인 약점이었다. 신들은 할 수 없이 메루 산에 살고 있는 그들의 할아버지인 창조주 브라흐마를 찾아가 도움을 요청했다. 그러나 브라흐마조차도 그들을 도울 적절한 방법을 알지 못했다. 브라흐마 신은 잠시 동안 깊은 명상에 잠긴 끝에 가까스로 도움을 청할 신을 알려줄 뿐이었다.

"너희는 비슈누를 찾아가 도움을 요청하라. 그는 우주의 질서를 유지하는 신으로 항상 그를 믿는 자들을 도와준다."

신들은 비슈누에게 가서 도움을 요청했다. 비슈누는 그들에게 말했다. "가서 우유의 바다를 휘저어 거기서 나온 불사의 감로수를 마시도록 하라. 그것을 마신 자는 누구든지 결코 죽지 않는 존재로 다시 태어날 것이다."

원래 신과 악마는 둘 다 아버지는 같고 어머니는 다른 이복형제들이었다. 그들의 아버지는 매우 뛰어난 스승이었고 어머니 역시 훌륭한 성자의 딸이었다. 악마가 세상에 먼저 태어나 형이 되었고 선이 악마 뒤에 태어나 동생이 되었다. 비슈누가 말했던 우유의 바다를 휘젓기 위해서는 매우 큰 막대기가 필요했다. 그러나 우유의 바다가 너무 커서 바다를 휘저을 만한 거대한 막대기를 쉽게 구할 수 없었다. 비슈누는 그들에게 만다라 산을 옮겨다 뒤집어 바다를 휘저으라고 충고했다. 그러

우유 바다 젓기 계획_죽음 앞에서 무력했던 신들은 창조주 브라흐마에게 도움을 청했으나 그는 비슈누에게 갈 것을 조언한다. 비슈누는 불사의 감로수 '암리타'를 얻기 위해 '우유의 바다'를 휘저으라고 지시한다. 이복형제 관계인 신들과 악마 모두가 참여해야 하는 대규모 작업으로, 비슈누는 만다라 산을 거대한 막대기로 사용할 것을 제안하며 그들의 협력을 유도한다.

나 신들만의 힘으로 그 산을 옮기는 것은 불가능했으므로 악마들의 힘을 빌려야만 했다.

신들과 악마들이 만다라 산에 도착하여 산을 뽑으려 했으나 역부족이었다. 그들은 다시 비슈누에게 도움을 청했고, 비슈누는 거대한 뱀인 아난타가 산을 뽑아 줄 것이라고 했다. 그러나 신들과 악마들의 힘만 가지고는 그 산을 옮길 수가 없다는 것을 안 비슈누는 그의 독수리인 가루다에게 산을 옮기는 것을 도우라고 했다. 결국 가루다에 의해 산은 무사히 우유의 바다로 옮겨졌다. 옮겨진 산을 가지고 우유의 바다를 젓기 위해서는 매우 긴 끈이 필요했다. 그러자 비슈누는 커다란 뱀인 바수키에게 그 산을 둘러싸도록 명령했다. 그러나 산을 둘러싼 뱀은 곧 바다에 빠져 버렸다. 그러자 비슈누는 자신이 직접 거북이의 모습으로 변하여 그 산을 등 위에 올려놓고 신들과 악마들로 하여금 바다를 휘젓도록 하였다. 결국 신들과 악마들이 산을 거꾸로 해 만든 막대기로 천년을 휘저은 끝에 우유의 바다에서 액체가 흘러

우유 바다 젓기와 시바의 희생_불사(不死)를 얻으려는 신들과 악마들이 만다라 산과 뱀 바수키를 이용해 우유 바다를 저었다. 비슈누가 거북이로 변해 산을 지탱하는 가운데 먼저 세상에 나타난 것은 치명적인 독약이었다. 파괴신 시바는 이 독약을 마셔 세상을 구했고, 그의 목은 푸르게 변했다. 이어서 살아있는 생명체의 어머니인 암소 수라비가 출현했다.

나오기 시작했다. 그러나 맨 처음 흘러나온 액체는 불사의 감로수가 아니라 바다의 불순물이 응결된 죽음의 독약이었다. 한 방울로도 신들과 악마들, 인간들을 멸망시킬 수 있는 치명적인 이 독약은 결국 파괴의 신인 시바가 마심으로써 해결되었다. 그러나 시바도 그것을 마시면 죽기 때문에 그는 삼키지 않고 목에 그대로 저장해 놓았다. 이날의 여파로 오늘날에도 시바의 목 부분은 파랗게 물들어 있다. 계속해서 바다를 휘저은 신들과 악마들은 끈질기게 기다렸다. 이윽고 아름다운 암소 수라비가 나타났다. 그 암소는 살아있는 모든 생명체의 어머니가 되었다.

다음에는 취기로 가득 찬 술의 여신 비루니가 나타났다. 악마들은 그녀를 손에 넣으려 했으나 그녀는 신들을 더 좋아했다. 신들을 향한 제사 의식에서 술을 사용하는 것은 이 때문이다. 곧이어 행운의 여신 락쉬미가 손에 수련을 들고 연꽃 위에 앉은 채로 나타났다. 그녀가 나타나자 천상의 모든 시인들과 성자들이 일제히 그녀를 찬양하기 시작했다. 모든 성스러운 강들도 그녀가 내려와 목욕하기를 원했

여신들과 감로수를 둘러싼 갈등_우유 바다를 젓는 과정에서 취기의 여신 비루니와 행운의 여신 락쉬미가 차례로 나타났으나 악마들의 환심 사기는 실패하고 신들의 곁에 섰다. 이어서 신들의 의사 단완타리가 불사의 감로수를 들고 출현하자 신들과 악마들은 약속을 망각하고 감로수를 차지하기 위한 치열한 싸움을 벌여 대지를 황폐하게 만들었다.

다. 우유의 바다는 그녀에게 시들지 않는 꽃의 화환을 씌워주었다. 이번에도 악마들은 그녀의 환심을 사려고 했으나 그녀는 눈길도 주지 않았다.

신들의 의사 단완타리와 지상에서는 볼 수 없는 수많은 천상의 아름다운 여인들이 나타났다. 그녀들은 신과 악마에게 자신들을 바치려 했으나 거부당했다. 그녀들은 천상에 살면서 천상의 요정이라고 불리게 되었다. 신들의 의사인 단완타리가 나타날 때 들고 있던 병에는 신과 악마가 갈망하던 불사의 감로수가 들어 있었다. 단완타리가 들고 온 감로수를 보자 신들과 악마들은 공평하게 나누자는 애초의 약속을 망각한 채 서로 싸움을 벌였고, 그들의 싸움으로 대지는 황폐해지고 많은 신과 악마가 죽어갔다.

신들과 악마들의 치열한 싸움 끝에 마침내 악마들이 불사의 감로수를 차지하고 말았다. 그들이 그것을 마신다면 온 세상에 큰 불행이 오리라는 것은 뻔하였다.

비슈누는 이 난제를 해결하기 위해 손수 아름다운 여인 모히니로 변장해 싸우

비슈누의 지혜와 라후의 영원한 복수_불사(不死)의 감로수를 악마들이 차지하자, 비슈누는 미녀 모히니로 변장해 속임수로 감로수를 신들에게 분배한다. 이때 악마 라후가 변장하고 감로수를 마시려다 발각되어 비슈누에게 목이 잘리지만, 이미 감로수가 입에 닿았기에 불멸의 머리가 되어 해와 달을 쫓아 일식과 월식의 원인이 되었다.

고 있는 악마들에게 나타나 공평하게 나누어 주겠다고 제안했다. 악마들은 모히니의 아름다운 모습에 그만 넋을 잃고 넘어가 그의 제안을 받아들인다. 모히니는 신들과 악마들을 일렬로 세워놓고 신들부터 그것을 나누어 주기 시작했다. 악마들은 그녀의 아름다움에 속아 자신들이 속고 있다는 것을 전혀 눈치채지 못했다. 악마들은 곧 그녀가 자신들에게도 불사의 감로수를 나누어 주리라는 기대감에 들떠 있었다.

그때 악마들 중의 하나인 라후가 신들 사이에 끼어 있었다. 그가 자기 차례가 되어 감로수를 마시려 할 때 태양의 신인 수랴와 달의 신인 소마가 재빨리 비슈누에게 그 사실을 알렸다. 그러자 비슈누는 자신의 무기인 원반으로 그의 목을 베어 버렸다. 그러나 라후는 불사의 감로수를 삼키지는 않았으나 입으로 마셨기에 얼굴 부분만 간신히 죽음을 면할 수 있었다. 라후는 해와 달을 용서할 수 없었다. 라후는 해와 달을 삼켜 버리려고 계속 쫓아다녔다. 얼마 후 라후는 원하는 대로 해를

라후의 복수와 신들의 영원한 지배_감로수를 마셔 불멸이 된 라후의 머리는 자신을 고발한 태양과 달을 끊임없이 쫓으며 일식과 월식의 유래가 된다. 신들은 불사의 감로수로 영원한 생명을 얻어 악마들을 물리쳤고, 감로수를 철저히 봉인한 채 다른 존재들의 불멸을 막았다. 이로써 신들은 위대한 존재가 되어 모든 생명체를 지배하게 되었다.

삼키자 너무 뜨거워서, 그리고 달을 삼키자 너무 차가워서 곧 뱉어 버렸지만 라후는 삼키기를 포기하지 않았다. 현재 우리가 일식, 월식이라고 부르는 것은 이 때문에 생긴 것이라고 한다.

악마들이 이 사실을 알아차렸을 때는 신들이 이미 불사의 감로수를 마신 후였다. 결국 영원한 생명을 얻은 신들은 악마보다 힘이 약했음에도 불구하고 불사의 몸이 되어 악마에게 이길 수 있었다. 악마들을 물리친 신들은 만다라 산을 제자리에 놓은 뒤 자신들의 자리로 올라갔다. 그들은 날카로우면서도 멈추지 않는 수레바퀴가 그 주위를 돌고 있는 곳에 불사의 감로수를 두었다. 신들은 수레바퀴 밑에 감로수를 놓고 눈조차 깜빡이지 않는 두 마리의 뱀이 지키도록 했다. 신들의 철저한 감시로 이후로는 신들 이외의 어떤 존재도 불사의 존재가 될 수 없었다. 이때부터 신들은 창조된 존재들 중에서 가장 위대한 존재가 되어 다른 생명체들을 지배하면서 그들로부터 숭배와 공물을 받게 된 것이다.

비슈누의 아바타라

비슈누는 세상을 유지하기 위해, 필요에 따라 수시로 아바타라(화신)를 세상에 내려보내 인류를 구원했다. 그는 주로 세계의 질서와 도덕이 문란해질 때에 아바타라를 세계에 내려보내 인류를 죄악의 구렁텅이에서 구해냈다고 한다. 비슈누의 화신 중 유명한 것으로 나라심하, 크리슈나, 칼키, 붓다 등이 있다. 아바타라는 사이버 상에서 사용되는 아바타(avatar)의 어원이 되었다.

비슈누의 아바타라는 매우 다양한 형태로 나타나며, 그중 가장 대표적인 화신(분신)을 다샤바타라라고 하여 총 10명이 있다. 여기에 해당되는 아바타라는 보통 정해져 있지만 약간의 차이가 있을 때도 있다. 그 밖에도 교리나 종파에 따라 비슈누의 화신으로 보는 대상과 숫자는 다양하다.

비슈누의 다샤바타라는 현재까지 9명이 출현했고, 마지막 1명인 칼키는 미래에 나타날 것으로 예정된 존재이다. 불교의 미륵불이나 유대교의 메시아와 비슷한 구세주 역할을 맡은 존재이다. 비슈누의 아바타라는 훗날 불교의 화신불 개념을 탄생시키는 계기가 되었다고 한다.

비슈누의 최초의 화신은 맛쓰야(물고기)였다. 전설에 따르면 고대 드라비다의 왕 마누(사티야브라타)가 어느 날 강에서 손을 씻고 있었다. 그때 작은 물고기가 그에게 와서 살려 달라고 애원하였다. 그는 애원하는 물고기를 외면할 수가 없어 그것을 병에 담았는데, 곧 물고기가 병에 담을 수 없을 정도로 너무 커져서 큰 항아리에 옮겼다가 다시 강으로 방생했다. 마누에게 큰 은혜를 입은 물고기는 그에게 '한 주 내에 대홍수가 발생하여 모든 생명을 파괴할 것이다'라고 경고하며 이곳에서 빨리 피신할 것을 권하였다. 물고기의 경고를 새겨들은 마누는 급하게 배를 만들어 강가에 띄웠고, 홍수가 발생하자 물고기가 그 배를 산정으로 견인하였다. 결국 마누

비슈누의 최초의 화신, 맛쓰야(물고기)의 모습.　　　　비슈누의 두 번째 화신, 쿠르마(거북)의 모습.

는 물고기의 은혜 갚음으로 겨우 살아남아 다시 세상의 질서를 새롭게 세웠다. 마누가 다스린 드라비다의 왕국은 원래 더 큰 드라비다인 마다가스카르와 동아프리카에서 뻗어 나왔을 수 있다. 맛쓰야는 일반적으로 4명의 무장한 인어 인물로 표현되는데, 비슷한 전설이 세계 곳곳에서 발견된다.

비슈누의 두 번째 화신인 쿠르마(거북)는 무한한 우유의 바다를 휘젓는 신화와 연관되어 있다. 신들과 아수라들은 불사의 영약인 암리타를 얻기 위해 우유의 바다를 휘젓는 일에 협력했다. 커다란 나가의 왕 바수키는 밧줄이 되었고, 산의 왕인 만다라 산은 휘젓는 막대기로 사용되었다. 그 산을 지탱해 줄 견고한 기초가 필요하자 비슈누는 거북으로 변해서 자신의 등으로 그 산, 곧 휘젓는 막대기를 떠받쳤다.

비슈누의 세 번째 화신은 와라하(멧돼지)이다. 어느 날, 히란약샤라는 악마가 갑자기 육지를 바다 밑바닥으로 끌고 들어가자 비슈누는 육지를 구하기 위하여 멧돼지로 변했다. 그 후 1,000년 동안 와라하는 악마와 사생결단으로 치열하게 싸워서 악마를 죽이고 그의 뻐드렁니로 바다로 곤두박질친 육지를 간신히 들어 올렸다.

비슈누의 네 번째 화신은 나라싱하(사자인간)이다. 비슈누의 세 번째 화신인 와라

비슈누의 세 번째 화신, 와라하(멧돼지)의 모습.

비슈누의 네 번째 화신, 나라싱하(사자인간)의 모습.

하(멧돼지)가 물리친 악마에게는 쌍둥이 동생인 히란야카시푸가 있었다. 그는 브라흐마로부터 신과 사람과 짐승이 안에서나 밖에서나 또는 낮에나 밤에도 죽일 수 없고 어떠한 무기로도 해칠 수 없는 신체를 부여받고 태어났다. 히란야카시푸는 자신의 몸에 자신감을 갖고 천국과 지상을 혼란시키는 악행을 저지른다. 한편, 히란야카시푸의 아들 프라라다는 비슈누를 믿었다. 때문에 아버지에게 생명의 위협을 느끼면서도 굳건히 비슈누를 믿었다. 어느 날 히란야카시푸는 아들을 불러놓고 돌기둥을 발로 차면서 물었다. "만약 네 마음에 너의 신이 존재한다면 이 돌기둥에도 그 신이 있느냐?" 비슈누는 그의 말에 분노가 치밀었지만 꾹 참고 있다가 해질 녘에 사자인간의 형상을 하고 돌기둥에서 나와 히란야카시푸를 죽였다.

비슈누의 다섯 번째 화신은 와마나(난쟁이)이다. 와마나는 아수라족의 마왕 발리가 전 우주를 다스리면서 신들이 힘을 잃게 되자 비로소 자신의 몸을 드러냈다. 마하발리는 인드라에게 복수하려고 인드라의 도시 아마라바티를 점령하고 천상, 지상, 지하의 삼계를 모두 손에 넣었다. 그러자 와마나가 이제는 자신이 나설 때가 됐다고 판단하고 난쟁이의 모습으로 발리를 찾아갔다. 와마나는 발리에게 다가

비슈누의 다섯 번째 화신, 와마나(난쟁이)의 모습.

비슈누의 여섯 번째 화신, 파라슈라마(도끼를 든 라마)의 모습.

가 자신이 세 걸음을 밟을 수 있을 만큼의 땅을 달라고 요구했고, 발리는 그 요구를 승낙했다. 그러자 와마나는 하늘을 덮을 듯한 거인으로 변하여 첫 걸음에 모든 땅을 덮었고, 둘째 걸음에 지상과 천국 사이를 모두 덮었으며, 셋째 걸음엔 발리의 머리 위로 디뎠다. 와마나의 활약에 힘입어 세상은 다시 신들에게 돌아왔다.

비슈누의 여섯 번째 화신은 파라슈라마(도끼를 든 라마)이다. 고대 전승인 《푸라나》에는 파라슈라마가 무사 계급인 크샤트리아의 거만한 폭압으로부터 사람들을 해방시키기 위해 브라만 계급의 성인 자마다그니의 아들로 태어났다고 기록되어 있다. 아버지 자마다그니가 크샤트리아에게 부당하게 살해당하고 어머니가 남편의 시신 옆에서 스물한 번 가슴을 두들기며 통곡하여 피멍이 든 모습을 본 그는 스물한 번에 걸쳐 크샤트리아를 몰살시키겠다는 맹세를 하고 이를 실천에 옮겼다. 그는 선량하든 사악하든 가릴 것 없이 크샤트리아 남성이라면 도끼로 모조리 죽였으며 5개의 호수를 피로 물들였다. 이때의 끔찍한 학살로 인도 곳곳에 그와 관련된 지명이 남아 있다. 파라슈라마는 말라바르 지방을 개척하고 자신이 크샤트리아 계급을 학살한 것을 속죄하기 위해 북부에서 데려온 사제 계급에게 그곳의 땅을 나

비슈누의 일곱 번째 화신, 라마의 모습.

비슈누의 여덟 번째 화신, 크리슈나의 모습.

누어 주었다고 한다.

비슈누의 일곱 번째 화신은 라마이다. 인도 전승에 따르면 3명의 라마가 비슈누의 화신으로 나오지만(파라슈라마 · 발라라마 · 라마찬드라), 라마라는 이름은 주신인 비슈누의 7번째 화신인 코살라 왕국의 왕자이면서 락샤사의 왕인 마왕 라바나를 죽인 영웅 라마찬드라를 주로 가리킨다. 라마는 고대 인도의 영웅으로서 훗날 신격화되었지만 실제로 존재했던 역사적 인물이었을 가능성이 크다.

비슈누의 여덟 번째 화신은 크리슈나이다. 크리슈나는 지상의 악인을 벌하기 위하여 태어났다고 한다. 그를 죽이려는 칸사를 피해 양치기 부족의 족장인 양부모 손에 자라게 된다. 크리슈나는 갓난아기일 때도 그를 암살하기 위해 칸사가 보낸 악마들을 물리쳤고, 소년기에는 인드라를 굴복시키고 강에 사는 뱀의 신 나가와 싸워 승리하는 등 어릴 때부터 온 천하에 용맹을 떨치며 발라라마와 함께 수많은 모험의 여정을 다녔다. 그리고 마지막에는 타고난 운명에 의해 칸사를 쓰러뜨리게 된다.

비슈누의 아홉 번째 화신은 붓다이다. 불교의 개조(開祖) 붓다(부처)를 비슈누의

비슈누의 아홉 번째 화신, 붓다의 모습.

화신으로 언급하는 것은 불교와 힌두교의 융합을 강조하기 위한 힌두교의 교리로 보인다. 불교와 힌두교의 융합은 힌두교의 특징 중 하나이다. 여기서 아홉 번째 화신으로서의 붓다의 역할은 '비슈누가 붓다가 되어 이 세상에 출현하여 악마나 악인이 올바른 수행을 하지 못하도록 그릇된 가르침으로 인도해 악마와 악인을 방해하고 파멸시키는 역할'이다.

시바와 사티

힌두교의 파괴신 시바는 우주 최고신이자 근본 원리로, 자연의 거친 면을 신격화한 존재이다. 그의 아내는 사티의 환생인 온화한 파르바티이며, 파르바티의 분노에서 파생된 잔인하고 피를 즐기는 칼리는 시바의 파괴적인 속성을 공유하는 또 다른 강력한 현신이다.

모든 우주 만물을 창조한 브라흐마는 닥샤(프라자파티)에게 이 모든 것을 통치하도록 명하고, 닥샤를 관습의 신인 마누의 딸 프라수티와 혼인시켜 그들을 축복하였다. 닥샤는 자신의 직책을 매우 자랑스러워하며 그에 따른 책임을 다하고 통치를 잘하여 주변 사람들은 물론 하늘의 신들조차도 그를 따르게 되었다.

그는 훌륭한 저택으로 이사를 한 후 자신의 딸 60명 중 59명을 하늘의 신들과 결혼시켰는데, 혼인 잔치는 늘 성대하게 치러졌고, 신랑들은 자신들이 닥샤에게 선택된 것을 행운이라 여길 정도였다. 종교 의식이나 행사에 초대될 때마다 닥샤의 딸들은 화려한 보석과 의상을 걸치고 황금 마차를 타고 참석했으며 아버지의 지위에 대해 지나치게 자랑스러워했다.

닥샤의 영향력은 날로 커져 갔으며 하늘의 신들까지도 그에게 경배하게 되었다. 그러나 그에게 한 가지 큰 고민거리가 있었는데 바로 막내딸 사티였다. 사티는 그의 가족들이 자랑스러워하는 화려함에는 아무런 관심도 없고 종교 의식이나 제사에만 빠짐없이 참석하는 무척 소심하고 소박한 아이였다. 그녀는 늘 자연의 아름다움과 함께했고 초라한 농부들과 이야기를 나누기를 좋아하였다. 이처럼 자연에 파묻혀 때 묻지 않게 지내는 사티를 식구들은 못마땅해하며 부끄럽게 여겼지만 워낙 성격이 순하고 무엇이든 사랑하며 늘 친절하기 때문에 아무도 그를 욕할 수는

닥샤의 권세와 사티의 사랑, 그리고 시바에 대한 증오_브라흐마가 세운 통치자 닥샤는 권세와 명성을 떨치며 하늘의 신들까지 복종시켰다. 하지만 소박하고 자연을 사랑하는 막내딸 사티가 파괴신 시바와 사랑에 빠지자 닥샤는 격분한다. 그는 시바의 파격적인 모습뿐 아니라 자신을 존경하지 않는 시바의 태도를 모욕으로 여겨 깊은 증오심을 품게 된다.

없었다.

어느 날 사티가 불멸의 신 시바와 사랑에 빠졌다는 소문이 돌았다. 닥샤는 사티를 불러 떠도는 소문의 진상을 확인하였는데 사티가 시바를 사랑한다고 고백하자 닥샤는 매우 노여워했다. 닥샤는 평소 시바가 늘 자신을 신이라고 자처하며 동물 가죽을 걸치고 해골을 목에 걸고 화장터의 재를 몸에 바르고 다니는 등 해괴한 차림새를 하고 다니는 것을 도저히 용납할 수 없었지만, 그보다 더 용서할 수 없었던 것은 모든 사람과 신들에게 존경받길 원했던 닥샤에게 시바는 눈길 한 번 주지 않는다는 것이었다. 이처럼 막무가내로 괴상망측한 모습으로 다니는 시바를 닥샤가 아무리 비난하고 모욕을 줘도 그 비난조차 아무렇지도 않게 넘겨 버리는 것이야말로 자신을 무시하는 태도라고 닥샤는 생각했다.

닥샤는 사티의 마음을 돌리려 하였으나 시바에 대한 사티의 사랑은 오히려 더 굳건해졌다. 이대로 둬서는 안 되겠다고 판단한 닥샤는 당장 하늘나라의 결혼하지

닥샤의 반대 속 사티와 시바의 결합_혼인 연회에서 시바가 초대받지 않았음을 알게 된 사티는 망연자실하지만 운명적인 선택 앞에서 시바를 향한 간절한 기도를 올린다. 그녀가 던진 꽃목걸이를 받으며 시바가 기적적으로 나타나자 닥샤의 분노에도 불구하고 사티는 마침내 시바의 아내가 되어 사랑의 힘을 증명한다.

않은 신들을 초대해 그들 중에서 한 사람을 선택하여 사티와 결혼을 시키기로 하였다. 사티는 자신을 위해 잔치를 준비한다는 것을 알고 아버지께 감사하며 시바가 오기를 기다렸다. 그러나 시바는 초대하지 않았다는 것을 알고 있는 프라수티는 마음이 아파 닥샤에게 시바도 초대할 것을 권유해 보았으나 닥샤는 이를 거절하였다.

연회가 시작되고 혼례복을 입은 사티가 나타났다. 사티는 구혼자들 중에서 시바의 얼굴을 찾았으나 그의 얼굴이 보이지 않자 닥샤가 일부러 시바를 초대하지 않은 것을 알고는 얼굴이 창백해졌다. 그러나 어차피 선택을 할 수밖에 없었다. 사티는 혼신의 힘을 다해 시바를 향해 기도했다. "오! 사랑하는 시바시여, 저의 진실한 사랑을 받아 주신다면 이 꽃목걸이를 받으시고 제게 나타나시어 모든 것이 진실임을 밝혀 주소서." 사티는 목걸이를 힘차게 공중을 향해 던졌다. 그 순간 시바가 나타나 그 꽃목걸이를 목에 걸었고 닥샤의 분노에도 불구하고 이제 사티는 시바의

초대받지 못한 연회와 사티의 친정 그리움_나라다의 방문으로 닥샤가 주최한 성대한 제사 행사에 초대받지 못했음을 알게 된 사티는 시바에게 동행을 제안한다. 그러나 시바는 초대받지 못한 불편함과 닥샤와의 반목을 이유로 거절한다. 시바의 매정한 태도에 상처받은 사티는 이후 친정에 대한 깊은 그리움에 잠기게 된다.

아내가 되었다. 사티와 시바는 시바의 충실한 종인 황소 난디를 타고 그들의 집이 있는 눈 덮인 산속으로 갔다. 부부가 된 두 사람이 집으로 가는 발걸음은 마냥 행복하기만 했다. 산속 집에서의 그들의 결혼 생활은 소박했고, 사람들은 시바를 숭배했으며 사티를 마음 깊이 진심으로 사랑해 주었다.

어느 날, 하늘로부터 게으르고 수다쟁이인 나라다가 방문했다. 시바는 그를 신뢰하지 않았지만, 사티는 나라다로부터 이런저런 세상 소식을 듣느라 시간 가는 줄 몰랐다. 나라다는 닥샤의 59명 딸과 모든 신이 초대된 제사 행사에 관하여 이야기했다. 물론 시바와 사티는 초대받지 못한 행사였다. 나라다가 돌아간 후 사티는 시바에게 제사 행사에 같이 가보자고 제안한다. 그러나 시바는 초대장도 받지 못했고 더구나 간다고 해도 닥샤의 뜻을 거역하고 결혼했기 때문에 환영받지 못할 것이라고 거절했다. 아내에게 너무 매정하게 말했다고 생각한 시바는 그날 밤을 보내고 나서 사티의 마음을 즐겁게 하려 하였으나 시바가 자신에게 정성을 쏟을수

닥샤의 연회에서 사티의 비극적인 자기희생_아버지 닥샤의 제사 장소를 찾아간 사티는 부모님과 언니들을 만나 기뻐하지만, 닥샤는 사티의 방문과 시바를 맹렬히 비난한다. 모두의 차가운 시선과 어머니마저 외면하는 상황 속에서 사티는 아버지의 노여움을 풀기 위한 속죄의 길이라 선언하며 제사 불길 속으로 몸을 던지는 선택을 한다.

사티는 더욱더 친정에 대한 그리움만 사무쳐 올랐다.

친정에 대한 그리움을 이기지 못한 사티는 어렵게 시바의 허락을 얻어 친정에 가게 되었다. 시바에게 겨우 허락을 받은 사티는 마음이 들떠 난디를 타고 아버지의 집으로 출발했다. 제사 장소에는 많은 사람으로 붐볐고 값진 옷과 화려한 보석으로 치장한 언니들과 형부들이 기다리고 있었다. 사티의 마음은 언니들에 대한 사랑으로 가득 찼다. 그녀는 제사 장소 정면에 있는 아버지와 늘 그리워했던 어머니를 발견하고는 너무나 기쁜 마음으로 부모님께 달려 나갔다. 그러나 그녀를 본 닥샤는 분노에 떨며 사티가 나타난 것을 책망했고 시바를 저주하기 시작했다. 모든 사람의 시선이 차가워졌고 어머니마저도 그녀를 외면해 버렸다. 이때 갑자기 사티가 일어서서 말했다. "제가 시바와 결혼한 것이 아버지를 이처럼 노엽게 했다면 저는 이제 속죄의 길을 가겠습니다." 그러더니 갑자기 사티가 제사 불길이 활활 타고 있는 화로 속으로 뛰어들었다. 사람들이 황급히 그녀를 구하려 하였으나

시바의 복수와 닥샤의 비극적인 재탄생_사티의 죽음에 분노한 시바는 비라바드라로 변신하여 닥샤의 제사를 파괴하고 그의 목을 베었다. 그러나 사티 어머니의 간청으로 시바는 닥샤를 되살리지만, 염소 머리를 붙여 비참한 형태로 그의 생명을 이어가게 했다.

이미 때는 늦었고, 이를 보고 있던 난디가 시바의 검이 닥샤의 목을 칠 것이며 목숨이 붙어 있더라도 인간의 얼굴이 아닌 양의 머리를 지니고 살게 될 것이라고 저주를 퍼부었다. 난디는 사티가 다시 살아날 것을 외쳤다. 그런데 사티의 몸은 불길 속에 있었으나 전혀 다치지 않은 채 화석처럼 굳어 버렸다.

난디는 시바가 있는 카일라사로 돌아갔다. 시바에게 사티의 죽음을 알리자 불멸의 신 시바도 슬픔으로 견딜 수가 없었다. 슬픔으로 지새운 하루가 지나자 시바는 사티가 죽은 이유를 난디에게서 듣고서 마음속엔 참을 수 없는 분노의 불길이 타올랐다. 시바는 끓어오르는 화를 참을 수 없어 거대한 몸집의 분노의 화신인 비라바드라 신으로 변해 나타났다. 불길 속에서 수천의 악마가 튀어나왔고 고통으로 가득 찬 시바의 뒤를 이어 닥샤의 집으로 향했다. 악마들의 대장 비라바드라는 프라수티 뒤에 숨어 있는 닥샤를 찾았다. 닥샤가 무릎을 꿇고 용서를 빌었으나 비라바드라의 검은 한 치의 망설임도 없이 그의 목을 잘랐다. 오로지 사티의 죽음만 슬퍼하고 있던 시바는 발 아래 엎드려 닥샤의 목숨만 살려 달라고 애원하는 프라수티의 소리를 듣고는 그녀가 사랑하는 사티의 어머니임을 생각하고 닥샤를 다시 살려내도록 하였다. 그러나 닥샤가 목이 잘린 채 살아난 것을 보고 프라수티가 다시 애원하자 악마들이 염소의 머리를 잘라 닥샤의 머리 위에 얹어 놓았다.

이제 닥샤는 염소의 머리를 갖게 되었고 그의 목에선 염소 울음소리가 나기 시작했다. 시바는 참혹한 복수의 현장을 무심하게 바라보더니 아무 일도 없었다는 듯이 사티의 시신을 업고 그 집을 떠났다. 이제 시바가 가는 곳은 어디든지 슬픔과 고통뿐이었다. 우주 만물이 모두 황폐해져 갔고 이들의 신음 소리를 들은 하늘의 신들은 비슈누와 나라야나에게 도움을 청했고 비슈누는 시바를 따라 걸으며 사티의 몸에 화살을 쏘았다. 사티의 조각이 떨어지는 곳마다 만물이 생기가 돌기 시작했고 사람들은 그곳에 여신을 위한 사원을 세우고 그녀를 찬미했다. 비슈누가 52번째 화살로 사티의 마지막 조각을 떨어뜨렸을 때 시바도 꿈에서 깨어난 것처럼 집으로 돌아왔다. 시바는 카일라사에 돌아왔으나 사티는 집에 없었고 그녀에 대한 그리움으로 시바는 그녀의 이름을 부르며 온 천하를 정처 없이 돌아다녔다. 사티를 부르는 소리는 시바에게 기도와 명상이 되어 버렸고, 그는 카일라사의 정상에 수세기가 지나도록 변함없이 앉아 사티에 대한 사랑으로 명상에서 깨어나지 않았다고 한다.

힌두교의 트리무르티(삼신일체) 중 하나인 시바는 브라흐마, 비슈누와 함께 우주를 주관하는 최고신으로, '파괴자' 또는 '변혁자'의 역할을 담당한다. 하지만 그의 파괴는 단순히 종말만을 의미하는 것이 아니라, 새로운 창조를 위한 필수적인 과정으로 이해되며, 이러한 순환적 우주관의 핵심에 시바가 존재한다. 그는 히말라야에서 고행하는 요가의 신이자 궁극적인 깨달음을 상징하며, 동시에 우주의 생성과 파괴의 순환을 나타내는 '탄다바(Tandava)'라는 코스믹 댄스를 추는 '나타라자(Nataraja)'의 모습으로도 묘사된다.

가네샤 탄생 신화

가네샤는 '군중의 지배자'란 뜻이다. 시바와 파르바티 사이에 태어난 아들인데 지혜를 성취시키는 신으로 숭배된다. 가네샤는 시바를 섬기는 가나(Gana)들의 우두머리로서 가나, 즉 군중을 지배하는 신이다. 학문적인 서적의 첫머리에 이 신에 대한 귀의(歸依)의 뜻을 표하는 시구가 실리는 일이 많다.

인도에서 원숭이 신인 하누만과 함께 동물의 형상으로 숭배되고 있는 주요한 신이 바로 인간의 몸에 코끼리의 머리를 하고 있는 가네샤이다. 가네샤는 시바와 파르바티의 첫 번째 아들로 알려져 있고 시바와 관련이 있는 여타의 신들 가운데 가장 유명하다. 그는 새로운 시작의 신이자 장애를 제거하는 신으로 추앙받아 힌두교도들은 모든 예배나 의식은 물론 사업 시작, 여행, 집 짓기 등과 같은 중요 행사를 하기에 앞서 계획한 일이 잘되게 해달라고 가네샤에게 먼저 예배를 드린다.

가네샤의 탄생에 관한 이야기는 다음과 같다. 어느 날, 마하데비인 파르바티가 두 여자 친구와 거리를 거닐고 있었다. 그 친구들은 파르바티의 배우자인 시바가 시간의 지배자인 마하칼라(마하깔라)이기 때문에 아무 때나 여자들이 거처하는 곳에 불쑥 들어와 아주 난처한 경우가 많다고 불만을 토해냈다. 여기에 한술 더 떠 그녀들은 시바의 모든 심복 부하들이 그에게 속해 있기 때문에 난처한 경우를 당해도 어찌해 볼 도리가 없다며 시바에 대한 불평을 더욱 노골적으로 해댔다. 그때 시바는 거처인 카일라사(카일라쉬)에서 나가 있었다. 그는 돌아오자마자 파르바티의 방으로 달려갔다. 그러나 손에 철퇴를 든 한 소년에게 제지를 당하였다. 시바는 철퇴를 든 소년에게 말했다. "내가 누군지 아느냐? 나는 파르바티의 남편이고 이 지역의 통치자이다. 나는 전 우주를 자유로이 왕래할 수 있다. 나를 막는 너는 누구냐?" 소년은 나의 어머니가 목욕 중에는 누구도 들이지 말도록 했다고 대답했다. 이에 화가 난 시바가 말했다. "그렇다면 내가 너의 아버지인데 왜 나를 막느냐?" 그래도 소년은 어머니의 허락이 있을 때까지는 그럴 수 없다고 버텼다. 이에 격노한 시바는 심복 부하인 가나들을 소집해 소년을 설득하도록 했다. 그러나 그들도 통하지 않자 소년과 싸우기 시작했고 소년이 던지는 철퇴에 맞아 상처를 입었다.

이때 우연히 카일라사를 방문한 우주의 성자 나라다가 이 이상한 사건을 목격하고는 급히 천상으로 올라가 창조주 브라흐마와 다른 신들에게 알렸다. 이에 브라흐마가 그 소년에게 가서 시바의 상황을 설명했지만 그 소년은 오히려 브라흐마의 수염을 장난으로 잡아당겼다. 그래도 브라흐마가 계속 주장하자 철퇴를 브라흐마에게 던져 그를 다치게 했다. 이 소식을 전해 들은 시바와 비슈누는 천상의 거대한 군대를 이끌고 그 소년에게 갔다. 먼저 비슈누가 다가가자 그 소년은 치명적인 무기를 던져 비슈누에게 대응했다. 이에 비슈누가 뒤로 물러섰다. 뒤이어 시바가 전면에 나서 새로운 공격을 시작했다. 그러자 그 소년은 두려워하지 않고 철퇴를 던져 시바의 활을 부러뜨렸다. 이에 화가 난 시바가 그의 유명한 삼지창을 던져 그 소년의 머리를 쳐냈다.

시바의 분노에 찬 공격에 소년의 몸통에서 머리가 떨어졌고 이내 무시무시한 소리가 났다. 이 소리는 너무 강력해서 지상에까지 퍼져나가 즐겁게 목욕을 하고 있던 파르바티가 놀라 달려 나왔고, 그녀는 곧 비참한 현장을 보게 되었다. 그건 바로 자기 아들의 머리가 잘린 것과 그간의 일들을 모두 알게 된 것. 분노한 그녀는 즉시 강력한 십만 군대를 만들어 천상의 존재들을 공격하도록 명령했다. 이 중요한 순간에 나라다가 앞으로 나와 찬가를 부르며 분노로 뜨겁게 달아오른 파르바티를 달래기 시작했다. 한참 만에 화가 다소 누그러진 파르바티에게 나라다는 신들의 혼동에 의해 그녀의 아들이 살해되었고 그는 악마와 신들 사이에서도 이제껏

가네샤의 탄생_파르바티는 자신의 사적인 공간을 보호하기 위해 아들을 창조했고, 시바가 이를 제지한 아들의 목을 베자 격노했다. 신들의 간청과 나라다의 중재로 파르바티의 노여움이 가라앉자 시바는 죽은 아들을 코끼리 머리로 되살려 가네샤라 이름 짓고 자신의 군대 우두머리로 삼았다.

본 적이 없는 가장 강력한 존재였다고 말했다.

　결국 이 사태를 일으켰던 모든 신과 소년을 사랑했던 모든 이가 그의 죽음을 진심으로 애도했다. 그러면서 어떻게 해야 파르바티의 자애로운 애정을 다시 받을 수 있을지 물었다. 그러자 파르바티는 자신의 아들을 되살려서 모든 천상의 존재들 가운데 그를 으뜸가는 신으로 선언하라고 대답했다. 자신이 아들의 머리를 자른 것을 알게 된 시바는 같은 날 같은 시간에 태어난 존재를 찾아오도록 해서 그것의 머리를 소년의 몸에 이식시켜 그를 소생시켰다. 그 존재가 바로 코끼리였다. 그리고 시바는 그를 자신의 부대인 가나들의 우두머리로 선언함으로써 가네샤로 알려지게 되었다.

가네샤_가네샤는 코끼리 머리를 가진 힌두교의 대표적인 신으로, 지혜와 번영, 그리고 장애물 제거의 신으로 널리 숭배되는 존재이다. 그의 독특한 모습은 아버지 시바와 어머니 파르바티 사이의 일화에서 비롯되었다. 즉, 파르바티가 목욕하는 동안 자신을 지키던 가네샤를 시바가 알지 못한 채 그의 머리를 잘라버렸고, 이에 분노한 파르바티의 요구로 시바가 코끼리 머리를 붙여 그를 되살린 것이다. 이러한 탄생 배경을 가진 가네샤는 시바의 사원에서 자주 만나볼 수 있으며, 새로운 시작이나 중요한 일을 앞두고 사람들에게 축복을 빌어주는 존재로 인도 문화에 깊이 뿌리내리고 있다.

중국 문명의 신화

중국은 문자를 일찍 사용했지만 신화 기록이 적으며, 《산해경》 등이 거의 유일하다. 이는 중국 문화의 정체성이 신화보다는 철학에 기반하기 때문으로, 신의 개입보다 인간의 노력을 통해 문제를 해결하려는 경향이 두드러진다. 반고는 혼돈의 알에서 세상을 창조했고, 여와는 흙으로 인간을 빚고 결혼 제도를 만들며 천지 재앙을 수습했다. 인류 문명의 시조인 삼황오제는 수인씨(불), 복희씨(수렵), 신농씨(농경) 등 전설적 문명 건설자와 성군들로, 비록 현대에는 신화적 인물로 간주되지만 중국 문화의 이상적인 표상으로 남아 있다.

반고 창조 신화

중국 창조 신화의 주인공인 반고(盤古)는 우주가 거대한 알과 같은 혼돈 상태였던 시절, 그 안에서 약 18,000년간 잠들어 있었다. 잠에서 깨어난 그는 이 혼돈의 알을 깨고 나와 하늘과 땅을 분리함으로써 세상을 창조한 인물로 전해진다.

아주 먼 옛날, 이 세상은 검고 흐린 상태의 하나의 알로 이루어져 있었다. 그 안에 한 사람이 웅크리고 있었으니 그가 바로 반고이다. 깜깜한 알 속이 싫었던 반고는 어느 날 알을 깨어 버렸다.

이때 알 속에 있던 무거운 것들은 가라앉고 가벼운 것들은 위로 치솟았다. 하지만 다시 무거운 것들과 가벼운 것들이 모여 혼돈의 상태로 가려고 하자 반고는 자신의 두 다리와 두 팔로 무거운 것들과 가벼운 것들을 떼어놓기 위해 안간힘을 썼다. 이때부터 반고의 키가 하루에 한 자씩 자랐으며, 이로 인해 하늘과 땅이 점점 멀어지게 되었다.

반고가 울 때 그의 눈물은 강이 되고 숨결은 바람이 되었다. 목소리는 천둥, 눈빛은 번개가 되었다. 그가 기쁠 때는 하늘도 맑았고, 슬플 때는 하늘빛이 온통 흐려졌다. 이렇게 애를 쓴 것이 무려 18,000년이었고 무거운 것과 가벼운 것이 서로 9만 리의 거리로 멀어지자 드디어 반고는 혼돈을 막았다고 안심하며 대지에 누워 휴식을 취했고 그 상태로 죽게 된다. 그가 죽을 때 두 눈동자는 태양과 달이 되었고 사지는 산, 피는 강, 혈관과 근육은 길, 살은 논밭, 수염은 벼, 피부는 초목이 되었다.

또한 반고가 죽을 때 그의 몸에서 생겨난 구더기가 바람을 만나 인간이 되었다.

거인의 희생으로 빚어진 세상_혼돈의 알 속에서 깨어난 반고는 하늘과 땅을 분리하고, 무거운 것과 가벼운 것이 다시 섞이지 않도록 18,000년간 온몸으로 지탱하며 세상을 만들었다. 그 후 힘이 다해 죽으면서 그의 몸은 태양, 달, 산, 강, 논밭, 초목 등 세상의 모든 요소로 변했고, 그의 몸에서 나온 구더기는 바람을 만나 인간이 되었다. 반고의 희생으로 세상이 창조되었고, 그는 창조신으로 추앙받는다.

이렇게 반고의 온 정성과 헌신을 다한 희생양으로 세상이 만들어졌다. 옛날 사람들은 이처럼 세상을 만들기 위해 온몸을 바친 반고를 기념하기 위하여 남해에 반고 무덤을 세웠으며 계림(桂林)에는 사당까지 세웠다고 한다.

인간을 창조한 여와

중국 신화의 여와는 흙을 반죽하여 인간을 창조했다는 점에서 그리스 로마 신화의 프로메테우스나 성경에서 하나님이 진흙으로 사람을 만든 이야기와 유사한 구조를 지닌다. 이는 여러 문화권의 인간 탄생 신화에서 공통적으로 발견되는 특징이다.

하늘과 땅이 반고에 의해 생겨났지만 땅에는 아직 인간이 출현하지 않았다. 인간을 창조한 것은 여신 여와다. 여와는 사신인수(蛇身人首), 즉 뱀의 몸에 사람의 머리를 지닌 모습을 하고 있었다. 그녀는 황토를 반죽해 사람의 형태를 만들고 그 안에 생명을 불어넣었다. 최초의 인간은 그렇게 창조되었다.

광활한 대지에 걸맞은 충분한 수의 인간을 하나하나 정성껏 만드는 일은 대단히 힘든 일이었다. 그래서 여와는 보다 수월하게 인간을 만들기 위해 끈을 흙 속에 늘어뜨렸다 끌어올려 그 끈에서 떨어진 흙으로 인간을 만드는 방법을 고안하여 많은 인간을 만들어냈다.

그러나 여와가 인간에게 부여한 목숨에는 한계가 있었다. 그냥 내버려두었다가는 모처럼 애써 만든 인간이 태어나서 얼마 안 가 죽는 처지가 돼 땅에서 금방 사라지고 말 것 같았다.

이렇게 해서는 인간을 오래도록 만들 수 없겠다고 판단한 여와는 남녀가 결혼하여 아이를 낳고 기르는 제도를 만들었다. 그 덕분에 인류는 자연과 대지 위에 점차 그 수를 불려나가게 되었다.

여와가 인류를 창조하고 난 어느 날 무서운 일이 일어났다. 하늘을 떠받치는 기둥이 부러지고 땅을 잇는 끈이 끊어져 천지가 기울었으며 땅이 쩍쩍 갈라지고 하

인류를 빚고 세상을 구원한 여신 여와_여신 여와는 흙으로 인간을 창조하고 인류 번성을 위해 결혼 제도를 만들었다. 이후 천지개벽 수준의 대재앙이 닥치자 그녀는 오색 돌로 하늘을 메우고, 거북의 발로 기둥을 세우며, 흑룡과 홍수를 제압하여 세상을 구원하는 위대한 업적을 남겼다.

늘이 무너져 내리고 말았다. 그리고 갈라진 땅속에서는 맹렬한 화염이 뿜어져 나왔고 하천이 범람하고 바다에는 해일이 밀려들었다. 그뿐만이 아니었다. 산림에서 맹수가 출현하여 사람들을 잡아먹었고 하늘에서는 흉조가 날아와 노약자들을 채갔다.

이 광경을 본 여와는 세상을 바로잡기 위해 결연히 일어섰다. 먼저 오색의 돌을 불로 벼리어 무너진 하늘을 메웠다. 그러고는 큰 거북의 발을 잘라 세상의 네 귀퉁이에 세워 하늘을 떠받치는 기둥을 삼았다. 또 홍수를 일으킨 원흉의 하나인 흑룡을 죽이고 갈대를 태운 재를 쌓아 홍수를 제압했다. 그녀가 나선 지 열흘 만에 모든 재해가 멈추고 인간은 다시 살아날 수 있었다.

복희와 여와

여와는 중국 신화에서 인간을 창조한 것으로 알려진 여신이다. 복희와 여와는 남매로 전해져 내려오는 남신과 여신이다. 복희와 여와는 뱀 모양의 형상을 이루는 한 쌍의 신으로 묘사되며, 서로의 꼬리를 틀고 있는 모습이 화상석 등에 새겨져 있다. 여와라는 단어는 여성 여신을 나타내는 단어이기도 하다.

금방이라도 큰비가 퍼부을 듯이 하늘은 온통 검은 구름으로 뒤덮이고 바람이 거세게 몰아치는 가운데 먼 하늘에서 우레 소리가 요란스레 들려왔다. 하늘에서 갑자기 요동치는 우레 소리에 어린아이들은 깜짝 놀라지만, 밖에서 일을 하고 있는 어른들은 여름이면 으레 있는 자연현상이라 여기고 여느 때와 다름없이 일손을 멈추지 않는다.

그때 마침 집 밖에서 일을 하고 있는 한 남자가 있었다. 그는 평소에 계곡에서 거두어들인 푸른 이끼를 엮어 만든 이엉을 지붕 위에 깔고 있었다. 이렇게 하면 큰비가 쏟아져 내려도 집안으로 빗물이 샐 염려가 없었다. 아직 열 살도 안 된 그의 아들과 딸은 천진난만하게 집 밖에서 뛰어놀며 아버지가 일하는 모습을 구경하였다. 그가 지붕에 푸른 이끼를 다 깔고 나서 아이들을 데리고 집안으로 들어서자마자 갑자기 비가 쏟아붓기 시작했다. 어린 자식들과 아버지는 재빨리 창문을 닫고 온기가 어린 따스한 작은 방 안에서 단란한 한때를 즐겼다.

그렇게 오순도순 즐거운 한때를 보내기도 잠깐, 빗줄기는 시간이 지날수록 점점 굵어지고 바람 또한 심상치 않게 거세어져 갔으며 뇌성도 점차 요란해져 갔다. 마치 하늘의 뇌공(雷公)이 진노하여 인간들에게 커다란 재앙을 내리려는 듯싶었다.

이때 그 남자는 커다란 재앙이 눈앞에 닥쳐오리라는 것을 예감하고 미리 만들어

뇌공을 포획한 아버지의 기지_거센 폭풍우가 몰아치던 날, 한 남자는 임박한 재앙을 직감하고 쇠망태기와 창을 준비한다. 마침내 지붕에 미끄러져 떨어진 뇌공을 놓치지 않고 창으로 찔러 쇠망태기에 가두는 기지를 발휘하여 붙잡는 데 성공한다.

두었던 쇠망태기를 가져와 처마 밑에 두었다. 그는 쇠망태기의 입구를 열어 두고 손에는 호랑이를 사냥할 때 쓰는 창을 움켜쥔 채 서서 무엇인가를 기다리고 있었다.

하늘은 시커먼 먹구름으로 뒤덮이고 가끔씩 번갯불이 번쩍거리는 가운데 뇌성이 잇달아 울려 퍼졌다. 이윽고 시퍼런 얼굴을 한 뇌공이 손에 도끼를 들고 비호처럼 하늘에서 내려왔다. 무시무시한 모습으로 느닷없이 지붕으로 내려온 뇌공은 지붕 위에 깔아 놓은 푸른 이끼에 미끄러져 곤두박질을 치며 처마 밑으로 떨어졌다. 이때 처마 밑에서 기다리고 있던 아버지는 뇌공이 떨어질 때를 놓치지 않고 재빨리 호랑이를 사냥할 때 쓰는 창으로 힘껏 찔렀다. 창은 정확히 뇌공의 허리에 내리꽂혔다. 예기치 못한 순간에 창에 찔려 고꾸라지는 뇌공을 아버지는 놓치지 않고 재빨리 낚아채 쇠망태기 속에 쳐 넣고 망태기를 등에 짊어진 채로 방 안으로 들어왔다.

"이번에야말로 정말 네 놈을 잡고 말았구나! 이제 네 놈은 아무런 수작도 할 수가 없을 것이다."

　아버지는 아이들에게 뇌공을 잘 지키라고 일렀다. 뇌공의 괴이한 모습을 본 아이들은 처음에는 무서워 어쩔 줄을 몰라 했으나 점차 시간이 감에 따라 익숙해져서 두려워하지 않았다. 이튿날 아침, 아버지는 향료를 사러 시장에 갔다. 뇌공을 죽여서 절여 반찬으로 만들기 위해서였다. 아버지는 집을 떠나면서 아이들에게 단단히 일렀다.

　"얘들아, 절대로 저 녀석에게 물을 주어서는 안 된다!"

　아버지가 집을 나서자 쇠망태기 속에 갇혀 있던 뇌공은 거짓으로 신음 소리를 내며 몹시 아픈 표정을 지으며 아이들에게 물을 달라고 애원했다.

　"목이 말라 죽겠구나. 제발 물 한 사발만 다오."

　그러나 사내아이는 냉정히 거절했다.

　"물 한 사발이 안 된다면 물 한 잔만이라도 다오. 정말로 목이 말라 죽겠다."

　그러나 사내아이는 또 다시 뇌공의 청을 들어주지 않았다.

　"그렇다면 부뚜막의 수세미를 가져와서 물 몇 방울만이라도 떨어뜨려 다오. 정말 목이 타 죽겠다."

　말을 마친 뇌공은 눈을 감고 입을 쩍 벌리고 일부러 훨씬 더 고통스러운 표정을 지으며 아이들의 처분을 기다렸다. 그러자 여동생인 여자아이가 뇌공이 고통스러워하는 모습에 측은한 마음이 들었다.

　"정말 불쌍하기도 해라. 아빠에게 잡혀 저 쇠망태기 속에 갇혀 있는 하루 동안 물 한 모금도 마시지 못했으니 얼마나 고통스러울까? 오빠, 시험 삼아 물 몇 방울만 떨어뜨려 주면 어떨까?"

　오빠는 잠시 생각하더니 물 몇 방울쯤이야 괜찮을 것 같아 동생의 말에 따랐다. 오누이는 부엌으로 가서 수세미에 물을 적신 다음 이를 가져와 뇌공의 입에 물 몇 방울을 떨어뜨려 주었다. 물을 마시고 난 뇌공은 아이들에게 말했다.

뇌공의 탈출과 마법의 이빨_아버지가 없는 사이, 쇠망태기에 갇힌 뇌공은 아이들의 동정심을 자극해 물을 얻어 마신다. 기력을 회복한 뇌공은 탈출하며 아이들에게 다가올 재난에 대비할 마법의 이빨(열매)을 건넨다.

"정말 고맙구나! 내가 이 방을 빠져나갈 터이니 자리를 좀 비켜주겠니?"

뇌공이 물을 먹고 기력을 차리자 아이들은 자신들이 무슨 짓을 했는지를 깨닫고는 얼굴이 새파랗게 질려 방문 밖으로 나가려고 했다. 그 순간 천지를 진동하는 벽력(霹靂) 소리와 함께 뇌공이 쇠망태기를 꿰뚫고 집 밖으로 빠져나갔다. 뇌공은 나가기 전에 입 속에서 이빨을 하나 빼서 무서워 떨고 있는 아이들에게 건네주며 말했다.

"어서 이것을 땅에 심거라. 그리고 큰 재난이 닥쳐오거든 이 열매 속에 들어가 숨어라!"

얼마 후 장에 갔던 아버지가 향료를 사서 돌아왔다. 집에 들어서는 순간 뇌공을 가두어 두었던 쇠망태기가 부서져 있는 것을 본 아버지는 아연실색하고 아이들을 불러 그 연유를 물었다. 오누이는 눈물을 흘리며 자기들이 잘못해서 뇌공이 달아났다는 이야기를 털어놓았다. 남매의 말을 들은 아버지는 머지않아 큰 재앙이 닥쳐오리라는 것을 직감했다. 그렇다고 어린아이들의 잘못만을 탓하고 있을 수는 없었다. 아버지는 시장에서 사 온 향료를 내려놓고 밤낮으로 쉬지 않고 장차 닥쳐 올 큰 재난에 대비하기 위해 철선 한 척을 만들기 시작했다.

오누이는 뇌공이 준 이빨을 땅에 심었다. 그런데 놀랍게도 뇌공의 이빨은 심은 지 얼마 되지도 않아 새파랗게 새싹이 돋아났다. 이 새싹은 점점 자라나 하루 만에 꽃이 피고 열매를 맺었다. 이튿날 아침에 보니 그 열매는 커다란 호리병박으로 변해 있었다. 오누이는 집에서 톱을 가져와 호리병박을 켰다. 그 안에는 수없이 많은 뇌공의 이빨이 가득 들어 있었다. 그러나 아이들은 놀라지 않고 호리병박 안의 이빨들을 파냈다. 오누이가 그 안으로 기어들어가 보니 호리병박의 크기는 그들 둘의 몸을 숨기기에 딱 맞는 크기였다. 오누이는 호리병박을 외진 곳에 잘 보관해 두었다.

이윽고 뇌공이 사라진 지 사흘째 되는 날 오누이의 아버지는 철선을 완성하였다. 그날 갑자기 날씨가 급변하더니 사방에서 거센 바람이 불어 닥치고 폭우가 쏟아져 내리기 시작하였다. 또 땅에서는 분수처럼 물이 솟구쳐 올라 구릉을 삼키고 높은 산을 에워싸 버렸다. 근처 마을의 농가와 숲의 나무와 촌락이 모두 물에 잠기어 그야말로 푸른 바다를 이루고 말았다.

"얘들아, 어서 피해라, 뇌공이 무서운 홍수로 보복을 해오고 있구나!"

오누이는 재빨리 호리병박 속으로 들어가 숨었고 아버지는 자기가 만든 철선에 탔다. 세 사람은 하늘에 닿을 듯한 물 위를 정처 없이 떠돌아다녔다. 홍수는 시간이 갈수록 점점 더 심해져 그 수위가 이미 하늘에 닿아 버렸다. 철선에 타고 있던 아버지는 거센 비바람과 넘실대는 무서운 파도도 아랑곳하지 않고 줄곧 배를 저어 하늘문에 다다르게 되었다. 아버지는 뱃머리에 서서 손으로 하늘문을 힘껏 두드렸다.

"어서 문을 여시오!"

이렇게 외치며 그는 밖에서 주먹으로 힘껏 하늘 문을 두드렸다.

호리병박 속 오누이의 기적_ 뇌공의 이빨로 자라난 호리병박 덕분에 오누이는 뇌공이 일으킨 대홍수 속에서 살아남았다. 아버지는 철선으로 홍수를 멈추게 했지만 물이 빠지는 과정에서 희생되었고, 호리병박 속 오누이만이 유일한 생존자가 되었다.

하늘 안에서 대문을 두드리는 우렁찬 소리에 겁을 먹은 천신(天神)이 물을 다스리던 수신(水神)에게 급히 호통을 쳤다.

"빨리 물을 빼지 못할까?"

수신이 천신의 명대로 행하니 눈 깜짝할 사이에 비가 그치고 홍수가 물러갔다. 순식간에 천장(千丈) 높이의 물이 갑자기 빠지니 대지 위의 모든 것이 예전처럼 드러나게 되었다. 그러나 홍수가 빠지는 순간 그 아버지는 철선과 함께 높은 하늘에서 떨어졌다. 단단한 철선은 땅에 떨어지자마자 그만 산산조각이 나고 말았다. 뇌공에 맞서 용감무쌍하게 싸워 뇌공을 쇠망태기 속에 가두었던 아버지는 가엾게도 철선의 운명과 함께 산산이 부서져 죽고 말았다. 그러나 부드럽고 탄력성이 있는 호리병박 속에 숨어 있었던 오누이는 지상에 떨어졌을 때 불과 몇 번 튀어 올랐을 뿐 다친 데라곤 하나도 없었다.

하늘에 닿는 대홍수를 겪고 나자 대지 위의 모든 인간은 죽고 말았다. 오직 오누이가 유일한 생존자일 뿐이었다. 그들은 본래 이름이 없었다. 그들이 호리병박 속에서 살아남았기 때문에 복희(伏羲)라고 부르게 되었다. 복희란 바로 호리병박을 뜻하는 것이다. 대지 위에 살고 있던 인간들은 절멸되고 말았지만 오누이는 열심히 일하며 지극히 행복한 하루하루를 보내게 되었다.

세월이 흘러 어느덧 오누이는 몰라보게 자라 어엿한 성인이 되었다. 오빠는 여동생과 결혼하고 싶었지만 그럴 때마다 여동생은 번번이 거절하곤 했다. 그러다 결국 여동생은 오빠가 자신을 잡으면 결혼해 주겠다고 제안하고, 오빠는 꾀를 내어 재빠른 여동생을 자신의 품에 안기게 하여 둘은 결혼을 하게 되었다.

그들이 결혼한 지 얼마 되지 않아 복희는 고깃덩어리를 낳았다. 부부는 이를 괴이하게 여긴 나머지 고깃덩이를 잘게 잘라 종이에 싼 다음 하늘로 통하는 사다리에 올라 하늘나라에 놀러 가게 되었다. 그들이 하늘에 오르는 사다리를 반쯤 올랐을 때 느닷없이 거센 바람이 불어와 종이가 찢어지는 바람에 종이에 쌌던 고깃덩이 조각들이 사방으로 산산이 흩어져 버리고 말았다. 그런데 놀랍게도 그 조각들은 지상에 닿자마자 모두 사람으로 변하는 것이었다.

나뭇잎 위에 떨어져 사람이 된 자에게는 섭(葉)이라는 성씨를 주고 나무 위에 떨어져 사람이 된 사람에게는 목(木)이라는 성씨를 주는 등, 떨어진 곳의 사물의 명칭을 따서 각기 그들의 성씨로 삼았다. 그로부터 지상에는 또 다시 인간들이 번성하게 되었다. 그 결과 복희씨 부부가 인류를 창조한 시조가 되었다.

삼황오제

삼황오제는 중국 고대 전설에 등장하는 세 명의 '황(皇)'과 다섯 명의 '제(帝)'를 일컫는 말이다. 이들은 중국 역사의 시초이자 중국인들이 이상적으로 여기는 정신적인 제왕의 표상으로 추앙된다. 삼황오제 개념은 전국 시대 말에 전설 속 제왕들을 정리하는 사상에서 비롯되었으며, 전통적으로 천황, 지황, 인황(태황)으로 구성된 삼황설은 천·지·인 삼재(三才) 사상에 기반한 추상적 사고를 반영한다.

삼황오제(三皇五帝)는 중국의 고대 신화에 등장하는 제왕들로 세 명의 황(皇)과 다섯 명의 제(帝)를 말한다. 이들 여덟 명의 제왕은 중국 문명의 시조로 추앙되며 근대 이전까지는 중국에서 신화가 아닌 역사 인물로서 추앙되었다. 현대의 역사학계에서는 삼황오제 신화가 후대에 창조되고 부풀려진 신화이며 역사적 사실이 아니라고 판단하고 있다.

삼황의 첫 번째 인물은 나무를 비벼 불을 만든 수인씨(燧人氏)다. 눈이 세 개인 수인씨가 매사에 주위를 살피고 새로운 문명을 밝힌 덕분에 인류는 음식을 익혀 먹을 수 있게 되었고, 난방을 할 수 있게 되었으며, 안전을 더욱 확보할 수 있게 되었다.

삼황의 두 번째 인물은 사람들에게 고기잡이와 수렵을 가르친 복희씨(伏羲氏)다. 복희씨 덕분에 사람들은 자연의 처분만을 기다리지 않고 스스로 주도적으로 나서서 짐승을 사냥하고 물고기를 잡아 식생활을 개선할 수 있게 되었다. 복희씨는 그물도 발명했다.

삼황의 마지막 전설적 인물은 백성들에게 경작을 가르친 신농씨(神農氏)다. 인류는 신농씨 덕분에 나무 열매와 짐승을 찾아다니던 불안정한 생활에서 벗어나 일정한 땅에서 경작을 하는 정착생활을 하게 되었으며, 이로 인해 인간의 역사에 농경 시대를 활짝 열 수 있었다.

삼황오제_중국 문명의 시조로 추앙받는 삼황오제(三皇五帝)는 중국 역사의 상징적인 인물들이지만, 흥미롭게도 이들이 동이족(東夷族)이었다는 사료와 해석이 존재한다. 『사기(史記)』와 같은 고대 기록들에는 황제(黃帝)로부터 순(舜)임금, 우(禹)임금에 이르기까지 그 뿌리가 동일하며 국호만 달랐다고 전하는데, 이는 동이족이 중원으로 진출하여 큰 세력을 형성하며 중국 역사의 서막을 열었음을 시사한다. 실제로 태호복희(太皞伏犧)와 같은 삼황 중 한 명이 동이족의 수령으로서 팔괘와 주역을 창안하고 한자를 만들었다는 기록은 이러한 주장에 힘을 더한다.

오제(五帝)는 황제의 뒤를 이은 다섯 자손을 뜻하며, 소호 금천씨(少昊 金天氏), 전욱 고양씨(顓頊 高陽氏), 제곡 고신씨(帝嚳 高辛氏), 제요 도당씨(帝堯 陶唐氏), 제순 유우씨(帝舜 有虞氏)의 다섯 명을 일컫는다. 뒤의 두 명을 따로 떼어 성군(聖君)을 칭송할 때 관용적으로 쓰이는 요순(堯舜) 임금이라고 부르기도 한다.

소호 금천씨는 황제의 아들로 황제가 승천한 후 왕위에 올랐다. 왕위에 오른 후 봉황이 날아들어 소호의 정치를 도왔다.

소호의 뒤를 이은 것은 전욱 고양씨로, 전욱은 소호의 형의 아들이었다. 아직 반고의 천지창조가 일어난 지 얼마 되지 않은 때라 하늘과 땅의 구별이 엄격하지 않았다. 전욱은 엄격한 법을 세워 하늘과 땅의 구별을 확실히 하고 인간 세상에서도 주종관계, 남녀관계 등을 명확하게 세웠다.

전욱의 뒤를 이은 것은 소호의 아들인 제곡 고신씨였다. 그는 음악의 신으로, 각종 악기와 음악을 만들어 백성들을 즐겁게 하였다.

제요 도당씨는 다음 대의 군주인 순(舜)과 함께 이른바 요순이라 하여 성군의 대명사로 일컬어진다. 현재까지 요의 역사적 실존성은 정확히 밝혀진 바가 없고 다만 우왕과의 관계에서 하나라 이전에도 국가 비슷한 실체가 형성되어 있음을 보여 주는 자료로 사용된다.

제순 유우씨는 오제의 마지막 군주이다. 주로 선대의 요(堯)와 함께 이른바 요순이라 불리며 성군의 대명사로 일컬어진다.

31

치우 신화

치우(蚩尤)는 전설 속 동방 구려족(九黎族)의 수령으로, 산둥성, 허난성, 허베이성 경계 지대를 중심으로 활동했다. 그는 구리 머리, 쇠 이마, 짐승 몸에 사람 말을 하는 형상을 가졌으며, 81명의 형제들도 비슷한 모습을 하고 있었다고 전해진다. 성질이 급하고 용맹하여 싸움을 잘했던 치우는 중화인의 선조로 꼽히는 황제(皇帝) 헌원(軒轅)과 천하를 다투었으며, 특히 황제와의 탁록(涿鹿) 전투는 신화 시대 최대의 전쟁으로 기록된다.

치우는 삼황의 하나인 염제 신농씨의 자손이다. 그의 생김새는 구리로 된 머리, 쇠로 된 이마, 사람의 몸과 소의 발굽을 하고 있고, 네 개의 눈과 여섯 개의 손을 갖고 있었다.

염제 신농씨가 제왕에 오른 후로 8대째가 되던 시절, 염제의 자손은 덕이 없을뿐더러 욕망이 이끄는 대로 제후국을 침략했다. 이때 염제의 자손에게 도전했던 인물이 황제 헌원이다. 헌원은 염제의 자손과 싸웠는데, 세 차례 전투를 벌여 마침내 승리하여 천하를 손에 쥐게 되었다. 하지만 헌원은 염제의 자손을 멸하지 않고 남방의 제왕으로 삼았다.

치우는 헌원에게 대항하기 위해 자신과 닮은 81인의 형제들과 바람의 신 풍백(風伯)과 비의 신 우사(雨師)를 지휘하였다. 치우의 첫 번째 전쟁 상대는 자신의 친척인 염제의 후손이었다. 압도적인 전력으로 진격한 치우는 염제의 자손을 간단히 격파하여 내쫓은 후 염제의 후계자라며 스스로를 염제라 칭했다. 이어서 치우는 군대를 탁록의 들판에 포진시켜 헌원의 군대를 기다리게 했다. 급보를 들은 헌원은 곧장 치우가 포진하고 있는 탁록으로 군대를 보내 양군은 그곳에서 한 치도 물러서지 않는 격렬한 전투를 벌였다. 치우는 첫 전투에서 전쟁터를 짙은 안개로 뒤덮이게 했다. 헌원의 군대는 짙은 안개 속에서 전후좌우를 제대로 구분할 수 없게 되었

치우와 탁록 전투_염제 신농씨의 후손인 기괴한 형상의 치우(蚩尤)는 덕을 잃은 염제 자손과 천하를 장악한 황제(皇帝) 헌원에 대항했다. 치우는 81인의 형제들과 풍백, 우사를 이끌고 염제의 후손을 격파하며 스스로 염제를 칭한 후 탁록에서 황제의 군대와 맞섰다. 첫 전투에서 치우는 짙은 안개로 전장을 뒤덮는 기습적인 전략으로 황제군을 혼란에 빠뜨리고 대승을 거두었다.

고, 적군이 우왕좌왕하는 사이를 비집고 공격해 치우는 크게 이겼다.

헌원은 치우에게 어이없이 패하자 전열을 가다듬어 다시 치우를 공격했다. 그는 물을 모아 비를 내릴 수 있는 응룡(應龍)을 불러 치우에 대항하게 했으나 치우는 비장의 무기인 바람의 신 풍백과 비의 신 우사를 출전시켰다. 응룡이 비록 비를 내리는 능력을 갖고 있었지만 비의 신 우사의 능력에는 한참을 미치지 못했을 뿐 아니라 거기에 풍백의 능력까지 가세되자 그들이 일으키는 무서운 폭풍우 앞에서 응룡은 속수무책으로 당해 사라지고 말았다.

풍백과 우사가 일으킨 폭풍우가 응룡을 격퇴시키는 것을 가까이서 지켜본 헌원은 폭풍우를 진압하기 위해 자신의 딸인 발을 전장에 투입했다. 그녀가 내뿜는 열과 빛은 순식간에 풍백과 우사가 일으킨 폭풍우를 날려 버렸다. 그 후로 헌원 군은 두 번 다시 폭풍우로 인해 전투에서 고전하는 일은 없었다.

헌원 군이 딸의 힘을 빌어 이번 전투를 승리로 이끌었지만 문제는 치우 군은 싸

황제 헌원의 결정적 승리와 치우의 종말_황제 헌원은 천둥 같은 군고와 딸 '발'의 능력으로 치우군의 사기를 꺾고 풍백과 우사의 기후 통제력을 무력화시켰다. 뛰어난 지휘력으로 치우 군을 완패시킨 헌원은 탈출하려던 치우를 응룡으로 추격하여 붙잡았고, 그의 재림을 막기 위해 시신을 조각내어 매장함으로써 전설적인 경쟁자 치우를 완전히 제거하며 결정적인 승리를 거두었다.

움마다 번번이 전투를 승리로 이끄는 바람에 사기가 충천해 있다는 것이었다. 그래서 헌원은 적의 사기를 떨어뜨리고 자신의 군대의 사기를 높이기 위해 군고(軍鼓)를 만들었다. 그리고 기(夔)라는 짐승을 죽여 그 가죽을 북에 붙이고 뇌수(雷獸, 상상의 동물)의 다리뼈를 북채로 삼았다. 군고의 북소리는 전방 200㎞까지 울려 퍼졌고, 천지를 찢어놓을 듯한 거대한 굉음은 치우 군에게 경악과 공포를 심어 주었다.

안개와 폭풍우가 발에 의해 사라지고 개인적인 전투 능력 면에서 헌원에게는 치우보다 우수한 응룡이 있었지만, 치우에게는 아직 믿을 만한 구석이 남아 있었다. 그것은 바로 치우의 군대 통솔 능력이었다. 귀신과도 같은 신출귀몰할 치우의 전투 지휘 능력은 여전히 헌원 군에게는 공포의 대상이었다. 이때 서왕모(西王母)는 헌원에게 사자를 보내 병법서인 《음부경(陰符經)》을 주었다. 이 책을 본 헌원의 지휘 능력이 그때부터 비로소 치우보다 우수해졌다.

이제 두 장수의 물러설 수 없는 한 판 승부가 시작되었다. 먼저 헌원이 천둥소리와 같은 굉음을 발하여 요괴들의 사기를 떨어뜨리는 군고를 계속 울리며 치우 진영을 공격해 들어갔다. 발의 능력이 풍백과 우사의 능력을 완전히 봉쇄하자 하늘은 맑고 구름 한 점 없었다. 헌원의 군은 응룡을 선봉에 세우고 맹수의 무리로써 빈틈없는 전투 대형을 짜고 치우의 군대를 몰아붙였다. 이날 헌원의 지휘 능력은 치우의 지휘 능력보다 우수했으므로 지휘 능력이라는 유일한 장점마저 잃은 치우 군은 싸움에서 완패했다.

치우 군은 헌원 군에게 철저히 섬멸당했다. 전세가 이미 기울었음을 직감한 치우가 하늘로 날아올라 전장을 탈출하려 했으나 응룡의 추격을 받아 결국 붙잡히고 말았다. 헌원은 치우가 다시는 부활하지 못하도록 그의 몸을 조각조각 나누어 두 곳에 매장했다.

치우가 사망한 후, 천하가 다시 어지러워지자 헌원은 치우의 상을 그려 천하에 내보였다. 천하의 사람들은 그가 아직 죽지 않고 헌원의 신하가 된 줄 알고 그의 힘이 두려워 복종했다. 이것이 치우가 군신이 된 기원이다.

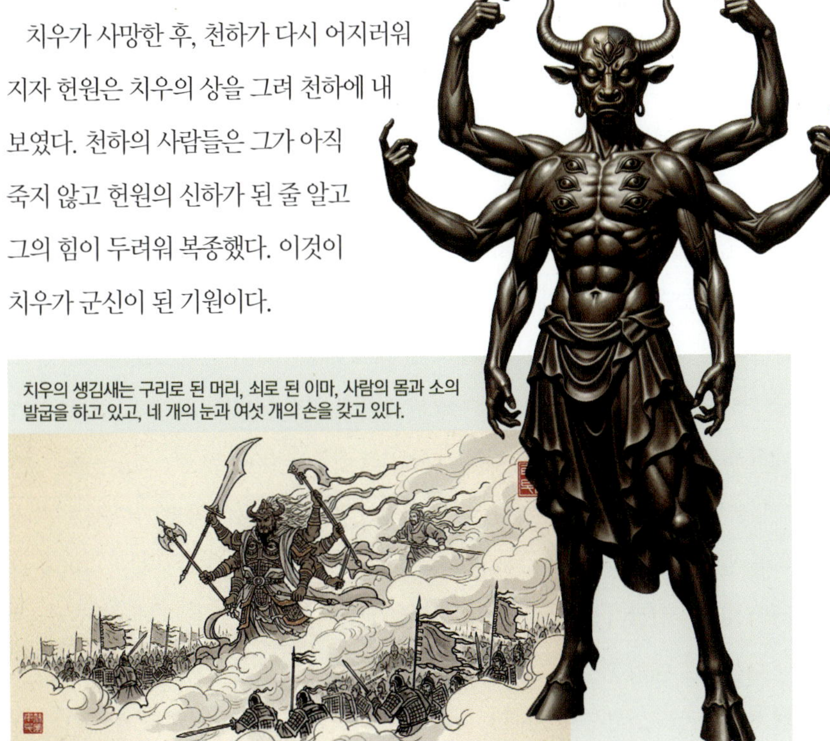

치우의 생김새는 구리로 된 머리, 쇠로 된 이마, 사람의 몸과 소의 발굽을 하고 있고, 네 개의 눈과 여섯 개의 손을 갖고 있다.

32

예(羿) 신화

중국 신화에 나오는 전설상의 궁수 신. 항아의 남편이며 비극적인 영웅. 《좌전》에는 이름이 이예(夷羿)로 기록되어 있다. 중국 고대 국가로 알려진 하나라의 비정통 국왕인 후예와 동일시된다.

예는 원래 천상의 존재로, 옥황상제 제준(帝俊)과 태양의 여신 희화(羲和)의 아들이다. 당시 태양은 열 개였으며 그들은 교대로 활동했는데 어느 날 규칙을 깨고 태양이 모두 떠올라 난동을 피웠다. 그 열기에 강이 마르고 가뭄이 들자 숨어 지내던 괴수들까지 날뛰게 되었다. 대지에 있던 요임금이 다급한 마음에 구제를 요청하는 제사를 하늘에 올렸다.

대지의 비상사태를 하늘에서 지켜보던 옥황상제 제준은 아들 예를 대지로 내려보냈다. 예는 자신의 아내인 항아와 함께 대지의 요임금을 만나 태양을 없애 줄 것을 부탁받는다.

예는 열 개의 화살을 화살통에 넣고 열 개의 태양을 쏘기 위해 산을 올라가던 도중 산중턱에 있는 노인의 집에서 하룻밤 신세를 지게 되었다. 그런데 노인은 예가 태양을 없앨 것이라는 사실을 알고는 화살 한 개를 숨겼다.

다음날 아침, 산꼭대기에 오른 예는 화살을 꺼내어 황금의 세발 까마귀(태양의 정령)를 떨어지게 했다. 화살은 모두 명중해 아홉 개의 태양이 떨어졌지만 나머지 하나의 태양은 화살이 없어 떨어뜨리지 못했다.

다음으로 예의 과업은 대지 위에서 날뛰는 괴수들을 물리치는 것이었다. 예는 먼저 착지라는 괴물을 맞이했다. 날카로운 이를 가진 착지는 과라는 창을 들고 다

재앙 속 인류 구원자의 강림_옥황상제 제준과 태양 여신 희화의 아들인 예(羿)는 열 태양의 난동으로 인한 가뭄과 괴수들의 출현으로 고통받는 대지를 구하기 위해 요임금의 요청으로 세상에 내려왔다. 예는 노인에게 화살 한 개를 잃었지만 아홉 개의 태양을 쏘아 떨어뜨려 재앙을 잠재웠고, 이어서 착지를 비롯한 여러 괴물들을 물리치며 인류 구원 과업을 시작했다.

니고 방패를 쓰는데, 예는 과를 그냥 부러뜨려 버리고 이빨도 쪼개 버린 다음, 착지가 방패로 머리를 가리자 화살을 쏴 방패째 머리를 뚫어 버렸다.

다음에는 소같이 생긴 몸에 말발굽을 가진 사람의 얼굴을 한 알유를 제압했다.

그다음에는 북방의 흉수에서 물과 불을 뿜어내는 괴수 구영을 없앴다. 예는 돌아오는 길에 북방의 해록 산이 무너지며 그 속에서 옥반지 하나를 얻는다. 다듬지 않은 자연 그대로의 옥반지는 예에게 엄청난 힘을 주었다.

예가 과업을 마치고 돌아오는 도중 동방에 있는 청구의 연못을 지나다 백성을 괴롭히던 대풍이라는 사나운 새를 만난다. 봉이 공작새이니 대풍은 거대한 공작새이다. 예는 대풍이 도망갈 수 있다고 여겨 화살에 실을 달아 맞춘 후 새를 찔러 죽인다. 그리고 나서 남방의 동정호에 사는 큰 구렁이 파사에게 갔다. 이 뱀은 검은 몸뚱이에 푸른 머리를 하고 있었고 큰 코끼리 한 마리를 통째로 삼켜버릴 수 있는 무시무시한 괴력을 지니고 있었다. 예는 파사를 찾기 위해 여러 날을 기다린 끝에

괴수 처치와 천제의 노여움_아홉 태양을 떨어뜨린 예(羿)는 이후 소 형상의 알유(猰貐), 불과 물을 뿜는 구영(九嬰), 거대한 공작새 대풍(大風), 검은 구렁이 파사(巴蛇), 산돼지 봉희(封豨) 등 다양한 괴수들을 차례로 제압하며 인간 세상을 구원했다. 이 과정에서 얻은 옥반지로 더욱 강력해진 예는 모든 과업을 완수했지만, 천제의 아들인 태양 아홉을 죽인 죄로 옥황상제의 미움을 사게 되었다.

파사와 대적하여 승리를 했다. 파사의 거대한 시체의 뼈는 산을 하나 쌓을 수 있을 정도로 거대했는데, 이 산이 후세의 파릉(巴丘)이라고 한다. 지금의 호남성 악양현 성안의 서남쪽이다.

예의 마지막 일은 상림의 거대한 산돼지를 잡는 일이었다. 이 거대한 산돼지는 봉희라고 했는데 긴 이빨에 날카로운 발톱을 지닌, 소보다도 힘이 센 맹수였지만 예에게는 상대가 안 되었다.

이처럼 옥황상제인 제준의 명을 받들어 인간세상을 어지럽히던 괴물들을 처치해 대지의 재앙을 멸한 예였지만, 결과적으로 천제의 아들(태양)을 아홉 명이나 죽여 천상의 미움을 사고 만다. 이에 제준은 예를 신에서 인간으로 강등시켜 항아와 같이 살도록 천상에서 쫓아내 버린다.

천상에서 대지로 내려온 예는 아내 항아랑 같이 인간이 되어서 살다가 자신들이 늙은 것을 보고 충격을 받았다. 그래서 다시 신선이 되고자 방법을 찾던 중, 곤륜

예와 항아의 불로장생 탐색과 항아의 월궁 도피_인간으로 강등된 예와 항아는 노화에 충격을 받아 신선이 되기 위해 곤륜산의 서왕모를 찾아갔다. 예는 약수와 화산의 난관을 극복하고 서왕모로부터 불로장생 선단 두 개를 받았으나 항아는 천계 생활을 그리워하여 선단을 혼자 모두 마시고 달로 도망쳐버렸다.

산의 서왕모가 그 방법을 안다기에 그의 거처를 찾았다. 하지만 서왕모가 살고 있는 산으로 가려면 새의 깃털조차 가라앉을 정도로 건널 수 없는 물이 흐르는 강인 약수와 화산을 건너야 했다. 예는 약수와 화산을 건너는 과정에서 화산에 사는 불쥐를 죽여 불쥐의 털옷을 얻어 강을 건넜다.

예는 천신만고 끝에 약수와 화산을 건너 서왕모를 만났다. 서왕모는 고난을 거쳐 자신에게 온 예에게 수고의 표시로 두 개의 선단을 주었다. 그런데 서왕모는 예와 항아에게 이 선단을 둘이 반씩 나누어 마시면 불로장생하고 혼자 모두 마시면 다시 신선이 되어 승천할 수 있다며 부부의 결정을 어렵게 만든다. 하지만 이 사실을 안 항아는 천계생활이 그리워 선단 두 개를 혼자 먹어 버리고는 달로 도망쳤다.

항아는 불사의 약을 훔쳐 달로 도망쳤지만 남편을 배신한 죄에 대한 벌로서 달에서 벗어날 수 없는 몸이 되었다. 달에는 불사의 약을 찧는 토끼 한 마리와 계수나무 한 그루가 있을 뿐 그 외에는 아무것도 없는 쓸쓸한 땅이었다. 항아는 이곳에서 영원히 지내게 된 처지가 되어서야 비로소 남편의 소중함을 깨달았으나 때는 이미 늦었다. 항아는 외롭게 달에서 토끼와 함께 유배 생활을 보내게 되었다.

항아의 배신에 충격을 받은 예는 그 뒤 세상 모든 게 다 귀찮아져 그만 한량이 되고 말았다. 그 후 예는 말년에 들인 봉몽이라는 제자와 결투해 제자가 만든 복숭아나무 곤봉에 뒤통수를 맞아 절명하고 만다.

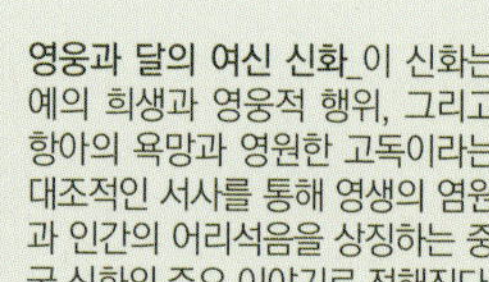

영웅과 달의 여신 신화_이 신화는 예의 희생과 영웅적 행위, 그리고 항아의 욕망과 영원한 고독이라는 대조적인 서사를 통해 영생의 염원과 인간의 어리석음을 상징하는 중국 신화의 주요 이야기로 전해진다.

신화로 보는 세계사

헤브라이 문명의 신화

가나안 신화는 메소포타미아의 영향을 받아 풍요와 다산의 신 바알, 그리고 인신 제의를 받는 몰렉을 숭배했다. 그러나 이러한 신들은 히브리 유일신 신앙과 충돌하며 성경에서는 악마로 전락하는 모습을 보인다. 반면, 헤브라이 신화의 《창세기》는 하나님이 무(無)에서 천지를 창조하고 자신의 형상을 따라 인간(아담과 이브)을 빚어내는 독특한 서사를 제시한다. 또한 인간의 불순종으로 에덴에서 추방된 후, 타락한 인류가 노아의 대홍수로 심판받고 새로운 역사를 시작하게 되는 과정을 그려내고 있다.

바알 신화

바알은 고대 가나안에서 풍요와 폭풍우를 관장하며 다산의 신으로 숭배받던 남성 신이다. 최고 신 엘의 아들이자 바다의 여신 아세라의 아들이었으나 가나안의 지리적 특성상 엘보다 더 널리 추앙되었다. 구약성서에는 바알 숭배가 하나님 신앙과 경쟁 관계에 있었음을 시사하는 내용들이 나타난다.

초기의 바알이라는 단어는 남성 신에게 붙는 보통명사일 뿐 어떤 특정한 신을 지칭하는 것이 아니었다. 고대 도시국가인 수메르의 신인 아누, 엔릴, 이난나 같은 신들이 바알이라고 불렸다. 이후 메소포타미아 문명의 영향을 받은 페니키아인들이 기원전 2500년경 도시국가인 카난을 형성하면서 메소포타미아의 신들을 흉내 내어 우가리트 신화를 만들었다.

이때 수메르의 엔릴 신이 카난의 하드 신이 되었고, 수메르의 주신이 바알 엔릴이라고 불리던 것까지 그대로 페니키아인에게 넘어가 바알 하드라 불리던 것이 바알이라고 불리게 되면서 바알이 신의 고유명사로 정착된 것으로 보고 있다. 즉 우가리트 신화에서 말하는 바알은 바알 하드를 가리키는 것이다.

우가리트 신화의 최고 신인 엘은 '신 중의 신'이라는 의미를 지니고 있어 아랍의 알라의 어원이며 구약성서에서 야훼의 다른 이름인 엘로힘의 어원이기도 하다. 바알은 최고 신인 엘의 아들이고, 어머니는 바다의 여신 아세라이다.

바알은 스스로가 최고 신이 되고 싶었기 때문에 아버지인 엘을 제거한 뒤 왕위에 오르고 어머니인 아세라와, 여동생이며 사랑과 전쟁의 여신인 아나트를 아내로 두었다.

본래 왕위를 이어야 했던 형이며 바다의 신인 얌은 바알의 처신을 못마땅하게

바알 신상과 신전_시리아 고대도시 팔미라에 세워진 바알 신전으로, 고대 페니키아 인들이 폭풍과 강우를 지배하는 여신 바알샤민에게 제사를 지내기 위해 세운 것이다.

여겼고 다른 신들을 모아 바알을 노예로 만들자고 했다. 신들은 얌을 두려워하여 그의 요구를 받아들였지만 바알은 단호하게 싸울 것을 결의하였다. 이때 신들의 장인(匠人)은 바알의 편에 섰고 바알에게 번개를 무기로 만들어 주었다. 번개로 무장한 바알은 얌과 싸웠고 그의 가슴과 어깨에 번개를 명중시켰지만 얌은 꺾이지 않았다. 그래서 신의 장인은 더욱더 강한 번개인 '추방하는 자'를 만들어 주었고 이번에는 얌의 두 눈 사이에 번개를 명중시켜 얌을 쓰러뜨렸다. 바알은 혼돈이었던 바닷물을 사람들에게 도움이 되도록 만들어 주었고 자신의 권력을 과시하기 위해 거대하고 웅장한 신전을 지었다.

한편, 남동생이며 명계의 신인 모트는 최고 신이 된 바알에게 공물을 바칠 것을 요구하였는데 바알이 거부하자 두 신은 결국 싸우게 되었다. 첫 싸움에서 바알은 패배하였고 모트는 바알을 노예로 만들어 부려먹다가 싫증이 나자 바알을 명계에 떨어뜨렸다.

바알의 아내인 아나트는 명계로 떨어진 남편을 구하기 위해 몸과 옷을 흙먼지로 더럽히고 얼굴과 몸에 상처를 내어 상을 치른 후 태양신 샤파슈에게 길을 비춰 달라고 하며 명계로 내려갔다.

아나트는 바알을 지상으로 되돌려보내기 위해 모트를 설득했지만 모트는 막무가내로 아나트의 말을 무시했다. 이에 아나트는 화가 머리끝까지 치밀어 모트를 칼로 두 토막 낸 뒤 불로 지지고 절구로 찧어 완전히 가루를 낸 뒤 들판에 뿌려 버렸다.

바알과 모트의 계절적 투쟁_명계의 신 모트의 공물 요구를 거부한 바알은 첫 싸움에서 패배해 명계로 떨어지지만, 그의 아내 아나트의 잔인한 복수로 모트는 격파된다. 이로써 바알은 구출되지만, 죽음의 존재인 모트 역시 완전히 사라지지 않기에 두 신의 영원한 싸움은 풍요의 바알이 우세한 계절(여름/가을)과 죽음의 모트가 지배하는 계절(겨울)의 순환을 상징하게 된다.

아나트의 활약으로 바알은 겨우 살아날 수 있었지만 모트 역시 죽음이 존재하는 한 사라지지 않는 존재였기 때문에 두 신은 영원한 싸움을 하며 계절마다 밀고 당기는 싸움으로 한 해를 지새우게 되었다. 바알과 모트의 싸움은 곧 계절의 순환을 의미한다. 곡식이 잘 자라는 여름이나 가을에는 풍요의 신인 바알이 이기고 있는 것이고 곡식이 사라지는 겨울은 죽음의 신 모트가 이기는 것이어서 곡식들이 전부 죽어 버리는 것이라고 한다.

바알은 일신교 신앙에 의해 악마로 전락하고 말았으며 솔로몬의 마도서《레메게톤》에 72명의 악마 중 첫 번째 존재로 나오며, 동쪽을 지배하는 자이자 악마의 계급은 왕으로 지옥의 66개 군단을 통솔하였다.

바알과 아나트

아나트는 수많은 싸움으로 많은 적을 죽인 매우 호전적인 여신이다. 그녀가 죽인 시체의 피가 허리까지 잠길 정도여서 사망자의 머리나 손이 허리까지 차올랐다고 전해진다. 그녀는 한편으로 처녀라고 불리고 바알의 자매 중 제일 아름답다고 여겨져 오라버니인 바알로부터 사랑을 받는 이면성이 있는 여신이다.

바알은 최고 신이 되기 위해 사판 산의 궁전에 있던 아버지 엘을 기습해 그의 생식기를 거세한 후 쫓아냈다. 하지만 아들에게 거세당한 엘은 분노하여 다른 신들의 도움을 받아 바알에게 복수하기로 결의했다.

엘의 부름에 먼저 달려온 것은 용의 모습으로 일곱 개의 머리를 가진 바다의 신 야무였다. 엘은 야무를 자신의 후계자로 선언하고 바알을 권좌에서 쫓아내기 위해 안간힘을 썼다.

야무는 곧바로 사판 산으로 달려가 자신이 엘로부터 왕위를 물려받았음을 선포하였다. 바알은 야무를 인정하지 않았다. 그는 자신의 뜻을 거부한다면 죽이겠다고 위협했다. 하지만 야무 역시 사자를 보내어 바알에게 항복할 것을 종용했다.

이윽고 바알과 야무는 왕의 자리를 놓고 전쟁을 벌였다. 하지만 바알 쪽은 힘이 부족하여 패할 것처럼 보였다. 이 위기에서 바알을 구한 것이 아나트였다. 그녀가 야무를 쓰러뜨렸던 것이다.

전쟁에서 승리한 바알은 아스타르테의 제안으로 야무의 사체를 잘게 잘라 세계 속에 뿌렸다고 한다.

승리를 축하하기 위해 아나트는 신들을 위해 연회를 벌였다. 연회장에는 많은 신이 모였는데, 그녀는 전쟁에서의 흥분을 가라앉히지 못했는지 살육에 대한 욕구를 주체할 수 없었다. 여신은 왕궁의 문을 걸어 잠그고 신들은 물론 눈에 보이는 자들을 닥치는 대로 죽였다. 이들이 죽으면서 흘린 피가 아나트의 허리까지 차오르자 그녀는 죽은 자들의 머리와 손을 자신의 허리 주위에 두르며 몹시 기뻐했다.

바알은 여동생이자 아내인 아나트의 광기에 두려움을 느껴 몸을 피했다. 그리고 아나트에게 사자를 보내 "전쟁은 이미 끝났으니 이제 무기를 버리고 평화와 풍작을 위해 공물을 바치자"는 뜻을 전했다. 이에 아나트는 정신을 차리고 바알의 뜻에 따랐다.

하지만 평화는 오래가지 못했다. 야무의 죽음을 안 명계의 신 모트는 바알의 행위를 맹렬히 비난하며 공물을 요구했다. 바알과 모트는 전쟁을 치렀으나 죽음의 신 모트가 이겼다. 바알은 힘 한 번 제대로 쓰지 못한 채 죽고 만 것이다.

아나트는 남편 바알의 죽음에 명계로 내려가 모트에게 바알을 살려낼 것을 설득했으나 그가 거부하자 살육의 여신은 죽음의 신에게 처절한 복수를 했다. 먼저 칼로 찌른 다음 그의 사체를 불에 태우고 절구에 찧어서 밭에 뿌렸다. 그리고 뼈는 새에게 주었다. 이는 그 유래를 찾아보기 힘든 잔인한 살해 방법이었지만 실은 풍작을 기원하는 의식의 순서대로 행한 것이었다.

하늘의 활

하늘의 활은 고대 가나안의 대장장이 신이 전쟁의 여신을 위해 만든 것이다. 하지만 그는 이것을 인간 세상에 깜빡 잊고 두고 온다. 신의 활을 얻은 영웅과, 그 활을 되찾으려는 여신의 싸움으로 세상은 흉작을 겪는다.

아나트는 어느 날 오라버니인 바알이 그녀에게 "내게는 전용의 신전이 없다"라고 한탄하는 소리를 듣는다. 그의 이야기를 들은 아나트는 최고 신이자 아버지인 엘 앞에서 "머리를 잘라 떨어뜨리겠다"고 협박하며 바알의 신전을 건설해 줄 것을 요구했다. 결국 이 협박은 실패하지만 후에 엘의 아내인 아세라에게 뇌물을 바쳐서 뜻을 이루고, 대장장이의 신 코타르가 바알을 위해 사폰 산에 지상에서 가장 아름다운 신전을 지어서 바알의 신전이 된다. 그 외에 우가리트에도 바알 신전이 지어졌다고 한다.

이처럼 아나트 여신은 한 번 마음먹으면 물불을 가리지 않고 마침내 목표한 것을 성취하고야 마는 집요한 성격이었다. 아나트는 대장장이 신 코타르에게 명궁인 하늘의 활을 만들어 줄 것을 부탁하였다. 코타르는 활이 완성되자 활을 아나트에게 전달하려고 대지로 내려왔다. 그는 지상의 세상을 다니다가 배가 고파서 다니엘이라는 사람의 집에서 신세를 지게 되었다. 다니엘은 코타르에게 음식과 술을 대접하였다. 맛있게 음식을 먹고 술도 마셔서 기분이 좋아진 코타르는 그만 자신이 만든 활을 두고 다니엘의 집을 나왔다.

다니엘은 코타르가 놓고 간 활이 신의 선물이라 여기고는 아들 아크하트에게 주었다.

아나트의 집요한 욕망과 비극적 후회_아나트 여신은 오라버니 바알을 위해 협박과 뇌물로 신전을 짓게 한 후 대장 장이 코타르에게 하늘의 활을 주문했다. 그러나 코타르가 활을 다니엘의 아들 아크하트에게 남겨두자 아나트는 활을 되찾기 위해 회유와 불멸의 제안을 했으나 거절당했다. 이에 분노한 아나트는 부하 얏판을 시켜 아크하트를 죽 이고 활을 빼앗게 했으나 얏판이 활마저 바다에 빠뜨리자 아나트는 비로소 자신의 행동을 후회했다.

한편, 코타르에게 부탁한 활이 오지 않자 지상을 샅샅이 뒤지던 아나트는 자신 의 활이 다니엘의 아들에게 있다는 것을 알게 되었다. 그녀는 사냥을 나간 아크하 트를 발견하고는 그의 손에 쥐어진 활을 확인하였다. 아나트는 활을 손에 넣기 위 해 처음엔 부드럽게 아크하트에게 부탁을 했다.

"황금을 줄 터이니 그 활을 내게 다오."

하지만 아크하트는 그녀의 요구를 거절했다.

여신은 다시 아크하트에게 말했다.

"내가 너를 영원히 죽지 않는 불사의 몸으로 만들어 줄 터이니 그 활을 내게 다오."

하지만 이번에도 아크하트는 거절했다. 그는 인간은 언젠가는 죽는 운명이므로 아나트의 말은 믿을 수 없다고 여긴 것이다.

두 번이나 자신의 부탁을 거절하자 아나트는 그만 분노했다. 그녀는 전쟁과 수 렵의 여신의 체면이 말이 아니라고 생각했다. 아무리 매력적인 제안을 해도 아크하트가 활과 교환하려고 하지 않자 결국 여신은 아크하트의 활을 강제로 빼앗기로 했다. 여신은 얏판이라는 난폭한 부하를 시켜서 아크하트의 활을 빼앗아 오라고 했다. 아크하트가 밥을 먹을 때 무기를 손에서 놓을 터이니 그 틈을 노리라고 자세한 방법까지 일러주었다.

여신의 명을 수행한 얏판은 아크하트의 활을 빼앗고는 그를 죽였다. 게다가 활을 여신에게 가져가다가 바다에 빠트리고 말았다. 그 모습을 하늘에서 보고 있던 아나트 여신은 자기가 한 일을 후회했다. 그녀는 젊은 청년 아크하트의 죽음을 탄식하고는 노래를 지어 불렀다.

한편, 아크하트가 돌아오지 않자 다니엘은 걱정에 사로잡혔다. 이때 아나트가 나타나 아크하트가 부활할 수 있는 방법을 알려주었다. 이 저주를 풀려면 아크하트를 잃은 가족이 여신에게 복수를 해야만 했다.

아크하트의 누이동생인 푸가트는 남장을 하고 품속에 무기를 품고 오빠를 죽인 범인을 찾아 나섰다. 원수를 찾아 지상의 곳곳을 여행하던 어느 날 푸가트는 하룻밤을 신세지려고 어느 집에 들어갔다. 그런데 그 집 주인이 자기가 아크하트를 죽였노라고 자랑을 늘어놓는 것을 보고 푸가트는 그자가 오빠를 죽인 범인 얏판이라는 것을 알았다.

그녀는 얏판에게 잔뜩 취하도록 술을 권하고 그가 잠이 들었을 때 칼로 베어 죽였다. 그리고 그의 배를 갈랐다. 그러자 그 속에서 아크하트의 뼈가 나왔다. 푸가트는 오빠의 뼈를 땅에 묻었다. 얏판이 죽자 여신 아나트를 옥죄고 있던 저주가 풀리고 바알 신은 대지에 다시 비를 뿌려 주었다. 그러자 기근이 풀리고 밭에서는 다시 싹이 자라기 시작했다. 그리고 매장되어 있던 아크하트는 빗물을 얻어 다시 이 세상으로 살아 돌아왔다. 또 바다에 떨어졌던 하늘의 활은 어느새 여신 아나트에게 돌아가 하늘의 성좌가 되었다.

몰렉 신화

> 몰렉은 바알 또는 밀곰으로 추앙되며 가나안과 바빌론, 크레타 섬 등에서 시작된 우상이다. 몰렉의 형상은 소머리에 사람의 몸을 가지고 있는 모습이었다. 고대 바벨론 지역에서는 번영을 위한 인신 제사를 하도록 하여 집안의 장자를 불 위로 걷게 해서 태워 죽이는 의식을 하였다.

몰렉은 바빌론 지역에서는 명계의 왕으로 알려졌고 가나안에서는 태양과 천공의 신으로 추앙받았다. 몰렉 신을 섬기는 지역에서는 어린 자녀를 희생 제물 삼아 불태우는 인신(人身) 제사가 드려지는 등 혐오스럽고 부패한 제의로 유명했다. 솔로몬 때에 결혼 동맹으로 인해 들어온 이방 여인들을 통해 유입된 몰렉 우상은 이스라엘을 오염시켰고, 이 같은 범죄는 결국 솔로몬 이후 왕국이 분열되는 결과를 낳게 된다.

몰렉의 끔찍한 제사터로 가장 잘 알려진 곳은 예루살렘 외곽에 위치한 힌놈의 골짜기다. 구약성서와 신약성서 중간 시대에 활동했던 유대인 작가들은 힌놈을 지옥의 입구라고 말할 정도였다. 힌놈이라는 지명은 나중에 신약성서에서 지옥을 뜻하는 그리스어 게헨나라는 이름으로 전승되었다.

한편, 율법에는 이런 가증스러운 우상이 하나님을 욕되게 하는 일이라 규정하면서, 그것을 숭배하는 자는 반드시 처형하되 돌로 쳐 죽이도록 명령하고 있다. 그럼에도 북이스라엘에서는 말할 것도 없고 남유다의 아하스, 므낫세 시대에 특히 몰렉 숭배가 심했다.

훗날 남유다의 성군 요시야 왕은 종교개혁을 하면서 몰렉 제단을 철폐했지만 완전히 근절하지는 못했다. 이후에도 가나안 땅 안에서 인신 제사가 사라지지 않았

이스라엘을 타락시킨 잔혹한 우상_명계와 태양의 신으로 숭배되던 몰렉은 어린아이를 불태워 바치는 끔찍한 인신 제사로 유명했다. 솔로몬 시대 이후 이스라엘에 퍼져 왕국 분열과 패망의 원인이 되었으며, 그의 제사터인 예루살렘의 힌놈 골짜기는 지옥을 뜻하는 '게헨나'의 어원이 되었다. 몰렉 숭배는 하나님의 율법을 정면으로 어기는 가증한 행위로 여겨졌다.

고 이로 인해 선지자들은 가증스러운 우상 숭배에 대해 끊임없이 경고하였다. 그리고 하나님의 준엄한 심판이 임하여 이스라엘 왕국은 결국 패망하게 된다.

이처럼 우상 숭배와 인신 공양으로 이스라엘 민족은 하나님의 저주를 받고 그들의 왕이 두 눈이 뽑혀 벌거벗은 채로 사슬에 묶여 바빌론으로 끌려갔다.

바빌론의 유수 때에도 여러 지역에서 이민 온 사람들이 믿는 신은 '아드람 멜렉' 또는 '아남멜렉'이라 했는데 그들도 멜렉 신에게 자식들을 불태우는 인신 공양을 했으니 그 신은 몰렉 신의 변형이었다.

아드람 멜렉의 뜻은 영광스러운 왕이라는 말로 태양을 상징하는 것이요, 아남멜렉은 별, 특별히 토성을 상징하는 것이라고 한다. 이처럼 몰렉에 대해 두 이름이 있는 것은 몰렉 신의 파괴적인 위력과 보호의 양면을 상징하는 것이었다.

몰렉의 인신 공양 의식은 매우 잔인하였다. 몰렉의 상에는 일곱 개 정도의 구멍이 있는데 순서대로 밀가루, 암양, 암소, 산비둘기 등을 집어넣고 마지막에는 아이들을 집어넣었는데, 아이들을 집어넣을 때의 비명 소리를 지우기 위하여 북과 나팔 소리로 이를 가렸다고 한다.

몰렉은 솔로몬 왕이 봉인했다는 72마신 중 21위였다. 몰렉이 소환되었을 때는 수소의 몸체에 인간의 머리를 한 모습이거나 인간 몸체에 수소 머리를 한 모습으로 왕좌에 앉은 채로 나타난다. 기독교에서 지옥을 부르는 방식 중 하나인 게헨나의 근원이 된 악마라고도 한다. 제물은 어린아이들을 원했으며, 제물의 피와 제물이 된 아이들의 부모의 눈물로 몸을 씻었다고 한다.

헤브라이 천지 창조 신화

헤브라이 천지 창조는 《구약성서》의 〈창세기〉의 서두에 언급된 세계 창조를 말한다. 그에 의하면 하나님은 혼돈에서 빛과 어둠, 물과 하늘, 땅과 식물, 태양과 달과 별, 물고기와 새, 짐승과 인간(아담과 이브)을 6일 동안에 만들고 7일째는 안식일로 하였다고 한다. 이 천지 창조의 신화는 근대에 이르기까지 그리스도교 · 유대교적 세계관의 기본이 되었다.

《성경》의 〈창세기〉는 천지 창조와 유대인의 조상들에 관한 이야기다. 창세기의 첫머리는 이렇게 시작된다. "태초에 하나님이 천지를 창조하시니라." 일반적인 창조 신화에서는 신이 기존의 재료를 가지고 세계를 창조하는 데 비해 〈창세기〉의 천지 창조는 무(無)에서 출발한다. 그저 신의 말 한마디만으로 사물이 생겨나는 것이다. 신은 빛을 창조하고 그것을 밤과 낮으로 나눈다. 그리고 땅, 식물, 해, 달, 별, 동물을 만든 다음 마지막으로 신의 형상을 한 인간을 창조한다. 일곱째 날에 신은 휴식을 취한다. 나중에 신은 인간에게도 일곱째 날(안식일)을 휴식의 날로 지키라고 명한다.

〈창세기〉의 창조 이야기는 다른 고대의 창조 신화와 근본적으로 다르다. 신들의 다툼도 없고, 신이 이미 존재하는 바다와 싸워 이겼다는 식의 세계 창조 과정의 고투에 관한 언급도 없다. 또 인간이 신의 형상을 본떠 만들어진 존재라는 신화는 〈창세기〉가 유일하다.

〈창세기〉의 천지 창조 이야기와는 다르게 《탈무드》의 천지 창조 이야기는 기본적인 맥은 같이하고 있지만 결이 다른 새로운 천지 창조를 전해 주고 있다.

하나님이 세상을 창조하기로 마음먹었을 때 스물두 개의 히브리 알파벳 철자들이 하나님을 뵈러 갔다. 스물두 개의 철자들은 저마다 자기가 하나님이 세상을 창

천지 창조 이야기의 다른 관점_《창세기》는 하나님이 '무'에서 말씀으로 천지를 창조하고 자신의 형상대로 인간을 만들었다고 전하며, 다른 고대 신화와 구별되는 독특성을 보인다. 반면 《탈무드》는 '축복'을 의미하는 히브리 알파벳 '베이스'로 창조가 시작되며, 세부적인 일화와 교훈적 요소(예: 나무의 교만을 우려해 쇠를 창조)를 더해 두 이야기는 기본적인 창조 맥락은 공유하되 서술 방식과 강조점에서 차이를 보인다.

조할 때 발설하는 첫 번째 말이 되고 싶어 했다. 그러나 결국 선택받은 철자는 베이스(Beth: 히브리 알파벳의 두 번째 철자)였다. 하나님의 입에서 나온 첫마디가 '축복'을 뜻하는 바룩(Baruch)이었기 때문이다. 이렇게 하나님은 창조 작업을 축복으로 시작하였다.

첫째 날, 하나님은 하늘과 땅, 빛과 어둠, 낮과 밤을 만들었다. 하나님은 돌을 들어 막막한 허공에 던졌다. 그러자 그 돌이 허공에 자리를 잡으며 땅의 중심부가 되었다. 둘째 날, 하나님은 천사들을 창조하고, 셋째 날에는 레바논의 거대한 삼나무를 비롯한 식물을 만들었다. 셋째 날, 하나님은 삼나무들이 너무 크게 자라 교만해질 것을 염려하여 삼나무를 벨 수 있는 도끼를 만들라고 땅속에다 쇠를 창조해 놓았다.

하나님은 아담과 이브가 살게 될 낙원, 즉 에덴동산을 창조하였다. 에덴동산은 정의로운 사람들이 죽은 뒤 복락을 누리는 곳이기도 하다. 넷째 날에는 해와 달,

천사들의 반대와 하나님의 확신_ 탈무드에 따르면, 에덴동산과 해, 달, 별, 바다 생물, 새, 짐승들을 차례로 창조한 하나님은 여섯째 날 인간 창조를 결정한다. 그러나 천사들은 지각 있는 인간 창조에 대해 반대하고 불만을 표출했다. 그럼에도 불구하고 하나님은 세상을 다스리고 자신을 닮은 인간이 천지 창조에 필수적이라 확신하며 결국 인간을 만드셨다.

그리고 별들이 창조되었다.

다섯째 날에는 레비아탄을 비롯한 바다 생물들이 창조되고, 전설적인 진(Jin)을 비롯한 새들이 창조되었다.

하나님이 베헤모스를 비롯한 짐승들을 창조한 것은 여섯째 날의 일이었다. 인간들이 창조된 것 역시 여섯째 날의 일이었다. 하나님은 인간을 만드는 문제를 놓고 천사들과 의견을 나누었는데, 천사들은 인간을 만드는 것이 좋은 생각이라고 자신하지 못했다. 어떤 천사들은 하나님이 자기들 외에 지각 있는 존재를 또 만들려고 한다는 데 분개하여 불평을 늘어놓았다. 하지만 하나님은 천지 창조가 제대로 역사하기 위해서는 세계를 다스리는 자신을 닮은 인간이 꼭 필요하다고 생각하여 인간을 만들기로 결심했다.

인간의 창조와 추방

히브리어로 아담은 '사람' 또는 '인간'이라는 뜻이다. 성서 최초의 인간은 한 개인이 아니라 전체 인류의 대표이자 원형이다. 따라서 아담이 신의 뜻을 어겨 에덴에서 추방된 것은 곧 인류가 같은 운명에 처하게 되었다는 것을 의미한다.

태초에 하나님이 천지를 창조하고 그 여섯째 날에 하나님 자신의 형상과 흡사한 모습을 한 존재를 만들기 위해 흙을 빚고 생명을 불어넣어 최초의 인간인 아담을 탄생시켰다. 하나님은 아담에게 온갖 동식물의 이름을 짓는 권리를 주고 에덴에서 자라는 나무들의 열매를 마음대로 먹어도 좋다고 허락했다. 다만 선악을 알게 하는 나무의 열매를 먹는다면 반드시 죽으리라 경고했다. 이후 아담이 짝이 없어 외로워하자 잠자는 틈을 타 갈비뼈를 빼내어 최초의 여성인 이브를 탄생시켰다.

어느 날, 뱀이 이브에게 선악을 알게 하는 나무의 열매를 먹는다면 눈이 밝아져 하나님과 동등해질 것이라고 유혹했고, 이 유혹에 넘어간 이브는 선악을 알게 하는 나무의 열매를 따먹고 아담에게도 이를 먹였다.

이윽고 두 사람이 자신의 당부를 어긴 것을 알게 된 하나님은 크게 분노하며 두 사람을 책망했으며 이브에게는 임신과 출산의 고통을, 아담에게는 흙으로 돌아갈 때까지 평생 땅을 갈아 수고하고 땀을 흘려야만 먹고살 수 있는 저주를 내렸다. 결국 아담과 이브는 하나님으로부터 가죽옷을 받고 에덴에서 추방되었으며, 인간이 생명의 나무 열매를 따먹고 영생을 누릴 것을 염려한 하나님은 그룹들과 두루 도는 불 칼을 두어 생명의 나무를 지키게 했다.

에덴에서 쫓겨난 아담과 이브는 장남 카인(가인)과 차남 아벨을 낳았다. 카인은

인간의 창조와 타락_하나님은 자신의 형상대로 아담을 창조하고 이브를 갈비뼈로 만들었으며, 에덴동산에서 선악과를 제외한 모든 것을 허락했다. 그러나 뱀의 유혹에 넘어간 아담과 이브는 금단의 열매를 먹어 타락했고, 죄의 대가로 에덴에서 추방당했으며 고통스러운 삶을 살게 되었다. 이후 첫 자식 카인이 동생 아벨을 살해하는 죄악이 발생했고, 점차 인간의 타락이 심화되자 하나님은 대홍수로 세상을 심판한다.

노아의 대홍수와 인류의 재시작_인간의 타락에 실망한 하나님은 세상을 물로 심판하기로 하고, 므두셀라의 손자 노아에게 방주를 만들게 했다. 40일에 걸친 대홍수 이후, 노아의 세 아들 셈, 함, 야벳을 통해 인류는 새로운 시작을 맞이하게 된다.

농부였고 아벨은 양치기였는데, 세월이 흐르고 하나님에게 제사를 바칠 때 카인은 자신이 기른 곡식을 바쳤지만 하나님은 새끼양의 고기를 바친 아벨의 제사만 받고 카인의 제사는 받지 않았다. 이에 분을 참지 못한 카인은 아벨을 들로 불러내어 돌로 쳐 죽였고 결국 추방되게 된다.

이후 아담과 이브는 또 다른 자식 셋을 낳고 카인의 후손과 셋의 후손은 세상에 번창해 나갔다. 하지만 세월이 흘러 하나님이 만든 인간들이 타락하자 하나님은 세상을 물로 심판할 생각을 하고 므두셀라의 손자 노아를 불러 방주를 만들게 한다. 40일에 걸친 대홍수가 끝나고 다시 노아의 세 아들 셈, 함, 야벳이 새로운 인류의 조상이 된다.

유대의 시조 아브라함

유대인의 조상인 아브람은 하나님의 계시로 '아브라함'으로 개명했다. 이복 누이인 사라와 결혼하여 100세에 아들 이삭을 얻었으며, 그전에 첩 하갈에게서 이스마엘을, 또 다른 첩 그두라에게서 여섯 명의 아들을 두었다.

지금의 이라크 땅에 살던 아브라함은 가족과 함께 하란 땅에서 지내고 있었다. 어느 날, "내가 너에게 보여 줄 땅으로 가라"는 하나님의 계시를 받고 나머지 가족은 하란에 둔 채 자기 조카 롯과 사라를 데리고 가나안 땅으로 온다. 하지만 이때 가나안은 기근이 들어 농사와 목축 등 생활의 방편으로 삼을 만한 것들이 마땅치 않은 상태였다.

이에 아브라함은 다시 이집트(애굽) 땅으로 가게 된다. 이때 자신의 아내 사라의 미모를 보고 혹시 아내의 미모를 질시하는 사람들에게 해를 당할까 봐 "사람들에게 내 아내가 아니라 누이라고 말해 주시오"라고 일행에게 당부한다. 하지만 이 말은 위장이랄 것도 없는 것이 사라는 진짜 아브라함의 이복누이다.[당시에는 이복 오누이 간에 결혼하는 것이 허용되었는데 나중에 가서 이런 관행이 금지되었다.]

아브라함이 염려했던 대로 사라가 이집트에 도착하니 이집트 사람들은 그녀의 미모에 놀랐다. 신하의 보고를 받고 사라를 궁전으로 부른 이집트의 파라오(바로)도 그녀의 미모에 반하여 그녀를 아내로 삼는 대신 막대한 재물을 아브라함에게 주었다. 결국 이 부정한 사태를 바로잡고자 하나님은 파라오를 혼내주고 파라오는 즉시 사라를 아브라함에게 돌려보냈다. 그리고 아브라함 일가를 이집트에서 쫓아낸다.

아브라함의 소명과 구원의 한계_하나님의 부르심을 받은 아브라함은 가나안으로 이주했으나 기근으로 인해 이집트에 잠시 머물게 된다. 이 과정에서 아내 사라의 미모로 인한 위험을 피하고자 계략을 사용했으나, 결국 하나님 개입으로 사태가 해결되고 이집트에서 추방된다. 이후 아브라함과 조카 롯은 가축 증식으로 인한 갈등으로 결별하며, 롯은 죄악으로 가득 찬 소돔에 거처를 정한다.

이집트에서 쫓겨나 다시 가나안 땅으로 돌아온 아브라함과 롯은 땅에 비해 가축이 많았기에 친척 간에 다툼이 일어났다. 겨우 사태를 무마한 아브라함은 우리가 떨어져 사는 것이 좋겠다며 롯에게 먼저 땅을 고르라고 배려해 주었다. 롯은 요단 평원을 선택하고 아브라함은 가나안 땅에 남는다. 롯은 이후 소돔 가까운 곳으로 거처를 옮겼다. 롯이 이사해 간 소돔과 고모라는 너무나 악한 사람들이 많았기에 나중에 하나님이 유황불을 내려 이곳을 멸망시켰다. 이때 아브라함이 하나님에게 소돔과 고모라에 의인(義人)이 50명, 30명, 20명, 10명이라도 있다면 용서해 달라고 몇 번이나 청했지만, 결국 의인이 그만큼 되지 않아 멸망했다.

소돔과 고모라가 멸망하기 전 어느 날 롯의 집에 인간으로 변장한 천사들이 방문했다. 밤이 되자 소돔 사람들이 롯의 집을 에워싸고 두 손님을 내보내라고 요구했다. 그들은 두 손님과 섹스를 하려는 것이었는데, 동성애를 뜻하는 남색이라는 말이 여기서 유래되었다. 소돔 사람들의 가당찮은 요구에 롯은 대담하게도 "내게

소돔 이후 롯 가족의 비극적 계보_소돔 멸망에서 천사들의 도움으로 간신히 탈출한 롯의 가족은 아내가 경고를 어겨 소금 기둥이 되는 비극을 맞는다. 이후 산으로 피신한 롯의 두 딸은 가문의 단절을 막기 위해 술 취한 아버지와 동침하는 근친상간을 통해 모압과 암몬 민족의 조상이 된다. 이는 구원받았음에도 불구하고 인간의 연약함과 죄의 순환을 보여주는 파국적 계보 형성 서사로 해석된다.

남자와 잠자리를 하지 않은 딸 둘이 있으니 내 딸로 대신하라"며 위험천만한 제안을 한다. 하지만 사람들은 무시했고, 보다 못한 천사들이 그들의 눈을 멀게 해 위기를 넘겼다.

소돔 땅에서 유일한 의인이었던 롯의 일가는 천사의 도움 덕분에 멸망 직전에 도망칠 수 있었으나 롯의 아내는 도망칠 때 뒤를 돌아보지 말라는 천사의 경고를 무시하고 뒤를 돌아보았다가 소금 기둥으로 변하고 만다. 롯은 산으로 들어가 딸들과 함께 동굴에서 살았다. 아버지는 연세가 많고 자신들은 결혼할 남자가 없어 일가의 후손을 잇지 못할까 염려한 두 딸은 아버지에게 술을 드려 취하게 한 후 차례로 동침을 했다. 이로 인해 모압과 암몬 민족이 탄생한다. 롯은 술에 취해 이 일을 몰랐다.

아브라함과 사라 사이에 자식이 없자 사라가 첩을 들이도록 종용해 여종 하갈이 아브라함의 서자 이스마엘을 낳았다. 그 이후에 사라가 이삭을 낳는다. 이로 인해

이스마엘, 이삭, 그리고 믿음_ 사라의 불임으로 여종 하갈에게서 이스마엘을 얻었으나, 이후 사라가 100세에 이삭을 낳으며 후계 갈등이 발생하여 하갈과 이스마엘은 쫓겨난다. 후에 하나님은 아브라함의 믿음을 시험하고자 독자 이삭을 제물로 바치라 명령하지만, 아브라함의 절대적 순종을 확인한 후 이를 중단시키고 번성을 약속한다. 결국 이삭은 새로운 족장이 되고, 아브라함은 사라 곁에 안장되며 언약의 계보를 이어간다.

이스마엘과 이삭과의 후계 문제 갈등이 생기고 만다. 결국 이스마엘이 이삭을 괴롭히고 그의 어머니 하갈과 함께 이삭의 탄생 연회에서 그를 모욕하자 분노한 사라는 두 모자를 쫓아내고 만다. 이삭이 태어날 때 사라는 90세, 아브라함은 100살이었다.

이삭이 무럭무럭 자라고 있을 때 하나님은 갑자기 아브라함에게 이삭을 산으로 데려가 자신에게 제물로 바치라는 명령을 내린다. 이에 아브라함은 주저하지 않고 이삭을 데리고 모리아 산으로 간다. 하나님은 아브라함이 이삭을 죽여서 제물로 바치려는 순간 그의 순종을 보고 이삭을 죽이는 것을 중지하라고 명하고 아브라함의 자손들이 크게 번성하고 복을 받게 되리라고 축복해 준다. 세월이 흘러 이삭이 새로운 족장이 되고 친척 집안에서 데려온 리브가와 결혼한다. 나중에 아브라함은 헤브론 근처 막벨라 동굴에 먼저 죽은 아내 사라와 함께 묻힌다.

야곱과 라헬

아브라함의 손자이자 이삭의 작은 아들인 야곱은 히브리인들의 전통에 따라 태어날 당시의 상황을 반영하는 이름을 얻었다. 그가 쌍둥이 형 에서가 태어날 때 그의 발꿈치를 잡고 나왔다는 일화 때문에, 그의 이름 '야곱'은 "발꿈치를 잡다" 또는 "뒤를 잇다"는 의미를 지니게 되었다. 이는 태어날 때부터 타인의 발목을 잡거나 속이려는 듯한, 다소 부정적인 의미를 내포하고 있었다.

이삭은 아들 에서와 야곱을 낳았는데, 이들은 뱃속에서부터 사이가 안 좋아 자주 싸워서 아내인 리브가가 배가 아파서 못 견뎠다고 한다. 이처럼 천생 경쟁자였던 둘은 어머니 뱃속에서 나올 때도 동생인 야곱이 형인 에서의 발목을 잡고 있었다고 한다.

아버지 이삭은 큰아들 에서가 사냥에 뛰어나고 그가 잡아오는 고기가 맛이 더 좋아 그를 더욱 사랑하였고, 어머니 리브가는 천막에 머물러 자기를 돕는 야곱을 사랑하였다. 하루는 에서가 들판에서 돌아와 보니 동생 야곱이 팥죽을 끓이고 있었다. 피곤에 지쳐 있던 에서가 야곱에게 죽 한 그릇을 청하자 야곱은 장자권을 얻는 조건으로 죽 한 그릇을 건네준다. 그리고 아버지가 죽기 전에 큰형 에서를 축복하려고 하자 야곱은 자신을 편애하는 어머니와 짜고 아버지에게 자신이 에서라고 속여 장자의 축복을 대신 받는다.

이를 안 에서에게 분노와 미움을 산 야곱은 외삼촌 라반의 집으로 피신했다. 외갓집에서 외삼촌의 두 딸 레아와 라헬과 만나게 된 야곱은 아리따운 라헬에게 첫눈에 반하고 만다. 그 후 사랑하는 라헬과의 결혼을 조건으로 라반의 집에서 7년을 하인처럼 일했지만, 라반이 자신의 고장에서는 여동생을 언니보다 먼저 시집보내지 못한다며 말을 바꾸자 7년을 더 일하는 조건으로 라헬과 결혼했다.

장자권 탈취와 교묘한 부의 축적_야곱은 팥죽 한 그릇과 모친의 계략을 통해 형 에서의 장자권을 탈취하고 외삼촌 라반에게로 피신한다. 라반의 속임수 속에서 야곱은 라헬과 레아를 아내로 맞이하며 14년간 봉사했고, 이후 라반의 가축을 관리하며 흰 줄무늬 가지를 이용한 교묘한 방식으로 자신의 재산을 불려나갔다. 이는 야곱이 발꿈치를 잡는 자라는 이름의 의미처럼, 치밀하고 이기적인 방식으로 자신의 목표를 달성하는 과정을 보여주는 서사이다.

야곱은 라헬과 결혼하고 7년이 지난 후에 약속대로 라반의 집에서 나가려고 하자 라반은 야곱이 일을 잘하므로 원하는 품삯을 줄 터이니 가지 말라고 붙잡았다. 이에 야곱은 라반의 양떼를 돌봐주는 대신 그 가운데서 검은 양의 새끼와 얼룩지고 점 있는 염소의 새끼를 품삯으로 달라는 요청을 해 라반의 승낙을 받았다.

그러나 라반은 계약을 맺은 후 자기 아들들을 불러 야곱이 맡은 가축들 중에서 검은 양과 얼룩진 염소를 모두 빼고 야곱에게는 흰 양과 흰 염소만 맡겼다. 하지만 야곱은 이미 양과 염소들에게 흰 줄무늬가 난 가지들을 계속 보여 주면서 세뇌 교육을 시켜 놓았었다. 가축들이 물을 마시는 구유 밑바닥과 교미하는 자리에 줄무늬 가지를 보여 줘 그들이 검은 양과 얼룩진 염소를 낳게 했다. 야곱은 아무 가축이나 그렇게 세뇌한 것은 아니고 건강한 양과 염소에게만 교묘하게 흰 줄무늬가 난 가지들을 보여 줬던 것. 이렇게 되자 6년이 더 지난 후에는 야곱의 가축이 훨씬 많아졌고, 이에 앙심을 품은 라반과 그의 아들들이 야곱을 죽이려 했지만 위기감

야곱의 귀향_야곱은 외삼촌 라반의 집을 떠나며 아내 라헬이 상속 징표인 드라빔을 훔쳐가는 사건과 라반의 추격을 겪지만, 이는 원만히 해결된다. 고향으로 돌아오는 길에 그는 천사와 씨름하여 '이스라엘'이라는 새 이름을 얻고, 환도뼈가 위골되는 고통을 겪지만 이를 통해 새로운 정체성을 확립한다. 두려움 속에서 형 에서를 만난 야곱은 예상과 달리 따뜻한 재회와 화해를 이루며, 비로소 가나안 땅에 정착하며 새로운 삶을 시작하게 된다.

을 느낀 야곱은 라반을 떠나기로 한다.

야곱은 레아와 라헬에게 라반의 집을 떠나자는 동의를 얻고 20년 만에 고향으로 돌아간다. 이때 라헬은 아버지 라반의 보물인 수호신상을 몰래 가지고 간다. 당시 드라빔이라고 하는 수호신상은 재산 상속권을 나타내는 징표였는데, 라헬이 아버지 재산을 훔친 셈이다. 라반이 수호신상을 찾으려고 야곱을 끈질기게 쫓아왔지만, 결국 돌무더기를 두고 계약하여 좋게 해결되었다.

야곱은 가나안으로 돌아가는 중에 하나님이 보낸 천사와의 씨름에서 이겨 '이스라엘'이라는 이명(異名)을 얻는다. 이때 천사가 도저히 야곱을 이길 수가 없어서 엉덩이뼈를 쳤다. 그 이후로 야곱은 발을 절게 되었다. 다시 고향으로 돌아온 야곱은 형 에서가 복수할까 봐 근심되었지만, 에서는 20년 만에 만난 동생 야곱을 끌어안고 눈물을 흘리며 기뻐했다. 이렇게 형과 사이좋게 화해하고 가나안에서의 삶을 영유한다.

야곱은 레아와 라헬 사이에서 각각 열두 명의 아들을 두었는데, 이들은 이스라엘 12지파의 조상이 된다.

야곱은 열두 명의 아들 중 평소 사랑하는 아내 라헬의 아들 요셉을 편애하였다. 아버지가 너무 요셉만 편애하는 것을 평소 못마땅해 한 형제들은 어느 날 요셉이 부모님과 형들이 자기한테 큰절을 하는 꿈을 꿨다고 이야기하자 이참에 요셉을 좀 손봐줘야겠다고 의논한다. 마침 요셉이 형들을 부르기 위해 멀리 나왔을 때 요셉을 죽이려 했는데, 맏아들 르우벤이 차마 형제를 죽일 수 없다고 반대하여 옷을 벗기고 메마른 우물에 처넣었다. 르우벤은 요셉을 나중에 꺼내 줄 생각이었으나 다른 형제들이 마침 지나가던 이집트 노예 상인에게 몸값 은화 20냥에 요셉을 팔아 버리고 아버지에게는 사자가 잡아먹었다고 거짓말을 하였다. 그런데 며칠 있다 요셉의 딸 디나가 세겜이라는 이방인에게 강간을 당하는 일이 일어난다. 그러자 요셉의 아들들이 이를 복수한다며 세겜에게 디나의 남편이 되려면 할례(포경수술)를 해야 한다고 꼬드긴 뒤, 사흘 뒤 세겜이 할례로 어기적거릴 때 시므온과 레위가 세겜 가족을 살해하는 일이 벌어진다. 야곱이 보복이 두렵다며 두 아들에게 면박을 주었지만 "그럼 우리 누이가 창녀가 되어도 좋다는 말씀이냐?"며 반문한다.

한편, 유다라는 아들은 며느리인 다말과 관계를 가져 아들까지 낳고 장자 르우벤은 새어머니 빌하와 관계를 가져 장자권을 잃어버린다.

〈창세기〉 38장에는 오나니즘(자위행위)이라는 단어가 나오는데, 어원은 유다의 차남 오난에게서 비롯된 말이다. 유다에게는 아들 셋이 있었는데, 첫째 엘과 결혼한 다말은 갑자기 남편이 죽어 버리는 바람에 과부가 된다. 둘째 오난은 형사취수혼 (형이 후사 없이 죽으면 동생이 대신하여 후사를 낳아 주는 풍습) 제도에 따라 다말과 결혼하지만 질외 사정으로 하나님의 분노를 사 죽임을 당한다. 이제 셋째 셀라가 다말과 결혼해야 하지만 아들들이 죽는 걸 보고 싶지 않았던 유다는 셋째가 아직 성인이 아니라는 이유로 시간을 끌었다. 이 때문에 결국 며느리 다말이 신전 창녀로 위장하고 유다와 관계를 가져 버렸다. 이때 유다도 아내가 죽어 홀아비 상태였다. 다말이

질투, 복수, 그리고 도덕적 혼돈_야곱은 사랑하는 라헬의 아들 요셉을 편애했고, 이에 질투한 형제들은 요셉을 이집트 노예로 팔아버린다. 이어서 딸 디나가 강간당하자 시므온과 레위는 복수를 명분으로 살육을 자행한다. 또한 장남 르우벤은 서모와 간통하여 장자권을 상실하고, 유다는 며느리 다말과의 관계를 통해 오나니즘의 어원이 되는 오난의 이야기와 함께 복잡한 도덕적 문제를 드러내는 등, 야곱의 아들들은 편애, 배신, 폭력, 근친상간 등 윤리적으로 혼란스러운 사건들로 점철된 계보를 이룬다.

임신을 하고 있음을 안 유다는 분노하여 그녀를 불태워 죽일 생각이었지만, 그녀와 관계를 맺은 사람이 다름 아닌 자신이라는 사실을 알자 살려주고는 가까이하지 않았다. 다말은 각각 베레스와 세라라는 쌍둥이를 낳았다.

요셉의 성공기

요셉은 구약성서 〈창세기〉와 함께 꾸란의 〈요셉장〉에 나오는 주요 인물 중의 하나이다. 그는 야곱의 열한 번째 아들이었고 라헬의 첫아들이었다. 요셉의 역사적 기록은 《구약성서》 외에는 발견되지 않았으며, 요셉 이야기와 내용이 비슷한 '두 형제 이야기' 설화와 기원전 17~19세기 무렵에 이스라엘 지역에서 기근을 피해 이주한 이민들의 지도자 이야기가 결합되어 《구약성서》에 요셉 이야기가 실린 것으로 보인다.

요셉은 형제들의 가혹한 보복으로 인해 이집트 상인에게 몸값 은화 20냥에 노예로 팔리고 만다. 그리고 이집트 경호대장 보디발에게 팔리는데, 정직하고 현명하며 성실했던 그는 보디발의 총애를 받으며 단순 노예가 아닌 집사로 일하게 되어 보디발 집안의 모든 재산을 관리하는 일을 하였다. 하지만 보디발의 아내는 몸매와 얼굴이 뛰어났던 요셉에게 반해서 욕정을 품고 남편이 집을 비운 사이에 유혹하였으나 요셉은 이를 완강히 거절했고, 보디발의 아내는 요셉의 옷자락을 붙들고 매달리자 옷이 벗겨지는 것도 아랑곳하지 않고 방 밖으로 달아나 버렸다. 분노한 보디발의 아내는 요셉의 옷자락을 남편에게 들이대며 그가 자신을 강간하려 했다고 모함하여 요셉은 감옥에 갇히게 된다. 그곳에서도 요셉은 간수장의 마음에 들어 모든 죄수의 일을 전부 처리하게 되었다.

얼마 후 요셉이 있는 감옥에 파라오의 술을 따르는 시종과 빵을 만드는 시종이 파라오에게 잘못을 저질러 들어오게 된다. 두 사람은 서로 다른 꿈을 꾸는데, 술 만드는 시종은 포도나무 가지 세 개가 달린 포도나무의 꿈을 꾼다. 그 나무에서 열린 포도로 만든 포도주를 파라오에게 바치는 꿈이었다. 요셉은 술 만드는 시종의 꿈 이야기를 듣고는 "사흘 내로 복직되어 파라오의 손에 술을 올리게 될 것"이라 해몽한다. 요셉의 해몽을 옆에서 듣고 빵 만드는 시종도 비슷한 꿈을 해몽해 달라

시련 속에서도 빛나는 성실과 인내_이집트 노예로 팔린 요셉은 보디발의 집에서 성실함과 지혜로 총애를 얻어 가정 총무가 된다. 그러나 주인의 아내에게 유혹당하자 거절하고, 이로 인해 모함을 받아 감옥에 갇히는 시련을 겪는다. 그럼에도 불구하고 그는 감옥에서도 변함없는 성실함을 보여 간수장의 신뢰를 얻으며 죄수들을 관리하게 된다. 이는 요셉이 극한의 역경 속에서도 자신의 순결함과 능력을 잃지 않고 빛을 발했음을 보여주는 서사이다.

고 하는데 요셉은 "사흘 만에 처형당하여 새들이 살을 쪼아 먹게 될 것"이라고 해몽했다. 결국 요셉의 꿈 해몽은 현실이 되고 만다. 술 따르는 시종은 복직이 되었으나 그 시종은 자신은 결백하니 파라오에게 사정을 아뢰어 달라고 했던 요셉의 부탁을 잊어버린다.

그리고 2년의 세월이 흐른 어느 날 파라오가 이상한 꿈을 꾸고는 마음이 불안해 꿈 해몽자를 찾는다. 그런데 이집트의 모든 요술사와 현인(賢人)이 파라오의 꿈을 풀이하지 못하고 있는 와중에 술 따르는 시종이 요셉을 기억해 내어 그에 대한 이야기를 파라오에게 전한다. 파라오의 꿈은 살찐 암소 일곱 마리가 나일 강가에서 풀을 뜯고 있는데, 피골이 상접하고 흉측한 암소 일곱 마리가 먼저의 암소들을 잡아먹는 꿈과, 잘 여문 이삭 일곱 개를 바싹 마른 이삭 일곱 개가 휘감아 말려 버리는 꿈이었다.

요셉은 파라오의 꿈에 대해 7년 동안의 대풍년과 7년 동안의 대흉년이 들 것이

감옥에서 파라오의 꿈까지_요셉은 감옥에서 술 빚는 시종과 빵 굽는 시종의 꿈을 정확히 해몽하여 그 예지력을 증명한다. 술 빚는 시종은 복직되나 요셉을 잊어버리고, 2년 후 파라오가 살찐 암소와 여문 이삭을 마른 것들이 삼키는 이상한 꿈으로 번민할 때 비로소 요셉을 기억해낸다. 이는 요셉의 뛰어난 영적 통찰력이 이집트의 중대한 위기 앞에서 다시 조명되는 계기가 된다.

라 해몽한다. 그러면서 지혜로운 사람에게 이집트를 맡기고 풍년이 든 7년 동안 이집트 땅 수확의 5분의 1을 저축하라고 조언한다. 파라오는 요셉을 경이롭게 여겨 인장 반지를 빼어 끼워 주고 일인지하 만인지상[파라오는 신분만 높을 뿐 통치권은 거의 모두 요셉에게 위임하였다.]의 자리를 내린다. 총리가 된 요셉은 풍년인 7년 동안 왕실 창고에 곡식을 풍족하게 저축해 두었다.

그리고 7년의 대흉년 동안 이집트는 그간 저축해 둔 엄청난 물량의 곡식 덕에 기근을 모면할 수 있었으나 다른 지역은 대비를 하지 않아 굶주림에 시달려야 했다. 그 때문에 외국인들이 이집트로 와서 곡물을 사 갔는데 가나안 역시 기근을 피할 수 없었으므로 야곱은 자식들에게 이집트로 가서 곡물을 사오도록 시켰다. 이때 야곱은 막내아들 베냐민만은 보내지 않는데, 요셉처럼 변을 당할까 봐 걱정스러워서 그런 것이다.

야곱의 명으로 이집트에 온 요셉의 형들은 백성에게 곡물을 나누어 주는 요셉을 보자 얼굴을 땅에 대고 절했다. 졸지에 과거에 꿨던 꿈이 현실이 된 셈이다. 요셉은 형들을 알아보았지만 형들은 그를 알아보지 못했다. 요셉은 형들이 과거에 자신을 노예로 판 일이 생각나 은근히 복수심도 일어나고 친동생 베냐민의 생사도 알고 싶었기에 자신의 정체를 밝히지 않은 채 형들을 첩자로 몬다. 형들은 "우리는 첩자가 아니며 고향에 계신 아버지와 동생을 위해 곡물을 사러 온 것뿐"이라며 해명하였다.

요셉은 "너희 중 한 사람이 여기 남고 나머지 사람들이 가서 막내동생을 데려오면 그 말을 믿어 주겠다"며 전부 옥에 가두어 버린다. 형들은 "우리가 요셉에게 못된 짓을 해서 벌을 받는 것"이라며 불안해했다. 요셉은 야곱의 차남 시므온을 지목하여 시므온만 남고 나머지는 돌려보낸다. 요셉의 형들은 아버지 야곱에게 "베냐민을 데려가야 시므온을 살릴 수 있다"고 했으나 야곱은 거부한다. 야곱은 과거 요셉을 잃었던 아픔이 있었기에 또다시 자식을 잃기는 싫었다. 그러나 이집트에서 사온 곡식도 전부 다 떨어지고, 베냐민을 데려가지 않으면 시므온은 죽은 목숨이기 때문에 야곱은 내키지 않았지만 결국 베냐민을 함께 보냈다.

베냐민과 함께 온 형제들은 요셉의 환대를 받고 요셉의 집에 초대되어 호화로운 식사를 함께 하였다. 형제들은 관리인에게 지난번 곡식 자루에서 나온 돈을 돌려주며 상황을 설명하자 미리 요셉에게 지시받은 관리인은 "그것은 하나님의 선물일 것이다. 나는 지난번 곡식 값을 벌써 받았다"고 하며 돈을 받지 않았다.

시므온도 그간 감옥에 갇히지 않고 방에서 편히 지내고 있었다. 요셉은 형들에게 아버지의 안부를 묻고 특히 베냐민을 총애하였다. 요셉은 형제들을 연장자 순으로 자리에 앉힌 후 식사를 하게 했다. 요셉은 형제들의 곡식 자루에 가져갈 수 있을 만큼 곡물을 채워 주고는 막내인 베냐민의 곡식 자루에는 몰래 자기 은잔을 집어넣도록 지시하였다. 형들이 옛날에 자신을 팔아 버린 것처럼 막내 베냐민도

요셉의 시험과 형제들의 죄책감_이집트 총리가 된 요셉은 자신을 알아보지 못하는 형제들에게 첩자 혐의를 씌우고 막내 베냐민을 데려오라 명령하며 시므온을 볼모로 잡는다. 야곱은 요셉을 잃었던 아픔 때문에 베냐민을 보내기 주저하지만, 극심한 기근과 시므온의 목숨 앞에서 결국 베냐민을 이집트로 보내기로 결정하며, 형제들의 과거 죄는 재차 수면 위로 드러난다.

버리고 가는지 시험해 보고 싶어서였다.

요셉의 환대를 받으며 대접을 잘 받고 형제들은 기분 좋게 고향으로 돌아가다가 갑자기 이집트 병사들에게 잡혀 은잔 도둑의 누명을 쓰게 된다. 바로 베냐민의 곡식 자루에서 은잔이 발견되었던 것. 결국 형제들은 또다시 요셉 앞에 끌려가게 되었다. 물론, 사실은 요셉이 형들을 상대로 옛날 자신이 당했듯 베냐민을 버릴 것인지, 아니면 마음이 바뀌어 베냐민을 지켜 주려 할지 우애를 시험해 본 것이다. 요셉은 "베냐민이 잘못을 저질렀으니 베냐민만 남기고 나머지는 돌아가라"고 명한다. 이때 형제 중 4남 유다가 아버지 야곱의 이야기를 하며 자신이 대신 종으로 남겠다고 간청한다.

요셉은 주위의 모든 이를 물린 후 자신의 정체를 밝힌다. 형들은 요셉에게 진심으로 사죄하고, 요셉은 자신을 죽이려 하고 노예상에게 팔아넘기기까지 했던 형들을 기꺼이 용서한다. 이후 요셉은 형들에게 아버지 야곱을 모셔 오게 하고 그들은 이집트 고센 땅에 머무르게 된다.

야곱이 죽은 후 요셉의 형들은 "요셉이 우리에게 적개심을 품고 우리가 그에게 저지른 악을 되갚을지도 모른다"며 요셉에게 엎드려 용서를 빌었다. 그러자 요셉은 오히려 형들을 위로하고 다정하게 이야기하였다.

이후 요셉은 110세까지 살게 되는데, 죽기 전 "언젠가 자손들이 고향에 돌아가면 가나안 땅에 묻어 달라"고 유언을 남겼다. 그리하여 죽을 때는 이집트에 묻히나 후손들이 이집트를 탈출할 때 가나안 땅으로 옮겨진다.

출애굽 시대_요셉 이후 오랜 세월이 흐르자 이집트인들은 요셉의 공로를 잊고 유대인들을 억압하기 시작했다. 이에 《구약 성경》의 역사 속에서 모세가 등장하여 유대인들을 이끌고 가나안으로 향하는 출애굽 시대가 열렸다.

아랍 신화의 변천

고대 아라비아 다신교 신화는 오히려 이슬람에 의해 그 기록이 보존되는 역설을 보여준다. 이는 다신교 폐해를 교훈 삼기 위함이었다. 또한 유대인 영향으로 아브라함 이야기가 결부된 독특한 형태의 아랍 신화가 형성되었는데, 아랍인들은 이스마엘의 후예로 자신들을 인식했다. 비록 무함마드가 기존 신화적 요소(아브라함 그림)를 우상으로 배척했음에도 이 고대 전승들은 이슬람 형성에 적지 않은 영향을 미쳤다.

아랍 신화는 무슬림이 무함마드에게 계시를 받기 이전의 아라비아 고대 정령 숭배자들이 믿었던 신화를 말한다. 이슬람교가 출발한 아라비아 땅은 그 옛날 아브라함과 하갈 사이에서 태어난 이스마엘 자손들이 살아온 땅이었다. 아브라함은 유대인의 육체적인 자손이며 정신적인 조상이다. 이슬람에서도 그를 이브라힘이라고 부르며 존경했다.

아브라함은 사랑하는 아내 사라가 아이를 낳지 못하자 하녀인 하갈을 첩으로 들여 이스마엘을 낳는다. 그 이름은 '신이 말을 들어 준다'는 뜻이다. 이스마엘이 태어난 뒤 하갈은 콧대가 높아져 주인을 오만하게 대했으므로 사라는 그 사실을 남편 아브라함에게 고하면서 시비를 가려 줄 것을 청했다. 아브라함이 사라의 뜻대로 하라고 하자 사라는 하갈을 박대했고 하갈은 이를 피해 황야로 도망쳤다.

하갈과 이스마엘은 아브라함의 집을 나온 후에 사막을 헤매던 중 목이 말라 하나님께 부르짖었다. 그러자 하나님께서 우묵한 곳을 터뜨려 우물이 솟게 하여 그들을 소생시켰다. 이스마엘은 감사하는 마음으로 우물 곁에다 신의 집이라는 의미의 신전을 지었다고 전한다. 오늘날 그곳은 사우디아라비아 메카의 카바 신전으로 당시 360개의 신들의 우상이 존재했으며 여러 신과 여신들의 신상으로 가득 차 있었다.

이스마엘의 후예와 메카 신전의 계보_아브라함과 하갈 사이에서 태어난 이스마엘은 사라의 박대로 황야로 추방되었으나 하나님의 기적으로 발견한 우물 옆에 신전을 세웠다. 이 우물과 신전은 여러 부족 간의 쟁탈전이 벌어졌고, 예루마이트 부족은 보물을 숨긴 채 떠났다. 뒤이어 쿠자이트 부족이 후발 신을 숭배하며 이곳을 차지했고, 마침내 이스마엘의 직계 자손인 쿠라이시 부족의 압둘 무타리부(무함마드의 할아버지)가 존경받는 인물로 등장한다.

이후 그 우물을 차지하기 위한 부족 간의 암투가 벌어졌다. 오랫동안 그 우물을 지켜 오던 사람들은 예멘의 예루마이트 부족이었는데, 우물을 차지하려는 세력들이 몰려오자 예루마이트 부족은 그동안 이 우물 신전에 예배하려고 왔던 사람들이 가져다 신에게 바쳤던 보물들을 어떤 우물 속에 파묻어 놓고 모래로 덮어서 아무도 찾을 수 없게 만들어 버렸다고 한다.

예루마이트족을 몰아내고 그 우물 신전을 차지한 사람들은 쿠자이트 부족이었다. 이들이 들어와서 섬겼던 신은 모압 사람들이 섬겼던 후발(훗날 이 후발 신이 변하여 알라가 되었다)이라는 신을 섬겼다.

그 후로도 이 우물을 차지하려는 도전은 계속되었고 마침내 이스마엘 직계 자손 중에 쿠라이시 부족이 존경하는 한 인물이 나타났는데, 그 이름이 압둘 무타리부라는 사람이었다. 무타리부는 무함마드의 할아버지가 되는 사람이었다. 그는 메카 사람들의 존경을 받았다.

어느 날 압둘 무타리부는 환상을 보았는데, 예루마이트 부족이 보물들을 감춘 우물의 위치를 가리키는 것이었다. 무타리부에게 어떤 천사가 와서 계시하기를 "핏자국, 배설물, 개미 알과 모이를 쪼는 새를 찾으라"는 지시를 내렸다.

환상을 곰곰 돌이켜보던 무타리부는 마침내 환상의 의미를 깨닫게 된다. 즉 쿠라이시 부족들이 희생 제사를 드리는 두 우상이 있는 자리가 바로 그 우물임을 알게 돼, 그 보물을 감추어 둔 우물을 찾아내게 되었다. 그로부터 그는 메카의 영웅이 되었다.

압둘 무타리부는 신에게 기도하기를, 만약 신께서 열 명의 아들을 주신다면 그중의 한 아들을 카바에서 희생 제물로 바치겠다고 서원을 했다. 수년 후에 그 응답으로 그는 열 명의 아들을 얻게 되었고 그중에서 압둘라라는 막내아들이 영리하고 총명하여 그를 특별히 사랑했다고 한다.

신에게 서원을 지켜야 할 때가 되자 그는 열 명의 아들을 데리고 후발 신에게 갔는데 놀랍게도 제일 사랑하는 막내아들 압둘라를 바치라는 계시가 내려왔다. 그러자 압둘라의 어머니와 형들이 이를 적극적으로 반대하게 되었다. 그는 이 상황을 어떻게 처리해야 할지를 알아보기 위하여 한 무당을 찾아가서 물었다.

무당의 신탁은 아들 대신에 낙타를 바치면 아들이 속량될 것이라고 했다. 그래서 무타리부는 낙타 100마리를 바치고 아들을 속량해 내었다. 이렇게 낙타 100마리로 속량된 사람이 바로 무함마드의 아버지가 되는 압둘라였다. 압둘라는 아미나라는 여성과 결혼하였다. 압둘라는 그 후 얼마 뒤 대상들과 함께 상업차 길을 떠났다가 도중에 병을 얻어서 돌아오지 못했고, 그때 아미나는 무함마드를 임신하고 있었다. 아이가 태어나자 그의 할아버지 압둘 무타리부가 그를 메카로 데리고 갔다.

그는 아들을 잃었지만 대신 손자를 얻은 것을 신께 감사드렸다고 전한다. 그 당시 아랍의 부유한 집안에서 아들이 태어나면 그 아이를 강하게 기르기 위하여 베두인 천막에 보내서 야성을 기르며 연단을 받게 했다. 무함마드 역시 그렇게 훈련

무함마드의 고난 어린 유년기_압둘 무타리부는 환상을 통해 예루마이트 부족이 숨긴 보물의 우물을 발견하고 메카의 영웅이 된다. 그는 아들 압둘라를 신에게 바치려다 낙타 100마리로 속량했고, 이 압둘라는 무함마드의 아버지가 되지만 요절한다. 무함마드는 7세에 어머니를, 9세에 할아버지마저 잃고 어린 나이에 고아가 되어 상인들과 함께 유년기를 보냈다.

을 받았는데 불행은 겹쳐서 오는 법인지 무함마드가 일곱 살 되던 해에 그의 어머니 아미나마저 세상을 떠나는 바람에 무함마드는 졸지에 고아가 되었다. 2년 뒤 무함마드가 아홉 살 되던 때 그를 돌보아 주던 할아버지 압둘 무타리부도 세상을 떠나게 되었다. 그래서 그는 아홉 살 되던 해부터 삼촌들을 따라서 낙타 상인들과 동행하면서 어린 시절을 보냈다.

그러던 어느 날 어떤 가톨릭 수도사가 나타나 무함마드라는 소년의 등을 보여 달라고 해서 무함마드가 등을 보여 주니 그 수도사가 깜짝 놀라며 "이 표시는 예언자의 인"이라고 했다.

그러고 나서 수도사는 "당신들은 이 아이를 잘 보호하시오. 특별히 유대인들이 이 아이의 생명을 빼앗으려 할 터이니 신의 일을 하게 될 이 아이의 생명을 잘 지키도록 하시오! 이 아이는 장차 위대한 일을 하게 될 것이오!"라는 의미심장한 말을 남기고는 유유히 사라졌다.

무함마드의 예언자 소명과 초기 고난_25세에 하디자와 결혼한 무함마드는 610년 가브리엘 천사로부터 알라의 사명자로 계시를 받으며 예언자로서의 삶을 시작한다. 처남 바라카의 도움으로 계시를 해석하고 포교 활동을 펼쳤으나 다신교를 부정하고 유일신 알라만을 주장하면서 반대에 부딪혔다. 이에 일부 추종자들과 함께 아비시니아로 망명했으며, 이 과정에서 예루살렘으로의 신비로운 야간 여행 경험을 통해 예언자적 권위를 더욱 확립했다.

그 후 무함마드는 25세 되던 해에 하디자라는 40세의 과부와 결혼을 하게 되었다. 이 두 사람 사이에서는 두 아들이 태어났으나 둘 다 어려서 죽었고 딸만 넷이 있었는데 그중에 파티마라는 딸이 무함마드의 사촌 알리와 결혼하여서 대체로 널리 알려졌다. 한편, 이 파티마와 결혼한 알리의 추종자들이 훗날 이슬람 시아파를 이루었다.

서기 610년 무함마드는 환상을 보았는데 가브리엘 천사로부터 "너는 이제부터 알라 신의 사자이다!" 하는 사명을 받았다고 전한다.

그 후로도 무함마드는 여러 차례 하늘의 계시를 받았는데 그 모든 계시를 해석해 준 사람은 가톨릭 신자였던 바라카라는 사람이었다. 바라카는 무함마드의 아내 하디자의 사촌 오라비였다.

바라카는 아라비아를 두루 다니면서 "무함마드는 우리 민족의 예언자"라고 선전하고 다녔다. 무함마드가 포교를 시작한 지 약 5년 되던 해부터 무함마드에 대하여 반대하는 사람들과 박해하는 사람들이 서서히 늘어나기 시작했다.

무함마드에 대해 반대하는 사람이 많아진 이유는 무함마드가 그동안 그들이 섬겨 왔던 여러 신을 다 버리고 알라신만 섬겨야 한다고 주장했기 때문이다. 무함마드는 그를 반대하는 사람이 많아지자 할 수 없이 자기를 따르는 추종자들과 함께 아비시니아의 네구스 왕에게로 망명을 가게 되었다. 그때 망명을 주선했던 사람은 바라카와 하디자였을 것으로 보인다. 네구스 왕은 가톨릭 신자였는데 무함마드의 가르침 속에 마리아에 대한 이론이 거의 일치된다고 하여 무함마드의 망명을 받아들였다.

어느 날 무함마드는 꿈을 꾸게 되었는데 천사 가브리엘이 나타나 그를 깨우면서 부라크라는 천마를 그 앞으로 데리고 와서 그 말의 등에 태우고는 예루살렘으로 가서 파괴된 유대 성전 터를 보여 주었다고 한다.

꿈속에서 무함마드는 아브라함과 모세와 예수님과 수많은 성인을 만났다고 한다. 그는 다시 천마를 타고 천국으로 올라가서 선지자들을 만났고 마침내 알라를 만나게 되었다. 그리고 알라로부터 이슬람교의 교리를 받으면서 5일 동안 기도하라는 지시를 받았다고 전한다.

그동안 아비시니아에 머물렀던 무함마드는 이내 그곳을 떠나 메디나로 옮겨 갔다. 메디나는 메카에서 약 200마일이나 떨어진 곳이었다. 거기서부터 무함마드는 라지아(메카에서 오는 낙타 상을 약탈하는 군대)의 통솔자가 되었다. 그는 작은 전쟁에서 승리하면서 힘을 길러 갔다. 그리고 그를 반대하는 사람이 있으면 가차 없이 암살하였다. 이러한 암살은 무함마드가 지시한 것인지 측근들의 만행인지 알 수가 없다.

서기 630년에 무함마드는 군대를 거느리고 메카를 향하여 진군해 들어갔고 메카는 지난번 전쟁에서 패배한 후로 약해져서 결국은 무함마드에게 항복하고 말았다. 메카에 들어오자 무함마드가 처음 한 일이 그때까지 메카 사람들이 섬겨 왔던 여러 신의 우상을 제거하는 일이었다. 무함마드는 메카를 점령하면서 강해져 갔고

무함마드의 계시와 이슬람 공동체의 확립_알라로부터 이슬람 교리를 계시받은 무함마드는 메디나로 이주하여 라지아를 이끌고 세력을 키웠다. 그는 군사적 승리와 정적 제거를 통해 권위를 강화하고 630년 메카를 정복하여 우상들을 제거하며 유일신 알라 신앙을 확립했다. 이로써 주변 부족들이 이슬람을 수용하게 되었고, 무함마드는 이슬람 공동체의 통합을 이룬다.

그를 두려워하는 주변의 여러 부족이 무함마드의 교리를 받아들였다.

한편, 이슬람 경전인 《쿠란》에는 최고 신 알라에게는 자녀 신들이 있고, 알라는 딸들의 부탁을 거절 못 하는 딸 바보로 생각했다고 한다. 따라서 고대 아라비아 정령 숭배자들은 소원을 빌거나 구원을 청할 때 딸 신들에게 기도를 하곤 했다.

이러한 아랍의 신들과 신화는 이슬람 유일신 신앙이 확립되면서부터 이를 우상 숭배로 배척하여 없애 버렸다. 하지만 이슬람의 상징은 다양하게 나타나고 있다.

쿠란과 하디스에서는 모스크, 베일과 초승달 등이 있다. 이슬람 상징에 관하여 공식적으로 인정한 항목은 없다. 이러한 상징들은 오늘날 이슬람의 가장 일반적인 이미지가 되었다. '초승달과 별의 기원'은 오스만 제국의 깃발로 약 700년 동안 이슬람을 대표하였다.

07

신화로 보는 세계사

북유럽 문명의 신화

북유럽 신화는 게르만족 바이킹의 가혹하고 전투적인 문화를 반영한 서사시 《에다》를 통해 인간적이고 호전적인 신들의 이야기를 선보이며 대중적 인기를 얻고 있다. 반면, 핀란드 신화는 우랄알타이어계 핀족의 정착 문화를 기반으로 한 서사시 《칼레발라》에 기록되었으며, 지혜로운 영웅 베이내뫼이넨(간달프의 원형)의 활약을 중심으로 하여 북유럽 신화와는 근본적으로 다른 민족적, 문화적 특성을 드러낸다. 이처럼 지리적으로 인접했음에도 불구하고 두 신화는 각기 다른 기원과 가치를 토대로 고유한 세계관을 구축하고 있음을 알 수 있다.

43

북구의 천지 창조

북유럽 신화에서 태초의 거인 이미르는 독액과 공허의 만남으로 탄생했으며 모든 거인족의 시조가 되었다. 에시르족의 오딘, 빌리, 베 삼형제는 이미르를 죽여 그의 몸으로 세상을 창조했는데, 살은 땅이 되고, 피는 바다가 되고, 뼈는 구릉이 되며, 머리카락은 나무, 뇌는 구름, 두개골은 하늘을 이루었다. 그의 눈썹으로는 인간 세계인 미드가르드의 방벽을 만들어 이미르의 희생이 세상의 근원이 되었음을 보여준다.

태초에 우주는 텅 비어 있어 해도 달도 별도 없었고 심지어 풀 한 포기조차 없었다. 다만, 이 텅 비어 있는 '기능가의 심연' 북쪽에는 심연의 밑바닥에 자리한 강에서 피어오르는 수증기가 서서히 얼어 거대한 얼음덩이를 이루고 있었다. 그리고 심연의 남쪽에는 불꽃의 나라가 있어 그곳으로부터 불어오는 뜨거운 바람이 북쪽의 얼음 세상을 녹이고, 그 녹은 물이 바닥 없는 심연으로 떨어졌다가 다시 수증기가 되어 피어올라 얼어붙는다. 이렇게 가늠할 수 없는 시간이 되풀이되는 동안에 그 얼음덩이 속에서 원초(原初)의 거인 이미르가 태어났고, 역시 얼음덩이에서 생겨난 거대한 암소 아우둠라의 젖을 빨고 자랐다.

이미르는 신기하게도 잠자면서 땀을 흘리면 겨드랑이나 사타구니 사이에서 거인들이 생겨난다. 이것이 이른바 '서리의 거인족'인데, 수증기 속에 독이 있기 때문에 사악한 존재들이었다.

한편, 거대한 암소 아우둠라의 먹이는 맵고 짠 서리가 굳어진 얼음이었다. 암소는 얼음덩이를 핥았는데, 그 속에 아름답고 늠름한 남자가 갇혀 있었다. 그가 바로 신들의 시조인 부리였다. 부리는 첫째 날 머리가 나타나고, 둘째 날 얼굴까지 드러났으며, 셋째 날 완전하게 전신이 드러났다. 부리의 아들 보르는 거인족의 딸 베스트라와 결혼하여 오딘, 빌리, 베의 삼형제를 낳았다. 이 세 신이 힘을 합쳐서 이미

이미르의 희생과 세상의 탄생_북유럽 신화는 태초의 거인 이미르에게서 시작된다. 독 품은 수증기에서 태어난 이미르는 땀으로 사악한 거인족을 만들었다. 한편, 얼음을 핥는 암소 아우둠라에게서 신들의 시조 부리가 탄생했고, 그의 후손인 오딘, 빌리, 베 삼형제는 이미르를 죽여 세상을 만들었다. 이미르의 시신은 대지, 하늘, 산, 바다, 구름 등 세상의 모든 요소가 되었고, 그의 눈썹으로는 인간이 사는 미드가르드를 둘러쌌다. 또한, 해변의 나무를 깎아 최초의 인간을 창조하며 북유럽 세계의 기틀이 마련되었다.

르를 죽인다. 이때 이들이 흘린 엄청난 양의 피에 빠져 거인들이 전멸하는데, 오직 베르겔미르만이 이 피의 홍수를 벗어나 세계 끝에 있는, 안개 덮인 거인의 나라 요툰하임·니플헤임에서 새로운 거인족의 시조가 되어 신들에 대한 복수심을 불태운다.

오딘 삼형제는 이미르의 시체를 바닥 없는 심연의 한가운데에 놓아 대지를 만들고, 두개골은 공중에 던져 하늘을 만든 다음, 불꽃의 나라에서 날아오는 불똥 가운데 큰 것만을 골라 해와 달을 만들어 세상을 비추게 했다. 이때 작은 불똥은 별이 되었다. 이미르의 머리털은 숲이 되고, 뼈는 산, 피는 바다와 호수, 뇌수는 구름, 이빨은 바위와 돌이 되었다. 이어 세 명의 신은 해변에 표류하여 닿은 아스크(물푸레나무)와 엠블라(담쟁이덩굴의 일종)를 깎아 사람을 만들었다. 이들에게 오딘은 호흡과 생명을, 빌리는 지혜와 신체를 움직이게 하는 힘을, 그리고 베는 얼굴 모양과 말, 지각력을 각각 전해 주었다.

또 이미르의 눈썹으로 대지를 둘러싸서 그 안에 요물이나 야수가 들어오지 못하게 했다. 이때 만들어진 둘러싸인 그 안쪽이 현재 인간들이 사는 세상 미드가르드(둘러싸인 안쪽, 대지)이다. 신들은 미드가르드의 중앙(가장 높은 산의 정상)에 신전을 짓고 날마다 시합을 벌이거나 연애를 하면서 재미있게 살았으며 그 주위에는 금과 같은 보물이 넘쳐흘렀다.

한편, 썩은 이미르의 몸뚱이에서는 구더기와 같은 것이 기어 나와 바위틈으로 숨어들었는데, 이것이 난쟁이족의 시원이 되었다. 따라서 그들은 대장간 일에 능하여 지하에서 금을 파내어 정교한 보물을 만들고 있다.

북유럽 신화의 창조 신화는 끝없이 잠만 자는 거인이 어디가 사악한지, 암소 아우둠라는 어디에서 나타났는지, 얼음을 핥는 것에서 어떤 식으로 신이 만들어진 것인지, 조상이 되는 부리 등은 오딘 삼형제가 태어난 후 어디에서 무엇을 했는지 등을 자세히 언급하지 않았다. 그저 위에서 언급한 내용이 북구 신화를 다룬 기록에 남아 있는 전부다. 기록에 남은 이야기 이상의 자세한 내용은 그 어디에도 실려 있지 않아 전혀 알 방법이 없다. 북유럽 사람들이 그리스도교로 개종한 뒤 이교(異敎)로 취급받은 북유럽 신화는 거의 맥이 끊겼고, 주로 구전으로 전승되었기 때문에 많은 기록이 유실되기도 했다.

44

신들의 주신 오딘

오딘은 에시르 신족에 속하며, 바람 · 전쟁 · 마법 · 영감 · 죽은 자의 영혼 등을 주관한다. 오딘은 격노 또는 광란이라는 뜻을 갖고 있다. 오늘날의 Wednesday(수요일)는 오딘의 이름에서 유래하였는데 '오딘의 날'이라는 뜻을 갖고 있다.

오딘은 세상을 창조하고는 대지의 여신인 표르긴의 딸 프리그와 결혼하여 신족을 크게 번성시켰다. 그리고 하늘에 자신의 왕국인 아스가르드를 건설하였다. 그는 발라스캴프 궁의 높은 의자에 앉아 세계를 내려다보고 있었다.

오딘은 많은 지식을 얻기 위해서라면 어떤 일도 마다하지 않았다. 현세의 모든 지혜를 손에 넣기 위해서 그는 현인 미미르의 우물에 자신의 눈알 한 개를 제물로 바쳤다. 그리하여 미미르의 우물로부터 현세의 지혜를 얻게 된 오딘은 평생 외눈으로 살아가야 했다. 그는 사람들의 눈을 피하기 위하여 차양이 넓은 모자를 쓰고 수염을 길렀다.

오딘은 어느 날 우주를 뚫고 솟아 있는 거대한 물푸레나무인 위그드라실에 목을 매고 스스로 자기 몸을 창으로 찔렀다. 그는 오로지 자신의 마력만 믿고 생사의 갈림길에서 아흐레 동안 명상에만 전념하였다. 명상에 전념한 지 아흐레 만에 드디어 오딘은 현세의 속박에서 벗어나 저승에 도달하기에 이르렀다. 죽은 자들의 세계를 여행하고 돌아온 오딘은 저승의 지혜까지 얻게 되었다. 그리고 자연스럽게 신비의 룬 문자를 깨우치게 되면서 18개의 강력한 마법들을 터득하여 죽음마저 극복한, 세상에서 가장 위대한 마법 능력을 얻었다.

오딘의 탐구열은 식을 줄을 몰라 거인족이 가지고 있는 미지의 지식을 손에 넣

지혜와 힘을 추구한 오딘의 왕권 확립_오딘은 프리그와 결혼하여 아스가르드를 건설하고 세계를 다스렸다. 그는 현세의 지혜를 위해 미미르의 우물에 눈을 바치고, 위그드라실에 매달려 저승의 지혜와 룬 마법을 얻었다. 또한 요툰헤임에서 로키와 의형제를 맺고 고대 지식을 습득했으며, 아스가르드로 돌아와 로키와 미미르를 보좌관으로 삼아 자신의 통치권을 강화했다.

기 위해 다른 신들의 만류에도 불구하고 요툰헤임으로 오랫동안 여행을 떠났다. 그곳에서 오딘은 마력을 갖게 하는 노래 갈드르를 얻게 되고, 태고에 일어났던 일들에 대해 배웠으며, 로키라는 뛰어난 재주를 갖춘 자를 만나 그와 의형제를 맺게 된다.

요툰헤임에서 돌아온 오딘은 자기가 없는 동안 아스가르드의 옥좌를 차지하고 있던 동생들을 제거한 후, 동생들이 차지하고 있던 좌우의 옥좌에 요툰헤임에서 데려온 로키와 미미르를 앉혀 자신의 보좌관으로 삼아 심신일체를 유지하였다.

오딘은 인간의 전쟁에도 관여하여 승리와 패배를 결정하였다. 그는 전사들에게 광란이나 격노 등의 감정을 불어넣어서 전투를 하게끔 만들었다. 오딘이 승리를 보장한 군대의 머리 위에는 후긴(감정, 사고)과 무닌(기억)이라는 두 마리의 까마귀가 허공을 맴돌며 날았다. 오딘은 전쟁터에서 죽은 자들을 모두 자신의 부하로 삼기 위해 두 마리의 늑대를 풀어 전사자들의 시신을 먹게 하였는데, 늑대들의 이름은 각각 게리(탐욕스러운 자)와 프레키(굶주린 자)다. 늑대들의 위장 속으로 전사자들의 시신이 들어가면 영혼은 오딘의 여전사 발키리에 의해 발할라로 운반된다. 그곳에서 전사자들의 영혼은 오딘에 의해 미래에 다가올 라그나뢰크 때 신들의 전사로서 싸우게 된다. 오딘의 전사들은 '베르세르크(곰의 속옷을 입은 자)' 또는 '울프헤딘(늑대의 모피를 입은 자)'이라고 불리는 망각 상태에 빠져 마치 곰이나 늑대가 된 것처럼 힘이 몇 배는 더 강해지고 성격도 난폭하게 변해 적을 향해 무차별 공격을 가하였다.

오딘은 가만히 앉아 있어도 세상의 모든 일을 자세히 알 수 있었는데, 그것은 자신의 양 어깨에 앉아 있는 도래까마귀 후긴과 무닌이 매일 아침마다 돌아와 세상에서 일어난 각종 사건들을 정기적으로 알려주기도 하고, 앉으면 세상의 이곳저곳을 다 볼 수 있는 마법의 의자가 있기 때문이다.

오딘은 프리그와 결혼하여 사랑과 빛의 신 발드르가 태어났다. 프리그는 결혼·가정·출산·풍요를 주관한다. 흔히 실을 잣는 모습이나 어린아이를 안고 있는 모습으로 그려진다. 오딘과 프리그의 아들 발드르는 무척 아름다운 데다 현명하고 친절해서 프리그는 아들을 끔찍이 아껴 불사신이 되는 방법을 가르쳐주었다. 그래서 다른 신들과 한 가지 계약이 이루어졌다. 그 내용은 발드르가 누구에게도 해를 끼치지 않으면 세계에 존재하는 어느 누구도 발드르에게 상처를 입히지 않는다는 것이었다.

신들은 그가 어떤 무기에도 상처를 입지 않는다는 것을 알았기 때문에 발드르를 향해 무기를 던지며 놀기도 했다. 하지만 이 계약에 유일하게 빠진 이가 있었다. 신 중에 야드리기는 너무 어렸기 때문에 이 계약을 맺지 않았던 것이다.

이 사실은 아무도 모르는 비밀이었다. 하지만 발드르의 높은 인기를 질투한 로키가 노파로 변신하여 발드르에 관한 비밀을 전해 듣고 계략을 꾸몄다. 그는 야드리기에게 화살을 만들게 해서 발드르의 형이자 앞을 보지 못하는 장애를 겪는 호두르에게 주었다. 호두르는 로키가 가르쳐준 대로 발드르를 향해 활을 쏘았다. 이

발드르의 죽음과 로키의 계략_사랑과 빛의 신 발드르는 프리그의 노력으로 모든 존재에게 해를 입지 않는 불사신이 되었다. 그러나 유일하게 계약에서 제외된 야드리기(겨우살이)의 비밀을 질투심 많은 로키가 알아내 계략을 꾸민다. 로키는 앞을 보지 못하는 발드르의 형 호두르에게 야드리기 화살을 주어 발드르를 죽게 만든다. 프리그는 명계의 헤르에게 발드르를 살려달라 간청했고, 모든 생물이 발드르를 위해 울면 부활할 수 있었으나, 로키가 변신한 거인의 방해로 발드르는 결국 부활하지 못한다. 이에 신들은 로키에게 엄한 벌을 내렸다.

사건으로 발드르는 자신의 형의 손에 의해 죽고 말았다.

이런 사실을 안 프리그는 발드르를 소생시키기 위해 죽음의 나라를 찾아갔다. 그러자 명계(저승)의 왕 헤르는 "세상의 모든 생물이 발드르의 죽음을 슬퍼하며 그를 위해 울면 되살아날 것"이라고 대답했다.

헤르의 해법을 들은 프리그는 그날부터 세계를 떠돌아다니며 모든 생물에게 울어 달라는 부탁을 했다. 하지만 로키가 변신한 거인만은 이 부탁을 거부했기 때문에 발드르는 다시 살아날 수가 없었다. 오딘을 비롯한 신들은 발드르의 죽음이 로키의 계략이었다는 사실을 알고 그에게 엄한 벌을 주었다.

토르의 망치 묠니르

북구의 신들이 쓰는 무기로 잘 알려진 것들이 오딘의 창과 천둥신 토르의 해머 묠니르다. 오딘의 창이 날카로운 번개라면 묠니르는 어마어마한 천둥이다. 토르는 그 엄청난 굉음과 위력으로 사람들에게 가장 인기 있는 신이었다.

토르가 어느 날 아침에 일어나 보니 그의 강력한 망치 묠니르가 간밤에 사라지고 말았다. 토르는 당황하고 조바심에 애가 타, 동생인 로키를 찾아가 아직 아무도 망치가 도둑맞은 줄 모른다고 말하고는 묠니르를 함께 찾아 나설 것을 청했다. 그들은 먼저 프레이야의 거처로 갔다. 프레이야는 미의 화신이며 풍요의 여신으로 애정을 나누어 주는 신이었다. 토르는 프레이야에게 날개옷을 빌려 달라고 요청하였다. 그녀는 평소 흠모하던 토르의 부탁을 받자 흔쾌히 수락하였다. 그녀의 옷이 황금으로 만들어졌어도 토르에게는 빌려줄 것이라며 날개옷을 내주었다.

토르는 날개옷을 로키에게 주었다. 토르가 건네준 날개옷을 걸친 로키는 한층 기분이 좋아져 휘파람 소리를 내며 날아갔다.

한편, 거인의 나라인 요툰헤임에서는 거인 스림이 황금으로 자기 개들에게 채울 목걸이를 땋고 말들의 갈기를 빗어내고 있었다. 그때 로키가 나타나 토르의 망치 묠니르의 행방을 물었다. 사실 묠니르는 스림이 훔쳐간 것으로, 로키는 제대로 범인을 찾은 것이다. 로키의 추궁에 스림은 기다렸다는 듯 말했다.

"그 망치는 내가 훔쳤지. 망치를 돌려받고 싶으면 프레이야를 내 신부로 만들어 주면 돌려주겠어."

그의 말을 들은 로키는 다시 날개옷의 휘파람 소리를 내면서 요툰헤임을 떠나

몰니르 도난과 프레이야의 거절_어느 날 토르의 망치 몰니르가 사라지자, 토르는 로키와 함께 찾기 시작했다. 프레이야에게 날개옷을 빌린 로키는 거인 스림이 몰니르를 훔쳤으며, 프레이야를 신부로 주면 돌려주겠다는 조건을 알아냈다. 토르와 로키가 이 사실을 프레이야에게 전하고 요툰헤임으로 갈 것을 청했지만, 프레이야는 격렬히 분노하며 단칼에 거절했다.

신들의 궁전으로 돌아갔다.

토르는 로키가 돌아오자 먼저 망치의 행방을 물었다.

"형, 그 망치는 거인 스림이 훔쳐갔어. 그런데 프레이야를 신부로 만들어 주어야 내놓겠대."

토르와 로키는 프레이야에게 가서 자기들이 요툰헤임에 모셔 갈 것이니 결혼 드레스를 입으라고 청한다. 그러자 프레이야는 분노하여 단칼에 거절했다. 토르는 이 문제를 해결하기 위해 여러 신과 회의를 하였다. 수 시간에 걸친 격론에도 결론이 안 나자 회의 끝에 헤임달이 나서서 말했다.

"이 문제는 프레이야가 있어야 풀릴 문제요. 하지만 그녀는 완강히 거절했으니 차선으로 토르 당신이 프레이야로 변장하여 직접 그를 만나야 할 것이오."

토르는 여자로 변장한다는 것이 못마땅했다. 그는 처음엔 거절했지만, 로키가 몰니르를 찾아올 방법은 그것뿐이라며, 몰니르가 없으면 요투나르가 언제든지 아

몰니르 탈환을 위한 토르의 여장_망치 몰니르를 되찾기 위해 토르는 신들의 회의 끝에 프레이야로 변장하고 로키와 함께 거인 스림의 궁전으로 향한다. 스림은 신부로 위장한 토르를 맞이하지만, 토르의 과도한 식사와 술버릇, 그리고 면사포 아래 타오르는 눈빛에 의심을 품는다. 그러나 로키는 토르가 먼 길을 오느라 굶주리고 잠 못 이룬 탓이라며 재치 있게 스림을 속여 넘겼고, 결국 스림은 속임수에 넘어가 몰니르를 결혼 선물로 가져오게 한다.

스가르드로 쳐들어올 수 있다는 점을 상기시켰다. 신들은 내켜 하지 않는 토르를 억지로 여장시키고, 로키도 여자로 변신해 들러리로 토르를 따라가기로 한다.

토르와 로키는 염소가 끄는 전차를 타고 요툰헤임에 도착하였다. 스림은 자기 저택 안에 있는 모든 요투나르에게 프레이야가 자기 신부로 왔으니 긴 의자 위에 짚을 깔라고 지시하였다. 스림은 자기가 모은 보물들과 짐승들을 꼽아 보면서, 자신이 갖지 못한 것은 프레이야뿐이라고 너스레를 떨었다. 초저녁이 되자 연회가 펼쳐졌다. 여장한 토르는 먹을 것이 눈앞에 놓이자 그만 참지 못하고 게걸스럽게 먹기 시작했다. 그리고 끝내는 스림의 짐승들을 몽땅 먹어치우고는 봉밀주 세 통까지 마저 탈탈 비워 버렸다. 이 모습을 본 스림은 기가 막혀 말이 안 나왔다. 그는 아름다운 프레이야의 모습과는 전혀 다른 행동을 보이는 신부의 모습에서 충격을 받았다. 그러자 옆에 있던 로키가 그에게 말했다.

"프레이야 신부는 이곳에 오고 싶어서 8일 밤낮을 아무것도 먹지 않았어요."

몰니르 탈환과 토르의 복수극_스림은 신부로 변장한 토르에게 몰니르를 결혼 선물로 가져다 바쳤다. 몰니르를 되찾은 토르는 즉시 본모습을 드러내어 스림과 연회장의 거인들을 모조리 처단하고 집으로 돌아가며 기만적인 탈환 작전을 성공적으로 마무리한다.

그제야 신부의 배고픔을 이해하겠다며 고개를 끄덕이던 스림은 프레이야에게 키스하려고 면사포를 들어 올렸다. 그런데 불처럼 타오르는 무시무시한 두 눈이 살기를 품고 자신을 노려보자 다시 한번 놀라고 말았다. 이에 로키는 다시 말했다.

"신부가 너무나도 이곳에 오고 싶어서 8일 밤낮 동안 한숨도 자지 못했어요."

로키의 재치 넘치는 임기응변에 또다시 속아 넘어간 스림은 프레이야에게 줄 결혼선물을 가져오라고 지시하였다. 이윽고 결혼선물인 토르의 망치 몰니르가 신부의 무릎 위에 올려졌다. 연회장에 모인 거인들은 스림과 프레이야가 드디어 결혼하였다고 축하를 보냈다. 그런데 이때 신부는 몰니르를 집어 들고는 웃음을 터뜨렸다. 신부에서 토르의 모습으로 돌아온 그는 스림과 연회장에 모인 거인들을 모조리 때려 죽인 뒤 집으로 돌아갔다.

사랑의 여신 프레이야

사랑과 미의 여신 프레이야의 목에는 흑요정의 작품으로 여겨지는 황금목걸이 '브리싱가멘'이 장식되어 있다. 이 목걸이는 아시아의 동쪽 나라 아시아랜드에서 만들어졌다.

프레이야는 사랑과 풍요, 아름다움의 여신으로 '여주인'이라는 뜻을 가진 여신이었다. 그녀의 용모가 눈부실 정도로 너무 매혹적이어서 생명을 가진 모든 존재는 그녀를 사랑하면서도 부러워하였다. 심지어 난쟁이나 신들의 적인 거인족마저도 프레이야의 미모에 반하여 그녀를 차지하기 위해 수단과 방법을 가리지 않을 정도였다. 프레이야는 브리싱가멘이라는 오색찬란한 황금 목걸이를 목에 걸고 있으며, 가끔 두 마리의 고양이가 끄는 전차를 타고 전쟁터로 달려가 전사자들을 자신의 궁전 연회석에 초대하였다.

프레이야에게는 오드라는 남편이 있는데, 오드는 여행을 너무 좋아해서 아내도 내팽개치고 오랫동안 집 밖으로 떠나 돌아오지 않았다. 프레이야는 그러한 남편을 항상 그리워하며 눈물을 흘렸는데 그녀가 흘리는 눈물은 황금이 되어 떨어졌다고 한다. 이처럼 남편 사랑이 지극한 아내인 것 같지만 한편으로는 난쟁이들로부터 브리싱가멘 목걸이를 얻기 위해 그들과 몸을 섞기도 했다.

프레이야는 어느 날 여행을 하다가 네 명의 드베르그 난쟁이들이 아름다운 목걸이를 만들고 있는 모습을 보았다. 그녀는 그 목걸이가 너무나 탐이 나서 난쟁이들에게 그 목걸이를 줄 수 없겠느냐고 물어보았다. 난쟁이들은 구석으로 가서 한참 쑥덕거린 다음 자기들이 원하는 것은 오직 프레이야뿐이라고 대답했다. 자기들과

미모와 욕망의 복합적 여신 프레이야_프레이야는 사랑, 풍요, 아름다움을 상징하는 매혹적인 여신으로, 사라진 남편 오드를 그리워하며 흘리는 눈물이 황금이 될 정도로 순수한 면모를 보인다. 그러나 동시에 브리싱가멘이라는 황금 목걸이에 대한 강렬한 욕망을 이기지 못해 난쟁이들과 잠자리를 함께하는 대가를 치르고 목걸이를 얻어내는, 욕망에 충실한 복합적인 모습을 지닌다.

하룻밤씩 나흘을 지내면 목걸이를 주겠다고 말했다.

프레이야는 눈앞에 어른거리는 눈부시게 빛나는 목걸이를 세상 그 어떤 대가를 치르더라도 손에 넣고 싶었다. 치욕보다 유혹이 더 강렬했다. 프레이야는 네 명의 난쟁이들에게 몸을 주고 목걸이를 목에 걸고서 본모습을 드러냈는데, [당시의 프레이야는 세상을 떠돌던 상황으로 그 모습이 아름답지만 볼품없는 여인이었다.] 신도 난쟁이들도 놀라지 않았다. 난쟁이들은 이미 그녀의 정체를 알고 있었고 그저 브리싱가멘을 넘겨주고 그녀가 떠나가는 것을 바라만 볼 뿐이었다. 그렇게 난쟁이들은 그녀에게 목걸이를 주는 대신에 하룻밤의 꿈을 얻을 수 있었다. 그런데 이 사실을 로키가 알아 버렸다. 아스가르드로 돌아온 로키는 싱글벙글 웃으며 곧바로 오딘의 궁전으로 갔다. 로키는 난쟁이의 동굴 속에서 일어난 일을 오딘에게 자세하게 고자질했다. 오딘은 탐욕에 굴복한 프레이야에 대해 화를 내며 로키에게 그 목걸이를 훔쳐오라고 명령했다.

아침에 일어난 프레이야는 목걸이가 없어진 것을 알았다. 그런 짓을 할 자는 로키밖에 없었다. 그렇다고 로키가 제멋대로 그런 짓을 하지는 않았을 것이고 그 배후에 오딘이 있음을 짐작했다. 프레이야는 오딘을 찾아가서 목걸이를 돌려달라고 했다. 프레이야는 오딘에게 목걸이를 훔쳐가는 일은 파렴치한 일이라고 비난을 했다가 오히려 오딘으로부터 난쟁이에게 몸을 팔아서 목걸이를 얻는 것이 더 파렴치하다는 분노 섞인 타박만 들었다.

"네가 용서를 받기 위해서는 다음과 같은 일을 해야만 한다. 각각 스무 명의 하인을 데리고 있는 두 명의 왕 사이에 끼어들어 서로 사이를 나쁘게 만들어서 싸움이 나게 만들어라. 그날의 싸움이 끝나면 부서진 무기도 죽은 자도 모두 새롭게 다시 살아나서 두 왕은 영원히 싸우지 않으면 안 된다. 프레이야, 너의 죄는 그것에 의해서만 용서받을 수 있다."

오딘은 신들의 최후의 전쟁 라그나뢰크에 대비하기 위하여 전쟁에서 죽은 영혼의 전사들을 모으기 위한 수단으로 프레이야에게 명령하였다. 그녀는 오딘이 준 임무를 확실히 수행했다. 그래서 이 세상 어딘가에 멈추지 않고 영원히 싸우고 있는 40명의 전사가 있다는 것이다. 그들이 영원히 잠들 수 있는 것은 라그나뢰크가 와서 세계가 함께 멸망하는 때뿐이다. 목걸이에 대한 탐욕으로 시작된 프레이야의 사랑은 이렇게 서로 죽고 죽이는 전쟁과 살육으로 귀결되었다.

프레이야 욕망의 대가_분노한 오딘은 프레이야에게 목걸이를 얻고자 하면 영원히 지속되는 전쟁을 유발하여 라그나뢰크에 대비할 전사들을 확보하라는 가혹한 속죄 임무를 명한다.

로키의 악담

로키는 거인족 출신으로 정식 신들 축에 끼이지는 못하나 오딘과 형제의 의를 맺음으로써 아스가르드에서 산다. 잘생기고 재주가 뛰어나 때로 궁지에 빠진 신들을 그의 기지로써 돕기도 하지만, 한편 신들에게 온갖 못된 장난을 걸어 '거짓말쟁이의 원조', '재난을 일으키는 자' 등으로 불리기도 한다.

로키는 사기와 기만을 주특기로 갖춘 '장난의 신'으로 불리는 굉장히 독특한 신이다. 그는 거인족답게 체격이 크고 얼굴이 매우 미남이며 변신술에 능해서 세상 모든 생명체로 변신할 수 있다. 또한 로키는 몇 가지 소지품이 있는데 그중 하나인 '땅에서도 바다에서도 달리는 구두'는 거의 순간 이동을 할 정도로 빠르게 달리는 특수한 능력을 갖춘 신발이다. 로키는 잠을 잘 때도 이 신발을 신은 채 잔다. 다른 신들과 달리 본디 거인의 아들이며 오딘과는 의형제이다. 또한 라그나뢰크를 일으켜 신들과 세상을 멸망시키는 주범이기도 하다.

로키는 변신의 귀재로 온갖 사물로 변신할 수 있으며, 그의 변신은 신들도 속수무책으로 속아 넘어갔다. 심지어 완벽한 암컷으로 변신해서 새끼까지 치는 것도 가능하다. 이러한 점을 보면 로키의 변신은 단순히 겉모습으로만 변신할 수 있는 게 아니라 변신한 대상이 지니고 있는 특성이나 능력도 그대로 따라오는 것으로 보인다. 또한 신들의 모든 보물은 로키의 손을 한 번 이상 거쳐 갔다. 그리고 그는 신들을 향해 거침없는 악담을 퍼붓기로도 유명한 신이다. 한마디로 악동인 신이다.

한번은 바다의 신 에기르가 자기 저택에 여러 신과 엘프들을 초대해 연회를 열게 되었다. 신들이 에기르의 하인인 피마펭과 엘디르를 칭찬했는데, 그 꼴을 두고 보지 못한 로키가 피마펭을 죽여 버렸다. 이에 신들은 로키에게 소리를 지르며 그

로키의 연회 난동과 오딘의 굴복_바다 신 에기르의 연회에서 로키는 하인을 살해해 쫓겨났으나, 돌아와서는 신들이 자신을 비난하는 것을 듣고 분개한다. 연회장에 난입한 로키는 브라기의 제지에도 불구하고 과거 오딘과 나눈 피의 맹세를 상기시켜 오딘이 자신에게 자리를 내어주도록 강요하며 연회 분위기를 뒤엎는다.

를 저택에서 쫓아내 버린다. 로키가 숲으로 달아나자 신들은 저택으로 돌아와 다시 술을 마셨다.

그런데 숲에서 기어 나온 로키는 저택 바깥에서 엘디르를 만났다. 로키는 엘디르에게 인사하며 신들이 술안주로 무슨 이야기를 하고 있느냐고 물어보았다. 엘디르는 신들이 아무도 로키에 대해 좋은 소리를 하는 이가 없다고 말한다. 로키는 심술이 나 연회가 벌어지는 저택으로 들어서자 모두가 순간 침묵에 빠졌다.

로키는 연회장에 들어서자마자 목이 마르다며 봉밀주 한 잔을 요구했다. 그러면서 말이 없는 신들에게 무례하게 굴면서 자신에게 자리를 내어 주든지 아니면 이곳을 나갈 것인지 선택하라고 말한다. 그러자 시의 신 브라기가 침묵을 깨고 말했다.

"이곳은 그대에게 줄 자리가 없소. 이 연회장은 초대한 신만이 좌석에 앉을 수 있기 때문이오."

브라기의 답변에 로키는 그럼 그렇지 하는 표정으로 브라기를 무시한 채 곧바로 오딘을 향해 말했다.

"기억하시는가, 오딘이여, 지나간 옛날 우리가 피를 섞어 맹세한 일을? 그대 말하길 우리 둘 모두에게 대접된 술이 아니라면 절대 술을 마시지 않겠노라 하지 않았던가."

그러자 오딘은 침묵하고 있던 자기 아들 비다르를 일어서게 하고 그 자리를 로키에게 내어주면서 말했다.

"동생, 지금 벌어지고 있는 일은 그대가 조용히 입을 다물고 연회에 참석하라는 뜻이니 오해하지 말게나."

비다르는 일어서서 로키에게 술을 한 잔 따라 주었다. 술을 마시기 전에 로키는 신들에게 건배를 돌리겠다고 열변을 토하는데, 단 브라기에게는 건배주를 주지 않겠다고 했다. 그러자 그의 후환이 두려웠던지 브라기는 로키에게 말 한 필과 검과 반지를 줄 테니 노여움을 풀라고 했다.

그러자 로키는 그를 향해 말했다.

"당신은 전쟁을 무서워하고 궁술이 형편없어."

로키의 비아냥거림에 브라기는 분노하여 대꾸했다.

"이곳이 연회 장소가 아니었다면 그대의 목을 날려 버렸을 거요."

그러자 음흉하게 웃는 얼굴로 로키가 말했다.

"당신은 앉아 있을 때만 용감하고 기백 있는 화난 사내와 마주하면 도망가는 벤치 장식품이오."

이때 청춘의 여신 이둔이 끼어들어 브라기에게 로키의 말에 대꾸하지 말라고 하였다. 그러자 로키는 이둔에게 악담을 퍼부었다.

로키의 연회, 광란과 신들의 폭로전_오딘의 중재로 연회에 참석하게 된 로키는 브라기에게 노골적인 비난을 시작으로, 이둔, 게피온, 프리그, 프레이야 등 여신들의 숨겨진 비밀이나 약점을 폭로하며 맹렬히 악담을 퍼부었다. 이로 인해 연회는 점차 혼란스러운 비난전으로 변모했고, 신들은 로키의 거침없는 언행에 분노와 당혹감을 감추지 못했다.

"자기 오빠를 죽인 놈의 목에 깨끗하고 흰 팔을 두르는 당신은 이 세상 여자들 중 가장 남자에 환장하고 미친 여자가 아니오."

이둔은 로키와 브라기 사이에 싸움이 일어나길 원하지 않는다고 말하며 로키의 비난을 참았다. 그러자 농사의 여신 게피온이 로키를 옹호하는 발언을 했다.

"로키는 그저 장난을 치고 있을 뿐이오. 살아 있는 모든 것이 그를 사랑하지요."

로키는 게피온의 말을 듣는 둥 마는 둥 하고는 곧바로 게피온에 대한 비난을 퍼부었다.

"게피온, 너는 한때 보석을 준 어린애에게 홀랑 넘어가 그놈에게 허벅다리를 감지 않았느냐?"

오딘은 로키가 게피온까지 욕보이자 그가 제정신이 아님에 틀림없다고 말했다. 로키의 무례를 보다 참지 못한 오딘의 아내인 프리그가 외쳤다.

"만약 여기에 발드르가 있었더라면 그렇게 건방지게 말하지는 못했을 것이다.

로키의 멈추지 않는 악담과 토르의 임박한 귀환_연회에서 로키는 프레이르, 헤임달 등 신들에게 거침없이 악담과 모욕을 퍼붓는다. 특히 토르의 귀환이 임박했음을 알리는 베일라에게도 극심한 언사를 사용하며 난동을 이어간다.

너는 죽어도 수백 번 죽었을 것이다."

이에 지지 않고 로키가 그녀를 향해 악담을 퍼부었다.

"프리그, 또 나의 독설이 듣고 싶은가? 네 아들을 저승으로 보낸 것도 살아오지 못하게 한 것도 모두 내가 한 것이다. 너는 아직 아무것도 모르고 있었구나."

사랑의 여신 프레이야가 나서서 프리그를 옹호했다.

"프리그는 모든 운명을 알고 있지만 말하지 않을 뿐이오. 로키는 미친 것이 틀림 없어."

그러자 로키는 프레이야를 향해 악담을 퍼부었다.

"이 자리에 있는 모든 남신이여, 프레이야는 그대들과 한 번씩은 애인 노릇을 하지 않았소?"

로키의 악담에 프레이야는 거짓말이라고 날뛰었다.

"로키는 지금 그저 여러 남신과 여신들을 화나게 만들려고 사악한 말을 내뱉고 있어요. 미친 로키는 결국 목적을 이루지 못한 채 집에나 가게 될 거예요."

이에 로키는 악담을 멈추지 않았다.

"프레이야는 성질 나쁜 마녀요. 그녀는 한때 자기 오라비인 프레이와 관계를 가졌으며, 그때 다른 신들이 그들을 발견하자 놀라서 방귀를 뀌지 않았소."

그러자 분노한 프레이야의 아버지 뇨르드가 언성을 높였다.

"여자가 남편 이외에 또 애인을 만드는 것이 무슨 문제가 있으며, 남자 몸으로 새끼를 낳은 변태 신이 여기에 있는데 더 놀랄 일이 무엇이냐."

로키는 뇨르드에게 닥치라면서 반박했다.

"뇨르드, 너는 에시르와 바니르 전쟁 때 너와 네 자식들은 전쟁의 볼모로 잡혀 휘미르의 딸들의 오줌을 받아먹는 변기 신세였던 놈이 아니냐. 어디서 잘난 척이냐."

얼굴이 붉어진 뇨르드가 다시 반박했다.

"내가 에시르에게 보내진 것은 보상의 차원이었고, 내 아들 프레이는 에시르들에게 귀공자로 대접받았다."

"그 프레이는 네가 네 여동생하고 붙어먹어 낳은 아들이 아니냐?"

이번에는 전쟁의 신 티르가 나서서 프레이를 변호하였다. 그러자 로키는 티르에게도 닥치라면서 막말을 퍼부었다.

"그대는 사람들과 공정한 거래를 하지 못한다. 그래서 늑대를 묶으면서 손모가지를 날려 먹는 바가지를 쓰고 말았다."

"내가 손목을 잃지 않았다면 네 아들인 늑대가 죽었을 것이다."

"그대의 아내는 나와 관계하여 아들을 낳았으며, 그대는 병신이 되었으면서 그에 합당한 보상을 받은 적이 한 번도 없으니 가엾을 지경이다."

이때 프레이가 끼어들었다.

"그대가 당장 닥치지 않으면 라그나뢰크가 도래할 때까지 묶인 신세가 될 것이오."

프레이의 경고에도 로키는 입을 다물지 않았다.

"그대는 아내 게르드를 돈 주고 사 왔으며, 그때 칼까지 내다버린 덕분에 라그나뢰크 때 쓸 무기조차 없는 처지가 아닌가. 그런 그대가 내게 경고를 하다니 정말 웃기는 일이 아니오."

이번에는 무지개의 신 헤임달이 나서서 로키를 말렸다.

"그대는 술에 취해 분별력을 잃었소. 그러니 그만 말하는 것이 좋겠소."

"너는 언제나 등이 진흙투성이에 다른 신들을 위한 감시꾼 노릇밖에 못 하는 혐오스러운 삶을 살 운명이다."

더 이상 이 광경을 볼 수 없었던 토르의 아내 시프가 나서 로키에게 술을 따라주었다. 그녀는 로키가 술 마시고 잠이 들게 계속 술을 따라 주었다. 로키는 기분 좋게 술을 받아 마시면서 말했다.

"그대는 허물이 없으며, 만약 있다손 치더라도 토르 몰래 바람을 피운 것밖에 없으며, 그 바람 상대가 내가 아니오."

그러자 비그비르의 아내 베일라가 말했다.

"조금 전 산이 흔들리는 느낌을 받았는데, 이는 곧 토르가 돌아오는 것 같아요. 그가 돌아온다면 이 난장판을 끝내고 평화가 올 거예요."

그러자 로키는 술을 튀기며 말했다.

"닥쳐라! 에시르의 아이들 중에서 가장 못난 그 입을 다물라."

그때 베일라의 말대로 토르가 도착하였다. 그는 로키가 모든 신에게 악담을 퍼붓는 것을 알고는 자신의 망치 묠니르를 내보이며 위협했다.

"당장 입을 다물지 못하면 그대의 모든 뼈를 부러뜨려 버릴 것이다."

토르의 무시무시한 위협에 겨우 정신을 차린 로키는 연회장을 도망쳤다. 그러나 분노한 신들은 그를 잡으려고 모두들 정신없이 그를 쫓았다. 그러자 로키는 연어로 변신해 폭포 속에 숨어들었다. 하지만 에시르가 그곳을 뒤져 로키를 붙잡아 결박시켰다. 연회장에서의 수모에 화가 머리끝까지 치민 신들은 로키의 얼굴 위에

포박당한 로키_연회에서 난동을 부리던 로키는 토르의 위협에 도주하지만, 결국 신들에게 붙잡혀 가혹한 형벌에 처해진다. 신들은 로키의 얼굴 위에 독사를 묶어 독액이 떨어지게 했고, 그의 아내 시귄이 이를 받아내며 고통을 덜어주려 했으나 사발을 비울 때마다 떨어지는 독액으로 인해 로키는 몸부림쳤다. 이 로키의 고통스러운 몸부림이 오늘날 지진의 원인이 되었다고 한다.

독사를 묶어놓았고, 그 독사의 아가리에서는 독액이 뚝뚝 떨어진다. 로키의 아내 시귄이 옆에 앉아 사발을 받쳐 들고 독액을 받아냈지만, 사발이 다 차면 그녀는 사발을 비우기 위해 자리를 떠나야 했다. 그동안 독액이 로키의 얼굴 위로 떨어졌고, 로키는 괴로워서 온몸을 뒤틀며 발광을 쳤다. 발버둥치는 로키의 힘으로 인해 온 대지가 떨리게 되고, 이것이 오늘날 지진으로 알려진 현상이라고 한다.

신들의 멸망 라그나뢰크

라그나뢰크는 일반적으로 '신들의 황혼'이라고 번역되고 있으나 '신들의 운명' 혹은 '신들의 몰락'을 의미한다. 오딘의 아들이며 광명의 신인 발드르가 로키의 간계로 죽자 신들의 황금시대는 끝나고 세계는 혼란 속에 빠진다.

"도끼의 시대, 칼의 시대에는 방패에 깊은 흠집이 날 것이다. 그리고 세상이 완전히 파멸하기 전 온 세상을 휘감는 바람의 시대와 늑대와 같은 야성의 시대가 도래할 것이다."

신들의 황금 시대가 저물 무렵, 가장 먼저 미드가르드가 3년간의 전쟁에 의해서 황폐화되고, 아버지가 아들을 죽이고, 피를 나눈 형제들끼리 서로 살육하고, 근친상간이 곳곳에서 벌어지는 현상이 나타났다. 이후 매우 혹독한 겨울이 온 미드가르드를 휩쓸고 지나가면서 여름이 전혀 존재하지 않는 겨울이 3년 동안 지속되며 종말이 시작되었다.

요툰헤임의 아스가르드 갈그비드 숲속에서 핏빛 수탉, 발할라에서 황금빛 수탉, 지하세계 헬헤임에서 검붉은 빛의 수탉이 힘차게 울어대며 라그나뢰크의 시작을 알렸다. 라그나뢰크가 시작되자 세상의 모든 것이 속박과 묶여 있는 것에서 풀려났다. 그리고 죽은 자의 세계가 암흑의 지하세계에서 땅 위로 솟아올랐다.

늑대 스콜은 태양을 집어삼키고 스콜의 동생 하티 역시 달을 잡아먹자 별들이 하늘에서 사라졌다. 이후 온 대지가 진동하고 산들과 바위가 무너지면서 묶여 있던 거인들이 튀어나오기 시작하였다. 바다에서는 세계 뱀 요르문간드가 육지로 나오기 위한 몸부림을 치면서 거대한 해일이 해안을 덮쳤다. 또한 독사가 독을 떨어

라그나뢰크의 전조와 시작_신들의 황금 시대가 끝나고 3년간의 전쟁과 도덕적 타락, 혹독한 3년 겨울인 핌불베르트가 미드가르드를 휩쓸며 라그나뢰크가 예고된다. 세 세계의 수탉 울음과 함께 종말이 시작되자 모든 속박이 풀리고 죽은 자의 세계가 솟아난다. 늑대들이 태양과 달을 삼켜 별들이 사라지고, 대지는 진동하며 산이 무너진다. 세계 뱀 요르문간드의 몸부림이 해일을 일으키고, 결박되었던 로키마저 풀려나며 세상은 혼돈으로 치닫는다.

뜨리는 절벽에 결박당해 있던 로키는 복수의 이를 갈며 풀려났다.

늑대 스콜과 하티의 아버지인 늑대 펜리르는 로키와 거인 여자인 앙게르보다와의 사이에 낳은 세 명의 자식 중 하나였다(다른 두 명의 자식은 죽음의 나라의 여왕이 된 헬과 대지를 휘감고 있는 큰 뱀 요르문간드). 펜리르의 괴력과 악업을 두려워한 신들은 난쟁이들이 만든 마법의 끈으로 그를 묶었는데, 이때 티르 신은 한쪽 손을 물려 절단되었다. 펜리르는 최후의 전쟁이 다가오자 사슬을 끊고 로키를 따랐다.

그리고 그들은 신들의 세상인 아스가르드의 무지개다리를 건넜다. 무지개다리는 그들의 무게를 이기지 못하고 무너져 버렸다. 그들은 세상에서 가장 넓은 비그리드 들판으로 진군하였다. 세상은 혼란에 빠지고 거인들과 괴물들의 세력이 온 땅을 뒤덮게 되었다.

이에 맞서 오딘은 인간 전사들을 모으던 궁전 발할라의 성문 하나에서 800명씩 모두 43만 2천 명의 전사를 이끌고 나왔다. 헤임달은 비브로스트의 위에 서서 뿔피리를 크게 불어 진군의 소리가 비그리드 들판을 울려 퍼졌다. 하늘은 찢어지고 대지는 진동했다.

거인족의 왕 흐림은 창을 들면서 요툰모드(거인의 분노)로 변한 일족들과 함께 공격해 왔다. 펜리르 늑대는 아래턱을 대지에, 위턱을 하늘에 대고서 이 세상의 모든 것을 삼켜 버리려고 하였다. 그 눈이나 코에서는 불이 뿜어져 나오고 있었다. 또한 세계 뱀 요르문간드는 독을 내뿜으면서 대지를 기어가고 있다. 최후의 싸움의 서막이 이제 막 열리기 시작했다.

드디어 결전이 시작되었다. 그러나 신들의 주신인 오딘은 로키의 아들 펜리르 늑대에게 통째로 잡아먹혀 죽고 말았다. 그 아내 프리그는 두 번째로 깊은 슬픔을 맛보았다. 하지만 오딘의 아들 비다르가 펜리르의 입을 찢고 심장에 창을 박아 아버지의 복수를 하였다. 가장 힘이 센 토르는 요르문간드와 대결을 펼쳤다. 요르문간드는 수렁 같은 아가리를 열고 공중을 향해 입을 벌렸다. 토르의 묠니르로 사정없이 내리쳐 죽였지만 토르도 뱀이 내뿜는 독기 때문에 아홉 발자국을 걷고는 죽고 말았다.

로키와 헤임달은 서로의 무기에 찔려 죽고, 티르는 저승의 개 가름과 싸우다 함께 죽었다. 모두 죽었고 전쟁터에 남은 것은 단 둘뿐이었다. 신족의 프레이와 불의 나라 무스펠의 우두머리 수르트였다. 프레이는 손에 든 사슴의 뿔로 수르트를 공격했다. 하지만 불꽃 검을 가진 수르트에게 프레이의 뿔은 상대가 되지 못했다. 결국 프레이는 죽음을 당했고 세상에 남은 것은 단 하나 수르트뿐이었다. 수르트는 검을 번쩍이며 세상에 불을 질렀다. 세계수 위그드라실은 비명을 내지르며 타기 시작하고 수르트는 어디론가 사라졌다. 대지는 바다에 삼켜지고 별들은 하늘에서 떨어지고 모든 것을 태워 버린 불꽃만이 하늘을 붉게 물들였다. 단 하나 살아 있는 것은 니블헤임에 있는 비룡 니드호그와 독수리 흐레스벨그만이 계속해서 밀려오는 죽은 자를 먹기 위해 서로 싸우고 있었다. 신의 세상은 이렇게 종말을 맞이했다.

라그나뢰크 이후의 새로운 세상과 생명의 부활_대재앙 후, 새로운 땅이 바다에서 솟아나고 새로운 태양이 세상을 비춘다. 오딘의 아들 비다르와 발리, 토르의 아들 모디와 마그니, 그리고 발드르와 호드를 포함한 신들이 살아남거나 부활하여 모인다. 이들은 옛 신들의 유물을 발견하며 새로운 시대를 시작하고 헤니르가 제사장이 된다. 한편, 대재앙 속에서 살아남은 최후의 인간 리브와 리브스라시르가 새로운 인류의 시조가 되어 세상을 재건한다.

종말의 대재앙 이후에 세례를 받고 새로운 세계가 태어났다. 바다로부터 아름답고 푸르른 땅이 솟아올랐다. 태양은 늑대가 삼켜 버리기 전에 한 명의 딸을 낳았다. 그녀는 성장해서 새로운 대지를 비춰 주었다. 새로운 대지는 씨를 뿌리지 않아도 작물이 자랐고, 그곳에는 생명이 가득하고 죽었던 신들이 새롭게 태어났다. 수르트의 불길을 피한 오딘의 아들 비다르와 발리가 그곳에서 살게 되었다. 토르의 아들인 모디와 마그니도 아버지의 망치인 묠니르를 들고 그곳으로 향했다. 그리고 헬헤임에서 발드르와 호드가 올라왔다. 한데 모인 여섯은 지난 기억들을 회상하다가 풀밭에서 옛날 에시르들이 갖고 놀았던 황금 놀이도구 조각을 발견하였다. 그리고 헤니르가 신들의 제사장이 되면서 새로운 세계가 시작되었다. 두 사람의 남자와 여자는 숲속에 숨어 아침 이슬을 먹으면서 살아남았다. 남자 리브(생명)와 여자 리브스라시르(생명의 외침)라는 이 두 사람이 최후의 인간이었다. 그들의 후손들로 세상은 다시 넘치게 될 것이다.

핀란드 신화의 배이내뫼이넨

배이내뫼이넨은 핀란드 신화의 신 또는 영웅이자 국민서사시 〈칼레발라〉의 중요 등장인물이다. 배이내뫼이넨은 현명한 노인이며 마법의 힘을 지닌 목소리를 가졌다. 톨킨의 《반지의 전쟁》에 등장하는 간달프의 모델이 된 존재이기도 하다.

본래 세상에는 물과 하늘밖에 없었고 하늘에게 일마타르라는 딸이 있었다. 어느 날 일마타르가 쉴 곳을 찾아 물로 내려와 7백 년 동안 헤엄을 치며 떠다니다가 아름다운 새 한 마리가 쉴 곳을 찾는 것을 보았다. 일마타르가 물 밖으로 무릎을 드러내자 새가 그곳에 앉아 일곱 개의 알을 낳았다. 여섯 개는 금으로 된 알이었고 나머지 한 개는 철로 된 알이었다. 새가 일마타르의 무릎에 앉아 알을 품자 점점 그의 무릎이 따뜻해지더니 급기야는 불이 붙었다. 일마타르는 뜨거운 열기에 놀라 무릎을 파르르 떨었고, 그 바람에 새 알들은 무릎에서 굴러떨어져 물속에서 박살이 났다.

이때 알껍데기들의 절반은 대지가 되었고, 절반은 하늘이 되었으며, 흰자가 달과 별이 되고 노른자가 태양이 되었다. 그 뒤로도 일마타르는 수백 년 동안을 물에 떠다녔으며, 그녀의 발자국은 물고기들이 사는 못이 되었고, 그녀가 손가락을 가리키는 곳마다 등고선이 생겨 산맥을 만들었다. 그러던 어느 날 일마타르는 최초의 인간인 배이내뫼이넨을 낳았는데 그 아버지는 바다였다. 배이내뫼이넨은 육지를 찾을 때까지 헤엄쳐 갔으나 가는 곳마다 육지는 척박했고, 그는 척박한 땅을 기름지게 하는 방법을 알려달라고 하늘의 큰곰에게 도움을 청했다. 그러자 하늘에서 씨앗을 가진 소년을 내려보냈고, 이 아이가 육지 곳곳을 다니며 식물의 씨를 뿌렸다.

일마타르와 배이내뫼이넨의 서막_ 핀란드 신화는 일마타르 여신이 물 위에서 새의 알을 통해 천지(하늘, 대지, 해, 달, 별)를 창조하는 독특한 기원을 가진다. 일마타르는 또한 발자국과 손가락으로 지형을 형성하고, 바다와의 결합으로 최초의 인간이자 늙은 현자 배이내뫼이넨을 낳는다. 배이내뫼이넨은 척박한 땅을 개척하고 칸텔레 연주와 마법으로 최고의 음유시인이 되며, 새는 영혼의 매개체로서 핀란드 신화 속 생명관의 중요성을 보여준다.

핀란드 신화에서 새들은 상당히 중요한 의미를 지니고 있다. 사람이 태어날 때면 새들이 사람의 영혼을 물어오고 죽을 때면 새들이 도로 물고 거두어 간다. 어떤 지역에서는 사람이 자다가 영혼이 빠져나가는 것을 막기 위해 나무로 깎은 새를 머리맡에 두기도 한다. 이 목각을 '영혼새'라는 뜻의 시엘루린투라 하며 영혼이 꿈속에서 길을 잃는 것을 막아 준다고 한다.

배이내뫼이넨은 최초의 여신 일마타르가 처녀 임신으로 730년간 임신하다 낳은 존재여서 늙은이의 모습으로 태어났다. 그는 세상을 가꾸고 하프 모양의 핀란드 현악기 칸텔레를 연주하며 마법을 배워 나갔다. 그의 명성은 곧 멀리까지 전해져 핀란드 최고의 음유시인이라는 평판을 얻었다.

그런데 라플란드에 사는 청년 요우카하이넨은 배이내뫼이넨의 높은 명성을 심히 못마땅하게 생각하고 있었다. 요우카하이넨은 자기가 더 훌륭한 마술사라고 주장하며 배이내뫼이넨을 찾아가 노래 시합을 하자고 제안한다. 노래 시합은 싱겁게 배이내뫼이넨의 승리로 끝났다. 이에 화가 난 요우카하이넨은 다시 검으로 결투를 하자고 제안한다.

배이내뫼이넨은 자꾸 도발해 오는 요우카하이넨의 요구에 더 이상 응하지 않고 주문을 외어 요우카하이넨의 썰매를 나무로, 채찍을 풀로, 말을 바위로 둔갑시켰다. 그리고 요우카하이넨을 질퍽질퍽한 늪지에 처박아 버렸다. 배이내뫼이넨의 강력한 응징에 더 이상 버티지 못한 요우카하이넨은 자신의 여동생을 주겠다는 약속을 하고 겨우 구조되었다.

그러나 그의 여동생 아이노는 배이내뫼이넨이 너무 늙었다며 오라버니의 요구를 완강히 거절한다. 그래도 자신의 뜻이 관철되지 않자 그녀는 그만 강물에 뛰어들어 자살을 하고 만다. 배이내뫼이넨은 물고기로 변한 그녀를 낚아 올려 간청했지만 아이노는 그의 곁을 떠나고 만다. 낙심한 그에게 어머니는 포욜라의 지배자 로우히의 딸 무지개 처녀에게 청혼하라 일러주었다.

한편, 아이노의 오빠 요우카하이넨은 자신에게 치욕을 안긴 배이내뫼이넨에게 복수를 다짐했다. 그는 자기를 패배시키고 누이를 죽음으로 몰아넣은 배이내뫼이넨에게 복수를 하기 위해 마법의 화살과 활을 만들기 시작했다.

요우카하이넨의 활은 철로 만들어져 있었다. 활등은 구리로 도금되고 활 전체에 황금을 발랐다. 대마 줄기로 시위를 만들고 엘크 사슴의 다리뼈로 고정시켰다. 활은 아름답기 그지없었다. 그 아름다움은 그 활에서 용솟음치는 힘을 보여주는 듯했다. 위력도 대단하여 말이 올라서도 부러지지 않고 소녀가 기대거나 토끼가 뛰어올라 타도 비틀어지는 일이 없었다. 화살은 단단한 떡갈나무로 대를 삼고 촉에 송진을 먹여 놓았다. 화살 깃은 세 갈래로 만들고 참새와 제비의 깃털을 꽂았다. 그리고 촉에 독사에서 얻은 맹독성 흑혈을 발라 놓았다.

복수의 칼날을 날카롭게 벼린 요우카하이넨은 이 무기들마다 저주를 걸고 복수를 완수하겠다고 다짐했다. 이렇게 활과 화살을 만든 그는 원수 배이내뫼이넨이

배이내뫼이넨과 요우카하이넨_명망 높은 배이내뫼이넨에게 노래 시합에서 패배하고 굴욕을 당한 요우카하이넨은 누이 아이노마저 그의 늙은 모습 때문에 자살하자 복수심에 휩싸인다. 어머니의 경고에도 불구하고 요우카하이넨은 마법의 활과 저주받은 화살을 제작하여 배이내뫼이넨을 암살하려 시도하며, 이는 핀란드 신화 속 비극적인 갈등의 시작을 알린다.

지나가는 길목에 숨어서 그를 기다렸다.

요우카하이넨의 무서운 복수를 알아챈 그의 어머니는 세상의 모든 노래를 읊는 배이내뫼이넨을 죽여서는 안 된다, 그런 짓을 하면 세상이 새까만 암흑으로 변한다고 경계했지만, 복수심에 불타는 요우카하이넨의 귀에는 아무런 소리도 들리지 않았다. 그는 어머니의 충고를 뿌리치고 배이내뫼이넨에게 화살을 쏘았다.

하지만 불타는 증오심으로 눈이 어두워진 요우카하이넨은 복수의 희생양을 향해 제대로 쏘지를 못했다. 첫 번째 화살은 너무 높아 배이내뫼이넨의 머리 훨씬 위로 빗나갔다. 두 번째 화살은 반대로 너무 낮아서 땅에 꽂혀 버렸다. 마침내 세 번째 화살이 허공을 꿰뚫고 날카로운 금속성의 파열음을 내며 배이내뫼이넨이 타고 있는 말에 적중했다. 말은 즉시 숨을 거두고 배이내뫼이넨은 바다로 굴러떨어져 버렸다. 요우카하이넨은 뛸 듯이 기뻐하며, 파도 속으로 사라져 간 배이내뫼이넨에게 두 번 다시 이 땅을 밟지 못할 거라고 조롱했다. 그러나 배이내뫼이넨은 요우

배이내뫼이넨의 시련과 불가능한 청혼 과제_증오에 눈먼 요우카하이넨의 암살 시도에도 불구하고 배이내뫼이넨은 생존하여 포욜라의 무지개 처녀에게 청혼한다. 그러나 로우히는 마법의 절구 삼포 제작을 조건으로 내걸고, 무지개 처녀는 다시 돌 껍질 벗기기, 달걀 매듭 짓기, 머리카락으로 베틀 추 만들기 등 불가능에 가까운 임무들을 제시하며, 이는 배이내뫼이넨의 여정에 새로운 시련의 시작을 알린다.

카하이넨에게 치명상을 입고도 죽지 않았다.

배이내뫼이넨은 무지개의 처녀와 결혼하기 위해 포욜라로 향했다. 포욜라는 뛰어난 마녀 로우히가 지배하고 힘센 전사와 주술사들이 우글거리는 공포의 땅이었다. 그러나 로우히의 딸 무지개 처녀는 바로 쳐다볼 수 없을 정도로 눈부시게 아름답고 사랑스러웠다. 무지개의 처녀들은 하늘의 무지개에 앉아 황금의 천을 짰다.

배이내뫼이넨은 포욜라에 도착해 로우히에게 딸과의 결혼을 허락해 줄 것을 부탁하였다. 그러나 로우히는 삼포(소유자에게 복을 가져다준다는 마법의 절구)를 만들면 허락할 것이라고 말했다. 배이내뫼이넨은 삼포를 만들기 위해 칼레발라로 돌아가던 중 로우히의 딸을 만나게 된다. 그는 무지개의 처녀에게 삼포 없이도 결혼할 수 있도록 도와달라고 부탁을 한다. 그러자 무지개의 처녀는 삼포 대신 몇 가지 임무만 완성하면 결혼에 응해 주겠다고 약속한다. 무지개의 처녀가 제안한 임무는 돌의 껍질을 벗기고, 달걀을 묶어 매듭을 만들고, 머리카락을 둘로 쪼개어 베틀의 추로

삼포: 포욜라로 넘어간 부의 상징과 칼레발라의 빈곤_배이내뫼이넨이 로우히의 방해를 피하고자 대장장이 일마리넨에게 대신 삼포를 제작하게 한다. 일마리넨은 삼포를 완성하지만, 결국 로우히의 딸과 결혼하게 되고 그 결혼은 비극으로 끝난다. 일마리넨이 삼포를 포욜라에 남겨둔 채 칼레발라로 돌아오면서, 부의 상징인 삼포는 포욜라에 풍요를 가져다주지만, 본래 삼포를 통해 번영했던 칼레발라와 일마리넨의 고국은 다시 빈곤에 빠지게 된다.

배를 만드는 것이었다. 도저히 불가능할 것 같은 일이었지만 신들의 세상에서는 가능할 수도 있는 임무였다.

신의 아들인 배이내뫼이넨에게는 그리 어려운 임무는 아니었지만, 문제는 이를 알고 찾아온 로우히의 방해였다. 배이내뫼이넨은 태양과 달을 만든 대장장이 일마리넨에게 대신 삼포를 만들어 달라고 부탁했다. 로우히의 관심은 오직 삼포에 있었기 때문에 그녀의 방해를 피하기 위해서는 이 방법밖에 없었다. 일마리넨은 어렵지 않게 삼포를 만들어냈다. 로우히는 기뻐하며 배이내뫼이넨 대신 일마리넨을 자신의 사위로 결정했다. 하지만 일마리넨과 로우히 딸의 결혼 생활은 그리 오래 가지 못했다. 로우히의 딸이 쿨레르보의 저주를 받아 죽임을 당했기 때문이다.

일마리넨은 자신의 아내가 죽자 쿨레르보에게 로우히의 다른 딸과 결혼을 원했다. 하지만 로우히의 반대로 무산됐고 일마리넨은 칼레발라로 돌아갈 수밖에 없었다. 그런데 문제는 삼포를 포욜라에 두고 온 것이다. 삼포는 부의 상징이었다. 일

삼포 탈환 원정: 레밍캐이넨의 합류와 초기 과업 수행_배이내뫼이넨과 일마리넨의 삼포 탈환 항해에 경박하지만 용맹한 전사 레밍캐이넨이 합류한다. 레밍캐이넨은 과거의 개인적 문제와 어머니의 만류에도 불구하고 포욜라에 도착해 로우히가 부여한 악마의 사슴 사냥과 불 뿜는 말 포획 등 초기 과업들을 성공적으로 수행하지만, 이전 메르케하투를 모욕한 행위가 훗날의 시련을 예고한다.

마리넨이 삼포를 완성할 때 그의 고국은 신비한 유물 덕택에 가난과 어둠으로부터 해방됐다. 하지만 로우히가 삼포를 포욜라로 가져가자 삼포를 잃은 일마리넨의 고국은 다시 빈곤의 나락으로 떨어지고, 반대로 삼포를 얻게 된 북부 포욜라 지방은 풍요로움을 누리게 된 것이다.

배이내뫼이넨과 일마리넨은 삼포를 되찾기 위해 포욜라로 항해를 시작한다. 이 항해에는 모험가인 레밍캐이넨이 합류했다. 레밍캐이넨은 용맹하지만 경박하고 문란한 전사로 사흐리 섬의 미녀 킬리키를 납치해 전장에 나가지 않고 킬리키에게 춤추러 다니지 않겠다는 약속을 맺고 그녀와 혼인을 한다. 그러나 킬리키가 약속을 어기자 분노하여 무지개 처녀에게 새 장가를 들러 갔다. 어머니의 만류에도 불구하고 포욜라로 가던 길에 사악한 마법사들을 처치하고 늙은 목동 메르케하투마저 모욕했다. 메르케하투를 모욕한 일은 나중에 그에게 큰 실수가 된다. 우여곡절 끝에 포욜라에 도착한 그는 로우히에게 과업을 받았다. 레밍캐이넨은 로우히가 내

삼포 탈환 작전_ 레밍캐이넨이 합류한 배이내뫼이넨과 일마리넨은 마법 칸텔레로 포욜라를 제압하고 삼포를 되찾는 데 성공한다. 그러나 레밍캐이넨의 경솔한 행동으로 로우히의 추격이 시작되고, 격전 끝에 삼포는 파괴된다. 이 파괴는 역설적으로 그 파편들이 바다와 핀란드 땅에 흩뿌려져 광범위한 풍요를 가져다주는 결과를 낳으며, 영웅들의 임무가 비록 온전한 삼포 회수는 아니었으나 새로운 방식으로 긍정적인 영향을 미친다.

린 과업인 악마의 사슴을 잡고, 악마의 불을 내뿜는 말을 데려오는 데까지는 성공했다.

그러나 마지막 과업이 문제였다. 그 과업은 바로 투오넬라의 백조를 죽이는 일이었다. 투오넬라는 핀란드의 지하세계로, 투오니와 그 아내 투오네타르가 다스리고 있었다. 투오넬라는 덤불과 숲, 시커먼 강물로 둘러싸인 어둠과 침묵의 세계다. 뱃사공의 도움이 있어야 들어갈 수 있는 곳이다. 투오넬라에 들어가게 되면 망각의 맥주를 마시고 지상에서의 삶을 잊게 된다. 이런 지하세계에서 살아남은 유일한 이가 있었으니 그가 레밍캐이넨이었다. 하지만 투오넬라 강의 백조를 잡으려다 레밍캐이넨은 오는 중에 모욕을 주었던 메르케하투에게 기습당해 강에 빠져 죽지만 레밍캐이넨의 어머니가 마법으로 그를 다시 살려낸다. 그런데 레밍캐이넨은 포욜라에서 열린 일마리넨과 무지개 처녀의 성대한 결혼식에 자신만 초대받지 못했음을 알고 포욜라로 돌아가 주인을 살해한다. 레밍캐이넨은 주인을 죽이고 포욜라에서 도망친 후 로우히가 자신에게 복수하러 왔음을 알고는 멀리 떨어진 섬으로 도망쳤지만 그곳에서도 방탕하게 굴어 쫓겨나게 된다.

폐허가 된 고향으로 돌아와 어머니와 만난 레밍캐이넨은 앙갚음을 하리라 맹세하고 전우 티에라와 로우히에게 복수하러 떠나지만 실패하고 고향으로 돌아왔다가 배이내뫼이넨과 일마리넨을 만나 합류한 것이다. 세 영웅은 포욜라로 가는 항해 도중에 물고기를 한 마리 잡았는데 배이내뫼이넨은 그 물고기 등뼈로 칸텔레라는 악기를 만들었다. 그 악기 연주 소리를 들으면 누구든 금세 잠이 들어 버리는 마법의 악기였다. 포욜라에 도착한 후 배이내뫼이넨은 칸텔레를 연주해 로우히의 부하들을 모두 잠들게 했다. 그런 다음 손쉽게 삼포를 되찾아 핀란드로 돌아오는 항해를 시작했다. 하지만 승리에 도취한 레밍캐이넨이 큰 소리로 외치는 바람에 로우히의 부하들이 잠에서 깨어났다. 분노한 로우히는 폭풍을 일으켜 그들의 배를 전복시켰다. 또 독수리처럼 생긴 마조(魔鳥)로 변신해 그들을 추격했다. 세 영웅과 로우히의 격투 중에 삼포는 부서지고 말았다. 일부는 바닷속에 가라앉고 말았다. 이때부터 바다가 더욱 풍성해졌다고 한다. 한편, 배이내뫼이넨은 부서진 삼포 조각들을 모아 핀란드에 도착한 후 곳곳에 삼포 파편들을 뿌렸다고 한다.

배이내뫼이넨은 핀란드 신화의 핵심 인물로, 핀란드의 국민 서사시 《칼레발라》에 등장하는 중요한 영웅이다. 본래 토착 종교의 신이었으나 《칼레발라》에서는 인간 영웅으로 묘사되었으며, 어머니가 여신인 반신적인 존재로 여겨진다. 그는 현명한 노인이자 마법 같은 목소리를 지닌 핀란드 샤먼 '티에태얘(아는 자)'의 전형이며, J.R.R. 톨킨의 '간달프' 캐릭터에 영감을 준 것으로 알려졌다. 에스토니아 신화의 바네무이네와 동일한 신으로 간주되기도 한다. 배이내뫼이넨이라는 이름은 핀란드 중남부 헤메 지역에서 노래와 주문의 신으로 숭배되었으며, 헬싱키의 '배이내뫼이넨 공원'처럼 실제 지명에도 사용된다. 또한 핀란드 해군 '배이내뫼이넨급' 해방함의 1번함으로 명명되기도 하는 등, 신화 속 인물이 현실 문화와 역사에 영향을 미치고 있다.

동유럽·슬라브 문명의 신화

발트 신화는 동북부 유럽 발트족의 다신교 신화로, 로부르참나무 숭배 등 기독교 이전 문화를 간직한 유럽 최후의 이교도 지역이었다. 이는 12세기 말 독일 기사수도회의 침공으로 이어졌으나 13세기 연대기 등에 그 신앙 자료가 남아 있다. 농경을 기반으로 하늘은 남성적, 대지는 여성적 원리로 신격화되었으며, 라트비아는 신들을 자수 문양으로 표현하는 독특성을 지닌다. 슬라브 신화는 숲, 물, 집 등 자연과 인간 생활 곳곳에 존재하는 수많은 정령들로 가득한 세계다. 빛의 신 벨로보그와 어둠의 신 체르노보그의 이원론적 대립이 근간을 이루지만, 기독교 유입 이후 주요 신들은 축소되고 인간 생활과 밀접한 작은 정령들(디이 미노레스)이 살아남아 민속 관습, 노래, 이야기 등에 오늘날까지 이어지고 있다. 이 정령들은 인간과 가까울수록 온화하고 멀어질수록 사악해지는 특성을 보인다.

발트 신화

발트 신화는 동북부 유럽의 리투아니아, 라트비아, 프로이센 지방에 살던 발트족의 신화이다. 이들은 기독교 침투 전까지 다신교, 내세 신앙, 로부르참나무 숭배 등 비기독교 문화를 유지했다. 동유럽에서도 이질적인 최후의 이교도 지역이었기에 12세기 말, 이교도 박멸을 내세운 독일 기사수도회의 주요 침공 대상이 되었다.

발트 신화는 농경생활을 배경으로 빛, 불, 소리, 태양 등 하늘과 관련된 남성적 원리로 신격화되었고, 대지는 식물, 구릉, 암석, 물 등과 함께 여성적 원리로 나타났다. 그런데 발트 지역의 리투아니아를 포함한 주변 국가들과 달리 라트비아는 특이하게도 각각의 신들을 사람이나 동물 형상이 아닌 자수 문양의 형태로 표현했다. 이는 우리나라에서 자주 보는 겨울 스웨터나 목도리에 그려져 있는 무늬를 떠올리면 되는데, 예를 들어 태양신 사울레는 꽃 모양으로, 지모신이자 운명의 여신인 마라는 역삼각형이나 끝부분에 줄이 쳐진 십자가 형태로 표현하는 식이다. 그래서 같은 발트족 국가임에도 라트비아와 리투아니아의 고대종교 재현운동은 그 양상이 다르게 나타난다.

하늘의 신 디에바스는 하늘의 높은 산에 궁을 짓고, 농원을 소유하며, 말을 사육하는 숭고한 모습으로 그려지며, 천상에서는 은 망토를 걸치고 있다. 그가 지상으로 내려올 때는 회색의 아마 망토를 걸치고 농민의 밭에 천천히 내려와서 곡물의 씨를 뿌리거나 열매 맺은 논밭을 천천히 건드리면서 걸어 다녀 농민에게 풍요를 가져다주었다. 또한 사람이나 생물의 운명을 지배한다.

여신 라이마는 하늘의 신 디에바스와 함께 사람이나 생물의 운명을 관장하며 출산, 결혼, 죽음과 관련이 있는 신이다. 라이마는 임산부들의 보호자이기도 하다.

발트 신화의 독특한 신앙 체계_발트 신화는 농경생활을 배경으로 하늘은 남성적, 대지는 여성적 원리로 신격화된다. 특히 라트비아는 태양신 사울레(꽃), 지모신 마라(십자가)처럼 신들을 자수 문양으로 표현하는 독특성이 있다. 주요 신으로는 하늘의 디에바스, 운명을 관장하는 라이마, 정의와 풍요의 뇌신 페르쿠나스, 태양신 사울레, 달의 신 메네스, 대지 모신 마라 등이 있으며, 이들은 발트인의 삶과 밀접하게 연결되어 풍요, 운명, 자연 현상을 주관한다.

라이마는 힌두교의 여신 락슈미와 비슷하다. 라이마는 개인의 운명에 대한 최종 결정을 내리는 신이기 때문에 인기가 높다. 19세기 말의 출생 의식에는 암탉, 양, 수건 또는 기타 라이마 직물 재료가 포함되었다. 여성들만의 사우나에서 의식에 참가할 수 있었다.

사람들에 의해 그녀가 부르는 소리의 횟수는 사람이 얼마나 오래 살았는지 예측하는 것으로 믿어졌다. 그녀는 봄이 되면 한 해의 남은 시간을 어떻게 보내야 하는지 그 방법을 결정한다. 예를 들어, 뻐꾸기 소리를 들었을 때 남자에게 돈이 없으면 그는 남은 기간 동안 가난해진다고 믿는 식이다. 라이마의 신성한 나무는 린덴 나무이다.

어느 날 가난한 집에 아들이 태어났는데, 그 집에 머물고 있던 상인이 그 아이를 사서 숲속으로 들어갔다. 이를 본 라이마 여신이 하늘에서 내려와 악마로부터 아이를 보호하기 위해 주위에 원을 그렸다. 그 원 안에서는 아름다운 꽃이 피었고,

정의로운 대기 지배자이자 풍요의 신_뇌신 페르쿠나스는 도끼를 든 구리 수염의 형상으로 이륜 전차를 타고 대기를 지배한다. 그는 악을 처벌하는 정의로운 심판관이자 비를 내리고 대지를 정화하여 풍요를 가져다주는 신이며, 떡갈나무가 그의 성목이다. 과거 프로이센 지역에서는 페르쿠나스를 중심으로 하는 제의가 성스러운 불과 함께 떡갈나무 아래서 이루어졌음이 기록되어 있다.

그는 아이와 과일을 가지고 여행을 하였다.

뇌신 페르쿠나스는 대기의 지배자이다. 그의 형상은 한 손엔 도끼를 들었고 구리 수염이 났으며, 숫양이 끄는 이륜 전차를 타고 바퀴소리를 내면서 하늘을 달렸다. 그는 정의의 신으로, 악령이나 부정자를 악착같이 따라다니면서 그에게 천둥을 때리기도 했다. 그는 또한 풍요의 신이기도 하며, 비를 내리고 봄에는 겨울의 악령을 쫓아내서 대지를 정결하게 정화시켰는데, 떡갈나무가 그의 성목이었다.

프로이센의 14~16세기 연대기에는 나드루바 지방의 로모보라 불리는 땅에 발트인 전체의 중심적인 제장이 있으며, 페르쿠나스의 우상이 다른 우상 신의 중앙에 받들어져 있다고 기록되어 있다. 프로이센 지방에서는 커다란 떡갈나무를 배경으로 하고, 신들의 앞에서 영원히 꺼지지 않는 성스러운 불이 제사에 의해서 불탄다고 한다.

우주의 질서와 갈등_발트 신화에서 태양 여신 사울레는 지치지 않고 하늘을 가르며 풍요를 가져다주는 최고 신으로 숭배되며, 특히 하지(요한제)에 성대히 기념되었다. 한편, 달의 신 메네스는 성좌를 거느린 군신이자 전사들의 수호신이었으나, 사울레의 딸을 유괴하여 사울레의 분노로 몸이 갈라져 달의 차고 기욺이 생겼다는 이야기는 이 두 주축 신의 역할과 갈등을 통해 우주의 질서를 설명한다.

태양의 여신 사울레는 천계에서 디에바스의 옆 궁에 거주하고 있었다. 사울레는 낮에는 지치거나 땀을 흘리지도 않으며, 불을 내뿜는 말이 끄는 전차를 타고 쉬지 않고 하늘의 산을 넘어서 여행하였다. 사울레는 풍요의 최고 신으로서 존경받았으며, 특히 백야의 하지의 날에는 성대한 〈요한제〉가 열렸다. 요한제에서 라트비아의 젊은이들은 '리고, 리고(태양이 흔들린다, 돈다)'를 외치며 무수한 태양 찬가를 밤새워 부르면서 춤추었다.

한편, 남신인 달의 신 메네스는 성좌의 가운을 걸치고 회색 말이 끄는 전차로 하늘을 여행하였는데, 가끔 태양신 사울레 궁의 문전에서 그녀의 딸에게 구혼하였다. 메네스가 새벽의 명성 아우세클리스의 약혼자였던 사울레의 딸을 유괴했기 때문에 사울레는 분노해서 메네스를 검으로 갈라 버렸는데, 달의 차고 기욺이 거기에서 생겼다고 한다. 또한 메네스는 별들의 신을 데리고 온 군신이기도 하며 전장 군인들의 비호신이다.

육체와 풍요, 역사적 은유의 상징_마라는 라트비아 신화에서 대지 모신이자 디에바스의 여성형인 최고 신이다. 그녀는 인간의 육체는 물론 모든 여성의 의무, 경제 활동, 돈, 시장까지 후원하며 사후 시체를 거두는 역할을 한다. 라이마와도 밀접하게 연결된다. 특히 유명한 곡 〈백만 송이 장미〉는 원래 마라를 주제로, 라트비아의 역사적 아픔을 은유적으로 담아낸 노래로 알려져 있다.

마라는 라트비아 신화의 최고 신으로 대지 모신에 속한다. 마라는 라트비아의 디에바스의 여성형인 디에스이다. 인간의 영혼은 디에바스가 관리하고 육체는 마라가 관리하고 있다. 라트비아에서는 8월 15일을 기념일로 하고 있다.

마라는 모든 여성의 의무(어린이, 소), 모든 경제활동의 후원자(신이 테이블을 만들었고 마라가 빵을 만들었다), 심지어 돈과 시장까지도 후원한다. 디에스의 다른 면모를 지닌 그녀는 디에스가 영혼을 취하는 동안 자신의 죽음 이후에 시체를 가져간다. 그녀는 마라의 땅이라고 불리는 땅의 여신이다. 서부 라트비아에서 마라는 라이마와 긴밀하게 연관되어 있었으며, 어떤 면에서는 동일한 신으로 간주되었을 수도 있다.

마라 여신을 주제로 한 노래가 있다. 그 노래는 우리에게도 잘 알려진 〈백만 송이 장미〉이다. 이 노래는 러시아(소련)의 국민가수 알라 푸가초바가 불러 대중에게 널리 알려졌다. 이 곡은 핀란드와 스웨덴, 헝가리, 한국, 일본에서도 번안되어 대중들에게 애창되는 곡이기도 하다. 소련 시절 알라 푸가초바가 불러 대중에 널리 알려진 곡 〈백만 송이 장미〉의 가사는 안드레이 보즈네센스키가 작사한 것으로, 조지아의 화가 니코 피로스마니가 프랑스 출신 여배우와 사랑에 빠졌던 일화를 바탕으로 쓴 것이다.

> 한 화가가 살았네 홀로 살고 있었지
> 작은 집과 캔버스를 가지고 있었네
> 그러나 그는 꽃을 사랑하는 여배우를 사랑했다네
> 그래서 자신의 집을 팔고, 자신의 그림과 피도 팔아
> 그 돈으로 완전한 장미의 바다를 샀다네
> 백만 송이 백만 송이 백만 송이 붉은 장미
> 창가에서 창가에서 창가에서 그대가 보겠지
> 사랑에 빠진 사랑에 빠진 사랑에 빠진
> 누군가가 그대를 위해 자신의 인생을 꽃으로 바꿔 놓았다오(중략)

〈백만 송이 장미〉의 원곡은 라트비아의 노래로, 가사 내용은 위의 대중가요 가사와는 달리 당시 소련 치하에 있던 라트비아의 역사적 아픔과 설움을 은유적으로 표현한 것이다. 즉 지모신이자 운명의 여신 마라가 라트비아라는 딸을 낳고 정성껏 보살폈지만 가장 중요한 행복을 가르쳐주지 못하고 그냥 떠나 버렸기 때문에 성장한 딸에게 기다리고 있는 것은(독일과 러시아의 침략과 지배라는) 끔찍한 운명이었다는 이야기를 묘사한 곡이다.

슬라브 신화

슬라브 신화는 직접적인 고대 문헌 기록이 없어 초기 정보 접근이 어렵다. 이는 키릴루스와 메토디우스 이전 슬라브인들의 문자 부재, 구전 전승 방식, 그리고 비슬라브인 기독교 선교사들의 단편적 기록 때문이다. 발굴된 문화·고고학적 유물은 파편적 기록을 보완하는 수준이지만, 고대 신화적 신념과 이교도 축제의 잔재들은 슬라브 민족의 민속 관습, 노래, 이야기에 오늘날까지 살아남아 그 명맥을 유지하고 있다.

슬라브 신화는 정령과 작은 신들이 가득한 세계다. 숲에는 숲의 정령이, 샘과 호수에는 물의 정령이, 보리밭에는 한낮의 정령이 있으며, 나무와 풀에도 정령들이 붙어 있다. 이러한 정령들은 마을을 벗어난 자연에만 존재하는 것이 아니라 인간들의 생활 깊숙이까지 섞여 들어와 살아가고 있다. 통나무집에도 부뚜막에도 곡식 창고나 목욕탕에도 그곳만의 특유의 정령이 붙어 산다. 이처럼 작고 영롱한 신비의 땅이 바로 슬라브다.

슬라브 신화는 빛과 어둠의 원시적인 이원론에서부터 시작한다. 빛은 생명을 주는 존재이자 선한 존재이며, 어둠은 파괴력을 나타내는 악한 존재를 의미한다. 빛을 의미하는 신은 벨로보그로 '희다'는 의미의 형용사 '벨리'와 '신'을 뜻하는 명사 '보그'를 합성한 말이다. 어둠을 의미하는 신은 체르노보그로 '검다'는 의미의 형용사 '초르니'와 '보그'의 합성어로 만들어진 이름이다.

이 두 신의 대립은 슬라브 신화의 기본적인 줄기로, 슬라브 지역의 여러 민족 신화에서 두 신의 이름이 남아 있다. 빛과 어둠의 두 신의 활동 이후에 본격적인 신화가 탄생한다. 본격적인 신화에 나타난 첫 번째 신은 태초의 신 하늘이었다. 그는 스바로그라는 이름의 신으로 두 자식을 낳았다. 스바로그의 두 자식은 다지보그라는 '태양'과 스바로기치라는 '불'의 신이었다. 이 중 스바로기치는 '스바로그의 자

슬라브 신화의 근원_슬라브 신화는 자연과 인간 생활 곳곳에 존재하는 다양한 정령들로 가득한 세계를 그린다. 근원적으로 빛의 신 벨로보그와 어둠의 신 체르노보그의 이원론적 대립에서 시작하며, 이후 하늘의 신 스바로그가 태양신 다지보그와 불의 신 스바로기치를 낳는다. 특히 태양신 다지보그는 인간의 운명을 결정하고 심판하는 역할을 하며, 달의 여신 메시아츠와 함께 슬라브 신앙의 중심축을 이룬다.

식'이라는 의미로, 사람들은 불을 신이 내린 선물로 생각했다고 한다. 스바로그는 우주를 지배하고 만물을 창조하는 힘을 자식들에게 물려주었다고 한다. 그 뒤 추종자들로부터 강력한 숭배를 받는 신은 태양신인 다지보그가 된다.

어둠과 추위와 가난의 정복자인 태양신 다지보그는 나쁜 자에게는 벌을 주며 선한 자에게는 상을 주기도 하는 심판관의 역할을 했다. 그는 또한 인간의 운명을 결정하는 신이기도 했다.

다지보그의 부인은 달의 여신 메시아츠다. 태양의 신 다지보그와 달의 신 메시아츠 부부는 서로 사랑해 무수히 많은 별을 낳았다. 사람들은 이들 부부가 사이가 나빠져 서로 화를 낼 때 지진이 일어난다고 믿었다.

태양신 다지보그의 옆에는 오로라를 신격화한 존재인 '조리아'들이 있다. 새벽의 오로라인 조리아 우트렌니아이아와 석양의 오로라인 조리아 베체르니아이아가 그들인데, 이들은 태양신이 아침에 나설 때 하늘의 궁전 문을 열고 닫는 일을 했

슬라브 대지 여신과 오만한 영웅 스비아토고르의 비극적 예고_슬라브 신화에는 '축축한 어머니 대지'를 의미하는 마티-시라젬리아 여신이 있으며, 그녀는 미래를 예견하는 능력을 지니고 있다. 이 여신과 관련된 러시아 영웅 서사시 〈빌리니〉에서는, 자신의 막강한 힘을 과신하여 오만에 빠진 용사 스비아토고르가 대지조차 들어 올리겠다고 호언장담하는 모습이 그려지는데, 이는 그의 비극적인 운명을 암시하는 서막이다.

다. 다른 신화에서 이들은 둘이 아니라 세 자매로, 석양의 조리아, 한밤의 조리아, 새벽의 조리아로 나타나기도 한다. 이 세 자매는 우주와 별자리를 관리하는 임무를 맡고 있다.

이 외에 중요한 신으로는 대지의 여신 마티-시라젬리아가 있다. '축축한 어머니 대지'라는 의미의 이름을 가진 이 여신은 미래를 예견하는 능력이 있었다. 만일 인간이 그녀의 말을 이해할 수 있다면 그는 어머니 대지로부터 미래에 대한 예언을 들을 수 있었다.

러시아 민족의 영웅 서사시인 〈빌리니〉에는 축축한 어머니 대지와 한 용사에 대한 비극적인 이야기가 전해져 온다. 스비아토고르라는 용사는 너무나도 강력한 힘을 가진 나머지 자신의 힘을 무거운 짐처럼 지고 다닐 정도였다. 자신의 너무도 강력한 힘만 믿고 자만심에 빠진 그는 대지의 무게를 한곳에 모을 수 있는 장소가 발견된다면 대지조차도 들어 올리겠다고 주위에 호언장담했다.

작은 주머니가 부른 거인의 최후_ 힘을 자랑하던 용사 스비아토고르는 대초원에서 발견한 작은 주머니 하나를 들어 올리려다 비극적인 최후를 맞이한다. 자신의 힘을 과신하며 호기심과 호승심에 주머니를 잡으려 노력했지만, 주머니는 요지부동이었고 오히려 그 자신만 무릎까지 땅에 파묻힌 채 죽음에 이른다. 이는 대지조차 들어 올릴 수 있다고 호언장담했던 그의 오만이 역설적으로 작은 주머니 앞에서 좌절되며 자만심이 불러온 비참한 종말을 상징한다.

그러던 어느 날 그는 대초원에서 작은 주머니 하나를 발견하고 호기심에 지팡이로 톡톡 건드려 보지만 주머니는 전혀 움직이지 않았다. 이에 더욱 호기심이 동한 그는 손가락으로 주머니를 건드려 보지만 역시 주머니는 조금도 움직이지 않는다. 스비아토고르는 말에서 내리지 않은 채 주머니를 잡아 보지만 어찌된 일인지 주머니를 들어 올릴 수 없었다. 결국 그는 말에서 내려 주머니를 두 손으로 움켜잡은 채 무릎 위까지 들어 올렸다. 그러나 주머니는 움직이지 않고 대신 무릎까지 땅에 파묻혔다. 그때 그의 얼굴에 흐르는 것은 눈물이 아니라 피였다. 조그만 호기심에서 비롯된 별것 아닌 호승심이 결국 그로 하여금 자신이 묻힌 곳에서 일어나지 못하고 최후를 맞게 하고 말았다.

슬라브 신화에는 실제로 큰 존재의 신들은 거의 나타나지 않는다. 그건 아마도 크리스트교가 슬라브 역사에 등장하면서 슬라브의 신들을 이교로 간주해 축소시켰기 때문일 것이다. 즉 크리스트교가 슬라브 종교와의 헤게모니 쟁투에서 승리함으로써 슬라브의 주요 신들은 역사에서 지워지고 파괴되고 사라졌기 때문이다. 그러나 그나마 다행스럽게도 슬라브의 작은 신들은 살아남을 수 있었다. 신과 정령의 중간쯤 되는 작은 신의 존재인 '디이 미노레스'들은 슬라브인들이 크리스트교도가 된 이후로도 그들의 생활 속에 건재하게 남아 있었다.

작은 신들은 요정이나 정령을 말한다. 세계 신화에서 작은 신들로 가장 유명한 나라는 영국일 것이다. 영국의 요정들은 자신들만의 사회를 유지하고 숲 등지에서 살아가며, 민가에서 인간들과 어울려 살아가는 일은 드물다. 브라우니 등의 요정은 집안에서 살아가기는 하지만, 그것은 거의 보이지 않는 하인과 같은 역할로, 인간들과 대등하지 못하다.

그에 비해 슬라브의 작은 신들은 상당수가 인간과 함께 어울려 살아가고 있다. 인간의 집에 기생하는 입장인데도 수호신처럼 추앙받고 있다. 작은 신들의 기원에 대해서는 다음과 같은 이야기가 있다. 신들의 세계에서 최고 신이 세계를 창조할 때 정령들 중의 일부가 반란을 일으켰다. 최고 신은 그 정령들을 지상으로 내던져 버렸다. 그중 숲이나 물속에 떨어진 정령들은 반란을 일으켰던 때의 사악한 마음을 그대로 지니고 있었지만 민가에 떨어진 정령들은 인간에게 호의를 품고 선한 마음을 가지게 되었다.

인간들과 어울려 살아가는 정령 중 가장 유명한 것은 도모보이다. 슬라브의 정령 중 가장 유명한 존재인 도모보이는 집이라는 의미의 '돔'이라는 단어에서 유래한 이름이다. 즉 도모보이는 집의 신, 혹은 정령인 것이다. 도모보이는 인간의 모습과 비슷하지만 손바닥을 포함한 전신에 하얗고 부드러운 털이 나 있다. 그의 양손은 털로 뒤덮인 점만 제외하면 인간의 손과 꼭 닮았다. 뿔이 있거나 꼬리가 달려 있는 모습으로 등장하는 설화도 있다.

그는 변신에 능해 가축이나 건초 묶음 등의 모습을 취하기도 한다. 변신한 그의 모습을 보는 것은 상관없지만, 그의 본모습을 보는 것 자체가 어렵기도 하거니와

슬라브 신화의 가정 수호신, 도모보이_슬라브 신화의 대표적인 집 정령 도모보이는 '집(돔)'에서 유래한 이름으로, 털복숭이 인간 형상에 변신술을 가졌다. 그의 본모습은 불행을 예고하지만, 목소리는 집안의 길흉을 알린다. 집에 애착을 느끼면 수호신이 되어주며, 새 집에 빵으로 유인해 들일 정도로 인간 생활과 밀접한 존재이다. 그는 난로 주변에, 그의 아내는 지하실에 거하며 슬라브인들의 일상 속에 깊이 자리 잡은 정령 신앙을 보여준다.

매우 위험하다. 그의 본모습을 본다는 것은 불행이 다가올 징조이기 때문이다. 그러나 도모보이의 목소리는 별 위험 없이 들을 수 있다고 한다. 보통 도모보이의 목소리는 상냥하고 즐겁게 들려오지만, 우울하거나 성급한 말투로 들려오면 집안에 좋지 않은 일이 생길 징조라고 한다. 도모보이는 집주인 가족 중 누군가가 죽게 되었을 때 울음소리를 내어 알려준다고도 한다.

도모보이는 자신이 사는 집에 애착을 가지게 되면 떠나지 않고 그 집을 계속 수호해 준다. 그래서 슬라브 농부가 새 통나무집을 지었을 때 농부의 아내는 새 집에 들어가 살기 전에 빵 한 조각을 떼어 난로 밑에 두고 도모보이가 빵에 꾀어 새 집에 들어와 주기를 바란다. 일단 새 집으로 들어온 도모보이는 난로 곁이나 입구 문턱 밑에 살기를 좋아한다고 한다. 도마니아라고 불리는 그의 아내는 지하실에 살며 절대로 인간에게 모습을 드러내거나 소리를 내지 않는다고 한다.

슬라브의 욕실은 여러 명이 동시에 들어갈 수 있는 사우나실로 유명하다. 이 사

슬라브의 다양한 정령들_슬라브 신화는 곡식창고, 뜰, 들판 등 다양한 공간에 머무는 정령들의 세계를 보여준다. 이 정령들은 하늘에서 추방된 존재로, 인간 거주지에 가까이 있을수록 온화하지만, 숲이나 들판, 물처럼 인간으로부터 멀리 떨어진 곳에 있는 정령일수록 더욱 사악하고 위험해진다는 특징을 가진다. 이들은 각자의 공간에서 독특한 모습과 역할을 하며 인간 생활에 영향을 미쳤다.

우나를 지키는 정령은 '반니크'라고 한다.

곡식창고는 오빈니크라고 불리는 정령의 구역이다. 그는 곡식창고의 한구석에서 살고 있으며 털이 마구 엉킨 커다란 검은 고양이의 모습을 하고 있다. 모습은 고양이지만 개처럼 짖으며 큰 입을 벌리고 사람처럼 웃기도 한다고 한다.

뜰에도 드보로보이라는 정령이 살고 있다. 그는 가축들을 돌보아주는 일을 하기 때문에 사람들은 가축우리 안에 암양의 털 약간과 무언가 반짝이는 작은 물건, 한 조각의 빵을 놓아두며 그의 비위를 맞춰 준다.

폴레보이는 들판의 정령이다. 들이라는 의미의 '폴레'에서 유래한 폴레보이는 지방에 따라 다양한 모습으로 알려져 있다. 즉 흰 옷을 입은 사람 형태에서부터 새카만 육체에 양쪽 색이 다른 눈동자를 가진 모습, 머리카락 대신 푸른 풀이 나 있는 머리를 가진 모습, 기형적인 난쟁이의 모습 등 다양한 형태를 지닌 정령들로 각 지방마다 다르게 알려져 있다. 그들은 몹시 장난이 심해 밤길을 가는 나그네를 이리저리 헤매게 만들곤 한다.

슬라브 신화의 정령들은 하늘에서 떨어진 일종의 천사와도 같은 존재들이다. 특이한 것은 하늘에서 추방된 정령들은 인간과 가까이 살수록 온화하고 착한 존재가 되며 민가에서 멀어질수록 사악한 존재가 된다고 한다. 즉 집안을 지키는 도모보이는 가장 온순하며, 정원과 곳간들을 지키는 정령들은 온순하지만, 간간히 심술을 부리고, 마을을 벗어나 민가에서 멀리 떨어진 숲이나 들판, 물의 정령들은 몹시 사악하고 위험한 존재라는 것이다.

바로 이 사악하고 위험한 존재에 속하는 폴레비크는 이유 없이 사람들을 괴롭히는 것을 즐기며, 술주정꾼의 목숨을 끊어 버리기도 한다. 그래서 사람들은 그의 호의를 사기 위해서는 땅에 구멍을 파고 달걀 두 개와 울지 못하게 된 늙은 수탉을 그 안에 넣어두면 된다고 한다.

이들 외에도 숲과 들판에서 사는 정령은 많다. 경작을 담당하는 라브카 파팀, 과일을 생장시키는 마르잔나, 들판과 과일을 수호하는 크리코, 체리를 익게 하는 키르니스, 꿀벌의 수호신 조심, 무엇으로든 변신하는 숲의 정령 시크사 등이 그들이다.

물에서 사는 정령들은 매우 잔인하고 심술궂다. 물의 정령은 어느 나라에서나 사람을 물속으로 끌어들여 죽게 하는 존재라는 이미지가 강하다.

보디아노이는 물의 정령으로, 그의 이름은 '물'이라는 의미의 '보다'라는 단어에서 나온 것이다. 그들은 매우 다양한 모습으로 변신하기에 그들의 모습은 다양하게 묘사되고 있다.

그는 인간의 얼굴을 하고 있지만 손발 대신 동물의 다리를 가진 채 긴 뿔과 꼬리, 불타는 눈을 가진 존재로 나타나는가 하면 온몸이 풀과 이끼로 뒤덮인 거인으로 등장하기도 한다.

슬라브 신화에서 루살카들은 이중생활을 하는 것으로 나타난다. 그녀들은 여름이 시작될 무렵까지는 물속에서 살지만, 여름의 일정 기간 동안은 숲속 나무 위에

슬라브의 위험한 물의 정령들_슬라브 신화의 물 정령들은 잔인하고 심술궂은 존재로 묘사된다. '물'에서 유래한 보디아노이는 다양한 모습으로 변신하여 인간을 위협하는 반면, 죽은 아가씨들의 넋인 루살카는 여름이 되면 따뜻해진 물을 피해 녹색 나무(죽은 자의 거주지)로 거처를 옮기는 이중생활을 한다. 밤에는 숲에서 춤추거나 소리치는 이들의 애수 어린 운명은 슬라브 신화 속 물의 정령들이 지닌 위험함과 서정적인 면모를 동시에 보여준다.

서의 생활을 한다. 슬라브인들은 녹색 나무는 죽은 이들의 거주지라고 믿었다.

여름이 오기 전, 물이 아직 어둡고 차가울 때에 그녀들은 물속에 머물 수 있다. 그러나 어둠과 죽음의 정복자인 태양빛이 스며들어 물이 따뜻해지는 시기가 오면 본디 죽은 아가씨들의 넋인 루살카들은 푸른 나무들에게로 도망치는 것이다. 숲속의 루살카들은 밤이 되면 나무에서 내려와 달빛을 받으며 숲속의 빈터에서 춤을 추거나 소리를 지른다. 숲의 정령 루살카에 대한 묘사는 체코의 작곡가 안토닌 드보르작의 오페라에 등장해 슬픈 운명의 삶을 노래하고 있다.

아메리카 문명의 신화

아메리카 원주민 신화는 부족만큼이나 다양하며, 수많은 자연신, 동물신, 영웅신이 등장한다. 약 1만 2천 년 전 시베리아에서 아메리카 대륙으로 퍼져 나간 인류의 역사적 배경을 지닌 이 신화들은 17세기 북아메리카에 2천 개가 넘는 부족이 존재할 정도로 풍성했다. 남미 안데스 산지의 잉카 신화는 태양신 인티 숭배와 고산 지대 특징이 융합된 반면, 이누이트 신화는 가혹한 환경 속에서 동물과 인간의 상호 작용을 중요하게 다룬다. 사냥 대상 동물에 신성을 부여하는 것은 북미 원주민 신화의 공통 요소이다. 마야의 창조 신화는 성서와 같은 《포폴 부》를 통해 세상과 생명 창조 과정을 서술하며, 인간이 신에게 제물을 바치기 위해 창조되었음을 강조한다. 아스테카(나와틀) 신화는 태양 숭배와 인신공희로 대표되는데, 이는 그들의 순환적 우주관과 밀접하게 연결된 고유한 신화적 뿌리를 가지고 있다.

이누이트 신화

이누이트(에스키모) 신화는 혹독한 수렵 생활 환경을 반영하여 동물과 인간의 깊은 상호작용 관념을 담고 있다. 생존을 위해 필수적인 식량원이자 사냥의 동반자인 동물들은 신화 속에서 신성한 존재로 격상된다. 이는 물개, 바다표범, 순록과 같은 사냥 대상 동물에 신성을 부여하는 북미 원주민 신화의 공통된 특징으로, 부족과 가족의 생명이 동물의 생명에 직접적으로 달려있던 수렵 문화의 고유한 특성에서 비롯된 것으로 해석된다.

이누이트 신화에는 수렵민의 생활이 반영되어 있으며, 특히 동물들이 중요한 역할을 맡고 있다. 가장 잘 알려진 신화는 바다의 여신 세드나 신화이다. 세드나에 관해서는 여러 가지 전승이 전해져 내려온다.

세드나는 아름다운 소녀였는데, 시집갈 나이가 되자 아버지가 결혼 상대를 봐두었으나 그녀는 아버지가 정해준 사람에게 시집가기를 거부하였다. 그러자 아버지 안구타는 화가 나서 자신의 딸을 개의 신부로 줘버렸다. 개와 결혼하게 된 세드나는 결혼생활을 견디지 못하고 아버지에게 도움을 요청했고, 아버지는 곧 딸의 요청을 들어 몰래 그녀를 빼돌려 도망쳤다.

하지만 개가 술수를 부려 세드나와 아버지를 태운 배를 향해 풍랑을 일으키자 아버지는 곧 두려움에 휩싸여 자신의 딸을 바다 밑으로 떠밀었다. 세드나는 뱃전을 붙잡았으나 공포에 질린 아버지에 의해 양 손가락이 모두 잘려 결국 바다에 떨어지고 말았다. 이후 세드나의 손가락은 바다표범 또는 고래가 되었으며, 세드나는 바다 밑 이누이트 신화의 저승인 아들리분을 다스리는 여왕이 되었다고 한다.

이누이트족이 가장 신성시하고 숭배하는 동물은 바로 '곰'이다. 그들은 곰의 영혼을 인간들의 조상으로 생각한다. 그래서 위험에 직면하였을 경우 곰은 그들을 보호해 주는 조상들의 위대한 영혼이라고 생각하고 있다. 뿐만 아니라 곰은 동물

바다의 여신 세드나의 비극적인 탄생_이누이트 신화의 바다 여신 세드나는 아버지의 강요된 결혼과 그로부터의 탈출 중 아버지에게 버림받아 바다에 던져진다. 뱃전을 잡은 손가락이 잘려 바다표범과 고래가 되었고, 자신은 바다 밑 저승 '아들리분'의 여왕이 된다. 이 이야기는 가혹한 수렵 생활 속 이누이트인들의 자연과 운명에 대한 인식을 보여주는 중요한 창조 신화이다.

이 아니라 사람과 가장 비슷하게 닮은 인간 형상을 한 동물로 생각하고 사람과 동일하게 취급하고 있다.

곰을 숭상하는 이누이트족에는 북극곰의 신 토르나르숙이 존재하고 있는데, 그는 어떨 때는 인간의 모습으로, 어떨 때는 북극곰의 모습으로 묘사되고 있다. 이누이트족의 사람들 중 샤먼(주술사)이 되고자 하는 자는 반드시 곰이 살았던 동굴에 들어가야 하는데, 토르나르숙이 동굴의 수호신이기 때문이다. 그리고 영적 세계에서 북극곰 신과 마주치게 되고 입문자의 시련이 시작된다. 여성 샤먼일 경우 반인반웅(절반은 사람, 절반은 곰)의 모습으로 나타난 토르나르숙이 그녀와 성관계를 하고, 이로 인해 곰이 자신과 관계한 여인에게 주술적 능력을 부여했다. 또한 토르나르숙은 이누이트들에게 물개를 잡는 방법을 가르치기도 했다.

이누이트 신화에서 타파수마는 천상의 내세를 지배하는 여신으로, 바다의 내세를 지배하는 세드나의 반대편에 위치하는 여신이다. 이누이트 신화의 특징은 두

곰 숭배, 이중적 내세관, 그리고 해와 달의 순환_ 이누이트 신화는 곰을 인간의 조상이자 수호자로 숭배하며, 북극곰 신 토르나르숙은 샤먼에게 주술 능력과 사냥법을 전수한다. 이들의 내세관은 선악이 아닌 공간적 구분(천상과 바다)을 특징으로 하며, 태양 여신 세케넥과 달의 신 타트킴의 끊임없는 추격은 해와 달의 순환 및 일식 현상을 설명하는 근원적 서사다.

가지 종류의 내세가 존재한다는 것이다. 고결한 영혼을 위한 장소와 악한 영혼을 위한 장소를 나누지 않고 두 세계 모두에 상과 벌을 주는 것은 일반적인 구분이 아니다. 그 차이는 장소나 시간, 혹은 둘 모두이다.

이누이트 사람들이 생각하는 세상은 거대한 이글루의 형태였고, 별은 이 거대한 구조물의 천장에 뚫린 구멍 밖의 우들로미우트에서 오는 빛으로 여겨졌다. 우들로미우트의 영혼은 음식, 온기와 물뿐만이 아니라 그들이 힘들었던 지상생활에서 가지지 못했던 모든 여가 시간을 보낼 수 있었다.

세케넥은 이누이트 신화에 나오는 태양의 여신이다. 태양은 그녀가 하늘을 가로지를 때 높이 들어 올리는 활활 타는 횃불이었다. 해가 지는 밤에 그녀가 오빠인 달의 신 타트킴(타트킴은 매달 타마수마를 위해 환생한 영혼들을 땅으로 내려보낸다는 신이다)과 같이 쓰는 주거지로 간다. 하지만 그들은 주거지에 동시에 있을 일이 없었다. 그 주거지는 우들로미우트, 하늘보다 위에 있는 사후세계의 왕국에 있다. 하지만 어떤 전승에서는 타트킴은 서쪽의 집에, 세케넥은 동쪽의 집에 산다고 한다. 전승에 따르면 일찍이 태양의 여신이 밀애자를 가졌는데, 그는 그녀와 비밀스러운 사랑을 나누기 위해 밤마다 몰래 그녀를 찾았다. 마침내 그녀가 사랑하는 자가 자신의 오빠인 타트킴이라는 것을 깨달으면 그녀는 그의 구애에서 도망쳤고, 타트킴은 그녀를 쫓았다. 타트킴의 횃불은 그가 그녀를 쫓으며 달릴 때 부분적으로 사위어 들어갔다. 타트킴의 횃불이 사위어 드는 원리가 바로 달이 태양보다 어두운 이유에 대한 이누이트들의 설명이다. 타트킴은 여전히 매일 그의 여동생을 쫓아가고 있다. 또한 일식은 가끔씩 타트킴이 세케넥을 따라잡을 때 일어나는 현상이라고 한다.

타트킴은 이누이트 신화에서 반쯤 꺼진 횃불을 든 달의 신이다. 그는 윤회의 고리에서 매우 중요한 역할을 하는 신으로, 초천상의 사후세계인 우들로미우트에 있던 영혼이 환생할 때가 되면 여신 타마수마가 타트킴에게 그들을 땅으로 돌려보내야 한다고 알려주고 개개의 영혼들이 어떤 모습으로 다시 태어나는지도 일러준다. 그러면 달의 신은 이 영혼들을 네 마리의 큰 개가 이끄는 신성한 개썰매에 태우고 지상으로 내려간다. 이 일은 그믐날에 이루어지고, 그래서 그믐밤에는 하늘에 달이 보이지 않는 것이라고 한다.

달의 신 타트킴, 사랑과 윤회의 운행_이누이트 달의 신 타트킴은 태양의 여신인 여동생 세케넥을 쫓으며 달이 태양보다 어두운 이유와 일식을 설명한다. 동시에 타트킴은 사후세계 영혼들의 환생을 주관하여 그들을 지상으로 인도하며, 그믐밤에 달이 보이지 않는 이유가 된다.

아메리카 인디언의 창세 신화

17세기 북아메리카에는 2,000개 이상의 독립적인 인디언 부족이 존재했으며, 이들은 수렵채취 사회부터 진보된 정착 생활을 영위하는 등 다양한 문명 수준을 보였다. 이러한 문화적 다양성은 천지 창조나 부족의 문화적 영웅에 대한 각기 다른 신화들로 이어졌으며, 부족마다 내용이 상이하기 때문에 북아메리카 인디언 전체에 공통적으로 적용되는 단일 신화를 찾기는 불가능하다.

북방 알공퀸 인디언의 창세 신화에서 가장 강한 마니투인 키키 마니투는 대신(大神)으로 다른 존재에 의해 만들어지지 않은 존재이며 모든 생명의 아버지였다. 그는 선(善)의 근원이며, 모든 정령 위에 존재하며, 하늘에 거주하였다. 그는 빛의 주인이며, 태양에 의해서 나타나고, 생명의 입김으로써 바람의 모습을 취하여 도처에 나타났다.

알공퀸 인디언에게 있어서 중요한 마니투로는 미챠보(큰 토끼)가 있다. 미챠보는 미치리마키나라는 땅에서 태어난 알공퀸 부족의 시조이며 물에 잠긴 세계를 복구시킨 존재였다. 미챠보는 그물을 발명하고, 물과 물고기와 큰 사슴을 창조하였으며, 사람을 잡아먹는 마니투를 쫓아 보내기도 하였다.

미챠보의 집은 해가 뜨는 곳에 있으며 많은 종류의 동물로 변신하는 능력을 갖고 있다. 그가 사는 곳에는 착한 인디언들의 혼이 모여 맛 좋은 과일을 먹으며 살고 있다고 한다.

미챠보가 물에 잠긴 세상을 복구하여 땅을 만든 이야기는 다음과 같다. 어느 날 미챠보가 사냥을 나갔다. 그는 사냥개 대신에 이리들을 데리고 갔는데 어느 호수에 이르러 이리들이 사라진 것을 깨달았다. 그가 이리들을 찾아 이리저리 헤매고 있을 때 새 한 마리가 날아와서 이리들이 호수 속으로 사라졌다고 말해 주고는 날

미챠보의 홍수와 대지 재건_ 알공퀸 신화 속 미챠보는 대홍수로 사라진 이리들을 찾다가 동물들(특히 사향쥐)의 도움을 받아 진흙으로 땅을 만들고 화살로 나무를 창조한다. 그는 사향쥐와 후손을 번성시켜 세상을 다시 채우며, 이는 부족의 시조로서 미챠보의 창조적 역할을 강조하는 서사이다.

아갔다. 미챠보가 이리들을 구하기 위하여 호수 속으로 뛰어들어가려고 할 때 호수가 넘쳐흘러서 땅을 덮어 버렸다. 당황한 미챠보는 까마귀에게 진흙 한 덩이를 구해 오라고 부탁하였다. 그는 이 진흙 한 덩이로 땅을 만들어 낼 생각이었다. 그러나 까마귀는 흙을 구해 오지 않았다. 그래서 그는 다시 수달에게 진흙을 구해 오라고 시켰다. 수달은 물속에 들어가기는 했으나 아무것도 보이지 않는다며 진흙을 가져오지 않았다. 끝으로 그는 사향쥐를 보냈다.

사향쥐가 물속 바닥에서 진흙을 조금 가져오자 미챠보는 그것으로 땅을 만들었다. 그리고 그가 화살을 나무 기둥에 꽂자 화살은 가지가 되었다. 미챠보는 이리들을 호수에 잡아둔 자들에게 복수를 하고, 후에 진흙을 가져온 사향쥐를 아내로 삼아 수많은 자식을 낳았다. 그리고 자식들은 세상에서 계속 번식하여 갔다.

이로쿼이 인디언족과 휴론 인디언족의 창세 신화에서는 하늘의 둥근 천장 저편에 우리가 살고 있는 이 세계와 같은 세계가 있어 지상의 전사들과 마찬가지로 하늘의 전사들이 사냥하러 나갔다가 밤이 되면 긴 오두막 속에서 잠을 잔다고 알려져 있다. 만물의 창조를 서술하는 이로쿼이와 휴론족의 신화는 그 서두에서 이 괴로움을 모르는 하늘나라에 대해서 설명하고 있다.

처녀인 아타엔치크는 아버지가 죽은 지 얼마 안 되어 태어났다. 주목해야 할 점은 하늘의 거주자가 죽은 것은 이번이 처음이라는 것이다. 시신은 장식된 침대 위에 안치되었고, 그때부터 아타엔치크에게는 그곳에 와서 죽은 아버지와 이야기하는 습관이 생겼다. 그녀가 성숙한 처녀가 되자 아버지는 대지를 소유하고 있는 추장의 영토로 가서 추장과 결혼하라고 당부한다.

그녀는 아버지의 지시를 따르기 위해 고향을 출발하여 단풍나무를 따라 강을 내려가 수많은 위험을 겨우 벗어나서 하늘의 큰 나무 곁에 있는 추장의 오두막에 도착하였다. 그곳에서 여러 가지 시련을 거친 후에 그녀는 추장의 아내가 되었다. 하지만 아타엔치크가 임신하자 남편인 추장은 그녀가 화룡과 밀통했다고 생각하고는 이유 없는 질투를 한다. 그녀는 이처럼 난처한 상황에 처한 가운데 곧 딸인 미풍(微風)이 태어났다.

어느 날 모든 신이 추장이 소집한 회의에 참석하여 회의를 열었다. 북극의 오로라가 아타엔치크 남편의 왜곡된 말을 듣고는 추장의 편을 들어 하늘의 큰 나무를 뿌리 뽑으라고 말했다. 그리고 추장은 이를 그대로 시행하였다. 그러자 그곳에는 뿌리 뽑힌 자리에 큰 구멍이 생겼다. 추장은 큰 구멍 속으로 아내와 딸을 던져 버렸다.

아타엔치크가 큰 구멍으로 떨어져 대기권을 지나치는 동안 파란 광채가 눈에 띄었다. 그녀가 자세히 보니 그 파란 광채는 거대한 호수로, 어디에도 땅이 보이지 않았다. 호수 속에 살고 있던 생물들도 하늘에서 아타엔치크가 떨어져 내려오는 것을 보고 깜짝 놀라서 물밑으로 흙을 찾으러 갔다. 몬조 수달과 거북이가 흙을 찾으러 갔으나 실패하고 나중에 사향쥐가 흙을 침전시키는 데 성공하여 거북의 등에

하늘에서 온 아타엔치크와 비극적 대지 창조_이로쿼이와 휴론 신화에 따르면, 평화로운 하늘 세계에서 질투로 추방된 아타엔치크가 동물들의 도움으로 거북 등 위에 대지를 만든다. 그녀의 딸 미풍은 바람의 주인과 사이에서 이오스케하와 타위스카라 쌍둥이를 낳지만, 이들의 태내 싸움으로 미풍은 죽는다. 이 서사는 하늘에서 이어진 비극을 통해 대지의 형성, 그리고 인간의 기원과 갈등을 간략하게 보여준다.

지반을 얹고 돌아왔다. 그러자 거북의 등이 무한히 넓어져서 단단한 지반이 되었다. 아타엔치크는 새들의 보호를 받으며 이 땅 위에 무사히 내렸다.

그렇게 무사히 위기를 넘긴 아타엔치크와 미풍도 어느덧 오랜 시간이 흘러 미풍은 듬직한 어른이 되었다. 그리고 어느 날 밤, 바람의 주인의 방문을 받고는 미풍은 이오스케하와 타위스카라라는 쌍둥이를 임신하였다. 그런데 이 쌍둥이는 사이가 안 좋아서 어머니의 태내에서부터 싸움을 하여 그들이 태어났을 때 어머니를 죽게 만들었다.

한편, 아타엔치크는 자신의 몸으로 태양과 달을 만들었는데 그것을 하늘에 놓아두지는 않았다. 타위스카라는 어느 날 할머니인 아타엔치크에게 이오스케하가 어머니인 미풍의 죽음에 책임이 있다고 고자질하여 이오스케하는 추방당했다. 추방된 그는 아버지인 바람의 주인에게로 갔다. 그리고 아버지로부터 옥수수와 화살 등의 선물을 받고 동식물을 먹고 사는 법을 배웠다.

이오스케하와 타위스카라의 창조 경쟁_이로쿼이와 휴론 신화에서 이오스케하는 아버지에게서 지혜를 얻어 동식물과 인류를 창조하고 태양과 달을 하늘에 올리는 선한 창조자이다. 반면, 그의 쌍둥이 타위스카라는 시기심으로 해로운 괴물만을 만들어 결국 추방당한다. 이는 선한 창조와 악한 창조의 대립을 통해 세상의 다양한 면모를 설명한다.

그 후 이오스케하는 수많은 동식물을 창조해 낸다. 그리고 질병의 근원인 곱추 등을 하고 있는 하두위와 싸워 그를 제압하고는 그로부터 의술과 담배의 의식적 용법을 알아내었다. 그는 타위스카라와 아타엔치크로부터 태양과 달을 훔쳐내어 그것을 하늘에 회전시켰다. 그리고 끝으로 인간을 만들었다. 이오스케하가 여러 가지 생물을 만들어 내는 것을 보고 시기한 타위스카라는 자신도 생물을 만들려고 시도했다. 그러나 타위스카라가 만든 것은 모두 해로운 괴물들뿐이었다. 이렇게 인간에게 해되는 것들을 만들어 낸 타위스카라는 결국 이오스케하에게 추방당하고 말았다.

뉴멕시코의 나바호 인디언족의 창세 신화에서는 마야 신화나 아스테카 신화와 비슷하면서도 본질은 다른 신화가 전해진다. 그들이 생각하는 이 세상은 다섯 번째 세상이다. 처음에 세상은 안개인지 물인지 구분도 되지 않는 모호한 바다 위에 떠 있는 작은 섬이었는데, 네 번째 변화하여 지금의 세상처럼 큰 땅을 이루었다.

해와 달이 생겨난 것도 현 세상인 변화의 세상에서의 일이었다. 첫 세상은 닐호딜딜이라고 하는데 그것은 캄캄한 세상이었다. 이 세상에는 다만 사방에 검은 구름, 흰 구름, 누런 구름, 푸른 구름이 있어, 그 속에 만물의 근원인 네 가지 기운이 들어 있었다. 검은 구름에는 여성의 기운이 잠든 아기처럼 어둠 속에 고요히 있었다. 흰 구름 속에는 남성의 기운이 들어 있었는데, 마치 잠을 깨우는 새벽의 빛과 같았다. 이 두 구름이 동쪽에서 만나서 첫 남자와 흰 옥수수를 낳았다.

그때 서쪽에서 누런 구름과 푸른 구름이 만나 첫 여자와 누런 옥수수를 낳았다. 이 남녀들은 마치 안개 같아서 형태가 고정되어 있지 않고 사람, 짐승, 새 등으로 변하는 존재였다. 그리고 아주 작은 이 세상의 땅에는 소나무가 한 그루 서 있었다. 이 소나무는 땔감이 되어 주었다. 어느 날 남자는 지혜와 마음을 상징하는 맑은 구슬을 태웠다. 그 연기를 보고 여자가 네 번의 시도 끝에 다가가서 둘은 부부가 되었다.

네브라스카의 포우니 인디언족의 창세 신화는 우주적 관점에서 시작되었다. 태초에 대추장인 티라와와 그의 아내인 아틸라가 하늘에 살고 있었다. 그리고 그들의 주위를 다른 신들이 둘러싸고 있었다. 어느 날 티라와가 다른 신들에게 말하기를, "나는 너의 형태를 본떠서 인간을 만들려고 하는데 너희에게도 나의 능력과 하늘에서 해야 할 일들을 나누어 주겠다. 내가 만들 인간들은 장차 모두 너희의 보호 아래에 살게 될 것이니 잘 돌보아 주기를 바란다"고 당부하였다.

이렇게 해서 티라와는 샤르크(태양)를 동쪽 하늘에 놓고는 빛과 열을 주었고, 파아(달)를 서쪽 하늘에 놓아 밤을 지키게 하였다. 그리고 빛나는 별, 즉 저녁별에게, "너는 서쪽으로 가서 지내라. 앞으로 모든 사물은 너를 통하여 만들어질 것이니 너는 만물의 어머니가 될 것이다"라고 말하고 큰 별, 즉 샛별에게는, "너는 동쪽으로 가서 투사가 되어라. 그리고 사람들을 서쪽으로 가게 할 때는 낙오하는 자가 없도록 잘 보길 바란다"라고 말했다. 티라와는 북쪽에 북극성을 배치하여 하늘의 뭇별

티라와 대추장의 우주적 창조_포우니족의 창세 신화는 대추장 티라와가 태양, 달, 별들에 각기 다른 역할을 부여하며 하늘의 질서를 세우는 것에서 시작한다. 그는 저녁별을 통해 인간의 기반이 될 요소를 보내고, 별 신들에게 명하여 물을 분리하고 육지인 대지를 창조함으로써 세상의 근원을 완성한다.

들 중에 우두머리로 삼고, 남쪽에는 정령들의 별과 죽음의 별을 두었다. 그리고 나서 북서, 북동, 남서, 남동 네 곳에 별을 하나씩 배치하여 하늘을 지탱하도록 하였다. 만사가 뜻대로 되자 티라와는 저녁별에게 이렇게 말했다. "너에게 구름, 바람, 번개, 천둥을 보낼 것이니 그것들을 하늘의 뜰 곁에 배치하여라. 거기서 그들은 인간이 될 것이다. 나는 그때 그들에게 들소가죽옷을 입히고 오카 신을 신게 하겠다"고 명하였다. 티라와의 말이 끝나자 바로 구름이 몰려오고 바람이 불고 천둥과 번개가 요란하게 울렸다. 그때 티라와가 작은 돌멩이를 하나 구름 위에 떨어뜨렸다. 그러자 구름이 열리고 넓은 물의 수면이 나타났다. 티라와는 하늘의 사방을 수호하는 네 명의 별의 신들로 하여금 많은 무기로 무장하여 물의 수면을 치도록 하였다. 그들이 그녀의 말대로 행하자 물은 분리되고 대지가 나타났다.

티라와의 새로운 명령에 따라 네 명의 신은 노래를 부르며 대지의 창조를 축하하였다. 이 노랫소리에 따라 구름과 바람과 번개와 네 신이 모여서 굉장한 뇌우를 일으켰다. 그 힘에 의하여 대지에 구름이 끼어 산과 골짜기가 생겨났다. 다시 네 명의 신이 숲과 대초원을 찬양하자 다시 뇌우가 울리고 대지가 수목과 풀로 뒤덮여 녹색이 되었다. 그들이 세 번째 노래를 부르자 이번에는 강과 급류가 거세게 흐르기 시작했다. 그리고 네 번째 노래에 모든 종류의 곡물이 자라나 대지를 풍성하게 했다. 이렇게 만들어진 지상의 낙원에 인간이 살도록 티라와는 태양과 달에게 부부가 되도록 명령하였다. 그러자 그들 사이에서 사내아이가 태어났고 저녁별과 샛별 사이에서도 여자아이가 태어났다.

이렇게 태어난 두 어린아이가 대지로 보내져 어른이 되자 티라와는 그들에게 자연의 비밀을 가르쳤다. 여자아이에게는 곡식과 그것을 자라게 하는 습기와 오두막과 솥이 주어졌고 남자아이에게는 옷과 투사의 무기가 주어졌다. 그리고 그들이 싸울 때 얼굴에 색칠하는 방법이나 동물들의 이름, 화살과 부싯돌을 쓰는 방법을 가르쳤다. 또한 빛나는 별은 젊은 남자에게 산 제물을 바치는 의식을 가르쳐 주었다.

그동안 별들에 의하여 많은 사람이 만들어졌기에, 태양과 달 사이에서 태어난 젊은 남자는 그들의 추장이 되어 그가 배운 것들을 인간들에게 가르쳤다. 그리고 하늘에서 세계를 창조할 때 그러했듯이 여러 개의 천막을 조립하여 둥글게 배치하였다. 이렇게 해서 지상의 모든 질서와 운행 법칙이 비로소 잘 돌아가게 되었다.

티라와 대추장의 인류 창조_티라와가 태양과 달, 그리고 저녁별과 샛별에게 부부가 되도록 명하여 태어난 남녀가 대지에서 성장한 후, 티라와에게서 자연의 비밀과 생존 기술을 전수받아 인류의 지도자가 되어 배운 지식을 사람들에게 가르치고 하늘의 창조 원리에 따라 지상의 질서와 운행 법칙을 확립하며 문명을 일구었다.

아스테카 신화

나우아어를 사용하는 메소아메리카 부족을 총칭하는 나와틀족 가운데 아스테카(멕시카)족은 아스테카 제국을 건설했으며, 이들은 공통의 신화를 공유했다. 12세기부터 16세기까지 멕시코에 존재했던 아스테카 문명은 태양 숭배와 인신공희 의식으로 유명한데, 이러한 의식의 원류는 그들의 독자적인 신화 속에 자리하고 있다.

나와틀 신화에 따르면 세계는 네 차례 멸망했고, 다섯 번째로 재생한 것이 지금의 현세라고 한다.

전승에 따르면, 최초의 세계는 거인이 살았던 흙의 태양 시대, 즉 '네 마리 호랑이'의 시대였다. 첫 번째 태양을 뜻하는 신인 테스카틀리포카는 시팍틀리라는 물고기를 유인해 자신의 발을 물어뜯게 한 다음, 이 물고기를 잡아서 땅을 만들고 인간을 창조했다. 하늘이 무너져 땅에 붙었을 때는 생명의 신 케찰코아틀과 합심해 하늘을 들어 올리기도 했다.

테스카틀리포카 신은 676년 동안 세상을 지배했다. 테스카틀리포카는 전능한 신이다. '연기 나는 거울'이라는 이름이 뜻하듯이 가슴에 달린 거울에는 세상만사가 전부 나타난다. 그래서 인간의 생각과 마음을 포함해 세상 일을 모두 알고 있다. 그래서 점쟁이나 주술사의 신이었다. 아스테카인은 이 신을 존경하고 또 두려워했다. 인간에게 기쁨을 주지만 동시에 슬픔도 주기 때문이다. 부귀와 영화를 누리게 하다가도 모든 것을 단숨에 빼앗아 간다. 그래서 이 신이 지상에서 돌아다닐 때는 불화와 다툼이 일어나지 않았다. 그런데 테스카틀리포카는 케찰코아틀에게 쫓겨나 재규어가 되었다고 한다. 그 후 사나운 재규어 무리가 나타나 거인들을 잡아먹는 바람에 세상이 멸망했다.

테스카틀리포카와 케찰코아틀의 시대 교체_아스테카 신화의 첫 시대는 전능한 테스카틀리포카 신이 676년간 지배했으나 그가 재규어가 되어 세상을 멸망시킴으로써 끝났다. 이어진 두 번째 시대는 생명과 지혜, 풍요를 상징하며 옥수수와 문화의 창조자로 추앙받는 '아름다운 뱀' 케찰코아틀이 주관하게 되었다. 이처럼 아스테카 세계관은 강력한 신들의 교차 지배와 그로 인한 세상의 파괴 및 재창조를 중심으로 전개된다.

그다음 시대는 케찰코아틀이 세상을 지배했던 '네 바람'의 시대였다. 케찰코아틀을 아스테카인들은 생명의 신, 빛의 신, 지혜의 신, 풍요의 신, 바람의 신, 샛별의 신으로 여겼다. 또 옥수수를 발견한 신이자 역법(달력)과 예술 등 문화의 창조자로 신봉했다. '케찰'은 '아름답다', '코아틀'은 '뱀'이라는 뜻으로 '아름다운 뱀'이라는 의미다.

케찰코아틀이 지배하는 세상은 364년 동안 지속되었지만, 이번에는 거꾸로 테스카틀리포카가 케찰코아틀을 쫓아냄으로써 세상은 다시 종말을 고하게 되었다. 사람들은 큰 바람에 날아갔고, 살아남은 사람들은 원숭이가 되었다.

세 번째 시대는 틀랄록이 비의 태양이 되어 지배했던 '네 비'의 시대였다. 틀랄록은 비의 신으로 메소아메리카에서 가장 오래된 신이다. 아스테카인은 틀랄록이라고 하고, 마야인은 착이라고 부르는 등 이름은 달랐으나 메소아메리카 전역에서 숭배했다.

시대의 순환과 파멸_아스테카 신화의 세 번째 '네 비' 시대는 메소아메리카 최고의 비의 신 틀랄록이 지배했으나 케찰코아틀이 내린 불비로 종말을 맞았다. 사람들은 칠면조로 변했다. 이어진 네 번째 '네 물' 시대는 미와 정열을 주관하는 물의 여신 찰치우틀리쿠에가 주관했으며, 이 시기는 지상의 물 전체의 통제권이 이 부부에게 있음을 보여 준다. 이처럼 신화는 신들의 복잡한 관계와 자연재해를 통해 세상의 주기적인 파괴와 연속성을 설명한다.

틀랄록이 지배하는 시대는 312년 동안 계속되었지만, 케찰코아틀이 불비를 내려 세상은 멸망하고 말았다. 이때 사람들은 칠면조로 변하여 죽었다고 하는데, 공중을 나는 새들만은 죽음을 피할 수 있었다고 한다. 불비는 화산의 분화를 의미하는 것으로 해석된다. 실제로 1세기에 신들의 도시로서 번영을 누렸던 도시국가 테오티우아칸은 분화로 인해 멸망한 것으로 추정되고 있다.

네 번째 시대는 물의 여신 찰치우틀리쿠에가 물의 태양이 되어 지배했던 '네 물'의 시대였다. 찰치우틀리쿠에는 미와 정열을 주관하는 물의 여신이다. 이 여신은 비의 신 틀랄록의 여동생인 동시에 아내이기도 하다. 비의 신 틀랄록은 젊고 아름다운 여신 소치케찰과 결혼했는데, 테스카틀리포카가 그녀를 유혹해서 달아나는 바람에 한동안 독신으로 지냈다. 그러던 중 강물과 샘의 여신 찰치우틀리쿠에에게 구애하여 재혼했다. 이로써 틀랄록 부부는 지상의 물을 모두 통제하게 되었다고 한다.

케찰코아틀의 명계 탈취와 인류 재창조_ 나와틀 신화의 다섯 번째 시대, '움직이는 태양' 아래 새로운 시작을 알린다. 신들은 물에 잠긴 세상을 재창조하기로 결정했고, 특히 케찰코아틀은 명계로 내려가 미크틀란테쿠틀리 신의 끈질긴 저항에도 불구하고 인간의 뼈를 훔쳐 왔다. 이 영웅적인 행동을 통해 현세 인류가 성공적으로 재창조되었으며, 이는 반복되는 파괴 속에서도 끊임없이 재생되는 세상의 운명을 보여준다.

찰치우틀리쿠에가 지배하는 시대는 676년 동안 지속되었지만 역시 멸망하고 말았다. 52년간 계속 내린 비로 대홍수가 일어나 지상의 모든 것이 떠내려갔고 하늘도 무너져 버렸다. 지상의 생물은 절멸했지만 이때 찰치우틀리쿠에는 천국으로 올라가는 13계단의 사다리 가장 밑에 다리를 놓아 세계 멸망에서 살아남은 사람들을 구했다고 한다. 또한 사다리를 오르지 못한 인간을 물고기로 변신시켜 물속에서 살아가게 했다. 이때부터 바다에 물고기가 생겨났다고 한다.

다섯 번째 시대의 태양은 '움직이는 태양'이라고 불렸다. 이 태양은 아침에 솟아났다가 밤에는 땅 밑으로 꺼지는 지금의 태양을 말한다. 물로 뒤덮인 세계를 보고 신들은 다시 세상을 창조하기로 했다. 우선 하늘과 땅을 만들고, 그다음에는 그곳에서 살아갈 인간을 창조하기 위해 케찰코아틀은 인간의 뼈를 가지러 '미크틀란'이라는 명계로 갔다.

케찰코아틀은 명계의 신 미크틀란테쿠틀리와 그의 아내 미크테카시우아틀 앞으로 다가가 "인간의 선조가 될 뼈를 주십시오" 하고 도움을 청했다. 미크틀란테쿠틀리는 이때 케찰코아틀 신에게 온갖 어려움을 겪게 했을 뿐만 아니라 뼈도 건네주지 않았다. 그래서 케찰코아틀은 인간의 뼈를 훔쳐 도망쳤다. 미크틀란테쿠틀리는 재빨리 추격에 나섰지만 결국 실패함으로써 다섯 번째 태양이 비추는 세상에서 인간은 복원될 수 있었다. 그런 다음 먹을 것과 마실 것을 창조한 신들은 테오티우아칸(멕시코 시에서 북동쪽으로 52km 떨어져 있는 고대 도시)에 모여 세상을 밝힐 태양과 달이 될 두 명의 신을 선출했다. 거만한 텍시스테카틀 신이 태양신으로, 나나와친 신이 달의 신으로 결정되었다. 이들은 격렬하게 타오르는 불 속에 뛰어들어 전생(轉生: 다시 태어남)을 하게 되었다. 텍시스테카틀 신의 몸은 완전히 불타고 화염 속에서 태양신 토나티우로 다시 태어났다. 하지만 토나티우는 신들이 자신에게 충성을 서약하고 피를 바칠 때까지 활동하지 않겠다고 선언했다. 태양을 움직이기 위해 신들은 희생을 필요로 했다. 그래서 신들의 대리인인 인간을 인신공희(人身供犧)한 것이다.

아스테카 고유의 신이자 최고의 신으로 추앙되는 신은 전쟁의 신 우이칠로포츠틀리 신이다. 그는 아스테카인을 테노치티틀란(고대 아스텍 문명의 수도로, 현재의 멕시코 시티)으로 인도한 신이기도 하다. 이처럼 중요한 신이므로 아스테카인은 틀랄록과 나란히 대신전에 안치하고 숭배했다.

아스테카의 신들은 이중적이어서 남성 또는 여성이라고 말할 수 없는 경우가 많다. 그러나 농작물, 어머니, 다산과 관련된 신은 여신이었다. 여기에 속하는 신으로는 옥수수 여신 실로넨, 용설란과 풀케의 여신 마야우엘, 우이칠로포츠틀리의 어머니 코아틀리쿠에(뱀 치마) 등이 있다.

여러 어머니 신 가운데 가장 유명해진 어머니 신은 토난친('우리 어머니')이다. 스페인이 아스테카를 정복한 후 이 여신의 사당이 있던 테페약 언덕에서 과달루페 성모가 현현했다고 전한다. 과달루페 성모는 전통의 어머니 신을 잃어버려 고아나

아스테카 최고 신 우이칠로포츠틀리와 여신들의 역할_아스테카 문명에서 전쟁의 신 우이칠로포츠틀리는 그들을 수도 테노치티틀란으로 이끈 최고의 신으로 숭배받았다. 아스테카 신들은 성별이 모호한 경우가 많지만, 농작물, 어머니, 다산과 관련된 신들은 명확히 여신으로 존재했다. 실로넨, 마야우엘, 코아틀리쿠에 등이 이에 해당하며, 이들은 생활의 중요한 측면을 관장하며 사회 속에서 특별한 위치를 차지했다.

다름없게 된 원주민을 위로하고 품에 감싸 준 또 다른 어머니 신이었다.

사랑과 관련된 여신으로 '귀한 꽃'이라는 뜻의 소치케찰과 '오물을 먹는 여신'이라는 뜻의 틀라솔테오틀이 있었다. 소치케찰은 젊고 아름답고 명랑한 여신이다. 원래는 물의 신 틀랄록의 아내였는데, 미모에 반한 전능한 신 테스카틀리포카가 납치하여 아내로 삼았다. 전해 오는 이야기에 의하면, 높은 바위에 혼자 올라가 고행하는 미혼의 젊은 전사가 있었다. 이 전사를 시험하기 위해 테스카틀리포카는 여러 여자를 보냈는데 번번이 실패했다.

그러자 오기가 생긴 나머지 아내 소치케찰을 올려 보냈다. 이 여신이 바위산을 힘들게 올라서자마자 전사는 그만 넋도 잃고 동정도 잃고 말았다. 잘못에는 징벌이 따르는 법, 신들은 이 전사를 전갈로 만들어 버렸다고 한다.

또 다른 사랑의 여신 틀라솔테오틀은 기혼자의 성적 방탕과 일탈을 부추기는 여신이다. 아스테카인은 이런 일을 '추잡하다'고 여겼으며 간통을 하다가 발각되면

죄와 정화, 위로의 복합적 존재_아스테카 신화 속 어머니 신 토난친은 원주민의 상실감을 위로하는 역할을 하며, 사랑과 아름다움을 상징하는 소치케찰은 납치와 비극적 운명을 겪기도 한다. 한편, 성적 방탕을 부추기면서도 육욕으로 인한 죄를 정화하는 틀라솔테오틀은 아스테카인들의 복잡한 도덕관념과 속죄 방식을 대변하는 이중적 여신이다. 이러한 여신들은 아스테카 사회의 다양한 도덕적 측면과 죄에 대한 인식을 드러낸다.

사형으로 다스렸다.

죄를 짓지 않고 살 수 있으면 좋으련만, 아스테카인의 삶도 꽤나 복잡했던 모양이다. 도둑질, 만취 같은 범죄를 저지르고도 처벌을 받지 않고 평생 양심의 가책에 시달리면서 늙은 사람은 전능한 신 테스카틀리포카에게 고백하고 도덕적으로나 법률적으로 용서를 받았다. 그리고 육욕으로 인한 죄를 저지른 사람은 틀라솔테오틀에게 고백하고 용서를 받았다. 온갖 추잡한 짓을 벌이기도 하지만 이런 것을 깨끗하게 다 먹어치워 정화해 주는 여신 또한 틀라솔테오틀이기 때문이다.

마야 창조 신화

마야의 기원 신화는 성서와 같은 《포폴 부》의 첫 부분에 담겨 있으며, 이는 최초의 바다와 하늘로부터 세상과 피조물이 창조되는 과정을 묘사한다. 이 신화는 아즈텍 신화처럼 여러 차례의 창조와 파괴를 거치며 각 단계마다 특정한 원인으로 창조되고 파멸되는 다양한 형태의 인간이 등장한다. 《포폴 부》에 따르면 인간은 신들에게 영양을 공급하고 제의와 희생을 바치기 위해 창조된 존재이다.

마야 신화의 세상 창조는 대지가 만들어지기 전과 대지가 만들어진 후의 이야기로 나뉜다. 세상에 대지가 만들어지기 전에는 하늘 아래 바다만이 존재했다. 세상은 고요했다. 그곳에는 사람과 그 어떤 생명체도 없었다. 도무지 한 덩어리의 돌멩이도 보이지 않는 온통 검고 적막함이 있을 뿐이었다.

그럼에도 바다의 물살은 끊임없이 출렁거렸으며 그 속에 초록과 파랑 깃털을 가진 구쿠마츠라는 커다란 뱀이 누워 있었다. 하늘 위에는 우라칸이라 불리는 '하늘의 심장'이 있었다. 그는 세 가지 형태의 번개로 나타났다. 이후 구쿠마츠와 우라칸은 거대한 빈 공간이었던 세상에 산과 땅, 나무와 숲 등 각종 자연을 창조해 냈다.

하지만 세상이 자연만으로 존재하는 건 무언가 허전했다. 그래서 구쿠마츠와 우라칸은 새로운 세상에 어울리는 새 생명을 창조하기 시작했다. 새, 사슴, 재규어, 뱀 등 숲에 사는 동물들을 하나둘 만들었다. 하지만 신들은 동물들의 지위를 인간의 먹이로 격하시키고 말았다. 구쿠마츠와 우라칸은 동물들이 자신들에게 제물을 바치고 늘 찬양해 주길 바라는 마음으로 동물들을 만들었지만 동물들은 말을 할 줄도 몰랐고 신들의 뜻을 제대로 받들지도 못했다. 결국 신들은 자신들이 바라는 바를 잘 구현해 줄 인간을 만들기로 하고 진흙으로 한 명의 인간을 빚었다.

신들의 세계와 인간 창조의 실패_마야 신화는 하늘 아래 바다만 존재하던 세상에서 시작된다. 구쿠마츠(깃털 뱀)와 우라칸(하늘의 심장)은 자연을 창조한 후 자신을 찬양할 생명체를 만들려 한다. 동물들은 신들의 뜻을 받들지 못했고, 이어 진흙으로 만든 첫 인간은 부서지기 쉬웠다. 점괘에 따라 나무로 다시 인간을 만들었으나 이들 또한 감정 없고 신을 숭배하지 않아 결국 파멸이 결정되면서 신들의 인간 창조 시도가 반복적으로 좌절되는 과정을 보여준다.

하지만 신들이 만든 최초의 인간도 그들의 뜻에 부합하지 못했다. 말을 하긴 했지만 서로 소통이 되지 않았고 진흙으로 만든 탓인지 너무 쉽게 부서지고 말았다. 할 수 없이 구쿠마츠와 우라칸은 점쟁이 부부인 스피야콕과 스무카네를 찾아가 도움을 요청했다. 스피야콕과 스무카네는 나무로 인간을 만들어야 한다는 점괘를 주었다. 신들은 즉시 나무로 인간을 만들었다. 다만, 남자는 나무로 만들었지만 여자는 골풀로 만들었다고 한다.

이제 신들이 원하던 대로 나무 인간들이 자신들에게 제물을 바치기를 원했지만 오히려 나무 인간들은 진흙 인간들보다 더 형편없었다. 나무 인간은 말할 수는 있었지만 얼굴에는 아무런 표정도 없었고 창조신들에게 제물을 바치기는커녕 신들을 섬기려 들지도 않았다. 여기에 더해 신들은 나무 인간들이 자신들을 모욕하고 파멸하려 들지도 모른다는 걱정까지 하게 되었다. 결국 신들의 결론은 나무 인간들도 파멸시키는 수밖에 달리 방법이 없겠다는 거였다.

나무 인간의 파멸과 영웅 쌍둥이의 비극적 시작_마야 신화에서 신들은 실패작인 나무 인간들을 홍수와 도구들의 복수로 파멸시켜 원숭이로 만들었다. 인간이 없는 세상에서 여명신의 아들들인 쌍둥이 운우나푸와 부쿱우나푸는 지하세계 신들의 시험을 통과하지 못하고 죽음을 맞는다. 그러나 운우나푸의 잘린 머리는 지하세계 신의 딸 스쿽을 임신시켜 새로운 영웅의 등장을 예고한다.

구쿠마츠와 우라칸은 송진 비로 대홍수를 일으켜 나무 인간들을 쓸어버렸다. 뿐만 아니었다. 나무 인간들이 사용하던 도구와 다른 동물들도 그들을 향해 달려들었다. 결국 나무 인간들이 숨을 곳이 없었다. 홍수를 피해 살아남은 나무 인간들은 깊은 숲속에 자신들의 몸을 숨길 수밖에 없었다. 마야 신화에 따르면 숲속의 원숭이들이 바로 나무 인간들의 후손이라고 한다. 신들이 숲속에 원숭이를 남겨 둔 이유는 신들의 신중치 못했던 창조 행위를 기억하려는 의미에서 그런 것이라고 한다. 이후 세상에는 당분간 인간들이 존재하지 않았다.

인간들이 존재하지 않은 세상에서 여명과 밤의 신의 아들인 쌍둥이 운우나푸와 부쿱우나푸 형제는 공놀이를 하며 세월을 보냈다. 그러던 어느 날, 공놀이하는 소란스러운 소리에 화가 난 지하세계 신들이 그들을 지하세계로 올 것을 명령했다. 쌍둥이 형제는 네 갈래 길에 도달하여 지하세계로 이끄는 검은 길을 택했다. 그들은 어둠의 집, 호랑이의 집, 불의 집, 박쥐의 집, 칼날의 집 등 많은 곳에서 시험과 고통을 이겨내지 못하고 죽임을 당했다. 운우나푸의 잘린 머리는 카카오나무에 매달려 조롱박이 되었다. 지하세계 신의 딸 스퀵이 이를 보러 왔다가 조롱박이 된 운우나푸는 그녀를 임신시켰다.

스퀵은 지상으로 나와서 다시 쌍둥이 형제를 낳았다. 우나푸와 스발란케이었다. 그들도 역시 공놀이를 즐기다 지하세계의 부름을 받았는데, 이들은 아버지와 삼촌이 받았던 지하세계의 모든 시험을 이겨냈음에도 불구하고, 그들을 죽이고자 하는 지하세계의 신들의 뜻을 간파하고는 스스로 죽었다. 그러나 그들의 뼛가루를 강에 뿌리자 쌍둥이 형제는 곧 청년으로 다시 태어났다. 그리고 이들이 죽었다고 믿는 지하세계의 신들을 찾아가 계략을 꾸며 그 신들을 완전히 멸망시켰다. 그들은 죽은 아버지와 삼촌에게 제사를 지내고 부활시켜서 마야 사람들의 조상이 되도록 하였고 자신들은 하늘에 올라가 해와 달이 되었다.

《포폴 부》에 따르면 운우나푸가 다시 살아나지는 못했지만 옥수수로 다시 태어났다고 믿었다. 이전의 나무 인간들과 달리 옥수수로 만든 인간은 지식과 지혜를 지니고 있었으며 자신들을 만든 이를 알아보고 감사드릴 줄도 알았다. 하지만 구쿠마츠와 우라칸은 곤혹스러웠다. 이 옥수수로 만든 인간들은 땅끝에서 우주의 끝까지 어디든 볼 수 있었던 것이다. 인간들이 자신들과 너무도 닮은 것을 깨달은 신들은 이들의 힘을 빼앗기로 결정하였다. 인간들이 거의 위의 안개를 들이마시고 있을 때 신들이 그들의 시야를 흐리게 했고, 결국 가까운 것만 잘 보이게 되었다. 창조자들은 인간들에게 전지전능함을 부여하는 대신 네 명의 아름다운 부인들로 짝을 맺어 주었다.

키체족의 첫 번째 혈통은 이 네 여인으로부터 시작된다. 어둠 속에서 이 세상 최초의 부족이 '일곱 동굴과 일곱 계곡'의 장소인 툴란 주이바로 길을 떠났다. 그곳에서 그들은 키체족의 수호신이며 불의 신인 토일을 비롯한 많은 신을 만났다. 여러 부족들은 각기 다른 신을 모시고 툴란을 떠났고, 이때부터 사람들은 서로 다른 말

옥수수 인간 창조와 태초의 새벽_마야 신화에서 운우나푸는 옥수수 인간으로 환생하여 지혜를 얻었으나 신들은 그들의 전지전능함을 우려해 시야를 제한했다. 이들로부터 키체족의 혈통이 시작되었고, 툴란 주이바에서 여러 신을 만나 언어와 부족이 분화된다. 키체족은 동쪽으로 이동하여 아카우이츠 산에서 첫 새벽을 맞이하며, 이때 인간 형상의 태양이 떠오르자 키체족의 신들은 동물 형상의 돌로 변하여 세상에 동물들이 나타나는 기원이 된다.

을 쓰게 되었다. 동 트기 전의 어둠 속에서 각 부족은 서로 다른 방향으로 떠났고 키체족은 서쪽으로 향했다. 새벽을 기다리며 키체족은 뒤로 돌아 툴란 주이바 지역인 동쪽을 쳐다보았다. 마침내 키체족도 아카우이츠 산에 다다라 그곳에서 새벽을 맞았다. 아침별이 나타나자 그들은 동쪽을 향해 향을 피웠고 곧 태양이 나타났다.

태양은 인간의 형상을 하고 나타났다. 그 얼굴은 너무 뜨거워서 지표를 말라붙게 했다. 태양이 떠오르기 전에 지구는 축축하고 지표는 진창이었다. 얼마 후 인간의 모습을 한 태양이 떠올랐고 그 열기는 견딜 수 없을 정도였다. 이 순간 키체족의 신들은 퓨마, 재규어, 방울뱀 등과 같은 강인한 동물 모양의 돌로 변하였다. 이렇게 해서 첫 새벽 이래 세상에는 동물들이 나타나게 된 것이다.

56

마야 달력의 신화

마야인들은 뛰어난 천체 관측 기술로 마야 달력을 제작했다. 이 중 장기 달력이 2012년 동지 무렵 끝난다고 알려지며 종말론이 확산되었다. 그러나 대다수의 마야 문명 학자들은 이러한 종말론적 해석을 고대 정보의 희박함을 이용한 근거 없는 주장으로 일축한다. 마야 달력은 한 주기가 끝나면 새로운 주기가 시작되는 순환적 개념일 뿐, 세상의 종말을 예언하지 않았다는 것이다.

중앙아메리카의 고대 문명들 가운데 가장 발달된 문명과 문자를 지녔던 마야인들은 세계는 창조와 파괴가 무한히 반복된다는 순환적 우주관을 가지고 있었다. 이런 생각을 잘 보여주는 문헌은 16세기 후반에 과테말라 고원에 살던 키체족의 신화적 서사시인《포폴 부》, 즉 '회의록'이다.

《포폴 부》의 첫 장면은 하늘과 땅이 멀어지면서 빛이 이 세상에 처음 생겨나는 것으로 시작된다. 그다음에는 창조주인 신들이 세상에 인간을 살게 하는 과정이 나온다. 신들은 먼저 짐승들을 만들지만 짐승은 말을 하지 못해 창조주를 찬미할 수 없기 때문에 실패작이 되어 숲속으로 쫓겨난다. 두 번째로 진흙 인간이 만들어졌으나 이들은 알지 못할 소리만 깩깩대고 몸이 허물어진다. 신들은 그들도 마음에 들지 않아 부숴버린다.

세 번째로 창조된 인간은 나무로 만들어졌지만 영혼이 없어 창조주를 잊는다. 이들을 파멸하기 위해 신들은 홍수, 불, 악마들을 만들고 식기들까지 움직여서 그들의 얼굴을 때린다.

마지막으로 신들은 옥수수 반죽을 생명체의 형태로 빚었는데 이것이 오늘날의 인간이다.《포폴 부》의 신화에는 마야 문명의 전성기였던 고전 시대(250~909년)의 예술을 잘 보여주면서 아주 먼 고대의 사상이 어떤 것이었는지를 나타내고 있다. 고

마야의 반복되는 인간 창조와 순환적 우주관_마야 신화서 《포폴 부》는 하늘과 땅이 분리되며 빛이 시작되고, 이후 신들이 인간을 창조하는 여러 실패 과정을 묘사한다. 말을 못하는 짐승, 허물어지는 진흙·인간, 영혼 없는 나무 인간이 차례로 파멸한 끝에, 옥수수 반죽으로 빚어진 현세 인류가 최종적으로 창조된다. 이는 마야 문명의 순환적 우주관을 반영하며, 그들의 장기 계산 역법은 기원전 32년에 시작된 시대를 기록하는 중요한 근거가 된다.

전 시대 마야인들이 순환적 우주관을 가졌다면 천지 창조와 종말의 시기는 그들의 장기 계산법이라는 역법에 들어 있어야 한다. 이 역법이 언제 어디서 발명되었는지는 모르지만, 그에 따르면 우리가 사는 시대는 기원전 32년에 시작되었다.

마야 문자가 해독되면서 마지막 13번째 박툰 연대인 기원전 3114년에 일어난 일에 관해 알게 되었다. 여기서 중요한 것은 파괴가 아니라 창조다. 신들이 서열을 이루고, 중앙 난로가 생기고, 돌들을 배치하는 일이 그것이다. 이 해가 진짜 0년은 아니다. 비문에는 기원전 3114년 이전의 신화적 사건들도 나온다.

또한 마야인들은 미래의 연대도 계산했는데, 그에 따르면 어느 왕의 기념일은 4772년으로 되어 있다. 따라서 2012년이 시간의 종말을 뜻한다고 볼 수는 없다.

토르투게로 유적에서 발견된 비문 하나만이 13회 박툰이 끝나는 해가 2012년이라고 예언했다. 안타깝게도 그것은 훼손이 심해 일부분밖에 해독되지 않았다. 비문의 내용에는 볼론 옥테라는 마야 신의 이름이 있고 그 앞에 '엠'이라는 용어가 내

마야 달력: 종말론을 넘어선 순환적 창조와 비극적 종결_
마야 달력은 2012년 종말론과 달리 파괴가 아닌 창조와 순
환적 세계관을 담고 있다. 기원전 3114년을 새로운 시작으
로 기록하고 미래 연대를 계산했던 사실은 종말을 의미하
지 않으며, 2012년을 언급한 비문마저 종말보다는 신의 상
징적 하강을 의미하는 것이었다. 마야인들은 시간을 끊임
없이 반복되는 주기로 이해했고, 한 주기의 끝은 새로운
시작이었다. 마야 문명의 실질적인 종말은 달력의 예언이
아닌, 16세기 유럽 침략으로 인한 전염병과 문화 파괴로
초래되었다. 따라서 마야 달력은 심오한 시간 인식과 한
문명의 비극적 역사를 담은 유산이다.

려가는 형태로 새겨져 있다. 이것은 고전 시대 이후(909~1697년)의 마야 예술에서 흔히 보는 하강하는 신의 이미지를 연상시킨다.

마야인의 장기 계산법은 그 원대한 꿈을 일부분밖에 펼치지 못하고 사라졌다. 마지막으로 사용된 연대는 멕시코의 토나나에 새겨진 909년이었다. 그 전 세기에는 사회, 생태, 인구상의 위기가 덮쳐 고전 문명이 종말을 맞았다. 그러나 이것은 16세기에 일어난 재앙에 비하면 아무것도 아니다. 당시 유럽인들은 남북아메리카의 다른 지역에서도 그랬듯이 수많은 마야인들을 죽였다. 전염병으로 죽고, 고통과 처형의 위협 아래에서 새 종교를 강요당하고, 전통적인 문화가 모두 사라진 것은 바로 고대의 예언에 나오는 재앙에 다름 아니었다.

57

잉카 신화

잉카 신화는 안데스 산맥을 배경으로 발전했으며, 고산 지대의 특성과 태양 숭배 사상이 핵심이다. 잉카인들은 자신을 태양신 인티의 자손으로 믿었고, 인티의 아들 망코 카팍과 딸 마마 오클로가 잉카 제국을 세웠다고 여겼다. 매년 6월 페루에서 열리는 인티 라이미 축제는 이러한 태양신 인티 숭배의 상징이며, 잉카 신화는 이처럼 고산 지대 환경, 태양 신앙, 전설 속 황제 이야기가 조화를 이루며 형성되었다.

잉카 신화는 현재의 페루와 볼리비아 서부를 중심으로 남아메리카의 안데스 산지(山地)와 태평양 연안에 살던 토착 민족의 신화이다.

페루는 잉카를 그 최고봉으로 하는 남아메리카 인디언 문화의 중심지이며, 그곳에 전해진 신화들을 15세기 스페인의 정복자 및 그 후의 선교사들의 기록을 통해서 알 수 있다. 잉카 시대 이전의 해안 지방 인디언의 신화에 의하면 태양과 달의 아들 콘이 세계와 인류를 만들고, 이어 그 형제인 파차카마가 역사 시대의 인디언을 만들었다고 한다.

그는 또한 한 쌍의 남녀를 창조하여 그 여자가 태양 광선에 의해 낳은 사내아이를 죽여 그 시체에서 여러 가지 작물이 돋아나게 하였다. 그 어머니는 자식을 죽인 콘에게 보복하기 위하여 다시 태양에 의해 사내아이 비차마를 낳은 후 파차카마에게 살해되었다. 그 뒤 파차카마는 장성한 비차마에게 쫓겨 호수로 뛰어들었다고 한다(이 호수는 리마 도처에 있으며, 같은 이름의 유적이 남아 있다).

비차마는 어머니를 다시 살아나게 한 다음, 파차카마가 만든 인류를 멸망시키고 태양으로부터 금과 은과 구리의 세 알을 얻었으며, 그 하나하나에서 귀족, 귀족의 아내, 그리고 대중(大衆)이라는 인류의 새로운 세 계급이 생겼다.

한편, 파차카마가 두 쌍의 별의 부부를 지상으로 보내어 인류의 조상이 되게 했

비라코차의 창조와 계급별 내세관_잉카 신화는 천지 창조자 비라코차를 중심으로 태양 숭배와 점성술을 발전시켰는데, 이는 주로 지도층의 신앙이었다. 일반 대중은 지모신 파차마마와 정령을 믿는 애니미즘/토테미즘 단계였다. 사후 세계관 또한 계급에 따라 달랐는데, 귀족은 하늘의 태양 나라로, 대중은 지하 세계로 가는 차별적인 모습을 보였다.

다고 하는 신화도 있다. 또 티티카카 호(湖) 부근의 인디언 신화에 의하면, 처음에는 없었던 태양이 사람들의 기도로 갑자기 호수 속에서 솟아올랐고, 동시에 남쪽으로부터 티키비라코차라는 하얀 신이 와서 산을 고르게 하여 우물을 만들고 사람들에게 평화를 가르치면서 북쪽으로 사라졌다고 한다.

잉카 신화에서는 이 신이 비라코차 또는 파차야차치크라고 불리며 천지의 창조자이자 지배자로 알려졌다. 잉카는 '태양의 사람들'이라는 뜻이며, 태양과의 관계가 종교적 형태를 취하고 쿠스코에게 그 숭배의 중심을 두게 된 것은 비교적 가까운 시대의 일인 것 같다. 이와 함께 천체에서 인류 세계의 운명을 읽어내는 점성술도 발달하였는데, 점성술을 통해 스페인의 침입도 미리 알고 있었다고 한다. 그러나 위와 같은 신화는 사회의 지도 계급 사이에서나 존재했을 뿐 일반 대중은 스페인 침입 당시에도 아직 애니미즘의 단계에 있어, 파차카마의 아내로 여겼던 지모신(地母神) 파차마마와 함께 모든 작물에는 각각 그 정령이 있다고 생각하였다. 따라서 토테미즘이 존재했던 것이 확실하다.

잉카인들은 죽음의 세계는 천상에 있다고 믿어, 죽은 자는 무덤 곁에 켜진 불빛을 따라 나흘 밤낮 동안 어두운 길을 걸어 땅끝에서 은하를 거쳐 하늘로 오르는데, 용감한 자를 위한 길은 편하고 비겁한 자의 길은 괴롭다고 한다. 물론 잉카의 귀족들은 태양의 나라로 간다고 하였다. 또한 하늘로 가는 것은 귀족들뿐이고 대중은 지하에 있는 사자의 나라에 산다는 등의 신화 형태도 있었다.

잉카 신화에서는 천체 중에서 태양신 인티가 최고의 신으로 추대되고 있다. 인티의 아들 망코 카팍이 티티카카 호에 내려와 잉카족의 조상이 되었다고 한다. 잉카 제국은 콜럼버스 이전의 아메리카에서 가장 거대한 제국이었다. 잉카 제국의 행정, 정치, 군사의 중심은 지금의 페루인 쿠스코이다.

잉카 제국의 건국 신화에는 홍수 신화와 맥을 같이 하는 다음과 같은 이야기가 전해 오고 있다.

아주 먼 옛날, 세상은 어둠에 묻혀 있었다. 그때 콜라수유라는 호수에서 비라코차 신이 세 명의 인간을 데리고 나타났다. 비라코차는 세상을 밝게 비추기 위해 태양과 달, 그리고 별들을 창조했다. 타완티수요의 황제인 잉카는 바로 비라코차가 만든 태양의 자손이다. 비라코차는 커다란 바위들을 가지고 인간을 더 만들었다. 그 가운데는 이미 아이를 잉태하고 있는 여자들도 있었다. 비라코차는 이 사람들을 세상 곳곳으로 떠나보냈다.

전설에 의하면 그들의 세상은 네 단계를 거쳐 오늘날에 이르고 있는데 그 첫 번째 세상은 비라코차의 인간 시대였다. 이 시대는 전쟁과 전염병으로 인해 모든 사람이 죽었으며 모든 사물도 반란을 일으켰다.

두 번째 세상은 신성한 인간 시대였다. 태양이 계속해서 지구를 돌기에 너무 힘이 들어 지쳐 쓰러졌고, 지친 태양에게 힘을 주기 위해 인간들이 제사와 제물을 바쳐 태양을 다시 돌게 하였으나 하늘의 불이 이 모두를 앗아갔다. 물론, 인간들도

신성한 인간 시대의 소멸: 태양의 피로와 천상의 불멸_ 신성한 인간 시대는 태양의 지친 운행과 그를 위한 인간들의 제물 봉헌으로 특징지어졌다. 그러나 인간의 노력에도 불구하고 하늘의 불이 모든 것을 소멸시키며 태양을 포함한 세상을 파괴했고, 이로써 신성한 인간 시대는 비극적으로 막을 내렸다.

모두 죽고 말았다.

세 번째 세상은 전쟁의 인간 시대였다. 이때에는 우주의 혼돈이 있었고 이로 인해 모든 인간이 여성화되었으며, 결국은 문란한 동성애로 인하여 그 시대가 막을 내렸다.

결국 우리가 사는 세상은 이렇게 네 단계를 거쳐 오늘날에 이르렀다. 이처럼 불완전하였던 세상이 가고 온전한 세상이 만들어진 이후 태양신 인티의 계시에 따라 대홍수가 일어났다.

페루의 산악 지방에는 고운 심성을 지닌 목동 형제가 살고 있었다. 그런데 그 형제들이 키우는 라마들이 아무것도 먹지 않고 밤에는 슬픈 표정으로 별만 바라보고 있었다. 걱정이 된 형제는 라마들에게 왜 그러냐고 묻자 라마들은 곧 대홍수가 일어나 땅 위의 모든 생물이 죽게 될 것이라는 말을 별에게 들었다고 대답하였다.

형제와 그들의 가족은 가장 높은 산에 있는 동굴로 들어가 홍수를 피하기로 했

혼돈의 시대와 대홍수 속 인류 재건_ 불완전한 세상이 반복된 후 현세가 열리자 태양신 인티의 계시로 대홍수가 일어났다. 라마들의 예언을 들은 목동 형제는 가족과 함께 산 위 동굴로 피신했고, 산은 물이 차오를수록 높아졌다. 홍수가 끝난 후, 살아남은 이들은 세상을 다시 채웠으며, 라마들은 대홍수의 기억 때문에 산악 지대에만 살게 되었다.

다. 그들이 라마 떼를 몰고 동굴로 들어가자 비가 내리기 시작했다. 비는 몇 달 동안 쉬지 않고 계속 내렸다. 그들은 높은 산에서 온 세상이 물로 인해 파괴되고 비참하게 죽어 가는 인간들의 울부짖음을 보고 들을 수 있었다. 하지만 비는 계속 내려 그들이 서 있는 동굴 입구까지 차올랐다. 그러자 산은 점점 높아져 물이 형제들에게 올 수 없게 만들었다.

그 후 산은 물이 차오를 때마다 점점 더 높아져만 갔다. 어느 날부터인가 형제들은 비가 멈추고 물이 빠지고 있다는 것을 알게 되었다. 그리고 태양신 인티가 다시 나타나 미소를 지으니 물은 사라져 버렸다. 때마침 식량이 떨어져 가던 형제가 아래를 내려다보니 땅은 이미 말라 있었다. 산은 원래의 높이로 되돌아갔고 목동 형제와 가족들은 다시 땅에서 살게 되었다. 그때부터 인간들은 어느 곳에서나 살 수 있었다. 그러나 지상에 대홍수가 몰아치고 난 뒤로 라마는 그때의 공포를 잊지 못해 산악 지대에서만 산다고 한다.

쿠스코 아르마스 광장_잉카의 수도였던 페루의 쿠스코는 케추아어로 '배꼽'을 뜻한다. 태양신을 숭배하고 잉카제국을 건설하였던 당시 사람들에게 쿠스코는 세계와 우주의 중심이었다. 16세기 스페인이 페루를 정벌하면서 페루인들은 세계의 중심인 페루 도시를 버리고 오지로 쫓겨 갔다. 페루인들이 떠난 이 도시에 스페인 사람들은 교회와 저택 등의 유럽식 건물을 지으면서 지금은 두 문화의 흔적이 공존하는 이색적인 모습을 띠고 있다.

　태양신 인티는 자신의 명성을 널리 알리고 인간세계에 문명을 전해주기 위해 자신의 아들 망코 카팍과 딸 마마 오클로에게 금 지팡이를 주어 티티카카 호수의 한 섬에 내려 보냈다. 그리고 그 금 지팡이가 땅속 깊게 박히는 곳을 수도로 정해 나라를 세우라고 했다. 여러 날의 고생 끝에 남매는 금 지팡이가 깊숙이 박힌 곳을 발견했는데 그곳이 쿠스코의 중심 광장인 아우카이파타(지금의 아르마스 광장)이었다. 그들은 이곳에 금 지팡이를 두드리자 이때 기적처럼 땅이 갈라지면서 그 안으로 금 지팡이가 들어가 나오지 않자 이곳에 수도를 건설했다. 쿠스코는 배꼽을 뜻하는데, 쿠스코 도시가 세상의 중심(배꼽)이라는 상징적인 의미를 뜻한다. 이곳을 수도로 하여 세운 나라가 잉카 제국이다.

폴리네시아 문명의 신화

태평양과 오스트레일리아 지역은 동남아시아로부터 이주한 인류의 후손들이 광대한 섬과 대륙에 정착하며 고유한 신화 체계를 발전시켰다. 이들 오세아니아 신화는 섬이라는 지리적 특성상 바다의 신이 주신으로 등장하며, 폴리네시아의 영웅 마우이(영웅이자 트릭스터)와 하와이의 화산 여신 펠레처럼 지역적 특색이 강한 신들을 탄생시켰다. 특히 호주 원주민의 '꿈의 시대' 신화는 모든 생명이 유기적으로 연결된 우주의 일부임을 강조하며 고대 인류의 심오한 세계관을 드러낸다. 이처럼 오세아니아 신화는 독자적인 신적 존재들과 창조 서사를 통해 인간과 자연, 우주의 관계를 탐구하는 깊이 있는 통찰을 제공한다.

마우이 신화

마우이는 폴리네시아 신화의 영웅이자 길가메시나 헤라클레스 같은 반신이다. 그는 영웅이면서 동시에 트릭스터(장난꾸러기 또는 악동)라 선하다고만 할 수 없는 신이다. '천 가지 계교를 지닌 마우이'라 불릴 만큼 일을 교묘하게 처리하여 마오리족 속담에 '너도 마우이처럼 사기꾼이다'는 말이 있을 정도로 그의 교활함은 유명하다.

마우이는 처음부터 반신반인(牛神牛人)이 아니었다. 그가 태어났을 때 어머니는 아기에게 먹일 것이 없어서 머리카락으로 바구니를 만들어 바다에 버렸다. 척박한 환경에서 많은 자식을 배불리 키울 수 없었기 때문이다. 마우이가 바다에 빠지자 해파리가 그를 물속에 빠지지 않게 감싸주었다. 하지만 갈매기들이 먹잇감으로 알고 달려들었는데, 그때 바다의 신 랑기가 나타나 갈매기들을 쫓아내고 마우이를 키웠다.

성인이 된 마우이가 가장 먼저 한 일은 가족을 찾는 것이었다. 마오리족 세계에서는 신원이 분명하지 않으면 아무리 재능이 뛰어나도 성공하지 못한다는 불문율이 있었기 때문이다. 마우이는 가족을 찾아 자신의 위치를 확인하고 많은 지식을 배웠다. 신화의 여러 이야기에 따르면, 한 신화에서는 마우이가 가족을 찾은 것을 기뻐하여 사람들이 그전까지는 새들의 노랫소리만 듣고 모습은 볼 수 없었던 것을 온갖 새를 다 볼 수 있게 해주었다고 전해진다.

마우이가 천신만고 끝에 가족이 사는 마을로 돌아왔지만 그곳에는 하늘이 너무 낮아 사람들이 똑바로 서서 걷지 못하고 등을 구부린 채 움직였다.

어느 날 마우이는 큰 힘을 주는 요술 표시를 팔에 새기고, 신적인 영험이 있는 여인으로부터 표주박의 음료를 얻어 마신 뒤 하늘을 들어 올렸다. 처음에는 나무

하늘을 들어 올린 반신_어머니에게 버려져 바다의 신 랑기에게 키워진 마우이는 성장 후 가족을 찾아 지식을 얻는 데 힘썼다. 그는 고통받는 마을을 위해 마법의 힘과 신적인 음료를 마시고 하늘을 현재의 높이까지 들어 올리는 위업을 달성했다. 또한, 바람 마법사에게 강한 바람을 얻어 배를 빠르게 항해하는 법을 익히는 등 여러 영웅적인 행적을 통해 세상에 이로운 존재로 자리매김했다.

높이만큼, 다음에는 산 높이만큼, 그 다음에는 산꼭대기보다 더 높은 곳까지 하늘을 던져 올려 지금의 하늘이 있는 높이까지 이르게 했다.

지금도 할레아칼라 산에는 가끔 검은 구름이 뒤덮이면서 비가 올 때가 있는데, 이 비구름은 마우이에게 던져질까 봐 무서워서 오래 머무르지 않는다고 한다.

하늘을 들어 올린 마우이는 커다란 연을 만들어 띄우려 했으나 바람이 너무 약해서 연을 제대로 띄울 수가 없었다. 그는 더 강한 바람을 가져와야겠다고 생각하고 바람을 조종하는 마법사가 사는 와이포 계곡으로 갔다. 마우이가 마법사에게 바람을 풀어달라고 떼를 쓰자 마법사는 할 수 없이 호리병 뚜껑을 열어 연을 힘껏 날렸다. 마우이는 배에 연을 달아 빠른 항해를 익혀 어떤 사람보다 물길을 빠르게 오갈 수 있게 되었다.

하지만 마우이는 집에서는 손도 까딱하지 않았다. 이에 형들은 그가 게으르다고 불평했다. 화가 난 마우이는 자신은 형들보다 더 큰 물고기를 잡을 수 있다고 호언

하였다. 그는 먼저 지하세계로 가서 반은 죽었지만 반은 살아 있는 조상 할머니로
부터 턱뼈를 얻었다.

이윽고 바다낚시를 하러 떠나던 날, 형들은 한사코 마우이를 떼놓고 가려 했다.
같이 가면 또 어떤 장난을 쳐서 자기들을 곤경에 빠뜨릴까 겁이 났기 때문이다. 그
러나 형들이 그런다고 포기할 마우이가 아니었다. 그는 형들 몰래 배에 숨었다가
배가 바다 한가운데로 나가자 슬그머니 모습을 드러냈다. 형들은 깜짝 놀랐지만
바다 한복판에서 마우이를 어떻게 할 도리가 없었다. 그들은 대신 마우이에게 낚
싯바늘을 주지 않았다. 형들이 신나게 고기를 잡는 모습을 보던 마우이는 죽은 할
머니의 턱뼈로 낚싯바늘을 만들었다. 그러자 형들은 이번에는 낚싯밥으로 쓸 미끼
를 주지 않았다. 마우이는 제 손으로 제 코를 힘껏 때렸다.

"무슨 짓이야, 마우이?"

형들이 놀라 소리쳤다. 그러나 마우이는 태연히 제 코피를 낚싯바늘에 묻혀 낚
시를 하는 것이었다.

얼마 후 마우이의 낚싯줄이 어딘가에 닿고 낚싯바늘에 물고기가 걸린 것 같았
다. 마우이가 힘껏 줄을 잡아당겼다. 하지만 낚싯대는 꼼짝도 하지 않았다. 형들이
달려와 함께 줄을 잡아당기기 시작했다. 마침내 물고기가 물 위로 모습을 드러냈
을 때 형들은 놀라서 뒤로 나뒹굴 뻔했다. 그가 건져낸 것은 물고기 등에 있는, 위
대한 신 탕갈로아의 손자가 사는 집이었다. 형들은 겁이 나서 아무 소리도 하지 못
했다. 하지만 마우이는 호탕하게 웃으며 큰소리를 쳤다.

"이 물고기는 하하우 호에누아다!"

이것은 그동안 찾아 헤매던 육지라는 뜻으로, 오늘날의 뉴질랜드이다.

마우이는 물고기를 형들에게 맡겨 두고 자신은 적절한 의식을 치르기 위해서 무
당을 찾아 나섰다. 그러나 형들은 동생이 자리를 비운 그새를 기다리지 못하고 물
고기를 자르기 시작했다. 그러자 물고기가 고통에 겨워 몸부림치면서 산과 골짜기

마우이의 낚시: 뉴질랜드 지명의 기원_마우이가 낚아 올린 거대한 물고기를 형제들이 의식을 기다리지 못하고 자르면서, 물고기의 몸부림으로 산과 골짜기가 형성되어 오늘날의 뉴질랜드 북섬이 되었다. 이 신화는 뉴질랜드의 주요 지형들이 '마우이의 물고기', '마우이의 카누' 등 마우이의 낚시 이야기에서 유래되었음을 설명하며, 이 지명들은 오늘날까지도 널리 사용되며 마우이 신화가 뉴질랜드 문화와 지리에 미친 깊은 영향을 보여준다.

들이 생겨났다. 그것이 뉴질랜드 북섬이 되었다.

마우이가 낚아 올린 북섬은 '이카아마우이(마우이의 물고기)', 남섬은 '와카 아마우이(마우이의 카누)', 스튜어트섬은 '테 풍가오테와카아마우이(마우이가 탄 카누의 닻으로 사용된 돌)'이며, 북섬 북쪽에 가늘게 뻗은 육지는 '테 히쿠오테이카아마우이(마우이가 잡은 물고기의 꼬리)', 코로만델 반도의 가늘게 뻗은 땅은 '테 타라오테이카아마우이(마우이가 잡은 물고기의 수염)'라고 한다.

그리고 북섬 동해안에 자리 잡은 기즈번의 북쪽, 서해안의 뉴플리머스와 타라나키 간 주위의 바닷가는 '응가 파카우오테이카아마우이(마우이가 잡은 물고기의 날개)'라고 불린다. 또한 북섬 가운데에 있는 타우포 호수는 '테 피토오테이카아마우이(마우이가 잡은 물고기의 배꼽)'이며, 호크만의 구비는 '테 마타우아마우이(마우이의 낚시)'고, 웰링턴 지역은 '테 우포코오테이카아마우이(마우이가 잡은 물고기의 머리)'라고 하며 웰링턴 항구와 와이라라파 호수의 물은 '응가 화투오테이카아마우이(마우이가 잡은 물고기의 눈)'라고 한다. 즉, 마우이가 섬을 낚아 올린 이야기로 인해 뉴질랜드의 수많은 지명이 생겨났으며, 이는 오늘날에도 잘 쓰이고 있다.

결국 마우이 덕분에 하늘은 멀어졌고, 바람도 불어왔으며, 섬도 낚아 올려 사람들이 살기 좋아졌다. 그런데 이번에는 분별없는 태양이 큰 걱정이었다. 옛날에는 태양이 너무 빨리 돌아서 농부는 농작물을 거둘 시간이, 어부는 물고기를 잡아 저장할 시간이, 여인들은 타파(남태평양 제도에서 꾸지나무 껍질로 만든 종이 같은 천)를 짤 시간이 없었다.

사람들이 고생하는 것을 본 마우이는 태양을 붙잡아 천천히 돌게 해야겠다고 생각하였다. 마우이의 어머니는 마우이에게, 태양은 매우 강한 힘을 가지고 있으니 먼저 해가 있는 거대한 산인 할레아칼라에 사는 할머니에게 가서 조언과 무기를 얻으라고 충고하였다. 마우이는 강한 줄과 누나의 머리카락으로 만든 그물을 가지고 할레아칼라 산의 할머니를 찾아갔다. 할머니는 마우이가 영웅임을 알아보고 그에게 요술 돌도끼를 주었다. 마우이는 해가 다니는 길에 그물을 치고 월리월리 나무뿌리에 구멍을 파고 그곳에 숨었다.

어느 날, 빠르게 지나가던 태양이 그물에 걸리자 마우이는 그때를 놓치지 않고 태양을 밧줄로 포박한 뒤 요술도끼로 두들겨 때렸다. 태양은 너무 아파서 살려달라고 빌었다. 그러자 마우이는 앞으로 천천히 다닐 것을 약속한다면 매를 거둘 것이라고 했고, 태양은 울며 겨자 먹기로 마우이의 말에 따르겠다고 맹세하게 되었다.

그때부터 해가 오랜 시간 사람들을 비추게 되어 농부는 작물을 기르고, 어부는 깊은 바다까지 나가서 물고기를 잡았으며, 여자들은 지칠 때까지 타파를 짜고, 과일과 열매들은 빛을 받아 충분히 무르익었다. 그러나 태양의 예전 버릇이 그대로 남아 있어서 겨울이 오면 빨리 돌곤 하는데 이것이 겨울 아침이 짧은 이유라고 한다.

또한 그 당시에는 불이 없어서 사람들은 나무뿌리와 생선을 날로 먹고 추위에 떨었다. 마후이카라는 신(마우이의 양아버지인 바다의 신 랑기의 아버지니 마우이에게는 할아버

마우이의 태양 늦추기 신화_마우이는 인간이 고통받는 것을 보고 할머니의 조언과 마법 도끼를 얻어 태양을 붙잡기로 결심했다. 그는 할레아칼라 산에서 태양을 밧줄로 포박하고 매질하여 앞으로 천천히 운행할 것을 맹세시켰다. 이로 인해 태양은 오랫동안 지상을 비추어 농작물 재배와 어업 등 인류의 삶에 큰 도움을 주었으나 태양의 옛 버릇이 남아 겨울에는 여전히 빨리 돌아 겨울 아침이 짧아지는 이유가 되었다.

지이다)이 땅속 세계에서 불을 지키고 있었기 때문이다. 마우이는 인간은 찾을 수 없는 비밀의 문을 지나 할아버지를 찾아가서 사람들이 음식을 익혀 먹을 수 있게 불을 달라고 하였다. 하지만 마후이카는 마우이의 요청을 거절했고, 마우이는 포기하지 않고 불을 훔쳐가려고 생각했다.

마음속에 불을 훔쳐가려고 호시탐탐 기회를 엿보던 마우이는 어느 날 할아버지가 한눈을 팔자 불타고 있는 나무 장작 한 조각을 나뭇잎으로 감싼 뒤 모른 척하고 떠나려 했다. 그러나 마후이카가 불의 냄새를 맡고 마우이에게 힘겨루기를 하자고 제의했다. 먼저 마후이카가 마우이를 하늘 높이 던지려고 했으나 마우이는 나무 꼭대기 정도의 높이까지 올라간 뒤 아래로 떨어져서 안전하게 땅 위에 내려섰다. 마우이의 차례가 되자 그는 한 손으로 마후이카를 움켜잡은 뒤 그를 구름 위까지 날려 보내고는 불을 들고 달아났다.

땅에 내려선 마후이카는 마우이의 계략에 속았음을 알고 곧바로 마우이의 뒤를

마우이의 불 획득 신화_마우이는 추위에 떨며 날것을 먹는 인간들을 위해 땅속 세계의 불을 지키는 할아버지 마후이카를 찾아갔다. 불을 거절당하자 마우이는 마후이카를 속여 불타는 장작을 훔쳐 달아났고, 뒤쫓는 할아버지에게 잡힐 찰나 인간 세상으로 불을 던져 큰불을 일으켰다. 비의 신의 도움으로 불은 꺼졌지만, 이 사건으로 불은 숲의 나무들 안에 깃들어 나무를 비비면 불을 얻을 수 있게 되었으며, 이로써 인간은 불을 사용하는 삶을 살게 되었다.

쫓았고, 마우이가 비밀의 문으로 들어갈 무렵에 그를 붙잡았다. 그런데 그때 문이 열려 있어서 마우이는 감싸놓은 불을 인간 세상에 던져버렸고 그 불이 나무에 옮겨붙었다. 그 때문에 온 세상이 불바다가 되었고 마우이는 비둘기로 변신하여 달아나면서 비의 신인 타워리마테라를 불러 비를 내려 불을 끄게 하였다.

이렇게 한바탕 큰 화재가 일어났지만 그 불들은 숲속의 나무들 안에 간직되었고 그때부터 나무를 비비면 불이 일어나게 되었다고 한다. 이처럼 마우이의 활약으로 인해 지상에 불이 등장하게 되었다. 이후 사람들은 요리하는 데 불을 사용할 수 있게 되었고 겨울에도 불을 켜서 따뜻하게 지낼 수 있게 되었다.

마우이의 어머니인 히나는 맑은 물이 솟구치고 아름다운 무지개가 걸린 동굴에서 살고 있었다. 그런데 그곳은 워낙 가파르고 미끄러워서 아들인 마우이가 먼 곳에 가 있어도 도둑이나 악당이 함부로 범접할 수 없는 곳이었다. 그녀는 늘 문을 열어놓은 채 아들이 해를 묶어준 덕에 길어진 낮 시간 동안 타파를 짜면서 지냈다.

마우이, 어머니 히나를 구하다_마우이의 어머니 히나가 맑은 물과 무지개가 있는 동굴에 평화롭게 살고 있었다. 하지만 마우이가 없는 틈을 타 히나의 오랜 적인 거대 뱀장어 쿠나로아가 물길을 막아 동굴 안으로 물을 역류시켜 위협했다. 멀리 할레아칼라 산에 있던 마우이는 어머니를 위해 만들어 둔 구름이 이상하게 변하는 것을 보고 위험을 감지했다. 그는 즉시 달려와 요술 도끼로 뱀장어가 설치한 바위를 부수고 어머니를 위기에서 구출했다.

그 강 아래쪽에는 히나의 적인 쿠나로아라는 큰 뱀장어가 살고 있었다.

어느 날 마우이가 없는 틈을 타 뱀장어는 큰 바위를 가져다 놓아 물이 역류하여 동굴 안으로 흘러들어가도록 만들었다. 그때 마우이는 할레아칼라 산에 있다가 어머니를 보호하기 위해 만들어 놓은 구름 아오 오푸아가 이상한 모습으로 변하는 것을 보고 어머니에게 위험이 닥친 것을 알아차렸다. 그는 급히 산을 내려와 요술도끼를 들고 배를 저어 달려가 뱀장어가 가져다 놓은 바위를 깨뜨려 어머니를 구했다.

어느 날 마우이는 모든 생명체에 죽음을 몰고 오는 죽음의 여신 히네누이테포가 수평선에 누워 있다는 말을 들었다. 마우이는 그녀의 심장을 가져와 모든 생물이 먹는다면 이 세상에서 죽음은 사라지고 인간들은 영생을 얻게 된다는 사실을 알게 되었다. 또한 달이 항상 생명수에 목욕을 하기 때문에 새 생명으로 돌아오는 것(폴리네시아의 사람들은 달이 삭 상태로 보이지 않는 것은 달이 죽었기 때문이며 다시 나타나는 건 생명수에 목욕을 해서 살아나는 것이라고 믿었다)을 알게 된 마우이는 달을 붙잡은 뒤 "네가 새로운 힘을 얻고 돌아오듯이 인간도 죽음에서 돌아오도록 해다오"라고 달을 협박해서 달과 함께 히네누이테포가 있는 곳으로 향했다. 그녀는 두 다리를 벌린 채 자고 있었는데, 그녀의 모습은 화산 조각 같은 날카로운 이빨에 상어처럼 튼 입, 그리고 해초같이 흐느적거리는 머리카락이 있으며 질(성기)에는 흑요석의 이빨이 나 있었다. 아무리 용감한 마우이라도 그런 기괴한 모습의 죽음의 여신 앞에서는 몸을 떨지 않을 수 없었다. 마우이는 주변에 있는 많은 새에게 그녀의 심장을 가지고 나올 때까지 노래하거나 웃지 않도록 당부하였고 흑요석 같은 이빨을 피해 질 속으로 들어갔다.

마우이가 히네누이테포의 몸 안으로 쭉 들어가 그녀의 심장을 움켜쥐고 다시 질을 통해서 나오려고 했다. 그가 반 정도 나왔을 때 새들이 그의 업적을 축하하며 노래를 부르고 불사의 기쁨에 웃음을 터뜨리는 바람에 히네누이테포가 잠에서 깨어나 다리를 오므리고 말았다. 결국 마우이는 그녀의 질에 박힌 흑요석 이빨에 반 토막 나서 죽어버렸으며 그의 손에는 영생의 심장이 쥐어져 있었다고 한다. 그렇게 수많은 업적을 자신의 몸에 타투로 새긴 마우이는 죽음을 맞이했고, 그가 죽은 이후로는 그 누구도 히네누이테포의 거처에 가까이 가지 못했다고 한다.

마우이의 죽음과 영생의 좌절_마우이는 인간에게 영생을 주고자 죽음의 여신 히네누이테포의 심장을 훔치려 했다. 그는 기괴한 모습의 히네누이테포의 질 속으로 들어가 심장을 움켜쥐었으나 그의 업적을 미리 축하하며 노래한 새들 때문에 잠에서 깬 여신에게 몸이 잘려나가 죽음을 맞이했다. 마우이의 손에는 영생의 심장이 쥐어져 있었음에도 그의 죽음은 인간이 영생을 얻지 못하게 했으며, 이후 그 누구도 죽음의 여신에게 감히 다가가지 못했다.

59

모아이 석상

이스터 섬은 지구상에서 가장 고립된 섬으로 거대한 모아이 석상이 유명하다. 약 1,200년 전 라파누이인들이 화산암으로 만들었으나 제작 목적은 아직 미스터리다. 하지만 석상 제작에 대한 과도한 집착으로 숲이 황폐해진 것이 섬 생태계 파괴의 주요 원인으로 지목된다. 모아이의 존재는 인간의 신념과 환경 파괴의 관계를 보여주는 중요한 사례다.

남태평양의 한복판에 외롭게 떠 있는 조그만 화산섬 이스터 섬에는 아직도 풀리지 않는 수수께끼가 있다.

이 섬은 폴리네시아 동쪽 끝에 있는 피트케인 섬으로부터 동쪽으로 1,700km, 서쪽의 칠레로부터 3,700km나 떨어져 있으며, 1888년부터는 칠레의 영토에 속해 있다. 그런데 이 작은 섬에는 세계 그 어느 곳에서도 찾아볼 수 없는 거대한 석상들이 1,000여 개나 흩어져 있다.

이 석상들의 크기는 높이가 3.5~4.5m, 무게는 20톤 정도이지만, 큰 것은 높이 10m, 무게가 90톤에 달하는 것도 있다. 이처럼 엄청난 석상을 '누가, 왜, 어떻게 만들었을까?'에 대해서는 많은 학자가 활발히 연구하고 있지만, 아직도 규명되지 않은 부분이 많은 의문의 유적이다.

이 섬을 최초로 발견한 사람은 네덜란드의 제독 야콥 로게벤이었다. 그는 전설의 나라인 데이비스랜드를 찾아 항해하던 중 1772년에 이 섬을 발견하였다. 그 당시에는 이 섬에 약 3,000여 명의 주민이 살았는데, 그들의 생활은 석기 시대의 수준에 머물러 있었으며, 사람을 잡아먹는 등 매우 야만적인 풍습이 있었다고 한다.

그 후 1862년에는 페루의 노예상들이 이곳에서 1,000여 명이나 되는 사람을 노예로 잡아갔으며, 전염병까지 돌아 1877년에는 인구가 100여 명으로 급격하게 줄어

이스터 섬과 모아이 석상의 미스터리_남태평양 이스터 섬에는 높이 10m, 무게 90톤에 달하는 거대한 모아이 석상 1,000여 개가 존재하고 있다. 1722년 처음 발견될 당시 남아메리카인의 건너와 만들었다는 주장이 제기되기도 했으나 현재는 4~5세기경 서쪽 폴리네시아에서 이주해 온 선주민의 후손들이 이 거대한 석상들을 세웠다는 설이 학계의 지배적인 견해로 받아들여지고 있다.

들게 되었다. 이러한 석상을 만든 사람들은 누구일까? 이 문제에 대해서 많은 학자의 추측과 주장이 나왔다. 노르웨이의 학자 하이엘다르는 남아메리카에서 건너온 사람들이 이 석상을 만들었다고 주장하였다. 그러나 당시 남아메리카 원주민들의 문명 수준으로는 이렇게 먼 곳까지 항해를 할 수 없었고, 이 섬에서 자라는 식물이나 전설 등으로 보아 그 주장은 매우 근거가 희박하다고 보고 있다. 그 후로도 다양한 학설들이 주장되어 왔지만, 오늘에 이르러서는 대부분의 학자들이 4~5세기경 서쪽의 폴리네시아에서 원주민들이 건너왔으며, 이들의 후손들이 석상을 세웠다는 설이 대체적으로 받아들여지고 있다.

이스터 섬의 신화에 의하면, 옛날 이스터 섬에는 귀를 잡아당겨 길게 늘인 장이족들에 의하여 통치되었다고 한다. 장이족들은 귀가 짧은 단이족들을 노예로 부리면서 아후(제사 지낼 때에 쓰이던 일종의 제단)를 세우도록 하였다. 그런데 어느 날 장이족들은 단이족들에게 섬에 있는 모든 돌을 치우라고 명령하였다. 이에 화가 난 단

이스터 섬의 장이족과 단이족 신화_이스터 섬의 신화는 귀를 늘인 장이족이 귀가 짧은 단이족을 지배하다가 무리한 요구로 단이족의 반란을 샀다고 전한다. 장이족은 단이족을 함정에 빠뜨려 불태우려 했으나 계획이 누설되어 오히려 자신들이 판 참호에 갇혀 거의 전멸했다. 이 신화는 오늘날 이스터 섬 주민들 사이에서 전해지며, 포이케 지역에서 발견된 대규모 참호 유적을 통해 그 내용의 일부가 고고학적 근거를 얻기도 한다.

이족들은 반란을 일으켜 통치자들인 장이족들을 내쫓았다. 단이족들의 공격을 받은 장이족들은 이 섬의 동쪽에 위치한 포이케 반도로 쫓겨가서 커다란 참호를 파고 만약의 사태에 대비했다. 장이족들이 참호를 판 속셈은 단이족들의 공격에 대비하고 단이족들을 참호 속에 몰아넣고 불태워 죽이려는 목적이었으나 안타깝게도 이 계획이 사전에 단이족에게 누설되고 말았다. 이에 단이족들은 장이족들을 후방에서 공격하여 그들을 불구덩이 속에 몰아넣었다. 장이족들은 두세 명만 남고 모두 죽었다.

오늘날 이스터 섬의 주민들 중에는 자기가 장이족의 후손임을 내세우는 사람은 몇 명 되지 않는다. 이 이야기를 바탕으로 조사한 결과, 포이케 지역에서 깊이 4m, 길이 12m인 참호의 일부가 발견되었다.

이 이야기로 미루어 보아 참호의 불은 크게 번져 이 섬에 무성했던 숲들을 모두 태워 버렸을 것이고, 그 후에는 석상을 만들지 않았으며, 운반하던 석상도 도중에

버려진 것으로 추측된다.

그렇다면 이 많은 석상은 도대체 왜 만들었고, 어떻게 운반했을까?

석상을 만들기 위해서는 먼저 석상을 만들 바위 주변에 도랑을 파고 그 안에서 작업을 해 석상을 완성해야 한다. 그리고 석상이 완성되면 나무껍질로 만든 밧줄을 이용하여 경사면 아래로 끌어내려 나무 썰매를 석상에 붙이고, 이것을 밧줄로 끌어당겨서 운반한 것으로 추측된다.

하지만 정확한 해답은 모아이와 관계된 문화재인 롱고롱고 목판을 해석해야 한다고 한다. 그런데 이스터 섬의 원주민들이 롱고롱고 목판을 땔감으로 쓰는 바람에 지금은 약 20여 개밖에 남지 않았다고 한다.

60

화산의 여신 펠레

폴리네시아 신화는 섬 지역의 특성을 반영하여 바다의 신이 주신으로 나타나는 등 대륙 신화와 차별화된다. 하와이의 펠레 여신처럼 특정 지역의 자연현상과 밀접하게 연관된 신들이 유명하며, 이는 자연환경이 신화와 신앙 형태를 결정하는 주요 요인임을 보여준다.

펠레는 화산의 여신이면서 불, 번개, 춤, 바람의 여신으로도 불린다. 펠레는 '대지를 삼키는 여인'이라는 뜻을 지닌 이름이다. 그녀는 창조자이자 파괴자이기도 하다. 그녀는 대기 중에 녹은 물을 쏟아붓기도 하고 거대한 마그마 분출을 통제하기도 한다. 화산을 통제함으로써 하와이 섬을 창조했고 현재까지도 여신은 아름다운 섬에 자신의 존재를 보여주고 있다.

펠레 여신은 세계에서 가장 활발히 활동하는 화산에서 살고 있다. 그녀는 킬라우에아 화산 꼭대기 분화구에 살고 있다. 그렇지만 그녀의 통제 범위는 하와이 섬 전체를 아우른다. 폴리네시아의 아름다운 섬 하와이의 화산의 여신 펠레는 원래 타이티 호누아메아에서 태어났다.

그녀는 대지의 여신 하우메아와 하늘의 창조신 카네 밀로하이가 낳은 여섯 명의 딸과 일곱 명의 아들 중 하나로 알려졌다.

타이티 출신의 펠레가 하와이까지 오게 된 이유에 대해서 다양한 이야기가 전해지고 있다. 그중 가장 유명한 이야기는 지나치게 높은 그녀의 체온 때문에 아버지에 의해 추방당했다는 설이다. 또 다른 이야기에 따르면, 그녀가 언니인 물의 여신 나마카오 카하이의 남편, 즉 형부를 유혹하는 바람에 언니와 싸워 타이티를 떠났다고 한다.

펠레의 오빠이자 상어 왕 카모호알리는 커다란 카누를 준비했고 펠레와 그의 남자 형제들은 고향을 떠나 머나먼 항해길을 떠났다. 그렇게 먼 바닷길을 바람에 맡겨 달려 도착한 곳이 하와이였다. 한편, 항해 도중 펠레는 언니인 바다의 여신 나마카오 카하이와 치열한 전투를 치러야 했다. 이 험난한 항해 도중 펠레는 사랑했던 여동생 히아카를 지키는 데 최선을 다했다. 펠레의 여동생 히아카는 '히아카 이 카폴리 오 펠레'라고도 부르는데 '펠레 품 안의 히아카'라는 뜻으로 알 형태를 띠고 있었다. 결국 히아카는 펠레 가족 중 하와이에서 태어난 첫 번째 신이 되었다고 한다.

하와이에 도착한 펠레는 하와이 북서쪽의 작은 섬 카우아이에 구덩이를 파기 시작했다. 하지만 또다시 큰언니의 공격을 받았고, 이번에는 결국 언니에게 패해 죽고 말았다. 다행히 펠레는 다시 살아났고 오아후로 피신했다. 그곳에서 그녀는 현재 호놀룰루에 있는 다이아몬드 헤드라고 부르는 분화구를 비롯해 몇 개의 불구덩이를 팠다. 펠레는 이런 식으로 몰로카이섬에도 그녀의 발자취를 남겼고 남동쪽으로 이동해 마우이와 할레아칼라 화산을 만들었다고 한다.

펠레가 하와이섬 남동쪽으로 이동했을 때 비로소 큰언니 나마카오 카하이는 펠레가 살아 있다는 것을 알았다. 두 자매는 마우이에서 다시 운명을 건 전쟁을 치렀다. 이 전쟁으로 펠레는 언니에 의해 온몸이 찢겨 죽는 운명을 맞이했다. 카이이오펠라라고 부르는 언덕이 바로 이 전쟁에서 죽은 펠레의 뼈라고 한다.

그녀는 결국 언니에 의해 죽음으로 하늘로 올라가 신이 되었고 마우나로아 산에 거처하게 되었다고 한다. 그곳에서 펠레는 킬라우에아 화산 정상에 마지막 불구덩이인 할레마우마우 분화구를 팠다고 한다. 할레마우마우 분화구는 세계의 배꼽으로도 불리고 있다.

화산의 여신 펠레의 조각상

신화로 보는 세계사

아시아 문명의 신화

아시아 신화는 '아시아'라는 포괄적 범주를 넘어 각 문화권의 뚜렷한 개성을 특징으로 하며, 동남아시아, 베트남, 일본, 몽골, 시베리아 등 광범위한 지역적 특성에 따라 독자적인 신화 체계를 발전시켰다. 태국의 〈라마야나〉 속 영웅담이나 필리핀의 대나무 기원 신화, 베트남의 중국 영향 속 건국 신화, 일본의 천황을 신처럼 여기는 가미요 신화는 그 대표적 사례이다. 또한, 몽골은 유목 민족의 정신이 담긴 영웅 서사를, 시베리아는 샤머니즘으로 다양한 민족을 아우르는 세계관을 보여준다. 이처럼 아시아 신화는 지역 환경과 역사적 배경이 빚어낸 각기 다른 창조론과 영웅 서사를 통해 인류 문화의 풍요로움을 드러낸다.

라마끼안

태국의 서사시 〈라마끼안〉은 인도의 발미키가 저술한 〈라마야나〉에서 유래한다. 〈라마야나〉는 비슈누 신의 화신 라마와 악의 상징 라바나의 전쟁을 담은 서사시인데, 주변국으로 확산되면서 내용이 변형된 경우가 많다. 태국 〈라마끼안〉 또한 원작의 큰 서사 구조는 유지하지만, 인물의 이름, 복장, 풍습, 불교적 세계관, 심지어 식물까지 태국의 지역적 특징을 반영하여 세부 내용을 각색한 것이 특징이다

라마키안의 주인공인 선의 화신 프라람과 대항하여 치열한 싸움을 벌이는 악의 화신 롱까국 왕 톳싸깐은 전생에 마왕 논톡이었다. 이쑤언(시바) 신은 마왕 논톡을 제압한 뒤, 그에게 자신이 사는 산으로 오르는 계단 아래에서 말씀을 들으러 찾아오는 모든 신의 발을 씻어주는 일을 맡겼다.

논톡은 신들의 발을 씻어주며 10만 년 동안 그들에게 조롱을 받았다. 어떤 신들은 그의 머리를 때리거나 얼굴을 가지고 장난치며 놀려댔다. 또 어떤 신들은 그의 머리카락을 하도 세게 잡아당겨 결국 그는 대머리가 되었다. 그때마다 논톡은 남몰래 눈물을 흘렸다.

어느 날 논톡은 더 이상 참지 못해 이쑤언 신을 찾아가 눈물로 자신의 처지를 하소연했다. 그러자 이쑤언 신은 그를 불쌍히 여겨 논톡에게 가리키는 대로 사람을 죽일 수 있는 다이아몬드 손가락을 주었다.

논톡은 다시 신들의 발을 씻어주는 일을 했다. 그러나 신들이 예전처럼 자신을 괴롭히자 그는 격노하여 다이아몬드 손가락으로 그들을 가리켜 모두 죽게 만들었다. 논톡이 손가락을 마구 사용하여 많은 신들을 죽이고 혼란을 야기하자 이쑤언 신은 나라이(비슈누) 신에게 그를 제압해 달라고 요청했다.

이쑤언 신의 명을 받은 나라이 신은 아름다운 무희로 변신했다. 논톡은 이 아름

논톡의 다이아몬드 손가락과 비슈누의 기만책_신들에게 조롱받던 논톡은 이쑤언 신에게 다이아몬드 손가락을 얻어 자신을 괴롭히던 신들을 학살하며 혼란을 야기했다. 이에 이쑤언 신의 요청을 받은 나라이(비슈누) 신은 아름다운 무희로 변신, 유혹적인 춤으로 논톡을 현혹하여 그가 다이아몬드 손가락으로 스스로 다리를 부러뜨리게 만들었다. 나라이 신은 마침내 인간의 모습으로 변신하여 삼지창으로 논톡의 목을 베어 그의 폭정을 끝냈다.

다운 무희가 추는 관능적인 춤에 사로잡혀 넋을 잃고 그녀의 환심을 사려 했다. 그녀는 유혹의 춤을 추며 논톡을 이끌었다. 그녀가 뱀이 꼬리를 말아 틀고 앉은 것 같은 포즈를 취하자 논톡은 무의식적으로 다이아몬드 손가락으로 자신의 다리를 가리켜 다리가 부러지고 말았다. 그러자 무희는 나라이 신으로 모습을 바꾸고는 논톡의 뺨을 짓밟고 꼼짝 못 하게 사로잡았다. 논톡을 꾸짖기 위해 나라이 신은 네 개의 무장된 팔을 가지고 있었으나 논톡의 다이아몬드 손가락이 두려워 정면에서 싸우지 못하였다. 나라이 신은 논톡에 도전하기 위해 열 개의 얼굴에 무장한 열두 개의 팔로 변신하고 날 수 있는 능력도 구비한 아바타와 싸우게 하고 자신은 두 개의 팔을 가진 인간으로 변신하여 삼지창으로 논톡의 목을 베어 버렸다.

이후 논톡은 타오 라스탄과 나앙 라차다의 아들 토카산으로 다시 환생하여 롱까 왕국의 지배자가 되었다. 나라이 신 역시 이 악마와 싸우기 위해 인간인 프라람 왕자로 다시 태어났다.

라마와 시타의 탄생, 그리고 운명의 실타래_아요타야의 톳싸롯 왕은 신에게 바친 밥을 아내들이 나누어 먹고 프라람(라마)을 포함한 네 아들을 얻었다. 한편, 밥을 훔쳐 먹고 태어난 딸은 피펙에 의해 강물에 버려졌으나 수도승 차녹에게 발견되어 '시타'라는 이름으로 양육된다. 차녹은 시타가 왕족임을 직감하고 잠시 그녀를 원래의 자리에 두어 부모를 찾으려 했으나 실패했고, 결국 직접 키우며 라마와 시타의 운명적인 만남과 인연을 예고했다.

아요타야 왕국의 톳싸롯 왕이 신에게 자식을 구하는 제의를 거행하였다. 그는 네 덩어리의 밥을 만들어 신에게 바쳤는데 그 향기가 온 천지를 진동하여 롱까국에 살고 있던 낭몬토가 그 냄새를 맡고 반 덩어리를 훔쳐오게 했다. 남은 세 덩어리 반을 부인 세 명이 나누어 먹은 후 정비(正妃)인 낭까오쑤리야는 프라람을, 낭까이께 씨는 프라프롯을, 낭씨뭇테위는 프라락과 프라쌋다룬 등 네 명의 아들을 낳았다.

한편, 피펙은 낭몬토가 훔쳐온 밥을 먹고 낳은 딸이 불행을 가져올 징조라며 물속에 버렸다. 수도승 차녹과 나이쏨이 강에서 목욕을 하다가 연꽃 속에 유골을 담는 용기가 들어 있는 것을 보고 주워 뚜껑을 열었더니 아기가 들어 있었다. 아기는 미천한 출신이 아닌 왕가의 후손으로 여겨졌다. 나이쏨이 데려다 정성껏 키웠는데 아기가 왕가의 후손일 경우 후일이 복잡해질 것을 우려한 수도승 차녹은 부모를 찾아 주기로 하였다. 차녹은 아기를 처음 발견했을 때와 같이 용기에 담아 싸이나무 아래 구덩이를 파고 나무판 위에 용기를 놓은 후 흰색의 왕실용 우산을 씌워 놓

프라람의 유배와 시타와의 재회_16세의 프라람 왕자는 동생 프라락과 함께 악마들을 물리치는 여정 중 미타라 왕국에 도착해 시타 공주를 만났다. 세월이 흘러 아버지가 병든 틈을 타 계모의 간계로 프라람은 14년 유배를 가게 되었고, 시타와 프라락은 아무런 조건 없이 그를 따랐다. 프라람은 왕위 계승의 순리를 지키기 위해 자신을 찾아온 이복동생의 왕위 위임 요청을 거절하며 유배의 길을 받아들였다.

고 부모가 찾아가기를 기다렸다. 그러나 아무도 나타나지 않자 차녹이 아이를 거두어 '시타'라 이름 짓고 미타라 왕국으로 데려가 양육하였다.

아요타야 왕국의 프라람 왕자는 16세가 되던 해에 악마들을 물리쳐 달라는 현자의 요청에 응해 그의 동생인 프라락과 함께 아요타야 왕국 밖으로 톳싸깐을 물리치기 위한 여행을 떠났다. 프라람 일행은 미타라 왕국에 도착하였다. 미타라 왕국의 왕에게는 딸이 한 명 있었는데 시타 공주였다.

세월이 흘러 프라람 왕자의 아버지인 톳싸롯 왕이 병이 들자 계모가 자신의 아들을 왕위에 세우고자 간계를 꾸몄다. 결국 함정에 빠진 프라람은 자신의 식솔들과 함께 14년 동안 유배를 떠나게 되었다. 동생 프라락과 그의 아내 시타는 어떠한 대가도 바라지 않고 그를 흔쾌히 따라갔다. 프라람은 그 모든 제반 사정을 받아들였으며, 자신을 찾아와 왕위를 다시 맡아 달라는 이복동생에게 순리에 따라 훌륭한 왕이 될 것을 당부하며 완곡한 거절의 의사를 표했다. 왕위 계승을 놓고 피치 못할 상황에 처하자 톳싸롯 왕은 자신의 잘못으로 프라람에게 왕위가 승계되지 못한 것에 대해 깊은 회한을 품고 눈을 감는다.

롱까국의 치우하(혀)는 톳싸깐 왕이 국외 순시를 떠나자 7일 동안 밤낮으로 자지 않고 나라를 지키다 마지막 7일째의 밤, 밀려오는 졸음을 견딜 수가 없었다. 나라가 염려되어 잘 수 없었던 치우하는 혀를 길게 내밀어 왕국을 통째로 덮은 뒤에 깊은 잠에 빠졌다. 7일 만에 롱까로 돌아온 톳싸깐은 암흑에 쌓인 도시가 적의 소행으로 파괴된 것으로 착각하고 잠에 빠져 있는 치우하가 소임을 다하지 못한 것에 격분하여 짝이라는 톱니가 달린 원형의 무기를 던져 치우하를 죽였다. 억울한 남편의 죽음으로 슬픔에 쌓인 낭쌈마낙카에게 미안한 마음을 가진 톳싸깐은 도시를 구경 다니며 새 남편을 만나보라고 권하면서 그녀를 달랬다. 그때 코타와리 강가에 당도한 프라람과 시타, 프라락을 우연히 만난 낭쌈마낙카는 프라람을 보고 한눈에 반해 인간으로 변신하여 그를 유혹하였으나 거절당했다. 화가 난 그녀는 프라람의 아내 시타에게 달려들어 죽이려 하자 프라락이 낭쌈마낙카의 손과 발을 잘라 버렸다. 아픔과 분을 참지 못한 그녀가 오빠 프라야컨에게 고해바치자 프라야컨과 그의 부하 뜨리씨안은 차례로 프라람을 죽이러 갔다가 도리어 죽임을 당했다.

낭쌈마낙카는 롱까의 톳싸깐을 찾아가 시타의 아름다움을 이야기하면서 톳싸깐을 충동질한다. 시타를 보고 반해 버린 톳싸깐은 마릿에게 사슴으로 변하여 시타를 유혹하도록 하였다. 예쁜 사슴을 본 시타가 프라람에게 사슴을 잡아 달라고 하자 그는 프라락에게 아내를 부탁하고 사슴을 잡으러 숲속으로 들어갔다. 그러자 다시 나타난 사슴이 프라람의 목소리로 프라락을 유인하였다. 이상하게 여긴 시타가 프라락을 돕기 위해 집 밖으로 나왔다. 이때를 틈타 시타를 유괴하여 롱까국으로 가던 톳싸깐을 싸다유가 공격하였고 시타는 반지를 떨어뜨려 자신의 행방을 알렸다.

사슴을 잡으러 갔다가 허탕을 치고 돌아온 프라람은 시타가 없어진 것을 발견하고, 때마침 시타의 반지를 가지고 달려온 싸다유를 통해 그간의 경위를 들었다. 시타

시타의 유괴와 하누만의 수색_롱까의 톳싸깐은 낭쌈마낙카의 충동질로 마릿을 사슴으로 변신시켜 프라람을 유인한 뒤 시타를 유괴했다. 프라람은 싸다유가 전해준 시타의 반지를 통해 유괴 사실을 알게 되었고, 동생 프라락과 함께 원숭이 왕국의 하누만과 쑤크립에게 도움을 청했다. 프라람은 쑤크립과의 협력으로 시타의 행방을 추적했으며, 결국 하누만이 롱까에 잠입하여 톳싸깐의 정원에서 시타를 발견했으나 자신의 정체를 숨긴 채 상황을 살폈다.

를 구하는 데 도움을 얻기 위해 형제는 원숭이 왕국의 하누만과 쑤크립을 찾아갔다.

프라람을 만난 하누만은 쑤크립을 데리고 와 팔리에게 추방당한 경위를 들려주었다. 프라람은 쑤크립이 팔리를 쳐부수는 데 도움을 주고 쑤크립은 시타를 찾는 일을 돕기로 약속하였다. 프라람은 활을 쏴 팔리를 제거하고 킷킨으로 들어가 나라를 세우고 쑤크립에게 통치하도록 하였다. 프라람 일행은 칸타맛 산으로 가는 도중 금 공작이 시타의 소식을 전해 주었고 원숭이에게서는 시타의 싸바이(어깨에 두르는 띠)를 건네받았다.

하누만은 시타를 구하기 위해 군대를 거느리고 바다를 건너 롱까로 갔다. 하누만이 롱까에 당도하여 모든 성을 돌아다녔으나 시타의 행방을 찾을 수가 없었다. 마지막으로 찾아간 톳싸깐의 정원에서 시타를 발견하였으나 프라람이 보낸 것을 알 리 없는 시타 앞에 선뜻 나설 수가 없어 작은 원숭이로 변하여 동태를 살피고 있었다.

이때 톳싸깐은 자신의 사랑을 받아주지 않는 시타를 괴롭히기 위해 낭 약(여자 귀신)을 시켜 시타를 비난하게 하였다. 비난을 들은 시타가 목을 매어 죽으려 하자 하누만은 프라람의 반지를 내어주며 프라람이 찾으러 온 사실을 알려준다. 그런 후 정원을 부수고 화가 나서 달려온 톳싸깐의 아들 싸핫꾸만을 죽인다. 이 모습을 본 톳싸깐이 길길이 날뛰며 싸우려 하자 일부러 져주어 잡혔다. 화가 난 톳싸깐이 갖은 방법을 다 동원하여 하누만을 죽이려 했으나 아무리 해도 죽일 수가 없었다. 하누만이 자기를 태워 죽여 달라고 청하니, 톳싸깐은 하누만을 죽일 요량으로 하누만의 몸에 불을 붙였고, 꼬리에 불을 단 하누만은 롱까국 사방을 뛰어다니며 불을 내 롱까국을 태워 없애 버렸다.

하누만으로부터 시타의 소식을 들은 프라람은 칸타끼라 산의 바닷가에 진을 쳤다. 한편, 톳싸깐은 흉몽을 꾸었다. 불안한 톳싸깐은 예언자 피펙에게 해몽을 의뢰했는데, 흉몽이라며 시타를 돌려보내 주어야 한다고 말했다. 그러자 톳싸깐은 피펙이 프라람과 한편이라며 쫓아냈다. 혼자가 된 피펙은 프라람의 휘하로 들어가 프라람의 군대를 교란하려던 톳싸깐의 온갖 술수를 간파하여 프라람에게 알려주었다.

그동안 시타를 돌려보내 주라는 주위의 권유를 듣지 않던 톳싸깐은 결국 전쟁을 하기로 한다. 톳싸깐의 아들 인트라칟은 7년 동안 아키(불의 신)에게 드린 기도 끝에 삼신으로부터 받은 세 개의 활을 가지고 프라락과 네 번의 싸움을 벌이다 프라락의 마법의 화살을 맞고 죽음을 당한다. 아들의 죽음에 톳싸깐이 직접 전쟁에 나서자 열 명의 아들이 따라 나서고 네 차례에 걸쳐 전쟁을 하다가 마침내 그는 죽임을 당한다.

피펙은 시타가 프라람에게 돌아가도록 도와주었고, 시타는 적군에 잡혀갔었던 자신의 순결함을 모든 사람에게 증명하기 위하여 전통적으로 순결을 증명하는 의식인 루이파이(불에 달군 숯 위를 맨발로 걷는 시험)를 행한다. 프라람은 피펙을 롱까 왕으로 추대하고 시타와 함께 아요타야 왕국으로 돌아갔다. 아요타야 왕국으로 돌아

시타의 시련과 쌍둥이의 탄생_피펙의 도움으로 풀려난 시타는 순결 증명 의식을 거친 뒤 프라람과 아요타야로 돌아왔으나 톳싸깐의 유모 삐싯아둔의 계략으로 톳싸깐의 그림을 그리게 된다. 이 그림을 발견한 프라람은 시타를 의심해 죽음을 명했으나 동생 프라락이 시타를 살려 숲으로 피신시켰다. 숲속에서 도인의 도움으로 시타는 프라몽꿋을 낳았고, 도인의 마법으로 똑같이 생긴 프라롭까지 더해진 두 아들은 훌륭한 학문과 무예를 겸비하게 된다.

온 프라람은 하누만의 공적을 기려 아요타야 왕국을 통치하도록 하였으나 하누만이 하루 만에 나라를 반환하자 '롭부리'라는 나라를 만들어 통치하도록 하고 그 밖의 장수들에게 높은 지위의 포상을 하였다.

한편, 톳싸깐의 유모인 마녀 삐싯아둔이 복수를 하기 위해 시타를 찾아갔다. 그녀는 시타에게 이십 개의 얼굴을 가진 톳싸깐의 모습이 어떻게 생겼나 그려 보여 달라고 유혹하였다. 시타가 톳싸깐의 모습을 그리자 때마침 프라람이 숲을 순시하고 돌아온 것을 안 삐싯아둔이 그림 속으로 들어가 버렸다. 시타가 아무리 그림을 없애려 해도 찢어지지도 불에 타지도 않았다. 하는 수 없이 침대 밑에 숨겨 두었으나 프라람이 이것을 발견하였다. 시타를 의심하게 된 프라람은 시타를 죽이라고 프라락에게 명명했으나 프라락은 형수가 숲으로 도망가도록 내버려두었다. 시타는 숲속에서 도인의 도움을 받고 지내면서 아들을 낳아 프라몽꿋이라 이름 짓고, 도인은 프라몽꿋의 안전을 위해 똑같이 생긴 아들 한 명을 더 만들어 프라롭이라

불렀다. 두 아이는 도인으로부터 배운 여러 학문과 활 솜씨가 탁월하여 그 명성을 아요타야 왕국에까지 떨치게 되었다.

어느 날 프라람이 말 축제에서 "누구든지 이 말을 만나는 사람은 말에게 경의를 표하라. 복종하지 않는 자는 반역에 처한다"는 글귀를 말의 목에 달아 숲속에 놓아주었다. 이러한 사실을 모르고 달려온 말을 타고 놀던 두 아들은 명령을 어긴 죄로 프라람의 군대에 잡혀갔다. 프라람은 진지에 도착한 두 명의 사내아이가 자신의 아들임을 알게 되고 그들을 데리고 시타를 찾아가 왕국으로 돌아갈 것을 권하였으나 시타는 거절하였다.

프라람은 하누만을 시켜 프라람이 죽어 장례식을 치를 예정이니 참석해 달라는 계책을 꾸미는데, 장례식에 참석하러 왕국으로 돌아온 시타는 그 말이 거짓임을 알고 지하 세계로 들어가 용과 함께 지냈다. 프라람은 잘못을 뉘우치기 위해 숲으로 들어가 1년을 지내면서 많은 도깨비를 평정하였다. 이쑤언 신은 프라람과 시타가 아직도 헤어져 있는 것을 보고 두 사람을 불러 천계에서 다시 결혼식을 올리게 하여 행복하게 살게 해주었다. 그 후 아요타야 왕국은 평온하였다.

살아 있는 신 쿠마리

쿠마리는 산스크리트어로 '처녀'를 뜻하는 '카우마르야'에서 비롯된 '처녀신'을 의미한다. 네팔에서는 티베트불교의 바즈라 데비 여신이나 힌두교 두르가 여신의 살아있는 화신으로 숭배되며 쿠마리 데비라고도 불린다. 보통 초경 전의 어린 소녀가 역할을 맡고, 경우에 따라서는 초경 이후에도 그 역할이 지속되기도 한다.

네팔의 처녀신 숭배 역사는 기원전까지 거슬러 올라가지만 쿠마리 숭배 전통은 13세기에서 18세기 중엽까지 이 지역을 통치했던 말라 왕조에서 시작된 것으로 알려져 있다. 특히 오늘날 네팔에 전해지는 여러 신화는 그 기원을 말라 왕조의 마지막 왕인 자야 프라카슈 말라와 연관시키고 있다. 쿠마리 숭배는 전설마다 내용에 조금씩 차이가 있지만 공통적인 핵심 줄거리는 다음과 같다.

탈레주 여신이 매일 밤 왕의 침소에 붉은 뱀으로 나타나 왕과 주사위 놀이를 하였다. 여신은 자신이 이렇게 매일 밤 나타나 왕과 주사위 놀이를 하고 있다는 사실을 아무에게도 이야기하지 말라고 신신당부하였다. 그러나 어느 날 밤 왕의 침소에서 소리가 들려 왕이 누군가를 만나고 있다는 생각이 들어 왕비가 왕의 침소에 들어가니 그만 그곳에서 왕과 주사위 놀이를 하는 탈레주 여신을 보게 되었다. 자신의 모습이 발각돼 화가 난 여신은 왕에게 말하길, "만일 왕이 다시 나를 보기를 원하거나 이 나라가 내 보호를 받기를 원한다면 네와리족의 샤카야 가문 사람들 속에 있는 나를 찾아라" 하고 말했다. 이는 자신이 이 사람들 사이에서 어린 여자아이로 환생하여 나타날 것이기 때문이었다.

여신의 당부를 들은 말라 왕은 그날로 탈레주 여신의 정령이 깃든 어린 여자아이를 찾으러 떠났다. 이와 비슷한 신화로는 탈레주 여신이 매일 밤 말라 왕에게 나

살아있는 여신, 쿠마리 전통의 기원_네팔 말라 왕과 밤마다 주사위 놀이를 즐기던 수호신 탈레주 여신은 왕비에게 발각되거나(일설에는 왕의 불경한 행동으로) 분노하여 더 이상 왕을 찾지 않았다. 대신 여신은 자신이 네와리족 샤카야 가문 출신의 어린 소녀로 환생할 것이니 그곳에서 자신을 찾으라는 계시를 내렸다. 이에 왕은 여신의 정령이 깃든 소녀를 찾기 시작했고, 이는 네팔에서 살아있는 여신 '쿠마리'를 선발하는 전통의 기원이 되었다.

타나 국가의 안위에 대해 이야기를 하며 주사위 놀이를 하였다. 그러던 어느 날 밤, 왕은 여신을 겁탈하려고 하였다. 그러자 여신은 격노하여 더 이상 왕에게 찾아오지 않게 되었다. 이에 왕은 뉘우치며 용서를 구하는 제를 올리고 여신에게 다시 찾아와 줄 것을 부탁하였다. 마침내 여신은 이를 수락하여 샤카타 가문 출신의 어린 여자아이의 몸에 나타나게 되었다. 심지어 오늘날 여인들이 붉은 뱀에 관한 꿈을 꾸면 장차 이 아이가 로얄 쿠마리의 높은 지위에 오르게 될 것이라 믿는다고 한다.

쿠마리는 초경 이전의 3~6세 소녀들 가운데에서 엄격한 기준에 맞추어 선발되는데, 그 과정은 티베트불교에서 살아 있는 부처로 숭배되는 달라이 라마나 카르마파의 선발 과정과도 유사하다. 우선 카트만두 인근에 거주하는 네와리족 가운데 석가모니와 같은 샤카족 출신이어야 한다. 또한, 몸에 상처나 병이 없어야 하며, 태어날 때의 천시(天時)가 나라나 국왕과 상성이 좋아야 한다. 그리고 32가지 기준에 따라 신체의 아름다움도 판별된다. 몸에 반점이 없어야 하고 치아도 빠진 것이 없이 가지런해야 한다. 머리카락과 눈동자는 검어야 하고 몸은 보리수와 같아야 한다.

이러한 조건이 충족되면 나열된 물건들 가운데 전대 쿠마리의 물건을 찾게 해서 영적인 능력을 시험한다. 그리고 마지막으로 소나 돼지, 양, 닭 등의 머리를 잘라 놓아 둔 컴컴한 방에서 하룻밤을 보내게 하는데, 무서워서 울거나 소리를 내면 선발에서 탈락한다.

쿠마리로 선발되면 가족과 떨어져 쿠마리 사원에서 지내게 된다. 쿠마리는 붉은 색 옷만 입으며 얼굴에도 붉게 화장을 한다. 그리고 1년에 몇 차례밖에 사원을 벗어나지 못한다. 살아 있는 여신으로 대우를 받으므로 자신의 발로 땅을 딛지 않으며, 이동을 할 때에는 안겨서 옮겨진다.

쿠마리는 살아 있는 여신으로 사람들에게 숭배를 받는다. 사람들은 쿠마리에게 축복을 받으면 병을 고치고 소원을 이룰 수 있다고 믿는다. 해마다 9월에 행해지는 인드라 자트라 제의 때에 쿠마리는 가마를 타고 카트만두를 행진하면서 사람들에게 축복을 내린다.

쿠마리는 예언자로도 여겨진다. 사람들은 쿠마리가 하는 행동이 곧 예언을 나타낸다고 여기는데, 예컨대 쿠마리가 울고불고 하거나 큰 소리로 웃는 것은 심각한 병이나 죽음이 닥친다는 것을 예고하는 것이며, 몸을 떠는 것은 투옥된다는 것을, 공물을 쥐면 재산을 잃게 된다는 것을 뜻한다고 여긴다. 반면, 쿠마리가 편안한 상태로 차분히 있으면 안심해도 좋다는 뜻으로 해석한다.

여러 피부색의 신화

필리핀은 아예 '대나무 종족'으로 불린다. 필리핀의 창조 신화에서 인류 최초의 남자와 여자는 대나무에서 태어났다. 최초의 인간들은 하늘과 바다의 신을 외면하고 상어를 신으로 추앙하자 분노한 신들로부터 벌을 받아 사람들의 피부색이 달라졌다고 한다.

아주 오랜 옛날, 땅, 태양, 달, 별이 없었고 거대한 바다와 하늘만 있던 때가 있었다. 바다에는 마구아얀이라는 신의 왕국이 있었고 하늘에는 카프탄 신이 다스리는 왕국이 있었다. 바다 왕국에는 '바다의 뜻'이라고 불리는 리다가트라는 공주가 있었고 하늘 왕국에는 '바람의 뜻'을 가진 리한진이라는 아들이 있었다. 바다의 신 마구아얀과 하늘의 신 카프탄은 사돈을 맺기로 하고 자식들을 결혼시켰다. 이리하여 바다 왕국의 딸 '바다'는 '바람'의 아내가 되었다.

바다와 바람 부부는 딸 하나와 아들 셋을 낳았다. 아들들의 이름은 각각 리칼리부탄, 리아들라오, 리불란이었고 딸은 리수가라는 이름을 주었다. 첫 아들 리칼리부탄은 몸이 바위였으며 강하고 용감했다. 차남인 리아들라오는 몸이 황금이었으며 항상 행복해했다. 막내아들 리불란은 몸이 구리였으며 약하고 겁이 많았다. 아름다운 딸 리수가는 몸이 은이었으며 부드러운 매력을 지녔다. 아이들의 부모인 바람과 바다는 자식들을 무척 사랑했고, 부부는 세상에서 더 이상 행복을 바랄 게 없었다. 얼마 후 아버지인 리한진(바람)이 죽자 바람을 관리하는 일은 장남 리칼리부탄에게 상속되었다. 그 뒤에 어머니 리다가트도 남편의 곁으로 떠나갔다. 자식들은 양 부모를 여의었지만 불사신인 그들의 친할아버지 카프탄과 외할아버지 마구아얀은 손자 손녀를 돌보고 악으로부터 보호하고 있었다.

신들의 상속 다툼: 리칼리부탄의 야망_바다와 바람의 자식 중 바람의 관리권을 물려받은 장남 리칼리부탄은 강력한 힘에 대한 자부심으로 하늘을 정복하려는 야망을 품었다. 그는 동생들에게 하늘 공격에 동참할 것을 요구했지만, 평화롭고 할아버지에게 만족하는 황금 몸의 리아들라오는 이를 반대했다. 리칼리부탄은 리아들라오를 나약하다고 꾸짖으며 하늘 상속의 때가 되었음을 주장, 권력에 대한 욕심과 형제간의 갈등을 표출하기 시작했다.

하지만 바람을 물려받은 장남 리칼리부탄은 바람의 힘에 대한 자부심이 너무 커져 영토를 확장하고 싶은 욕심이 생겼다. 그는 하늘을 정복하여 자기 것으로 만들고자 하였다. 그는 동생들에게 하늘 공격에 동참할 것을 요구하였다.

"우리는 젊다. 그러니까 하늘을 통제하는 일도 우리가 해야 한다."

그러나 동생 리아들라오는 황금 머리를 좌우로 돌리며 반대했다.

"할아버지가 항상 우리를 돌보아주시는데 어찌 그럴 수가 있습니까? 할아버지는 권력의 욕심 없이 잘하고 계십니다."

이에 장남 리칼리부탄은 동생을 나무랐다.

"너는 마음이 약한 게 탈이야! 용기를 가지고 강해져라. 할아버지는 이제 우리에게 하늘을 상속시켜 주어야 할 때가 된 것이란 말이다."

리아들라오는 형에게 대놓고 반대할 수가 없어서 막내동생 리불란에게 너는 어찌 생각하느냐고 물었다. 형들에게 항상 고분고분한 리불란은 리아들라오에게 말했다.

카프탄의 분노와 삼형제의 비극적 운명_하늘을 침범하려던 리칼리부탄 삼 형제는 힘겹게 하늘의 문을 부쉈으나 그 곳에서 마주한 것은 분노한 할아버지 카프탄이었다. 겁에 질려 도망치던 삼형제는 카프탄이 던진 세 개의 번갯불 창을 맞고 비극적인 운명을 맞았다. 막내 리불란은 구리 공이 되고, 둘째 리아들라오는 황금 공이 되었으며, 장남 리칼리부탄은 여러 조각으로 쪼개져 바다로 떨어져 오늘날의 육지가 되었다.

"리칼리부탄 형님이 우리보다 나이가 더 많으니까 우리보다 더 현명할 것입니다. 그렇지 않다면 아버지가 바람 통치권을 큰형님에게 물려주지 않았을 것입니다."

이리하여 삼형제는 하늘로 달려가 하늘 입구의 문을 밀었다. 그러나 셋이 힘을 합쳐 아무리 밀고 때려도 문은 꿈쩍도 하지 않았다. 문을 버티어 주는 힘이 1만 명이 넘는 사람의 힘만큼 강했다. 화가 난 장남 리칼리부탄은 모든 종류의 바람을 총동원하여 문을 가격했다. 그러자 문이 와장창 부서지며 열렸다. 삼형제가 문 안으로 들어서자 그곳에는 분노한 할아버지 카프탄이 떡 버티고 서서 소리를 쳤다.

"뭐 하는 짓이냐, 이놈들아!"

할아버지의 눈이 어찌나 무섭게 이글거리는지 삼형제는 금방 겁을 먹고 도망가기 시작했다. 화가 머리끝까지 치민 카프탄은 도망가는 삼형제를 향해 세 개의 번갯불 창을 던졌다.

번갯불 창 하나는 가장 유약한 리불란에게 맞았다. 리불란은 녹아서 커다란 구리 공 모양이 되었다. 다른 번갯불 창 하나는 황금 몸을 한 둘째 리아들라오에게 명중하여 그도 녹아서 커다란 황금 공이 되었다. 마지막 번개 창은 바위로 된 리칼리부탄에게 맞아 여러 조각으로 쪼개지면서 바다로 떨어졌다. 리칼리부탄 바위는 워낙 컸기 때문에 쪼개진 바위들의 일부분이 수면 위로 튀어나왔으며 이것이 오늘날의 육지가 되었다.

한편, 오빠들이 무슨 짓을 하러 간 것인지 모르는 여동생 리수가는 오빠들이 보이지 않자 찾아 나섰다. 리수가는 할아버지는 무슨 일인지 알 것이라고 생각하여 하늘로 올라가 보았다. 그녀는 부서진 대문을 보고 가슴이 덜컥 내려앉았다. 리수가는 "할아버지!" 하고 소리치며 안으로 뛰어들어갔다. 그러나 아직도 화가 풀리지 않은 카프탄은 자신을 부르는 소리를 듣고는 홧김에 순간적으로 친손녀인 리수가에게 번갯불 창을 던지고 말았다. 은으로 된 리수가의 몸은 수많은 은 조각으로 산산조각이 났다.

카프탄은 하늘에서 내려와 바다를 양쪽으로 찢어 벌리고 아이들의 외할아버지인 마구아얀을 나오라고 소리쳤다. 마구아얀이 나오자 카프탄은 마구아얀에게 "왜 나를 공격하라고 아이들에게 명령하였느냐?"고 따졌다. 마구아얀은 카프탄의 추궁에 진심으로 미안해하며 "깊은 수심에서 자고 있었기 때문에 아이들의 음모를 몰랐다"고 말했다.

마구아얀은 시간을 들여 카프탄의 화를 진정시키는 데 성공하였다. 카프탄이 안정을 회복하자 두 할아버지는 울음을 터트렸다. 그들은 졸지에 손자 손녀를 모두 잃었으니 슬프지 않을 수 없었다. 특히 귀여운 손녀딸을 생각하며 두 할아버지는 슬피 울었다. 그들은 신이었지만 죽은 자식들을 되살릴 수 있는 힘이 없었다. 그러나 손자 손녀의 몸이 영원히 아름다운 빛을 발산하도록 만들 수는 있었다.

카프탄은 황금이었던 리아들라오는 태양으로 만들었고, 구리였던 리불란은 달이 되게 하였으며, 리수가의 수많은 은 조각은 하늘의 별이 되게 하였다. 그리고

태양, 달, 별 그리고 인류의 시작_하늘을 침범한 삼형제의 비극적 운명 후, 할아버지 카프탄과 마구아얀은 그들을 태양(리아들라오), 달(리불란), 별(리수가)로 만들었고, 주모자 리칼리부탄에게는 인간을 떠받치는 형벌을 내렸다. 이후 카프탄이 준 씨앗에서 자란 대나무로부터 최초의 인간 시칼라크와 시카바이가 태어났으며, 이들의 후손 판다구안이 발명한 그물에 잡힌 거대한 상어는 신으로 숭배되기 시작했다.

음모의 주모자인 사악한 리칼리부탄에게는 빛을 주지 않았다. 두 신은 그에게 새로 탄생하게 될 인간을 등으로 떠받쳐 주어야 하는 힘든 임무를 부여하자고 합의하였다. 그리하여 카프탄은 씨앗 하나를 마구아얀에게 주었고, 그는 그것을 한 섬에 심었다.

그 씨앗에서 대나무 하나가 자라 나왔으며 대나무 속 구멍에서 남자 하나와 여자 하나가 나왔다. 남자의 이름은 시칼라크였고 여자의 이름은 시카바이였다. 결국 이들이 자라 인간의 부모가 되었다. 이들은 얼마 후 2남 1녀를 낳았는데 첫 아들 이름은 리보, 뒤에 낳은 딸은 사만, 막내아들은 판다구안이었다.

판다구안은 아르욘이라는 아들을 두고 있었다. 판다구안은 머리가 좋아서 물고기를 잡는 그물을 발명했다. 이 그물에 가장 먼저 잡힌 것이 거대한 상어였다. 상어를 땅으로 끌어내 보니 너무 크고 사납게 생겨서 이것은 분명 신이라고 생각되었다. 그는 사람들에게 상어를 숭배하라고 명령하였다.

인류의 분산과 피부색의 기원_사람들이 상어를 숭배하자 카프탄과 마구아얀 두 신이 나타나 상어 숭배를 중단하고 유일신 숭배를 명령했다. 이에 반항하던 판다구안은 카프탄의 번갯불 창을 맞고 쓰러졌고, 그 후 피부가 검게 변하여 니그리토 종족의 시조가 되었다. 상어 숭배에 참여했던 다른 인간들은 여러 섬과 육지로 분산 유배되었는데, 이 과정에서 판다구안의 장남 아르욘의 후손은 백인종이, 리보와 사만의 후손은 남쪽으로 가서 갈색 인종이 되었다.

그러자 사람들이 상어에게 모여들어 노래를 부르고 기도를 올리기 시작하였다. 이때 갑자기 하늘과 바다가 갈라지더니 카프탄과 마구아얀 두 신이 나타나 판다구안에게 당장 상어 숭배를 중단하고 상어를 바다에 던져 버리라고 명령하였다. 자기들 두 신 외에 다른 신을 숭배해서는 안 된다는 것이었다.

모든 사람이 두 신의 경고에 겁을 먹었지만 판다구안은 그렇지 않았다. 그는 아주 용맹한 사람이었다. 그는 자신이 두 신만큼 큰 상어를 제압한 힘을 증명했으므로 자신은 신에게 덤벼도 이길 수 있다고 믿었다. 이 말을 들은 카프탄이 작은 번갯불 창을 판다구안에게 던졌다. 판다구안은 그 자리에 쓰러졌다. 작은 번갯불 창을 던진 것은 죽일 마음은 없었고 가르침이나 주려고 그랬던 것이다.

다음으로 마구아얀 신과 카프탄 신은 상어 숭배 의식에 참가했던 사람들을 벌주기 위해 사람들을 여러 섬과 육지로 분산하여 유배를 보냈다. 이렇게 흩어진 사람들이 유배 간 곳에서 자식들을 낳았기 때문에 지구의 모든 땅에 사람들이 살게 되었다.

판다구안 후손들의 여정_판다구안의 후손들은 각기 다른 유배지와 환경, 그리고 식생활의 영향으로 백인종, 갈색 인종, 황인종으로 분화되었는데, 이는 피부색 변화를 통해 인종의 기원을 설명하는 신화적 서사이다.

신들의 의도대로 판다구안은 죽지 않았다. 그는 땅바닥에 한 달을 누워 있다가 깨어났는데 번갯불에 맞아 피부가 검게 타 있었다. 판다구안이 피부가 검게 된 이후로 태어난 그의 후손은 피부가 검은 니그리토 종족(동남아 · 오세아니아 등에 사는 키 작은 흑인)이 되었다.

판다구안의 장남 아르욘은 북쪽으로 유배되었으며, 아버지가 벌을 받아 피부가 검게 되기 전에 태어났으므로 그의 후손은 피부가 검지 않은 하얀색을 유지하였다. 백인종이 된 것이다.

판다구안의 큰형인 리보와 누나인 사만은 태양이 뜨거워 피부가 그을려지는 남쪽으로 보내졌으며, 그곳에 가서 낳은 후손들은 갈색 인종이 되었다.

사만의 아들 하나와 시칼라크가 늦게 낳은 아들은 동쪽으로 유배되었는데, 이곳엔 먹을 것이 부족해서 황토 흙을 먹어야 했다. 이 때문에 이들의 아이들은 피부색이 늘 노랬다. 그래서 황인종이 되었다.

하이누웰레 신화

하이누웰레형 농경 기원 신화란 신이나 거인 또는 인간의 사체나 배설물에서 구근(알뿌리) 등 식용작물들이 생겨났다는 작물 기원 신화이다. 이와 반대되는 신화형에는 '프로메테우스형 농경 기원 신화'가 있다. 프로메테우스형 농경 기원 신화는 하늘 또는 외부에서 곡식 등을 훔쳐오거나 가져왔다는 작물 기원 신화를 말한다.

어느 날 사냥을 하던 아메타라는 사람이 야생 멧돼지의 이빨에 걸린 코코넛을 발견했다. 이 코코넛은 인도네시아 세람 섬에서는 한 번도 본 적이 없는 작물이었다. 바나나에서 나온 서쪽 세람인들의 아홉 가족 중 한 명이었던 아메타는 코코넛을 집으로 가져갔다.

그날 밤 꿈에 누군가가 나타나 코코넛을 땅에 심으라고 가르쳐 주었다. 아메타는 꿈의 계시대로 코코넛을 땅에 심었고 불과 며칠 만에 코코넛은 큰 나무로 자라 꽃을 피웠다. 아메타는 수액이 나오는 꽃을 자르기 위해 나무에 올라갔다. 하지만 그 과정에서 손가락을 칼에 베어 피가 꽃 위에 떨어졌다. 9일 후 아메타는 꽃이 피어 있던 곳에서 한 명의 소녀를 발견했다. 그는 '코코넛 가지'라는 뜻의 하이누웰레였다.

아메타는 소녀를 사롱(말레이시아, 인도네시아 등지에서 남녀 구분 없이 허리에 둘러 입는 천)에 싸서 집으로 데려왔다. 하이누웰레는 놀랄 만큼 빠른 속도로 성장해 어느새 성숙한 숙녀가 되었고 놀라운 재능도 가지고 있었다. 그녀는 자연의 부름에 응답해 귀중한 물건들을 배설하였다. 하이누웰레 덕분에 아메타는 큰 부자가 되었다.

하이누웰레는 타메네 시와에서 9일 동안 열리는 춤의 축제에 참석했다. 이 춤 축제에서는 소녀들이 빈랑 열매(아레카 너츠)를 남자들에게 나누어 주는 것이 전통이었다. 하지만 남자들이 전통대로 하이누웰레에게 아레카 너츠를 요구하자 그녀는

코코넛 소녀의 희생_아메타가 발견한 코코넛에서 신비로운 소녀 하이누웰레가 태어났고, 그녀는 귀한 물건들을 배설하는 재능으로 아메타를 부자로 만들었다. 그러나 9일간의 춤 축제에서 하이누웰레의 능력에 질투심을 느낀 남자들에 의해 그녀는 산 채로 땅에 묻혔다. 이후 아메타가 그녀의 시신을 다시 묻어주자 그 자리에서 다양한 종류의 유용한 알뿌리 식물들이 자라났다고 한다.

배설할 수 있는 귀중한 것들을 대신 그들에게 주었다. 매일 밤 그녀는 더 크고 값진 것들, 즉 황금 귀걸이, 산호, 도자기 접시, 덤불 나이프, 구리 상자, 신호용 징을 배설해 나누어 주었다. 처음에 남자들은 낯선 물건에 대해 즐거워했다. 하지만 시간이 지나면서 그들은 하이누웰레의 호의를 이상하게 생각하고 질투심에 이끌려 9일째 되는 날 밤에 그녀를 죽이기로 결정했다.

매일 밤 계속되는 춤 속에서 남자들은 춤판 중앙에 있는 여자들 주위를 빙빙 돌았고, 그들 중 한 명이 하이누웰레에게 선물을 건넸다. 9일째 밤이 되기 전에 남자들은 무도장 중앙에 구덩이를 파고 하이누웰레를 지목하면서 그녀가 구덩이로 밀릴 때까지 계속해서 그녀를 안으로 밀어 넣었다. 결국 하이누웰레가 구덩이에 빠지자 남자들은 재빨리 흙을 덮었다. 하이누웰레가 산 채로 땅에 묻힌 것이다.

하이누웰레가 사라지자 아메타는 그녀를 찾아 전국 방방곡곡을 샅샅이 뒤지며 돌아다녔다. 결국 아메타는 신탁을 통해 하이누웰레에게 무슨 일이 일어났는지 알게 되었고, 마을 주변을 뒤져 그녀의 시체를 찾았다. 아메타는 하이누웰레의 시신을 수습해 다시 정성껏 매장해 주었다. 그 후 하이누웰레가 묻힌 자리에서는 다양하고 유용한 종류의 알뿌리 식물들이 자라났다.

락 롱 꾸언과 어우 꺼

베트남은 아시아의 다른 나라에 비해 특별한 그들만의 건국 신화를 지니고 있다. 이는 중국이라는 북방의 거대 국가의 존재가 오히려 자주적 국가 건설의 의지를 강화시킨 결과라고도 볼 수 있다. 실제로 베트남의 건국 신화인 〈락 롱 꾸언과 어우 꺼〉는 산악세력과 해양세력이 서로 만나 최초의 고대국가를 형성하게 된 배경을 보여준다. 이 신화는 우리의 단군 신화처럼 모든 베트남인들이 알고 있는 건국 신화로서 그 의미가 남다르다.

중국 남방을 다스리는 염제 신농씨의 3세손 데 민이 아들 데 응이를 낳은 뒤, 남쪽을 순방하던 중에 부 띠엔이라는 신선의 딸을 만났다. 데 민은 그녀와 결혼하여 아들 록 뚝을 낳았다. 록 뚝이 총명하여 데 민은 그에게 왕위를 물려주려 하였다. 하지만 록 뚝은 배다른 형 데 응이에게 북쪽 땅을 양보했다. 록 뚝은 대신 남방을 다스리게 됐는데 나라 이름을 씩 꾸이라고 했다.

록 뚝은 물속 용궁에 드나들 수 있는 능력을 가지고 있어, 용왕의 딸과 혼인하여 락 롱 꾸언을 낳았다. 록 뚝은 락 롱 꾸언에게 나라를 다스리게 하고 사라져 버렸다. 락 롱 꾸언은 백성들에게 농사짓고 누에치는 법을 가르쳤다. 그리고 신분에 차이를 두게 하였으며 인륜을 바로 세웠다. 그는 때때로 용궁에 있었지만 백성들에게 무슨 일이 생기면 바로 달려왔다.

바다 동굴 속에는 수백 년 묵은 거대한 물고기의 정령이 살고 있었다. 길이가 50장(丈)이 넘고 발이 여러 개인 지네 같았다. 그 조화가 신령하고 기이함을 헤아릴 수 없었다. 움직이면 물과 바람을 일으켰으며 사람들을 통째로 삼켜 버리곤 했다. 이런 일이 자주 생기자 어민들은 두려워서 더 이상 바다에 나가지 못했다.

이 소식을 전해들은 락 롱 꾸언은 동해 앞바다로 나가 괴물과 맞서 싸웠다. 그는 짐짓 사람 모형을 만들어 먹이로 주는 시늉을 했다. 그러자 물고기 정령은 입을 벌

락 롱 꾸언의 영웅적인 활약_록 뚝과 용왕의 딸 사이에서 태어난 락 롱 꾸언은 나라를 다스리며 백성들을 보살피고, 위기가 닥치면 용궁에서 곧바로 달려왔다. 그는 사람들을 위협하던 길이 50장이 넘는 거대한 물고기 정령을 붉게 달군 쇠뭉치와 칼로 물리쳤고, 그 잔해는 백룡미, 구두산, 만구수 등의 지명이 되었다. 또한 천 살 먹은 구미호가 밤마다 사람들을 해치자 락 롱 꾸언은 마법과 오색 올가미로 구미호를 제압하여 백성들을 악의 위협에서 구한다.

려 삼키려고 했다. 락 롱 꾸언은 그때 뻘겋게 달군 쇠뭉치를 그 입 속으로 던져 넣었다. 물고기 정령은 펄쩍펄쩍 뛰며 배에 부딪혔다. 락 롱 꾸언은 그 꼬리를 베어 버리고 껍질을 벗겨내어 산 위에 펼쳐 놓았다. 그때 정령의 껍질을 벗겨내 산 위에 펼쳐 놓았던 그곳을 백룡미라 부른다. 물고기 정령의 대가리는 바다 밖으로 흘러가더니 개로 변하여 달아났다. 이에 락 롱 꾸언은 몽둥이로 바다를 메운 후 그걸 베어 버렸다. 그러자 그것은 개 대가리로 변했다. 지금 그곳을 구두산이라고 한다. 물고기의 몸뚱이는 만구로 흘러갔다. 그래서 지금 거기를 만구수라고 부른다.

롱 비엔에는 여우의 정령이 있었는데, 나이가 천 살이 넘어 밤만 되면 인간이나 귀신으로 변신하여 굴에서 기어 나와 마을 사람들을 잡아먹었다. 락 롱 꾸언은 동굴로 가서 천둥과 바람을 불러내는 마법을 이용하여 여우의 정령과 맞서 싸웠다. 사흘 후 지친 여우의 정령이 빠져나가려고 하다가 락 롱 꾸언이 오색실을 꼬아 만든 올가미에 걸렸다. 여우의 정령은 필사적으로 발버둥을 쳤지만 질식해 죽고 말

락 롱 꾸언과 어우 꺼의 만남, 데 라이의 좌절_데 라이는 할아버지의 선례를 따라 남쪽 씩 꾸이국을 순방하던 중 아름다운 어우 꺼를 만나 동행했다. 그러나 씩 꾸이 백성들의 간절한 부름에 나타난 락 롱 꾸언이 미소년으로 변신해 어우 꺼를 용대암으로 데려갔다. 어우 꺼를 잃은 데 라이는 신하들을 시켜 그녀를 찾게 했지만, 락 롱 꾸언은 다양한 모습으로 변신하여 수색자들을 위협했고, 결국 데 라이는 어우 꺼를 포기하고 북쪽으로 돌아갔다.

았다. 알고 보니 괴물은 꼬리가 아홉 개 달린 구미호(九尾狐)였다. 락 롱 꾸언은 동굴 안으로 들어가서 아직 살아 있는 사람들을 구해냈다.

한편, 데 응이의 아들 데 라이는 할아버지 데 민이 남쪽을 순방하다 신선의 딸을 만났던 일을 떠올리고, 신하 치우에게 대신 나라를 다스리라 분부하고 남쪽의 씩 꾸이 국을 순방하기 위해 떠났다. 데 라이는 남쪽을 순방하면서 아름다운 여인 어우 꺼를 데리고 다녔는데 데 라이는 남쪽 나라인 씩 꾸이의 기기묘묘한 꽃과 풀, 나무 등의 절경에 반해 어우 꺼를 임시 거처에 남겨두고는 북쪽 땅으로 돌아가는 것도 잊었다.

그러던 중 씩 꾸이 국의 백성들이 북쪽의 괴롭힘을 견디지 못하고 용궁에 있는 락 롱 꾸언을 애타게 불렀다. 이에 락 롱 꾸언이 용궁에서 나오다 아름다운 어우 꺼를 발견하였다. 락 롱 꾸언이 미소년으로 변신해 시중드는 사람들과 악기를 연주하는 사람들을 데리고 다가가자 어우 꺼는 락 롱 꾸언에게 호감을 가졌다. 락 롱

어우 꺼의 출산과 락 롱 꾸언의 부재_데 라이가 어우 꺼 수색을 포기한 후에 락 롱 꾸언과 어우 꺼는 불길한 삼을 낳았으나 이 덩어리에서 백 개의 알이 깨어나 백 명의 사내아이를 낳았다. 어우 꺼는 혼자 아이들을 키우며 락 롱 꾸언의 부재를 견뎌야 했고, 락 롱 꾸언은 용궁에 머물러 자식들의 존재를 알지 못했다. 홀로 백 명의 아이를 기르던 어우 꺼는 결국 북쪽 나라로 돌아가려 했다.

꾸언은 어우 꺼를 데리고 용대암(龍垈巖)으로 갔다.

얼마 후 데 라이는 어우 꺼를 찾았지만 그녀가 보이지 않자 신하들에게 천하를 샅샅이 뒤져서라도 꼭 찾아내라고 명한다. 이에 락 롱 꾸언은 신기한 재주를 부려 용이나 뱀, 호랑이, 코끼리 등 온갖 모습으로 변신해 자신을 찾는 수색자들에게 두려움을 심어줬다. 이에 데 라이는 어우 꺼를 찾다가 포기하고 북쪽으로 돌아갔다. 락 롱 꾸언과 어우 꺼는 삼(태반이 떨어지지 않은 붉은 막에 쌓인 덩어리) 하나를 낳았다. 불길함을 느낀 어우 꺼는 그것을 들판에 내다 버렸다. 칠 일이 지나자 붉은 덩어리에서 백 개의 알이 나왔고, 알 하나마다 한 명씩, 백 명의 사내아이가 태어났다. 어우 꺼는 아이들을 데려와 길렀는데 젖을 먹이지 않아도 잘 자랐다. 그때 락 롱 꾸언은 용궁에 머물렀기 때문에 자식이 있는 줄도 모르고 있었다. 어우 꺼는 홀로 아이들을 키울 수 없어 모두 데리고 북쪽 나라로 돌아가려고 했다.

어우 꺼와 백 명의 아이들이 국경에 다다르자 신농씨를 멸망시킨 뒤 북방을 차

어우 꺼와 락 롱 꾸언의 분리와 바익 비엣의 탄생_어우 꺼와 그녀의 백 명의 아들이 북쪽 국경에서 황제에게 막히자 그녀는 락 롱 꾸언을 다시 불렀다. 재회한 이들은 헤어져, 어우 꺼는 50명의 아들과 산으로 가 장남을 훙 브엉으로 삼아 반랑국을 세웠다. 락 롱 꾸언은 나머지 50명의 아들과 남쪽 해변으로 갔고, 어우 꺼의 이 백 명의 아들은 훗날 바익 비엣(백월)족의 시조가 되었다.

지하고 있던 황제(黃帝)가 이 사실을 전해 듣고 군사를 보내 어우 꺼를 막았다. 북으로 돌아가지 못한 어우 꺼는 다시 남쪽 나라로 돌아와 락 롱 꾸언을 애타게 불렀다. 그러자 락 롱 꾸언이 달려나와 어우 꺼와 아이들을 만났다.

이들은 헤어져 어우 꺼는 오십 명의 아들을 데리고 산으로, 락 롱 꾸언은 나머지 오십 명을 데리고 남쪽 해변으로 갔다. 어우 꺼는 오십 명의 아들 중 장남을 훙 브엉(雄王)으로 봉하고 나라의 이름을 반랑국(文郞國)이라 했다. 이후 반랑국의 왕들은 모두 훙 브엉이라 불렸다. 어우 꺼가 낳은 이들 백 명의 아들이 곧 바익 비엣(百越, 백월)의 시조가 되었다.

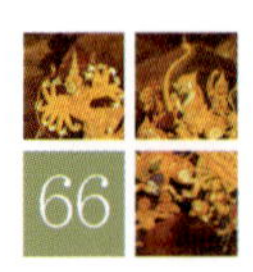

곡물 기원 신화

티베트는 중국과 인도의 사이에 위치해 있으나 히말라야 산맥과 티베트 고원에 둘러싸여 외부에 잘 알려지지 않았다. 히말라야 산맥의 북측에 위치하고 있으며, 이 지역의 평균 고도가 4,900m가 넘어 '세계의 지붕'이라고 일컬어진다. 그런데 티베트 신화에는 먼 옛날 티베트 지역이 상당 부분 바다였음을 암시하는 듯한 신비로운 전설 같은 이야기가 전해지고 있다.

천지가 개벽한 뒤, 대지에 아직 곡식 종자가 없었을 때의 일이다. 사람들은 동굴 생활을 하면서 짐승을 사냥하며 먹이를 조달하였다. 그때 티베트 어느 지역에 아홉 형제가 살았는데, 그 형제의 막내는 새가 하는 말을 알아들었다. 막내는 어느 날 사냥을 나갔다가 까치로부터 귀가 솔깃한 제안을 받았다.

"사슴고기를 주면 좋은 정보를 줄게."

막내가 까치에게 사슴고기를 주자 까치는 놀라운 사실을 말해 주었다. 까치의 말은 대지의 미래에 관한 예언이었다. 그것은 태양이 아홉 개가 떠오르고 세상은 이로 인해 불바다가 될 것이라는 것이다. 그러면서 까치는 이 대재난을 무사히 피하기 위해서는 다음과 같은 준비를 해야 한다고 막내에게 말해 주었다. 먼저 아홉 길 되는 구덩이를 파고, 그 안에 내장을 파낸 젖소를 넣고, 그 위에 가시나무 아홉 층을 쌓는다. 그러고는 다시 그 위에 돌판 아홉 층을 덮은 뒤 노루·말·개미 한 마리씩과 방망이 하나를 들고 젖소의 뱃속에 들어가 숨으라는 것이었다.

막내는 곧 까치의 말대로 행동에 옮겼다. 그러나 이를 지켜본 형들은 막내가 미쳤다고 조롱하였으나 대재난이 닥치자 형들은 뜨거운 불길 속에 결국 타죽었다. 형들만이 죽은 것이 아니라 아홉 개의 태양열에 인류가 모두 다 타죽었고 까치의 말을 알아들은 막내만이 살아남았다.

티베트 홍수 신화: 막내와 천신의 딸_세상에 곡식 종자가 없던 시절, 새의 말을 알아듣는 아홉 형제 중 막내는 까치의 예언을 듣고 아홉 개의 태양이 떠올라 세상이 불바다가 될 것에 대비했다. 그는 지시대로 숨어들어 인류 중 유일하게 살아남았고, 대재앙 후 하늘 샘을 찾아 천신의 막내딸과 사랑에 빠졌다. 붉은 새의 도움으로 반지를 이용해 천신의 막내딸을 유혹한 막내는 그녀에게 청혼하기 위해 하늘로 올라갔다.

젖소의 뱃속에서 살아남은 막내는 대재앙이 끝나자 폐허가 된 세상 밖으로 나왔다. 그는 곧 물을 찾아 세상 모든 곳을 뒤지다 마침내 하늘 샘을 찾아냈다. 그런데 샘에 살고 있는 붉은 새가 막내에게 샘의 정보를 알려주었다. 하늘 샘은 천신의 세 딸이 삼 년에 한 번 물을 길러 오는 샘이라는 것이었다. 그러면서 붉은 새는 막내를 도와 반지를 만들게 했다. 그리고 그 반지를 샘물 나무에 걸어놓았는데 천신의 세 딸 중 막내딸이 아름다운 반지에 반해 그만 언니들과 떨어지게 되었다. 이때를 놓치지 않고 붉은 새는 막내에게 막내딸에게 구애하라고 하였다.

붉은 새의 권유대로 막내는 막내딸에게 구애를 하였고, 그렇게 막내와 천신의 막내딸은 서로 사랑하는 사이가 되었다. 막내딸에게 청혼한 막내는 천신의 허락을 얻기 위해 하늘로 올라갔다.

천신은 막내딸과 함께 온 막내가 결혼을 허락해 달라고 요청하자 분노하였다. 천신은 딸을 주지 않으려고 막내에게 감당하지 못할 시험문제를 냈다.

"하루 만에 네 말의 청보리 씨앗을 뿌릴 만큼 넓은 땅을 개간하라!"

천신의 시험은 사람으로서는 불가능한 일이었다. 하지만 막내딸이 일러준 주술로 신을 불러내어 하루 만에 땅을 개간하였다. 그러자 딸을 막내에게 주지 않기로 작심한 천신은 물러서지 않았다.

"자네가 개간한 땅을 하루 만에 혼자서 갈아 놓지 않으면 결혼하지 못할 것이야."

막내는 두 번째 시험에도 같은 주술로 해결하였다. 그러자 세 번째는 유채 씨 네 말을 하루에 다 뿌리라고 했다가, 네 번째는 그것을 다시 회수하라고 하였다. 어떻게든지 막내딸을 막내에게 주지 않으려는 천신의 무모한 시험을 다 통과한 막내는 결국 막내딸과 결혼하여 하늘에서 살게 되었다.

막내는 천상에서 행복한 삶을 누리고 있었다. 그러나 그는 자신이 태어난 대지가 그리웠다. 그는 드디어 마음을 굳게 먹고 지상으로 내려가기를 원했다. 그 사실을 안 천신은 또다시 그를 시험에 들게 하였다.

"이 가죽으로 만든 신발을 신어서 찢어지면 지상으로 돌아가도 좋다."

그런데 그 가죽신은 찢어져도 바로 복원되는 마력(魔力)을 지닌 신이었다. 막내는 가죽신을 신고 하루 종일 뛰어다녀도 소용이 없었다. 막내는 사랑하는 아내에게 신발을 찢을 수 있는 방법을 물어보았으나 아내는 도와주지 않았다. 그녀는 내심 친정인 천상에서 살고 싶었던 것이다. 낙심한 막내는 우연히 천신을 위해 숯을 굽는 노인을 만나 그에게서 찢어진 신발이 원상 복구가 되지 못하게 하는 비법을 알게 되었다.

천신에게 나타난 막내가 찢어진 신발을 보이자 천신은 놀라고 말았다. 천신은 자신이 한 약속을 거두지는 못했다.

"땅으로 내려갈 것을 허락한다. 다만 막내딸이 자네를 따라간다 하더라도 식량은 한 톨도 못 가져가네!"

천신은 막내딸을 철석같이 믿었다. 그러나 막내딸은 아비의 바람과는 다르게 남

막내와 천신의 딸: 지상으로의 귀환과 곡식의 시작_천신은 막내가 자신의 딸과 결혼하고 지상으로 돌아가는 것을 여러 시험으로 막으려 했지만 실패했다. 결국 추방된 막내딸은 마지막 작별인사를 하며 몰래 곡식 씨앗들을 몸에 숨겨 지상으로 가져왔고, 이는 인류에게 곡식이 전해지는 계기가 되었다.

편을 따라 지상으로 내려가겠다고 선언하였다. 이제 남은 희망마저 사라져 버린 천신은 분노하여 딸과 사위를 단호히 추방하였다. 그러자 딸은 마지막으로 천신에게 호소하였다.

"어머니와 언니들하고 작별인사만이라도 하게 해주세요."

천신은 사랑하는 막내딸의 마지막 요청을 뿌리치지 못했다.

"작별인사를 하려거든 벗은 몸으로 들어갔다 벗은 몸으로 나오라."

아버지와는 달리 어머니는 대지로 내려가는 막내딸이 걱정되어 온갖 곡식들을 주려고 했지만 벌거벗은 몸으로 나가야 하니 방법이 없었다. 막내딸은 아버지 몰래 청보리와 밀 한 톨씩을 입안에 넣었다. 그리고 완두콩 한 톨은 콧구멍에, 메밀 한 톨은 손톱 밑에 감추고, 제비콩 두 알은 귀고리처럼 두 귀에 걸고 어머니와 언니들과 작별인사를 하였다.

이렇게 하여 지상으로 내려온 부부는 대지에 곡식의 씨를 뿌리고 싹을 틔웠다.

이렇게 하여 이 땅에 농사가 시작되었다.

티베트 신화는 불교가 들어오면서 또 하나의 곡물 신화가 성립되었다. 그 시작은 이러하였다.

먼 옛날 관세음보살은 아미타불 앞에서 생명이 있는 모든 존재, 특히 티베트의 모든 존재를 구제할 것을 맹세하였다. 그리고 그 맹세를 이루기 전에는 자신의 행복은 한순간도 생각하지 않기로 다짐했다. 만약 한순간이나마 자신의 행복을 생각한다면 벌로써 자기 몸이 천 갈래로 부서지게 해 달라고 빌었다. 그때부터 관세음보살은 밤낮으로 티베트의 생명 있는 존재들을 구제해 나갔다.

어느 날 포탈라 산 정상에서 티베트 땅을 내려다보았는데, 그곳에는 아직 많은 존재가 괴로움에 떨고 있는 모습이 보였다.

이때 관세음보살은 단 한순간 자신의 행복을 추구하고픈 기분이 들었다. 그러자마자 옛적에 아미타불 앞에서 한 맹세로 인해 관세음보살의 몸은 천 갈래로 부서져 흩어져 버렸다. 아미타불은 즉시 그곳으로 와서 관세음보살의 부서진 몸의 파편들로 열 개의 얼굴과 천 개의 팔을 새롭게 만들어 시공을 초월하여 많은 생명 있는 존재들을 동시에 구제할 수 있도록 하였다.

티베트 포탈라 산 정상의 포탈라 궁.

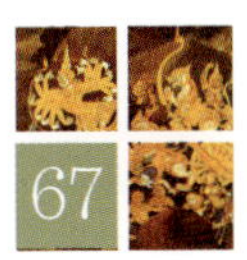

일본 건국 신화

일본에서는 천황이 신처럼 대우받는데 이는 건국 신화에서 유래된다. 일본에서는 마지막 신의 아들이 일본의 첫 번째 왕으로 등장하는 가미요를 신화가 아닌 역사의 일부로 받아들이고 있다. 그래서 천황은 신이라는 도식을 강조하며 제국주의 시대까지 신화의 내용을 역사 교과서에서 사실로 다루었다.

태초에는 광활하고 기름기 많은 혼돈의 바다밖에 없었다. 이 혼돈의 바다에 온갖 요소가 뒤섞여 있었다. 하늘에서 이 바다를 내려다보던 세 신령이 세상을 창조하기로 결정했다. 신령들은 남신 이자나기와 여신 이자나미를 비롯해 많은 남신과 여신을 만들어 냈다. 신령들은 이자나기에게 세상을 창조하라며 보석으로 장식된 마법의 창을 주었다. 이자나기가 창을 바닷속에 넣고 휘휘 돌렸다. 이자나기가 혼돈의 바다에서 창을 꺼내 보니 창끝에 바닷물 몇 방울이 응결되어 있었다. 그 방울들은 도로 바닷속으로 떨어져 오오야시마가 되었다. 이것이 현재의 일본 열도가 되었다. 그리고 이자나기와 이자나미가 다른 섬들을 낳았는데 이것이 혼슈, 시코쿠, 규슈 등의 섬들이었다.

그런데 이자나미는 마지막 불의 신을 낳다가 그만 불에 타 죽고 황천으로 가 버렸다. 슬픔에 못 이긴 이자나기는 사랑하는 아내를 찾아 황천까지 갔다. 그곳에서 천신만고 끝에 이자나미를 만나 그녀를 데리고 나왔다. 그러나 황천을 다스리는 신과의 약속인 "이승으로 올 때까지 뒤돌아보지 말라"는 말을 어기고 데리고 나오던 도중에 이자나미의 얼굴을 보려고 뒤돌아보고 만다. 결국 이자나미의 몸은 구더기가 생기며 천둥의 신으로 변했다가 죽음을 다스리는 신이 되고 만다. 이자나기는 그 뒤 인간의 삶을 지배하는 신으로 거듭나게 된다.

일본 태초의 창조와 신들의 갈등_일본 태초는 이자나기와 이자나미의 창조로 시작되었으나 이자나미의 죽음과 이자나기의 정화 과정에서 세 귀공자 아마테라스, 츠쿠요미, 스사노오가 태어나며 신들의 시대가 도래했다. 그러나 스사노오가 누이 아마테라스의 영역에서 혼란을 야기하고 아마테라스를 하늘바위문 안에 숨게 만들어 세상을 암흑에 빠뜨리는 등, 초기 신화는 창조와 더불어 신들 간의 반목과 그로 인한 혼돈의 서사를 담고 있다.

이자나기가 죽음의 나라의 부정을 털어내기 위한 의식인 목욕재계를 하던 중 마지막으로 좌우 눈과 코를 씻자 아마테라스오오미카미와 츠쿠요미노미코토, 스사노오노미코토 등의 세 명의 귀공자가 태어났다. 그중 코에서 태어난 스사노오는 자신이 부여받은 땅에서 통치는 하지 않고 밤낮을 울기만 하다가 이자나기로부터 추방당했다.

스사노오는 결국 누이인 아마테라스가 살고 있는 타카마노하라로 올라가는데, 올라가는 기세가 너무 커서 천지가 흔들렸다. 아마테라스는 동생의 행동에 깜짝 놀라 남장에 완전무장을 하고 "내 나라를 빼앗을 작정이냐?"며 동생을 나무랐다. 이에 동생은 다른 야욕은 없다며 누이에게 맹세를 하고 그곳에서 사는 것을 허락받았다. 하지만 그는 그곳의 밭을 망치고, 제례의 제사상을 더럽히며, 살아 있는 말의 가죽을 벗기는 등 방탕한 생활을 하였다. 이를 보다 못한 아마테라스는 화가 나서 하늘바위문 안으로 숨어 버렸다. 태양의 신이 숨어 버리자 세상은 암흑으로

아마테라스 구출과 세상의 빛 회복_세상이 어둠에 잠기자 신들은 회의를 열어 아마테라스 여신을 하늘바위문 밖으로 나오게 할 계책을 꾸몄다. 신들은 바위문 앞에서 연회를 벌이며 한 여신이 춤추고 웃자 호기심에 문을 연 아마테라스에게 "더 고귀한 신이 나타났다"며 거울을 보여주었다. 거울에 비친 자신의 모습이 다른 신인 줄 알고 자세히 보기 위해 문을 더 열던 아마테라스는 결국 손힘 센 신에게 붙잡혀 밖으로 끌려 나왔다.

변했다. 이에 스사노오는 다른 신들에게 머리와 손톱을 뽑히고 그곳에서 추방당하고 말았다.

태양의 여신 아마테라스가 하늘바위문 안에서 나오지 않자 세상은 깜깜한 어둠으로 바뀌었다. 이에 불편을 느낀 신들이 모여서 회의를 열었다. 그리하여 바위문 앞에 큰 거울을 놓고 그 앞에서 연회를 벌여, 한 여신이 춤을 추고 다른 신들은 그 춤을 보면서 박장대소를 했다. 그러자 아마테라스 여신이 이상하게 여겨 빠끔히 문을 열고 밖을 내다보았다. 그리고 "내가 숨어 버려 불편함이 많을 줄 알았더니 춤추고 박수나 치다니 도대체 어찌된 일이냐?" 하고 물었다. 그러자 신들은 "당신보다 더 고귀한 신이 납시어 모두 환영하며 맞이하는 참입니다"라고 대답하고 얼른 거울을 아마테라스 여신 쪽으로 돌렸다. 거울에는 당연히 아마테라스 여신의 모습이 비쳤는데, 아마테라스 여신은 그것이 자신의 모습인 줄 모르고 자세히 보려고 문을 좀 더 열었다. 그때 손힘이 센 신이 손을 뻗어 아마테라스 여신의 팔을

스사노오의 공적과 천황의 탄생_추방당했던 스사노오는 이즈모노쿠니에서 야마타노오로치를 물리치고 얻은 검을 아마테라스 여신에게 바쳤으며, 스가노미야에 나라를 세워 이즈모의 조상신이 되었다. 이후 스사노오가 사라지자 아마테라스의 손자인 니니기노미코토가 타카마노하라에서 강림하여 땅을 다스리고 천황으로 불리게 되면서 일본 천황의 시대가 열리게 되었다.

붙잡고 밖으로 끌어내었다. 동시에 다른 신은 뒤쪽으로 밧줄을 쳐서 아마테라스 여신이 다시 동굴 안으로 들어가지 못하게 했다. 그렇게 하여 세상에 빛이 돌아오게 되었다.

한편, 스사노오는 이즈모노쿠니로 내려가 사람들을 괴롭히던 머리와 꼬리가 여덟 개 달린 수룡 야마타노오로치를 죽이고 그 뱀에서 나온 검을 누이인 아마테라스 여신에게 바쳤다. 그리고 스가노미야에 나라를 세워 많은 이즈모의 신의 조상신이 되었다.

스사노오를 돕기 위해 아마테라스 여신은 그의 후손에게 벼를 가져다주고 농사 짓는 법을 가르치게 했다. 그러던 중 돌연히 스사노오가 어디론가 사라져 버리자 타카마노하라에서 아마테라스의 손자인 니니기노미코토가 5부신과 함께 강림해서 그 땅을 다스리고 그를 천황이라 부르게 되었다. 그리하여 초대 천황은 137년, 10대 천황이 168년간 장수하였다.

천둥의 검신 타케미카즈치

천둥의 신인 타케미카즈치는 일본 신화의 가장 대표적인 영웅신이자 바다와 폭풍의 신인 스사노오 및 불교 보호와 호국의 신인 하치만 신 등등과 더불어 일본 신화의 대표적인 무신·군신으로 자리매김한 신이다. 이런 연유로 스사노오나 불의 신인 카구츠치 등과 더불어 일본 신화에서 강력한 힘을 가진 신으로 등장한다.

일본 신화에 타케미카즈치(武甕槌, 무용퇴)라는 신이 있다. 그를 '천둥신' 또는 '검의 신'으로 표현할 수 있다.

일본 창조신인 이자나기와 이자나미 사이에서 불의 신 카구츠치가 태어났다. 그러나 그가 태어날 때 음부에 화상을 입은 이자나미는 병을 앓다가 눈을 감았다. 이에 분노한 이자나기는 카구츠치의 목을 베었는데, 이때 사용한 검(아메노오하바리)에 묻은 피가 바닥에 떨어져 타케미카즈치가 태어났다고 한다. 카구츠치의 피에서는 여러 신이 태어났는데, 타케미카즈치는 검의 뿌리 부분에서 떨어진 피에서 태어난 세 신 중의 하나였다.

일본 신화의 신들은 크게 나누어 태양의 신 아마테라스로 대표되는 천상의 신족인 아마츠카미와 건국의 신 오오쿠니누시로 대표되는 지상의 신족인 쿠니츠카미라는 두 세력으로 나누어진다.

타케미카즈치는 이 두 세력 중 아마츠카미에 속하는 신으로, 지상의 지배권을 둘러싼 아마츠카미 세력과 쿠니츠카미 세력 간의 싸움에서 아마츠카미 측의 무장으로서 참전하였다고 한다.

이 싸움에서 이즈모계 신이자 쿠니츠카미에 속하는 신인 타케미나카타와 싸워서 승리했으며, 이때 치른 타케미나카타와의 싸움은 일본 최초의 스모(일본식 씨름)

타케미카즈치: 창조와 지진을 다스리는 신_일본 신화에서 천둥과 검의 신 타케미카즈치는 불의 신의 피에서 태어나 신들 간의 전쟁에 참여했고, 지진을 일으키는 거대 메기 나마즈를 제압하는 역할을 맡았다. 나마즈는 고대에 지진 원인으로 여겨졌으나 현대에는 미세 진동 감지 능력을 가진 '지진 예지자'로 재평가되며 신화와 과학을 잇는 상징적 존재가 되었다.

의 원류라고 한다.

일본 이바라키현의 가시마시에 있는 가시마 신사는 타케미카즈치를 모시고 있다. 신사가 숭배하는 신들 중 타케미카즈치가 으뜸 신이다. 이 신사는 일본 전국의 약 600여 곳에 이르는 가시마 신사의 총본사이며 660년에 창건되었다고 전해진다.

일본 신화에서 지진을 일으키는 동물은 처음에는 거대한 용이었다가, 그다음에는 거대한 우주 물고기였다가, 그 다음에 메기로 바뀌었다. 일본말로 메기를 나마즈(鯰)라고 하는데, 신화에 나오는 나마즈는 일본 땅 진흙 속에 사는 거대한 메기였다.

신화에서는 메기가 지진을 일으키지 못하게 타케미카즈치(가시마 신)가 거대한 메기를 압박해 누르고 있었다고 전해진다. 이 메기는 지진을 일으키는 메기이며, 천둥신 가시마가 땅속 깊은 곳까지 박혀 있는 쐐기돌로 메기를 누르고 있다. 가시마 현은 비교적 지진이 덜 일어나는 지역으로, 타케미카즈치가 메기를 제압하고 있기 때문이라고 한다. 그러나 타케미카즈치가 방심하여 메기를 누르지 않거나 또는 다른 신과 싸우기 위해 자리를 떠야 하는 일이 생기면 메기가 꿈틀거려 지진이 일어나곤 했다.

메기 신은 1855년 에도(현재의 도쿄)에서 일어난 대지진 이후에 세상을 바로잡는 대명신으로 숭배되기 시작하였다.

메기가 지진을 일으킨다는 발상은 지진 징조가 일어나기 전에 메기들의 행동이 활발해진다는 현상이 고대에서부터 관찰되어 온 데서 비롯된다고 보는 견해가 있다. 이는 메기들이 아주 미세한 진동을 감지하기 때문에 일어나는 현상인데, 이를 과학적으로 이해할 수 없었던 시대에는 작은 메기들의 행동이 이상해지는 것은 동시에 땅속에 있는 거대한 메기가 요동을 치는 것이며, 이것이 지진의 원인이라고 믿었다는 것이다.

그러나 현대 과학에서 메기는 지진을 일으키는 지진유발자로부터 지진예지자로 변신했다. 전설의 신이었다가 지진을 알려주는 실제 영웅으로 위치가 격상한 것이다. 결과적으로 이 연구는 민속 지식과 과학 지식으로 동떨어져 있던 메기의 존재를 양면으로 설명할 수 있는 하나의 존재로 되돌려 놓았다.

가시마 신사의 주신 타케미카즈치는 불의 신 피에서 태어난 천둥과 검의 신으로서, 아마츠카미 세력의 무장으로 활약하며 일본 스모의 기원을 이루었다. 그는 지진을 일으키는 거대 메기 나마즈를 제압하는 절대적인 힘으로 군신으로 숭배받으며, 가시마 신사를 찾는 이들은 그의 강력한 기상과 나라의 평안을 수호하는 굳건한 의지를 느끼게 된다.

몽골의 영웅 신화

흔히 "몽골인은 기마(騎馬)와 궁시(弓矢)로 세계를 제패했다"라고 한다. 말 그리고 활과 화살로 세계를 정복했다는 뜻이다. 그런 의미에서 몽골 구전 신화에는 활을 잘 쏘는 명사수 이야기가 많다. 그중 돋보이는 것이 '에르히 메르겐' 이야기다. 에르히 메르겐은 '엄지손가락에 힘이 있는 명사수'라는 뜻이다. 명궁인 영웅들에게도 '메르겐'이 따라붙는다. 이는 몽골인의 삶 속에서 활이 차지하는 비중을 말해 준다.

물만 가득했던 태초의 세상에 대지가 생기고 인간이 창조되면서 해와 달도 자리를 찾아갔다. 또한 하늘을 비추는 별들도 그 모습을 갖추었다. 자연과 더불어 살던 몽골 사람들에게 별은 아주 친근한 존재였다. 몽골인은 자연의 변화와 별들의 움직임에서 긴밀한 연관을 찾기도 했다. 그중 좀생이별은 날씨가 추워진다는 징조를 나타냈다. 그래서 몽골 사람들은 좀생이별이 나타나면 날씨가 추워진다고 믿고, 좀생이별이 없어지면 날씨가 따뜻해진다고 믿었다.

이때 나타난 신이 바로 에르히 메르겐이다. 몽골 말로 '에르히'는 엄지손가락이라는 뜻이고, '메르겐'은 명궁이라는 뜻으로, 에르히 메르겐은 '엄지손가락의 힘이 센 명궁'이라는 뜻이다. 에르히 메르겐의 활 솜씨는 눈에 보이는 것이든 눈에 보이지 않는 것이든 모든 것을 쏘아 맞힌다는 소문이 돌 정도로 대단하였다.

에르히 메르겐의 뛰어난 활 솜씨를 보고 사람들은 그를 신궁의 신으로 추앙하였다. 이에 우쭐해진 그는 추위를 몰고 나타나는 좀생이별을 쏘아 떨어뜨리겠다고 장담을 하였다. 그러고 나서 그는 하늘의 신인 보르한에게 돌이키지 못할 약속을 하고 만다.

한 개의 화살로 일곱 개의 별을 산산조각 내리라. 무시무시한 추위를 멈추게 하리라. 만약 그렇게 하지 못한다면 나는 엄지손가락을 잘라 버리리라. 맹물을 마시

에르히 메르겐의 맹세와 오만_태초에 대지와 인간, 해와 달, 별들이 창조된 몽골의 세상에서 별은 사람들에게 친숙한 존재였다. 특히 좀생이별은 추위의 징조로 여겨졌다. 이때 엄지손가락 힘이 센 명궁이라는 뜻을 지닌 에르히 메르겐 신이 등장했다. 그의 뛰어난 활 솜씨에 사람들은 그를 신궁의 신으로 추앙했고, 이에 우쭐해진 그는 활 한 대로 일곱 별을 산산조각 내 추위를 멈추지 못하면 엄지손가락을 자르고 타르바가로 태어나겠다고 약속했다.

지 않고, 마른 풀을 먹지 않고, 해와 바람이 있는 바깥세상을 돌아다니지 않고, 컴컴한 굴에서 부끄러워하고, 뿌리와 풀로 배고픔과 갈증을 달래며 사는 타르바가로 태어나리라. 남자들의 사냥감이 되어 살아가리라.

그의 활 솜씨를 익히 알고 있는 사람들은 모두 그를 응원하였다. 맹세를 마친 에르히 메르겐은 활을 들어 엄지손가락에 핏방울이 맺힐 만큼 있는 힘을 다해 활시위를 당겼다. 화살이 활시위를 떠난 지 얼마가 지났을 때 드디어 화살은 밤하늘에 당도했다. 그러나 화살은 첫 번째 좀생이별 하나를 맞히고 나머지 여섯 개의 좀생이별들은 맞히지 못했다. 여섯 개의 좀생이별은 소름이 돋을 만큼 푸르디푸른 빛을 내뿜으며 그대로 하늘에 떠 있었다. 이 모습을 보고 사람들이 웅성대기 시작했다.

"천하제일의 명궁 에르히 메르겐님이 실패하다니……. 이제 어떻게 되는 거지? 맹세한 대로 타르바가가 되는 건가?"

사람들은 큰 소란을 떨었고 에르히 메르겐도 자신이 좀생이별을 명중시키지 못

두 명궁 에르히 메르겐과 후흐데이 메르겐의 운명_오만한 맹세로 별을 쏘려 했던 명궁 에르히 메르겐은 벌로 타르바가가 되었고, 반면, 후흐데이 메르겐은 '영원한 푸른 하늘'을 의미하는 신으로 뛰어난 활 솜씨를 가졌으나, 사냥하던 사슴들이 하늘로 올라가 별이 되자 그 자신도 뒤쫓아 하늘로 올라가 샛별이 되었고, 사슴들은 오리온자리가 되어 하늘에 존재하게 되었다. 이 두 명궁 신화는 인간의 자만과 신의 섭리, 그리고 별자리 탄생의 기원을 이야기한다.

했다는 사실을 믿을 수 없었다. 자신의 활 솜씨에 큰 자부심을 가지고 있던 그로서는 수치심을 견딜 수 없었던 것이다. 그는 지체 없이 자신이 맹세한 대로 엄지손가락을 자르고 흙 속으로 들어가 타르바가가 되어 컴컴한 굴속에 숨었다.

이에 대해 몽골인들은 하늘 신인 보르한이 생명을 소중히 여기지 않고 자신의 재능만 믿고 우쭐댄 에르히 메르겐을 벌주기 위해 일부러 화살을 빗나가게 한 것이라고 쑥덕거렸다. 그리고 에르히 메르겐이 실패한 탓에 몽골의 겨울 하늘에서는 여전히 좀생이별이 빛나고 있다고 한다.

에르히 메르겐과 후흐데이 메르겐, 그들은 별과 천체 신화의 주인공으로서 지상과 하늘 어디서나 중요한 인물들이다. 에르히 메르겐이 순간의 자만심으로 타르바가가 되어 땅 밑의 존재가 되었다면 후흐데이 메르겐은 반대로 하늘의 별이 된다.

몽골 부랴트 신화에 따르면 후흐데이 메르겐은 '영원한 푸른 하늘'이라는 의미를 지닌 신이다. 후흐데이 메르겐은 솜처럼 흰 활을 메고 가죽끈처럼 흰 말을 타고 아사르와 바사르라는 두 마리 개를 데리고 다녔다. 그가 사냥을 나가면 여기저기 흩어져 있는 가축 똥처럼 무수히 많은 북쪽의 들짐승을 사냥했고, 땅의 흙처럼 무수히 많은 남쪽의 들짐승을 사냥하였다. 이런 상황이다 보니 후흐데이 메르겐의 활 솜씨 때문에 짐승들의 씨가 마르지 않을까 걱정될 정도였다.

어느 날 그는 암사슴 세 마리와 새끼 세 마리를 발견했다.

"암사슴이 세 마리나 있네. 새끼들까지 모두 여섯 마리군. 내 화살은 누구도 피할 수 없지. 여섯 마리 모두 눈 깜짝할 사이에 해치우마."

그가 백발백중의 활 솜씨를 보여 주려 하는 순간 세 마리의 암사슴과 새끼들이 뛰기 시작했다. 그러더니 사슴들이 전혀 예상치 못했던 하늘로 올라가는 것이 아닌가. 후흐데이 메르겐은 포기하지 않고 사슴들을 쫓아 달려가다 함께 하늘로 올라갔다. 하늘로 올라간 암사슴들은 차례로 별이 되었고 새끼들도 따라 올라가 별이 되었다.

이렇게 해서 탄생한 별자리가 오리온자리인데, 선명하게 빛나는 세 개의 별은 암사슴이고, 약간 흐릿하게 빛나는 별들은 암사슴의 새끼라고 한다. 그리고 후흐데이 메르겐 자신도 저녁 무렵에 반짝이는 샛별이 되었다고 한다. 그 후 사람들 사이에는 자신의 활 솜씨를 과신한 후흐데이 메르겐을 벌주기 위해 하늘이 암사슴들을 보낸 것이라는 이야기가 전해 오고 있다.

에르히 메르겐과 후흐데이 메르겐_몽골 신화 속 두 명궁인 에르히 메르겐과 후흐데이 메르겐은 유사하면서도 대비되는 운명을 보여주는데, 에르히 메르겐은 일곱 개의 태양 중 여섯을 쏘아 떨어뜨렸으나 약속을 완수하지 못하고 오만함으로 인해 땅속 동물인 타르박이 된 반면, 후흐데이 메르겐은 하늘의 별이 되어 인류에게 희망을 전하는 존재로 묘사된다.

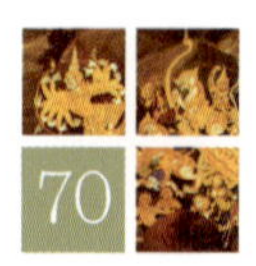

알랑고아 신화

〈몽골비사〉에 의하면 알랑 고아는 결혼하여 5형제의 아들을 두었는데 막내아들이 보돈차르-몽카크이고, 그의 후손 가운데에서 몽골초원을 누빈 대영웅 테무친이 태어났다. 테무친은 쿠릴타이 대회에서 칸으로 추대되어 칭기즈 칸으로 불리게 되며, 세계에서 가장 강대한 몽골제국을 건립하였다.

사막 북쪽의 땅은 언제나 매섭고 추운 곳으로, 무엇이 태어나고 죽을 일도 없을 것처럼 황폐한 대지로 여겨 사람들은 이곳을 '막북'이라고 하였다. 이 황량하기 이를 데 없는 막북의 땅에서 왕 내외가 딸을 낳았다. 그런데 딸의 미모는 너무나 아름다워 백성들은 그녀를 훔쳐보기를 두려워하였다. 왜냐하면 공주의 미모는 사람의 눈을 멀게 하여 용맹한 장수들도 공주와 어울리기라도 하면 장님이 되곤 했기 때문이다.

어느 날 늑대 한 마리가 찾아와 둥지 아래쪽에 굴을 파더니 비가 오고 눈보라가 쳐도 자리를 뜨지 않았다. 공주가 나무 위에서 관찰해 보니 늑대가 밤마다 우는데 하늘의 울림을 닮아 있었다.

공주는 늑대가 하늘에서 왔다고 믿고는 그와 결혼하여 아들을 낳았다. 그렇게 하여 아들은 아들을 낳고 부족을 이룰 정도로 자손이 번성하였는데 모두 늑대처럼 목청을 길게 빼는 노래를 좋아하였다.

이렇게 늑대족이 노래를 하면 여인들은 흔히 넋을 잃었다. 흰 사슴의 딸도 늑대의 노래에 넋을 잃고 밤마다 마을을 빠져나갔다. 당시 근친혼 풍습을 지키기 위해 다른 부족과 사귀는 것을 엄격히 금지했기에 흰 사슴은 늑대족의 청년 푸른 늑대와 바이칼 호수를 건너 사랑의 도피를 하였다. 온 세상을 하얗게 덮을 정도로 큰

아름다운 공주와 늑대의 만남_'혹독한 땅'에서 절세미인의 공주는 사람들의 눈을 멀게 할 정도였다. 어느 날 공주는 하늘의 울림을 닮은 울음소리를 내는 늑대를 보고 그가 하늘에서 왔다고 믿어 결혼했고, 그 후손들이 늑대족을 이루며 번성했다. 늑대족의 노래에 매혹된 흰 사슴의 딸은 푸른 늑대와 사랑의 도피를 하여 보르칸 산에 숨어들었고, 그들의 후손 중 외눈박이 형제가 나타나 먼 미래를 내다보는 능력으로 사람들의 부러움을 샀다.

눈이 쏟아지던 날, 푸른 늑대 가족은 아들을 찾아서, 흰 사슴의 가족은 딸을 찾아서 온 막북을 뒤졌지만 그들을 찾을 수 없었다. 소문에 의하면 둘은 보르칸 산에 살림을 차렸는데 찾아가 보면 산이 어디로 가 버리고 없었다.

보르칸 산에 숨어든 그들이 어떻게 살았는지 아무도 모른다. 그 후손이 열 번쯤 바뀌어 형제가 살았는데 모두 그들을 부러워하였다. 형은 눈이 하나인 외눈박이였지만 이마의 커다란 눈은 사흘 앞을 내다보았다. 그래서 그가 "저기 나그네가 온다" 하면 사흘 후 나그네가 나타났다.

동생은 힘이 센 장사였다. 그는 기운이 세서 누구와 싸워도 지지 않았다. 외눈박이 형은 하루 한 번씩 보르칸 산에 올라가 세상을 보았다. 온 세상이 손바닥 같았으니 세상의 이치를 꿰뚫고 살았던 형은 당연히 결혼도 하고 아이도 넷이나 낳아 행복하게 살았다. 그런데 동생에게는 배필이 없어서 마땅한 처녀를 물색하던 중 멀리 강줄기를 따라 이동하는 무리들 속에 검은 수레에 앉은 처녀를 발견하였다.

몽골 민족 시조 알랑의 탄생과 시련_늑대와 공주의 후손 중 보르칸 산에 숨어살던 외눈박이 형제는 뛰어난 능력을 가졌다. 미래를 내다보는 외눈박이 형은 가정을 이루었으나 힘센 동생은 배필을 찾지 못했다. 그러다 두 형제는 명궁의 딸인 아름다운 처녀 알랑을 납치하여 보르칸 산으로 데려왔고, 알랑은 동생의 아내가 되어 행복한 시간을 보냈다. 하지만 외눈박이 형이 죽자 그의 자식들은 동생 부부를 내쳐 유목 생활에서도 고립시키는 시련을 겪게 했다.

그 처녀는 무지개 나라에서 활쏘기를 잘하는 명궁의 딸이었다. 그녀의 미모는 이웃까지 알려진 대단한 미인이었다. 처녀는 마침 시집을 가기 위해 먼 길을 나섰는데 명궁의 딸이라 아무도 넘볼 수 없었다. 그런데 외눈박이 형과 그의 동생은 힘을 합쳐 처녀를 납치하여 보르칸 산으로 숨어들어갔다. 처녀의 아버지는 온 나라를 뒤지며 산을 수소문해 다녔지만 찾을 수 없었다.

처녀의 이름은 알랑이었다. 그녀는 한동안 행복하게 살았다. 힘이 장사인 동생은 아내를 끔찍하게 아꼈고 외눈박이 형도 동생의 아내를 극진하게 보살폈다. 그러나 외눈박이 형이 죽자 그의 자식들은 삼촌 내외를 단숨에 내쳤다. 그들은 유목 생활을 할 때도 자기들끼리만 하였다.

동생은 알랑을 위해 사냥을 나갔지만 혼자서는 토끼도 잡기 어려웠다. 하루는 아주 먼 곳까지 나가 허탕을 쳤다. 하루 종일 아무것도 먹지 않아 배는 고프고 몸은 지쳤다. 등에 근심만 지고 돌아오는 길에 어디선가 맛있는 고기 굽는 냄새가 났

알랑의 시련과 신비로운 출산_알랑의 남편은 고기 한 조각에 아이를 얻었으나 둘째 아들이 어릴 때 세상을 떠났다. 홀로 두 아이를 키우게 된 알랑은 고난 속에서도 굳건히 가족을 부양했다. 이후 그녀는 까닭 없이 배가 불러 눈이 잿빛인 세 아들을 낳는데, 이로 인해 첫째와 둘째 아들은 그녀의 남자 관계를 의심하며 수군거렸다.

다. 넓은 바위에 어떤 남자가 고기를 굽고 있는 중이었다. 그는 고기 굽는 남자에게 조금만 달라고 간청해서 그 남자에게 머리, 목, 허파, 염통과 가죽을 제외한 나머지 고기를 얻었다.

알랑의 남편이 먹을 것을 얻어서 신이 나서 돌아오는데, 중간에 자기보다 못한 사내가 아이를 데리고 울고 있었다. 그는 얼마나 배가 고픈지 아이와 사슴고기를 바꾸자고 했다. 알랑의 남편은 그에게 뒷다리를 떼어 주고는 아이를 데려다 종으로 삼았다. 그러나 그는 둘째 아들이 젖도 떼기 전에 눈을 감고 말았다.

알랑은 이제 여인의 몸으로 어린 두 자식과 살아가야 하는 처지에 놓였다. 그녀는 온갖 고난과 외로움을 이기고 열심히 일해서 가족들을 살렸다. 그런데 까닭 없이 배가 부르더니 아이를 셋이나 낳았는데, 특이하게 아이들의 눈이 잿빛이었다.

알랑이 아이를 낳자 첫째와 둘째는 틈만 나면 머리를 맞대고 어머니의 남자가 누군지 수군거렸다.

긴 겨울이 가고 봄기운이 돌던 날 알랑은 자식들을 불러 모아 푸짐한 음식을 차리고 축제일처럼 활을 쏘게 하였다. 다섯 발의 화살을 쏜 자식들에게 하나씩 화살을 주워오게 하여 꺾어 보라 하였다. 다섯 형제가 모두 손쉽게 화살을 꺾었다. 이번에는 다섯 개의 화살을 하나로 묶어서 꺾어 보라 하였다. 그러자 어느 누구도 화살을 꺾지 못했다. 그러자 알랑은 남편 없이 홀로 산 세월을 회상하며 하얀 배를 꺼내 보여 주었다.

홀로 된 여인에게 초원의 밤은 길다. 알랑은 해가 지면 천장의 별을 보며 남편을 그리워했다고 고백했다.

어느 날은 별빛에게, 어느 날은 달빛에게 가슴에 묻어 둔 이야기를 털어놓았는데, 언제부터 달빛 한 가닥이 사람의 형상으로 변하더니 밤새 껴안고 사랑하다가 날이 밝으면 노란 개처럼 기어서 나갔단다.

"훗날, 달빛 자식 중에 위대한 왕이 나오거든 내 말을 믿게 되리라."

그렇게 유언 아닌 유언을 하고는 알랑은 눈을 감았다. 그녀가 죽자 형제들은 유산을 놓고 다투었다. 화살 다섯 개의 교훈은 연기처럼 사라지고 한 마리의 양이라도 더 갖기 위하여, 한 조각의 말린 고기라도 더 차지하기 위하여 서로를 의심하고 다투기 일쑤였다. 하지만 막내는 형들과는 달리 어머니를 여읜 슬픔에 하루도 거르지 않고 어머니를 그리워하며 울었다.

그처럼 갸륵한 마음씨를 지닌 막내는 자라면서 형들로부터 따돌림을 당했다. 그러고는 어느 날 형들은 막내를 병든 말에 태워 초원으로 내쫓았다. 막내는 갈 곳을 몰라 강을 따라갔다. 그런데 그의 눈에 매 한 마리가 하늘을 빙빙 돌다가 땅으로 내리꽂히더니 쏜살같이 멧닭을 낚아채는 것이었다. 그는 병든 말의 말총을 뽑아서 올가미를 만들고 한없이 기다려 보았다. 이윽고 매는 안심하고 놀다가 올가미에 걸려 잡히고 말았다. 매는 어이가 없었던지 화병이 나 끙끙 앓아누웠다.

그렇게 수많은 시간이 덧없이 흘러갔지만 막내와 매는 먹을 것을 구할 수가 없

몽골의 기원_알랑은 죽기 전, 밤마다 달빛 형상의 남자가 찾아왔다는 유언과 함께, 훗날 달빛의 자식 중에 위대한 왕이 나올 것이라 예언했다. 알랑이 죽자 형제들은 유산을 두고 다퉜으나 어머니를 그리워하던 막내는 형들에게 따돌림당해 초원으로 쫓겨났다. 그러나 막내는 우연히 잡은 매의 도움으로 사냥에 성공하고 버려진 아이들을 모아 자손을 번성시켰으며, 많은 겨울을 지나 마침내 '잿빛 푸른 늑대족의 나라'를 세워 몽골의 기원이 되었다.

었다. 그들은 숨어서 늑대에게 쫓기는 짐승이 쓰러질 때까지 기다렸다가 반씩 나누어 먹었다. 겨울이 가고 봄이 오자 매도 건강을 찾아 사냥에 나섰다. 토끼, 오리, 기러기 고기가 날마다 넘쳤다. 사람들은 멍청하고 힘도 약한 막내가 일도 하지 않으면서 언제나 맛있는 고기를 먹고 술 취해 사는 것이 신기하기만 했다.

그때 마음 약한 형 하나가 동생을 찾아 나섰다. 그는 동생이 병든 말과 함께 죽었을 것이라고 생각하고는 시신이라도 찾아 어머니 곁에 묻어 줄 요량이었다.

형은 강을 따라가며 사람들에게 물었다. 사람들은 동생의 행방을 알고 있어서 그의 집을 가르쳐 주었다. 저녁 바람이 불 때 서쪽 하늘에서 기러기의 깃털이 하얗게 쏟아지는 곳이 막내의 움막이었다.

형은 도무지 믿기지 않았다. 소꼬리도 얼어서 부러지는 혹독한 추위에 먹을 것이 많은 부자도 힘든데 빈털터리 바보인 동생이 그렇게 멀쩡하게 별 탈 없이 지내다니, 그것도 맛있는 새고기를 몸에서 비린내가 나도록 먹고 살다니 도무지 믿을 수가 없었다.

마침내 만난 동생은 더 이상 바보가 아니었다. 초원의 모든 생명은 먹이사슬에 묶여 있었고, 사람도 (힘을) 이루지 못하면 금방 들짐승의 먹이가 되었다. 막내는 날마다 매의 말을 듣고, 우두머리를 잃은 부랑아들을 찾아서 싸울 필요도 없이 데려올 수 있었다. 그는 특히 바람둥이여서 홀로 된 여자들을 데려다 아이를 많이 낳았다. 많고 많은 아이가 자손을 낳고 겨울이 백 번쯤 지나가자 큰 나라를 이루었다. 그 나라는 잿빛의 푸른 늑대족이 사는 나라이다.

몽골 비사_징기스 칸과 알랑고아의 관계는 몽골 민족의 기원 서사, 특히 징기스 칸 가문의 정당성과 신성성을 부여하는 데 있어 핵심적인 모계 조상의 연결고리를 이룬다. 몽골 비사를 비롯한 주요 사서들은 알랑고아를 징기스 칸의 직계 조상으로 기록하며, 그녀의 신비로운 출산 이야기는 징기스 칸의 후손들이 하늘의 뜻에 따라 세상을 지배할 정통성을 상징한다.

아프리카 문명의 신화

아프리카 신화는 광활하고 다양한 지형에서 유목민들의 끊임없는 이동이 빚어낸 결과로, 지역별로 상이한 민족들의 전통만큼이나 풍부하고 다채로운 서사를 담고 있다. 특히 세계에서 가장 기상천외한 내용을 자랑하는 창조 신화를 비롯해 이집트 등 외부 신화와 유사한 공통 모티프를 지니기도 한다. 로지족의 니얌베 신화, 줄루족의 교육적인 동물 소통 서사, 도곤족의 고도로 추상적인 형이상학적 체계, 폰족의 복잡한 의례, 딩카족의 소를 향한 애정 등 각 부족은 고유한 신화적 특징을 지닌다. 그러나 이들 모두는 자연의 모든 곳에 신이 존재하며 산, 강, 태양 등 자연 속에 신이나 정령이 깃들어 있다고 믿는 공통된 세계관을 공유한다. 이처럼 아프리카 신화는 최고신, 자연신, 수호 정령, 장난꾸러기 동물신 이야기가 구비 전승되는 등, 자연과의 깊은 유대감을 바탕으로 인류의 근원적 질문에 답하는 다채로운 정신세계를 보여준다.

아프리카 부족의 신화

아프리카의 신화는 매우 다양하면서도 몇 가지 공통적인 모티프를 발견할 수 있다. 특히 창조 신화들은 아마도 세계에서 가장 다양하고 기상천외한 내용을 담고 있다. 또한 아프리카 신화의 모티프에서는 이집트 · 서남아시아 · 인도의 것과 비슷한 이야기들을 발견할 수 있다. 그러나 세계의 다른 지역에서 공통적으로 찾아볼 수 있는 대홍수나 자연의 대재해(大災害)로 인한 세계의 종말을 다루는 신화는 찾아보기 어렵다.

로지족은 잠비아공화국 남서부의 바로첼란드 주에 거주하는 부족 집단이다. 세계 3대 폭포의 하나인 빅토리아 폭포를 거쳐 유유히 관류하는 잠베지 강과 지류인 림포포 강이 합류하는 지점에 짐바브웨가 있고 그 하류에 잠비아가 이웃하고 있다. 로지족은 잠베지 강 유역의 바로체 고원을 중심으로 다양한 토양 및 초지 조건을 잘 이용하여 농업 · 축산 · 어업 등을 발달시키며 살아가고 있다.

로지족의 전승(傳承)에 의하면, 그들의 조상(알루이족)은 룬다족 및 기타 종족들과 함께 11세대 전의 조상인 신 니얌베에게 이끌려 북서쪽에서 이동해 와서 카푸에 강 유역을 중심으로 오늘날의 앙골라 동부에서 보츠와나 북부에 걸친 바로체 왕국을 건설하였다.

1838년 남아프리카공화국의 코롤로족에게 정복되었으나 그 후 1864년 코롤로족을 격파한 뒤 로지족이라 자칭하고 왕국을 마로지라고 칭하여 재흥(再興)하였다.

니얌베는 태고 시절 아내 나시레레와 함께 지상에서 살고 있었다. 그는 지상의 왕이며 아내 이외에도 많은 첩을 거느리고 있었다. 왕은 궁전에 두 사람의 고문을 두고 있었는데, 이들은 신과 인간을 엮는 중개 역할을 맡고 있었다. 왕은 고문의 간청에 따라 숲과 초원과 강을 만들고 짐승과 새와 물고기 등 그곳에 사는 모든 것을 창조하였다.

창조신 **니얌베와 인간 카무누의 갈등**_태고 시절, 지상의 왕 니얌베는 아내와 고문들과 함께 지상에서 숲과 초원, 짐 승과 새 등 모든 것을 창조했다. 이후 인간의 조상 카무누와 그의 아내를 만들었는데, 카무누의 탁월한 지혜와 능력 이 니얌베를 위협하자 니얌베는 그를 피해 섬으로, 결국은 거미줄을 타고 하늘로 도피했다. 니얌베는 카무누가 자신 을 쫓아올까 봐 거미의 눈까지 도려내며 인간의 뛰어난 능력에 당혹스러움을 느끼는 신의 모습을 보여주었다.

니얌베는 이어 인간의 조상인 카무누와 그의 아내를 만들었다. 그런데 얼마 후 카무누의 힘과 지혜가 너무나 탁월하여 니얌베를 당혹스럽게 했다. 왜냐하면 니얌 베가 할 수 있는 모든 것을 똑같이 카무누도 할 수 있었기 때문이다. 카무누는 몰 래 엿듣기도 하고 훔쳐보기도 하여 집 짓는 기술, 대장간 일 등을 척척 익혀 나갔 다. 그리고 사냥에도 능하여 짐승들을 곧잘 잡았다.

니얌베는 카무누의 능수능란한 솜씨에 혹시 자신도 언젠가는 그에게 당할지 모 른다는 생각을 하게 되어 어느 섬으로 도피했다. 그러나 카무누는 강변의 갈대를 엮어 쪽배를 만들어 섬으로 쫓아왔다. 니얌베는 끈질기게 뒤쫓는 카무누를 따돌리 기 위해 아내와 고문을 데리고 강을 건너가서 거미줄을 타고 하늘로 올라갔다. 니 얌베를 안내한 거미가 카무누에게 승천의 길을 알려줄까 봐 니얌베는 거미의 눈을 도려내 버렸다.

한편, 카무누는 탑을 높이 쌓아 니얌베가 있는 하늘나라로 가려 했으나 실패하

카무누의 좌절과 니얌베 후예들의 다양성_니얌베를 쫓아 하늘에 닿으려던 인간 카무누는 탑을 쌓아 시도했지만 실패했고, 이로써 인간은 신을 직접 볼 수 없게 되었다. 그러나 로지족 신화에 따르면 지상의 모든 사람은 니얌베 신의 후예이며, 다양한 종족의 여성들을 아내로 삼았던 니얌베의 자녀들이 언어와 풍습이 다른 여러 민족의 시조가 되었다. 특히 로지 왕족은 정실 나시레레의 후손으로서 니얌베의 직계 후손임을 믿는다.

였다. 이때부터 인간은 더 이상 신을 볼 수 없게 되었다고 한다. 이처럼 로지족 사회에서 구전되어 온 신화에 따르면 지상의 모든 사람은 하나같이 니얌베 신의 후예라고 한다.

니얌베 신은 지상에 살고 있을 때 여러 종족의 여성을 아내로 거느렸다. 이 여성들과 니얌베 사이에서 태어난 자녀들이 서로 다른 언어와 풍습을 가진 여러 민족의 시조이며, 로지 왕족은 그의 정실인 나시레레를 어머니로 한 니얌베 신의 직계 후손이라고 믿고 있다.

아프리카 콩고 분지에 거주하고 있는 피그미(Pygmy)족은 유독 키가 작은 부족으로 유명하다. 그들은 상대적으로 몸집이 크고 힘이 센 보통의 흑인 집단에게 쫓겨다니면서 밀림 깊숙이 숨어들어가서 사냥과 채집으로 살아왔다. 이들은 쫓겨다니는 약소 부족임에도 성격이 매우 낙천적이다. 마을에서 신생아가 태어나거나 결혼식 등 축제 때가 아니더라도 그날 사냥에서 흡족한 짐승을 잡았다고 하면 곧 회식

피그미족의 불 획득 신화_아프리카의 작은 부족 피그미족은 외부의 압박 속에서도 낙천적인 성격을 잃지 않는 이들이다. 이들은 성경의 아담과 이브 신화와 유사한 맥락의 불 획득 신화를 전승하는데, 그 첫 번째 이야기에서 피그미족 한 명은 코끼리를 쫓다가 신의 마을에서 불을 발견한다. 그는 신의 마을에서 불 붙은 막대를 훔치려 여러 번 시도하자 신은 불을 되찾고 담을 쌓는 등 막으려 했으나 피그미는 결국 불을 훔쳐 부족에게 가져가는 데 성공했다.

을 하고 노래하며 신나게 가무를 즐겼다.

피그미족이 믿고 있는 신화는 마치 성서에 나오는 아담과 이브가 낙원에서 추방되는 것과 같은 신화와 불에 관한 이야기가 전해져 내려오고 있다. 피그미족의 불에 관한 첫 번째 신화는 이렇게 전개된다. 한 피그미가 코끼리를 쫓다가 신의 마을에 도착하였다. 그는 그곳에서 불이 붙은 나무 막대를 들고 도망쳤으나 신이 그를 붙잡아 불을 되찾았다. 그러나 피그미는 두 번 더 불을 훔쳤고 신은 마을 주위에 리아나로 만든 담을 세워 불을 지키려고 하였다. 그러나 피그미는 이 담까지 넘어 결국 불을 훔친 뒤 자신의 부족 곁으로 돌아갔다고 한다.

피그미족의 불에 관한 두 번째 신화는 이렇다. 신의 나라의 불은 신의 늙은 어머니가 보살피고 있었다. 어느 날, 숲에서 길을 잃은 피그미가 불이 있는 곳으로 왔다가 신의 어머니가 잠든 사이 불을 훔쳐갔다. 신이 피그미를 잡아 불을 되찾았으나 그 피그미는 다른 피그미들에게 불에 대한 정보를 알려주었다. 두 번째 피그미

피그미족의 낙원 추방 신화_피그미족의 신은 처음 창조한 남녀 한 쌍에게 '타후' 열매만은 먹지 말라고 명했다. 그러나 호기심 많은 여자는 남자를 꾀어 타후 열매를 먹게 했고, 죄를 저지른 두 사람은 증거를 숨기려 했다. 하지만 전능한 신은 이를 모두 알고 있었고, 결국 이들을 낙원에서 추방했다. 피그미족은 이러한 신의 명령 거역으로 인해 정처 없이 방랑하는 운명을 갖게 되었다고 전해진다.

가 불을 훔치러 갔으나 실패하고, 세 번째 피그미는 새의 깃털을 뽑아 날아가 불을 훔쳤다. 결국 신은 그 피그미를 잡지 못하고 불을 가져가는 것을 허락했으나 신의 어머니가 추위로 죽은 것을 보고 사람들도 신의 어머니처럼 죽게 만들었다.

피그미족의 세상 창조에 대한 신화는 다음과 같다. 피그미의 신은 처음 남녀 한 쌍을 창조하여 지상의 낙원에서 살도록 했다. 신은 두 사람에게 여러 가지 자유를 허용했지만 '타후'라는 나무 열매만은 절대로 따 먹어서는 안 된다고 명했다. 그럼에도 호기심이 강한 여자는 남자를 꾀어 타후 열매를 따오게 했다. 이들은 몰래 타후를 먹었다. 두 남녀는 신의 명령을 거역했기 때문에 두려워하면서 남은 타후와 까 먹은 껍질을 땅에 쌓인 낙엽 밑에 감춰 버렸다. 그러나 전능하신 신은 벌써 모든 것을 다 알고 있었다.

신이 급기야 지상에 태풍을 일게 하여 쌓인 낙엽을 날리자 숨겨 둔 타후와 껍질이 나타났다. 신의 명령을 거역한 죄 때문에 두 남녀는 아프리카의 지상낙원에서 영원

마사이족의 낙원 이주와 불복종_아프리카 동부 초원의 마사이족은 독특한 인사법과 함께 하늘나라에서 지상으로 내려온 그들의 창세 신화를 가지고 있다. 마사이족의 아버지 신 '은가이'는 아이들이 지상으로 가는 것을 허락하며 소와 양을 길러 살고 다른 동물은 해치지 말라 명했지만, 아이들은 은가이의 명령을 어기고 사슴을 잡아먹어 그의 분노를 샀다.

히 추방되었다. 이러한 연유로 피그미족은 정처 없이 방랑을 하고 있다고 한다.

키가 작은 피그미족과는 반대로 평균 신장 173cm의 큰 키에 고수머리, 단정한 용모에 암갈색 피부를 하고 있는 마사이족이 있다. 마사이족은 아프리카 동부 케냐와 탄자니아 경계의 가시나무가 많은 초원에 거주하고 있다.

마사이족은 서로 만났을 때 인사하는 방법이 독특하다. 그들은 사람을 만나면 상대방의 얼굴에 침을 뱉는다. 수분, 즉 물은 마사이족에게 대단히 귀중한 것이다. 상대에게 이 귀중한 수분을 발라주는 것이 우정과 축복의 표현이라고 한다.

마사이족의 신화는 다른 소수 부족들의 창세 신화와 거의 비슷하다. 태초의 하늘나라에 마사이족이 살고 있었다. 그들의 아버지는 곧 하나님이요, 마사이 말로 '은가이', 즉 신이라고 불렀다.

어느 날, 아이들이 하늘나라에서 지상을 내려다보았다. 그들은 지상의 세계가 매우 아름다워서 가보고 싶은 충동을 느꼈다. 지상을 동경한 나머지 아이들은 아

마사이족의 목축 생활과 신앙적 기원_ 하늘의 아버지 신 '은가이'는 약속을 어기고 사슴을 잡아먹은 마사이족 아이들에게 하늘나라로 통하는 밧줄을 끊어버리는 벌을 내렸다. 은가이는 아이들이 지상에서 소와 양, 염소의 수를 만족할 만큼 늘려야만 다시 하늘로 돌아올 수 있다고 말했다. 이 신화는 마사이족에게 가축, 특히 소를 기르는 것이 단순한 생업을 넘어선 신앙이자 신과의 약속이 되었으며, 그들의 전통적인 목축 문화의 깊은 기원을 설명해 준다.

버지 은가이 신에게 허가를 얻었다. 이렇게 하여 한 집단이 밧줄을 타고 천국에서 지상으로 내려왔다. 그러나 은가이 신은 아이들에게 명령하였다.

"너희가 지상에 내려가되 결코 다른 동물을 죽이거나 잡아먹어서는 안 된다. 그래서 나는 너희와 함께 하늘나라에서 소와 양과 염소를 내려보낸다. 이 짐승들을 길러 그 젖을 먹고 살아야 한다. 내 명령을 거역하고 다른 동물을 해치거나 잡아먹어서는 안 된다."

아이들은 아버지의 명령에 따르겠다고 약속하고는 밧줄을 타고 지상으로 내려왔다. 그러나 며칠이 안 되어 아이들은 은가이 신의 명령을 어기고 어느 날 그만 사슴 한 마리를 잡아먹고 말았다. 하늘나라에서 이를 지켜보던 아버지 은가이 신은 격분했다.

"저놈들이 내 말을 거역하다니……."

은가이 신은 하늘나라에서 타고 내려간 밧줄을 잘라 버렸다.

"네놈들은 아버지와의 약속을 어겼다. 너희는 사슴을 해친 죄로서 하늘나라로 다시는 돌아올 수 없는 벌을 받을지어다."

이에 놀란 아이들은 은가이 신에게 용서를 빌었다.

"아버님, 제발 한 번만 용서해 주세요. 저희가 잘못했습니다. 다시는 다른 짐승을 잡지 않겠으니 하늘나라로 돌아갈 수 있도록 밧줄을 내려주소서."

그럼에도 은가이 신의 분노는 쉽사리 가라앉지 않았다.

"너희는 이대로 하늘에 되돌아올 수 없다. 다만 내가 함께 내려보낸 소와 양과 염소를 너희가 지상에서 열심히 길러 내가 만족할 만큼 그 숫자가 증가했을 때, 나는 너희가 하늘나라로 되돌아올 수 있도록 밧줄을 내려줄 것이니라."

이 신화는 마사이족의 조상으로부터 오늘날까지 구전되어 온 것이다. 이와 같이 하늘나라에서 내려온 마사이족에게 은가이 신이 남긴 마지막 말씀에 따라 하나님이 만족스러워할 때까지 소와 양과 염소를 열심히 기르는 것은 그들의 생활이며 신앙이 된 것이다. 그래서 마사이족은 소와 양과 염소를 방목하고 특히 소에 최고의 가치관을 둔다.

아프리카 동부 케냐와 탄자니아 접경 초원에 거주하는 마사이족은 173cm에 달하는 훤칠한 키와 암갈색 피부, 그리고 침을 뱉는 독특한 인사법으로 유명하다. 이들은 인사를 통해 귀한 수분을 나누며 우정과 축복을 표현하는 문화를 가졌다. 마사이족의 창세 신화는 그들이 본래 하늘나라에서 아버지 신 은가이와 함께 살다가 지상으로 내려왔지만, 신의 명령을 어긴 죄로 하늘로 돌아갈 밧줄이 끊어졌다고 전한다. 이로 인해 마사이족은 소와 양, 염소를 길러 은가이 신을 만족시켜야만 언젠가 다시 하늘로 돌아갈 수 있다는 믿음을 가지게 되었으며, 이는 소를 최고의 가치로 여기고 목축을 단순한 생업을 넘어 신앙의 중심이자 그들의 삶 그 자체로 삼는 독특한 생활 양식을 형성하는 기원이 되었다.

줄루 탄생 신화

줄루 신화는 줄루족의 신화를 말한다. 줄루족 신화의 특징은 동물과의 소통과 아이들에게 교육적인 효과를 주는 신화 형식의 구조다. 줄루족의 이야기에 나오는 동물은 초식동물과 육식동물과의 구별이 모호하며, 질투에 대한 도적적인 책임을 날카롭게 묻는 이야기 등은 어린아이에게 어린 시절부터 도덕과 윤리관을 형성시킬 수 있는 훌륭한 교육수단이 된다.

태초부터 존재했던 창조주 움벨리캉기는 하늘의 왕이었다. 왕은 하늘나라에 어마어마하게 큰 외양간을 지어 놓고 셀 수 없을 만큼 많은 소를 길렀다. 왕은 소를 무척 사랑했다. 그러던 어느 날, 왕이 다른 때처럼 자신의 오두막 밖에 한가로이 앉아 있는데 신하가 다급히 뛰어오더니 골치 아픈 소식을 전했다. 왕국의 말썽꾸러기 사내가 왕이 아끼는 흰 소의 등에 올라타 장난을 치고 있다는 것이었다.

사내의 장난에 넌더리가 난 왕은 사내가 이제 더 이상 하늘나라에서 말썽을 부리지 못하도록 땅으로 내려보내기로 결심했다. 왕은 사내를 불러 놓고 하늘 바닥에 구멍을 낸 뒤 사내의 허리를 탯줄로 묶어 땅으로 내려보냈다. 땅에 내려온 사내는 주위를 둘러보았다. 사내가 살펴본 땅의 세상은 풍요로 가득 차 있었다. 사내는 주변에 있는 갈대를 꺾어 날선 잎으로 허리에 붙은 탯줄을 잘라내고는 자유의 몸이 되었다.

사내가 지상에 내려온 지 한 달 정도가 지나자 하늘의 왕은 땅으로 내려간 사내가 어떻게 지내는지 궁금해져 하늘나라의 구멍을 통해 지상을 내려다보았다. 사내는 바나나나무 그늘 아래에서 피곤한 모습으로 누워 있었다. 그 모습을 본 왕은 사내가 좀 불쌍하게 여겨졌다.

"저 사내에게 뭔 문제가 있는 것인가? 먹을 것이 부족한가? 마실 물이 적은가?

움벨리캉기의 천지창조와 인류의 시작_하늘의 왕이자 창조주인 움벨리캉기는 자신이 아끼던 흰 소를 괴롭히던 말썽꾸러기 사내를 탯줄로 묶어 땅으로 내려보냈다. 이후 외로워하는 사내를 본 왕은 다시 하늘나라의 미녀를 탯줄로 묶어 사내의 짝으로 지상에 보내주었으며, 잠에서 깬 사내는 아름다운 처녀가 곁에 있는 것을 보고 놀랐다.

왜 저토록 힘들어하는 걸까?"

문득 왕은 사내가 한창 힘이 넘칠 나이에다 홀몸이라는 것을 떠올리게 되었다.

"아, 이제야 알겠어. 저놈은 외로운 거야. 저놈 곁에는 아무도 없으니 저놈을 위해 짝을 보내 줘야 되겠어."

왕은 사내에게 짝을 줘야겠다고 생각하고는 하늘나라에서 둘째 가라면 서러울 미인을 불러 말했다. "너는 이제부터 하늘나라를 떠나 내 아들의 신부가 되어 지상에서 살아가거라."

말을 마친 왕은 다시 탯줄을 꺼내어 처녀의 허리에 묶고 여자를 땅으로 내려보냈다. 그때까지만 해도 사내는 깊은 잠에 빠져 있었다. 땅에 내려온 처녀는 사내가 자고 있던 그늘 아래에 가까이 다가갔다. 잠시 후 사내는 아름다운 처녀가 자기 옆에 있는 것을 보고 깜짝 놀랐다.

"이처럼 아름다운 여인은 본 적이 없어. 이 여인은 분명히 하늘의 왕이 내려보낸

줄루족의 창조주 은클룬클루와 조상 신앙_줄루족 신화에 따르면 세상에서 가장 먼저 태어난 창조주 은클룬클루는 갈대밭에서 첫 사람들을 창조했으며, 그가 부여한 생명을 보호하기 위해 전통 약제사와 점술가를 보냈다. 질병의 원인이 조상 혼령(아마들로지)에 있음을 진단하는 점술가는 황소를 잡아 아마들로지를 위로하도록 권하며, 아마들로지는 후손 곁에 머물며 때때로 도움을 주는 존재로, 오늘날에도 소를 잡아 위로하고 축원한다.

거야. 그렇지 않고서야 이렇게 아름다운 여인이 내 옆에 있을 수 있겠어?"

청년은 갈대를 꺾어들고 처녀의 허리를 묶은 줄을 끊었다. 하늘에서 이 모습을 기분 좋게 지켜본 왕은 끊어진 줄을 거둬 땅의 사람들이 다시는 하늘을 바라보지 않고 하늘의 사람들도 땅을 내려다보지 않고 살아가게 했다. 그 이후 사내와 처녀는 스스로 자손을 불려 나갔다. 그 후손들이 지금의 줄루족인 아마줄루이다.

줄루족의 조상 신화에 관한 이야기는 다음과 같다. 예로부터 줄루족의 사람들이 이르길 은클룬클루는 세상에서 제일 먼저 태어난 절대자이자 창조주라고 여겼다. 최초의 사람은 갈대밭의 갈대가 부러지고 그 속에서 나왔다고 한다. 그래서 은클룬클루가 그 갈대라고도 말한다.

어떤 사람은 은클룬클루가 바로 그 첫 사람으로 갈대에서 갈라져 나왔다고 한다. 또 어떤 사람은 은클룬클루가 갈대를 갈라 나라를 만들었다고 한다. 줄루족은 절대자인 은클룬클루가 생명을 부여한 존재이며, 또 자신이 부여한 생명을 보호하기 위해 질병을 치료할 전통 약제사 이냥가와 앞을 봐 줄 점술가 이상고마를 사람들에게 보내 주었다고 한다.

그래서 이상고마는 그 특별한 능력으로 사람이 아플 때 왜 병이 생겼는지 알아낼 수 있고, 만일 병이 조상 혼령을 뜻하는 아마들로지인 것이 밝혀지면 그 가족들에게 황소를 잡아 아마들로지를 위로하라고 권하여 병이 깨끗하게 낫게 한다.

그리고 잊혀진 조상들은 아마들로지가 되어 계속 후손들 곁에서 살아가고 있다고 한다. 아마들로지는 잊혀지지 않고 계속 후손들 곁에 언제까지나 머물고 싶어 하며 실제로 가끔씩 후손들에게 도움을 주기도 한다. 요즘에도 사람들은 소를 잡아 아마들로지를 위로하고 후손들을 도와달라고 축원하기도 한다.

줄루족은 남아프리카 공화국에서 가장 큰 민족 집단으로, 반투어족에 속하는 독자적인 언어와 문화를 지녔다. 19세기 초 샤카를 중심으로 강력한 줄루 왕국을 건설하여 백인 정착민들과 대항했으며, 1879년 이산들와나 전투에서 현대 무기로 무장한 영국군에 맞서 승리하며 그들의 전술적 역량과 강인함을 역사에 각인시켰다. 이들은 태초의 창조주 은클룬클루와 갈대에서 나온 첫 인간에 대한 신화를 믿고, 조상 혼령(아마들로지)을 숭배하며 전통 약제사와 점술가의 역할을 중시하는 등 풍부한 정신세계를 지닌 민족이다.

요루바 신화

요루바족은 나이지리아 남서부와 베냉, 토고에 사는 민족이다. 1999년 1,700만 명 이상이 살고 있으며, 언어는 니제르콩고어족에 속하는 요루바어를 쓴다. 종교는 대부분 기독교나 이슬람교를 믿지만 전통 종교인 다신교를 믿는 사람도 있다. 15세기 후반부터 19세기 초까지 아메리카 노예로 많이 팔려와 미국의 예술, 음악, 종교에 커다란 영향을 미쳤다.

태초의 세상은 위에는 하늘, 아래에는 물과 늪지대만 있었다. 신의 왕인 올로룬은 하늘을 지배했고, 여신인 올로쿤은 아래를 지배하였다. 올로룬은 서아프리카 요루바족의 판테온의 최고 신이자 창조신이다. 또 다른 신인 오바탈라는 이 같은 상황을 깊이 생각했다. 그런 후 올로룬에게 가서 생물이 살아갈 수 있는 마른땅을 만들어 줄 것을 요청하였다.

오바탈라는 올로룬으로로부터 허락을 받고 올로룬의 맏아들이자 예언의 신인 오룬밀라에게서 조언을 들었다. 오룬밀라는 아래까지 닿을 긴 금사슬과 모래를 가득 채운 달팽이 껍질, 흰 닭, 검은 고양이 그리고 야자 껍질이 필요하다고 오바탈라에게 말했다. 모든 신은 그들이 가지고 있던 금을 모두 내주었으며 오룬밀라는 물건을 나를 수 있는 가방을 마련해 주었다. 이 모든 것이 준비되자 오바탈라는 하늘의 모퉁이에 그 사슬을 걸고 그의 어깨 위에 가방을 메고 내려오기 시작했다.

그러나 그가 사슬의 끝에 다다랐을 때 아래까지는 아직 많이 남아 있음을 알게 되었다. 그때 오룬밀라가 오바탈라에게 달팽이 껍질 속에 있는 모래를 쏟아 붓고 흰 닭을 풀어 주라고 하였다. 오바탈라는 오룬밀라의 말대로 모래를 쏟고 흰 닭을 풀어 주었다.

닭은 모래 위에 떨어지자 모래를 두 발로 흩뿌리기 시작했다. 그 모래는 마른땅

오바탈라의 땅과 인간 창조_ 태초 하늘과 물뿐이던 세상에서 오바탈라는 신들의 도움을 받아 금사슬을 타고 내려와 모래를 흩뿌려 마른땅 이페를 만들고 야자수를 심었다. 이후 외로움을 느낀 그는 진흙으로 자신과 같은 형상을 만들 다 야자술에 취해 불완전한 인간을 창조하는 실수를 저질렀으나 이를 뉘우치고 불완전한 사람들의 보호자가 되었 다. 이페는 번성하여 도시가 되었고, 모든 신은 오바탈라의 창조를 축복했다.

을 덮었고 보다 큰 부분은 언덕이 되었다. 오바탈라는 한 언덕에 뛰어내렸고 그곳을 이페라고 이름 지었다.

그 마른땅은 계속 넓혀졌다. 그는 큰 구멍을 파서 그곳에 야자 열매를 심었으며 그 나무가 눈 깜짝할 사이에 크게 자라는 것을 보았다. 그 큰 야자나무는 땅 위에 많은 야자 열매를 떨어뜨렸고 그 열매들이 보다 많은 야자나무를 만들어 내었다. 오바탈라는 친구인 고양이와 함께 정착하게 되었다. 많은 달이 지나가자 그는 이곳에 사는 게 서서히 지루해지기 시작했다. 그는 자신의 친구로서 자신과 같은 형태의 생물체를 만들기로 했다. 그는 모래를 파서 흙을 찾아 그 자신과 같은 형체를 만들기 시작했다. 그러나 그는 곧 지쳐 잠시 쉬기로 했다. 그는 야자나무 근처에서 와인을 만들어 계속 마셨다.

오바탈라는 와인을 너무 많이 마셔서 자신이 술에 취한 것을 알지 못했다. 그는 새로운 생명체를 만들기 위해 그의 작업실로 되돌아갔다. 그러나 그는 술에 취했기 때문에 많은 불완전한 형체를 만들었다. 이것을 알지 못했음에도 불구하고 그는 그의 창조물에 생명을 불어넣어 줄 것을 올로룬에게 요청하였다.

다음 날 오바탈라는 그가 무엇을 했는지를 깨달았고 결코 다시는 술을 마시지 않겠다고 맹세했다. 그리고 그는 불완전한 형체를 한 그 사람을 돌보아 주었다. 그래서 그는 불완전한 형체의 사람들의 보호자가 되었다.

이 새로운 사람들은 오바탈라가 했던 것과 같은 오두막집을 지었고, 이페(Ife)는 곧 번성하여 도시가 되었다. 모든 신은 오바탈라가 하는 일은 무엇이든지 축복해 주었고, 하늘 아래를 지배하는 신인 올로쿤만 제외하고 가끔 땅을 방문하기도 했다.

요루바족은 나이지리아 남서부, 베냉, 토고 등 서아프리카 지역에 주로 거주하는 민족으로, 그들의 뿌리는 고대 도시 일레이페에 깊이 닿아있다. 수세기 동안 이어져 온 그들만의 독자적인 예술성과 생활 양식을 간직하며, 특히 풍부한 구전 신화와 전통 종교는 공동체의 구심점 역할을 한다. 최고 신 올로룬과 수많은 오리샤를 섬기는 요루바 신화는 세계관의 기반을 이루며, 인간의 창조와 지상의 번영을 설명한다. 이들은 과거 노예 무역을 통해 아메리카 대륙으로 건너가 그곳의 예술, 음악, 종교에 지대한 영향을 미치기도 했다.

도곤족의 미스터리 신화

도곤족은 서아프리카 말리공화국에 자리하고 있는 부족이다. 현재 인구는 약 22만 명을 이루고 있으며 독자적인 전통을 가지고 있다. 도곤족의 신화는 자연계의 대상을 분류하고 선악을 가려 인격화하며 영적 원칙을 규정하는 형이상학적인 체계를 갖추고 있어 다른 아프리카 종교에 비해 높은 추상성을 보여 준다.

도곤족의 창세 신화는 미스터리로 가득하다. 도곤족은 태초의 세상을 천상의 신 암마가 창조했다고 믿으며, 우주는 암마의 알이라고 부른다.

암마는 우주에서 씨앗을 만들어 두 개의 태반에 심어 한쪽 태반에서 남녀 쌍둥이를 낳게 하였다. 그런데 암마의 자식인 율그라는 남자아이가 지상 세계를 지배할 욕심으로 암마 몰래 씨앗을 훔쳐 쌍둥이 누이 야시기를 데리고 지상으로 내려갔다. 이때 창조신 암마가 율그의 질서 반역을 알아차리고 곧 야시기를 빼앗아 다른 한쪽의 태반에서 태어난 놈모에게 맡겼다. 그리고 율그와 야시기가 태어난 태반으로 대지를 창조하였다.

율그는 이 대지와 결합하여 인간과 생물을 탄생케 했다. 결국은 율그의 태반이 곧 대지이므로 근친상간의 원죄를 범한다. 이 때문에 대지는 더럽혀졌으며 메마른 불모의 땅이 되고, 반역아 율그는 흰 여우로 변하여 야시기를 영원히 그리는 운명에 처해진다.

배신한 율그에 화가 난 암마는 오염된 대지를 청정하고 우주의 질서를 회복하기 위해 다른 태반에서 태어난 놈모를 네 쪽으로 나누어 시리우스 별에서 우주선을 타고 출발하여 도곤에 도착하였다. 굉음과 화염을 동반한 우주선이 땅에 도착하자 놈모들은 바로 물웅덩이에 뛰어들었다. 도곤 전설에 의하면 놈모들은 물이 있어야

도곤족의 창조 신화와 사회 구조_창조신 암마가 우주를 만들고 두 쌍의 쌍둥이를 창조했다고 한다. 한 쌍둥이인 율그는 암마의 질서를 거역하고 대지를 더럽혀 흰 여우가 되었으며, 이에 암마는 다른 쌍둥이인 놈모를 시리우스 별에서 보내 대지를 정화하고 인간에게 지혜를 가르쳤다. 이로 인해 놈모는 비와 풍요를, 율그는 가뭄과 재앙을 상징하며, 도곤족 사회는 놈모의 네 쌍둥이 선조를 상징하는 4개 그룹과 각기 다른 의무를 가진 사제 시스템으로 구성된다.

살 수 있었다. 도곤족은 "놈모는 자기의 몸을 뜯어 사람들을 먹여 살렸다"라고 하는데, 이는 물을 공급해 주었다는 의미로 해석된다.

놈모들은 상반신은 인간이고 하반신은 물고기인데 땅과 물 양쪽을 넘나든다. 다른 신화에 의하면 놈모의 하반신은 뱀처럼 길이가 길었다는 설도 있다. 놈모들은 인간 세상에 새로이 풀과 나무가 자라게 하여 인간들이 곡식과 열매를 먹고 살 수 있게 하였고 이치와 도덕을 가르쳤다.

때문에 도곤족 사회에서는 놈모와 율그가 선과 악, 음과 양, 낮과 밤, 남과 여 등 대립되는 개념으로 자리 잡고 있다. 즉 놈모는 비를 내리게 하며 풍요로운 수확을 가져다주는 자비로운 우신(雨神)이며, 율그는 가뭄과 재앙을 가져다주는 사악한 여우라고 믿고 있는 것이다.

오늘날의 도곤족 사회는 부계사회이다. 가족이나 일가는 나이가 많은 남자 원로 한 사람이 대표자가 된다. 남자는 최대 네 명의 여자를 아내로 가질 수 있다. 물론 대부분의 남자는 한 명의 아내만 갖고 있으며 두 명 이상의 아내를 가진 사람은 드물다.

도곤 부락은 네 개의 그룹으로 나누어지는 시스템을 갖고 있는데, 이는 태초에 암마 신이 창조한 네 쌍의 쌍둥이 선조들인 놈모를 상징한다. 4조의 쌍둥이 선조로부터 각각 이어진 후손들 네 그룹이 모여 한 부락을 이루고 있다는 상징성을 나타낸다. 각 그룹에 한 명씩의 사제가 있어 모두 네 명의 사제가 있게 되는데 맡은 업무가 각각 따로 정해져 있다. 한 사제는 암마나 놈모 신들과 접촉하는 임무를 가지며, 한 사제는 예언을 하고, 한 사제는 재판을 담당하고, 마지막 한 사제는 장례를 관장한다.

죽은 사람은 절벽의 가장 높은 위치에 있는 굴속에 안치하며, 그 굴은 성스러운 마법이 보관된 장소로서 장례를 지내는 사람 외에는 아무도 들어갈 수 없다. 도곤 문화의 핵심은 놈모 조상의 숭배이며 장례 행사는 매우 중요한 부분을 차지한다.

도곤족이 존중하는 의례나 숭배하는 토템 대상에는 아와, 레베, 비누 세 가지가 있다. 아와는 죽은 자의 영혼을 가족의 제단에 모시고 선조들의 반열에 올라가도록 비는 춤의 의식이다. 도곤족은 이 의식에서 탈을 쓰고 춤을 춘다. 아와 댄스는 장례식 때만 하는 것이 아니고 연례 축제로도 열린다. 도곤족의 탈은 유명하며 78가지가 있다.

폰족 탄생 신화

아프리카의 베냉공화국 남부에 사는 폰족은 다호메이족이라고도 한다. 민족의 역사도 상당히 오래되었으며 18~19세기에 걸쳐 기니아 만에서 유럽인들에 의해 행해졌던 노예무역에 협조한 왕국 중의 하나였다. 특히 다호메이족의 세계관과 의례는 복잡하고 잡다한 영혼·마술을 지닌 미개한 신앙이 발달하였다.

폰족 사회에서 옛날부터 전승되어 오는 창세 신화를 소개하면 다음과 같다. 태초에 리사 마우 창조신이 있었다. 대지의 여러 신은 '마우'와 '리사'의 자녀들이다. 마우는 한 몸의 신이지만 두 개의 옆면이 있었다. 한쪽 반신은 여성으로, 여기에 달린 눈은 달이며, 다른 한쪽 반신은 남성으로서 그쪽 눈은 해였다. 해의 눈이 달린 반신은 리사라 불리고 낮의 세계를 지배했다. 반대로 달의 눈을 가진 반신은 마우라고 불리며 밤의 세계를 지배했다.

마우 리사는 양성구유(兩性具有)의 몸이기 때문에 스스로 자녀를 낳게 되었다. 처음 출생한 자녀는 남녀 쌍둥이었다. 그다음은 남자, 세 번째는 또 남녀 쌍둥이, 네 번째는 다시 남자 등 자녀를 낳다가 일곱 번째에 마지막으로 막내를 보았다. 어느 날 리사 마우는 자녀 모두를 불러 모아 각각 지배 영역을 분할했다. 첫 남녀 쌍둥이에게는 모든 재화와 부를 주어 지상으로 가서 살도록 명했다. 이로써 대지가 그들의 영역이 되었다.

둘째는 양성구유 남자였으므로 하늘에 남아 후계자가 되도록 하고, 셋째 쌍둥이는 바다에서 살면서 물을 지배토록 명했다. 넷째는 사냥꾼이 되어 숲속에 살면서 짐승들을 지배토록 하였다. 이런 순서로 모든 자녀 신에게 지배 영역을 맡겼으나 막내에게는 특수 임무를 부여했다. 막내는 귀엽게 자랐기 때문에 어느 한 영역을

폰족의 창조신 리사-마우와 왕권 신화_폰족의 창조신 리사-마우는 양성구유로, 자녀들에게 지상의 영역을 분할하고 막내를 통해 통치 시스템을 확립했다. 마우는 인간에게 기술을 가르쳤으며, 이 신화는 다호메이 왕국의 통치와 왕권의 신성성, 그리고 조령 숭배를 통한 죽은 자와 산 자의 연결 등 폰족 사회의 종교적, 정치적 근간을 이루었다.

분담케 하지 않고 형들이 맡아 다스리는 영역을 돌면서 거기서 일어난 일들을 마우 리사에게 알리도록 명했다. 최고 신 마우 리사는 하늘에 살면서도 자녀들로 하여금 지상의 모든 일을 소상히 보고받는 시스템을 마련한 것이다. 이러한 지배권의 제도적 장치는 다호메이 왕국이 각 지방에 여러 계층의 수장들을 두고 통치하는 제도와 비유될 수 있다.

마우 리사 신은 세계를 창조하여 영역을 분할한 이후에는 하늘에 주거지를 정하고 지상에는 내려가지 않았다. 그러나 지상에 사는 인간들이 경작 재배 방법을 배우려고 한다는 막내의 보고를 받고 달의 반쪽인 마우가 지상으로 내려갔다. 마우는 지상에 내려가 인간들에게 숲을 개간하고 농경을 하는 법을 가르치고 집 짓는 기술을 전수한 다음 다시 하늘로 되돌아왔다. 승천한 마우는 이때부터 다른 반쪽인 리사와 합쳐져서 달에서 태양으로 옮겨 살게 되었다. 폰족은 이 신화를 통해 최고신 마우 리사가 하늘에서 지상의 구석구석까지 빛을 주어 만물을 자라게 하고 인간의 삶을 지켜본다고 믿었다.

　다호메이 왕국의 만신전은 복잡한 계보 중에서도 일정한 지위와 역할을 맡은 신들을 모셨다. 특히 왕을 최고 신으로 연관시켜 왕이 곧 최고 신의 상징이라고 믿게 하고, 만신전이 왕권과 왕국의 체제를 지탱하는 이념적 역할을 하게 했다.

　만신전의 최고 정점에 있는 신 '마우 리사'는 남녀 양성을 구유하고, 다른 여러 신의 선친(先親)이며, 왕과 왕비는 곧 마우 리사의 화신(化身)으로 받들게 했다. 만신전에 모시는 여러 신은 각각 전속의 제사 집단을 두고 있었다. 또한 제각기 독자의 신화, 의례, 신전, 신관(神官)과 종교적 비밀결사를 두고 제사를 모시는 사람들의 커뮤니케이션을 위한 영매(靈媒) 채널을 갖게 했다.

　또한 만신전에는 각 가문의 조령(祖靈)을 모시게 했다. 이를 통해 만신전이 죽은 조상과 살아 있는 자손 간의 중개 기능을 하게 했던 것이다. 만신전에 모시는 신들을 위해 입사했던 제사 집단에 속하는 어떤 사람이 죽게 되면 제사 의식 도중에 신이 죽은 자를 다음 후계자로 지명한다고 믿었다. 후계자로 지명된 사자의 머리 위에 신이 내려와서 후계자와 신령 간의 접촉이 일어나면 이때 의식에 참배하고 있던 사람들은 모두 트랜스(탈혼, 脫魂) 상태에 빠지게 됐다.

서아프리카 베냉공화국 남부에 주로 거주하는 폰족은 과거 강력했던 다호메이 왕국의 주축 민족으로서 독자적인 역사와 복잡한 종교 체계를 발전시켜왔다. 이들의 신앙은 양성구유의 창조신 리사-마우가 세계와 여러 신들을 창조하고 지상에 질서를 세웠다는 신화에 뿌리를 두며, 이 신화는 다호메이 왕국의 통치 구조와 왕권의 신성성을 정당화하는 이념적 기반이 되었다. 폰족의 종교는 만신전에 모셔진 수많은 신들과 조상 영혼을 숭배하며, 이들과 인간을 잇는 정교한 의례와 제사 집단, 영매 등을 통해 삶과 죽음, 현세와 내세가 긴밀히 연결된 깊은 정신세계를 형성하고 있다.

거인족의 창세 신화

딩카족은 아프리카 남수단 나일 강 유역에 거주하며 약 90만 명으로 추산된다. 이들은 강변에 흩어져 독립적인 마을을 이루고 소 방목과 농경을 주 생업으로 삼는다. 소는 딩카족에게 부의 척도이자 유일한 벗이며, 특히 황소는 활력의 상징이다. 때문에 축제나 의식 시 소를 제물로 바치며, 소에 대한 깊은 애정과 자긍심은 소를 찬미하는 수많은 신화와 노래로 이어진다.

딩카족은 세계 최장신 민족으로도 유명하다. 그들은 20세기 중반에 평균 키가 180cm 이상이었다고 한다. 그들은 현재 거의 모두가 기독교를 믿는 그리스도인이지만, 고대 히브리족이 다신론 세계에서 유일신을 믿고 살았듯이 딩카족도 조상들이 가졌던 믿음과 기도를 버리지 않고 새로운 신앙에 혼합시켜 그대로 유지하고 있다.

딩카족 사회에서는 창세 신화를 비롯하여 옛날부터 전승되는 여러 가지 신화가 있다. 신화 가운데 족장이 힘의 상징으로 지니는 '고기잡이 창'의 유래는 이러하다. 먼 옛날 딩카족 마을에 외딸을 두고 아들이 없었던 한 미망인이 강가에 나가 통곡을 하고 있었다. 이를 불쌍히 여긴 강신(江神)이 이 여인의 치마 밑으로 물결을 스며들게 하여 아들을 낳게 하였다. 강신은 그 표징으로 여인에게 '고기잡이 창'을 주어 아들에게 전하도록 하였다.

'에이웰'이라고 이름 지은 아들은 무럭무럭 자랐다. 힘이 세고 먹성이 좋은 에이웰은 가끔 어머니와 누나가 없는 틈을 타서 우유통을 단숨에 비우곤 했다. 강신은 에이웰이 몰래 저지른 일들을 다른 사람에게 발설하면 목숨을 잃게 된다고 경고했지만, 이 사실을 이웃에게 말한 어머니는 그만 죽고 말았다.

에이웰은 청년이 되어 많은 소를 먹이며 마을 사람들과 함께 살고 있었다. 어느 해 심한 가뭄이 계속되어 마을 전체의 소가 다 굶고 목이 타서 죽게 되었을 때 에

이웰의 소들은 변함없이 생기가 돌았다.

마을 사람들이 그 비결을 알기 위해 숨어서 에이웰을 미행하였다. 그는 마을에서 개울 건너편 야산으로 소떼를 끌고 가서 손에 든 고기잡이 창으로 뿌리 깊게 자란 '아와르'란 풀을 뽑고 그 자리에서 솟아오른 맑은 물을 소들에게 마시게 하였다.

이 광경을 본 마을 사람들이 에이웰을 쫓아 개울을 건너가려 했으나 에이웰은 미리 갈대로 엮은 발을 개울에 쳐 두고 거기에 걸리는 사람들을 모두 고기잡이 창으로 찔러 죽였다. 에이웰의 이런 살인을 보다 참지 못한 아고티아틱이라는 힘센 청년이 나서서 에이웰과 맞서 싸웠다.

두 사람의 격투는 장시간 계속되었으나 결국 아고티아틱의 승리로 끝났다. 에이웰은 패자가 되어 강신으로부터 받은 성스러운 힘의 고기잡이 창을 승자인 아고티아틱에게 물려주고 어디론가 사라져 버렸다. 그리하여 격투 도중 개울을 건너온 소수 엘리트들은 지배층인 바니 씨족이 되고, 그때 무서워 도망친 사람들은 서민층인 킥 집단이 되었다고 한다. 오늘날 딩카족 사회에서 족장 겸 종교 지도자로 선출되는 사람은 바니 출신이며, 지도자는 아직도 고기잡이 창을 지니고 있다고 한다.

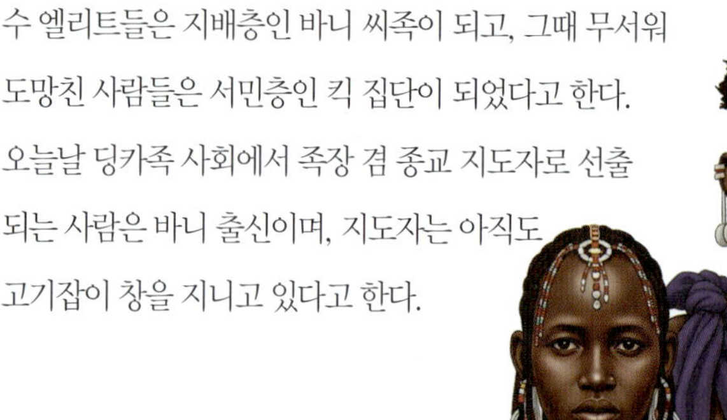

아프리카 남수단 나일 강 유역의 광활한 수드(Sudd) 지역에 거주하는 딩카족은 소를 중심으로 한 목축 생활을 영위하는 민족이다. 소는 그들에게 단순한 재산 이상의 신성하고 상징적인 존재로, 고기는 먹지 않고 생피와 우유를 주식으로 삼으며 소똥마저도 모기향으로 사용하는 등 소를 매우 알뜰하게 활용하는 독특한 생활 방식을 고수한다. 이들은 소를 최고의 가치로 여기고 자연과 긴밀한 관계를 맺으며 살아가는 독자적인 문화를 발전시켜왔다.

신화로 보는 세계사

켈트 문명의 신화

로마인들에게 '켈타이'로 불렸던 켈트족은 유럽 전역을 떠돌며 전투를 일삼던 반유목 민족이었다. 이들은 웅장한 신전 대신 자연 속 정령을 숭배하며 삶과 문화를 영위했으며, 로마 제국에 굴복하지 않고 끝까지 저항했으나 결국 그리스도교로 개종되었다. 이러한 배경은 켈트 신화와 문화가 아일랜드 등 특정 지역에 깊이 뿌리내린 이유가 된다. 켈트족은 거친 영웅 서사와 함께 시적이고 경건한 문화를 동시에 지닌 민족으로, 쿠 훌린이나 아서 왕 신화처럼 인간적인 영웅의 이야기를 통해 그들의 독특한 정체성을 보여준다.

에린 침략의 서

《에린 침략의 서》는 아일랜드의 창조부터 중세 시대까지의 신화와 역사를 담은 운문·산문 설화체 문학이다. 11세기 익명의 학자가 아일랜드의 신화와 민담 등을 기독교적 관점에서 편찬한 이 기록은 아일랜드 민속학적 역사 연구에 중요하게 활용된다. 이 작품은 에린이 신 이전부터 존재했으며, 여러 종족이 유입되어 영토를 놓고 다투는 이야기로 전개되는 것이 특징이다.

《에린 침략의 서》에 따르면 카사르는 성경의 노아 부분에 나오지 않는 아들 비흐와 그 아내 비렌 사이에 태어난 딸이라고 한다. 그들은 세 척의 배에 나눠 타고 긴 항해 끝에 에린 땅에 닿았다. 그러나 그들이 상륙하려고 하자 배 두 척이 침몰했다. 생존자는 카사르를 비롯한 여자 50명과 남자 세 명이었다. 세 명의 남자는 핀탄, 비흐, 라드라였다. 그들은 오늘날의 밴트리 베이에 해당하는 둔 나 므바크라는 곳에 상륙했고 40일 뒤 대홍수가 시작되니 이때가 에린 왕국 연대기에 의하면 세계가 만들어지고 2242년, 또는 기원전 2361년이라고 한다.

여자들은 남자 셋에게 골고루 분배되었다. 각 남자들은 여자 한 명씩을 처로 삼고 나머지는 첩으로 삼았는데, 핀탄은 카사르를, 비흐는 바르린드를, 라드라는 알바를 처로 삼았다. 그러나 비흐와 라드라는 얼마 못 가 죽었고(라드라는 에린에 매장된 첫 번째 남자였다), 핀탄은 모든 여자를 취하게 되었으나 상황을 극복하지 못하고 도망쳤다. 하지만 대홍수가 닥쳤을 때 그의 처자식들은 모두 익사했지만 핀탄은 연어로 변신하여 살아 남았다.

핀탄은 예언 능력자로, 인간의 모습으로 돌아간 뒤 능력을 사용해 에린의 왕들의 자문관 노릇을 했다. 피르볼그족의 오하드 왕에게 다난(투아하 데 다난)족이 침공할 것을 예언했으며 티러이 벌판 전투에서 피르볼그족의 편에서 싸웠다.

에린의 시조 카사르와 핀탄 신화: 기독교적 재해석_성경의 노아와 연관된 인물로 언급되는 카사르는 대홍수 이전에 여자 50명, 남자 3명과 함께 에린에 도착했으나 대부분 익사하고 핀탄만이 유일하게 생존했다. 핀탄은 연어로 변신하여 대홍수를 피한 후 예언 능력을 갖게 되어 에린의 역사 전반에 걸쳐 자문관 역할을 수행했으며, 후에 기독교 시대까지 살아남아 모든 역사를 기억한 존재로 그려진다.

핀탄은 핀 막 쿠월이 활동하던 시기까지 생존했는데, 그때까지 에린 땅에서 일어난 모든 일에 대한 지식을 갖고 있었다. 핀탄은 자기와 비슷한 시기에 태어난 마법의 매와 지난 생을 반추하는 대화를 나눈 뒤, 에린에 기독교가 들어온 이후인 5세기 중의 어느 날 필멸의 세상으로 떠났다고 한다.

한편, 카사르는 코노트라는 곳에서 죽었고 그녀의 시체 위에 돌무덤을 쌓아 이정표로 삼았다고 한다. 이 이정표는 로스커먼 주의 보일 근교에 있다고도 하고 골웨이 주의 크노크 메가라고도 한다.

지금은 실전된 《드림스나트의 서》에 따르면, 에린에 처음 도착한 것이 에리우, 반바, 폴라 세 자매와 그 남편들인 막 쿠일, 막 케크트, 막 그레네였다. 알다시피 이들은 다난족의 마지막 왕들과 왕비들의 이름이다. 이 세 여신과 세 남신이 기독교화되면서 카사르와 핀탄 이야기로 대체된 것으로 생각된다. 즉 카사르 이야기는 순수한 켈트 신화가 아니고 신화를 채록, 정리한 천주교 수도사들이 노아의 대홍

파르홀론족의 에린 정착과 비극적 몰락_에린에 두 번째로 도착한 파르홀론족은 미지의 존재인 포모르족을 물리치고 황량했던 에린 땅을 개척하며 3백 년간 번성했다. 그들은 들판과 호수를 만들고 인구를 크게 늘려 에린의 터전을 닦았다. 그러나 예상치 못한 전염병의 창궐로 인해 파르홀론족은 단 한 명도 남김없이 모두 몰살당했으며, 그 최후를 예감한 생존자들은 죽은 자들을 쉽게 매장하기 위해 한자리에 모여 죽음을 맞이하는 비극적인 최후를 맞이했다.

수라는 확고한 역사에 연대를 끼워 맞추기 위해 창작한 이야기라고 볼 수 있다.

에린 땅에 두 번째로 당도한 종족은 파르홀론족이었다. 그들이 처음 도착했을 때 에린 땅에는 나무도 풀도 없는 들판 하나와 세 개의 호수, 아홉 개의 강이 있었을 뿐이라고 한다.

그들이 도착한 에린 땅에는 인간의 형상이 아니라 거대한 고깃덩어리를 뭉친 것 같은 모습의 키홀들이 살고 있었다. 그들은 포모르 왕이 이끄는 포모르족이었다. 파르홀론족은 그들을 패망시켜 에린을 정복하고는 3백 년 동안 살면서 땅에 들판 네 개와 한 개의 호수를 만들었으며 48명의 인구는 포모르와의 전투에도 불구하고 5천 명으로 늘어났다.

하지만 알 수 없는 전염병이 시작되어 그들은 모두 죽고 말았고, 최후를 예감한 그들은 살아남은 자가 죽은 자를 매장하기 쉽게 들판에 모여들었다.

오늘날 더블린 근교에 탈라그트라는 지명이 있는데, 이 지명은 '역병에 걸린 파르홀른들의 무덤'이라는 의미의 타이빌랴흐트 뮌터리 파르할이었던 것이 바뀌었다고 한다.

이후 네메드가 이끄는 네메드인들이 도착하게 된다. 그들도 잔재해 있던 포모르족과 싸워서 네 번의 전투에서 그들을 물리쳤으나 역병으로 2천 명의 네메드인이 죽었고 남은 사람들은 포모르족에게 심한 박해를 받았다.

포모르인의 두 왕 모르크와 코난은 토리 섬에 유리 탑을 지었으며 이 섬에는 아직도 두 왕의 이야기가 남아 있다.

두 왕은 일 년 동안 네메드인에게서 태어나는 아이 중 3분의 2는 서우인의 날이 올 때마다 제물로 바쳐야 한다는 가혹한 세금을 징수했으며, 견디다 못한 네메드인들은 다시 무리를 모아 탑을 습격하여 점령하고 코난을 죽였다.

하지만 다른 한 명의 왕인 모르크가 군대를 몰고 와 네메드인을 처참하게 살육했고, 탑을 습격한 1만 6천 명 중에 겨우 30명만 살아남게 된다.

이후 네메드인 브리오탄은 한 척의 배를 타고 열 명의 동료를 이끌고 영국으로 건너가 브리튼인의 선조가 되고, 세욘은 한 척의 배를 타고 열 명의 동료를 이끌고 에린 남쪽의 저승에 도착하지만 또다시 선주민의 노예가 되어 고생하다가 훗날 에린에 도래하는 피르볼그족의 선조가 되었다.

네메드족이 멸망한 이후 피르볼그족이 에린에 상륙했다. 이들은 에린을 셋으로 나눠 다스렸으며, 피르볼그는 얼스터를, 피르돔난은 북 먼스터, 남 먼스터와 코노트를, 피르가일리언은 렌스터를 가졌다.

피르볼그족의 오허이가 왕이었던 시절, 피르볼그족은 에린에 상륙한 다난족과 대결하게 된다. 다난족의 왕인 누아다는 사자를 보내 오허이에게 에린 땅을 공평하게 반으로 가르자고 제안했으나 오허이는 다난족에게 절반을 넘겨 준다면 나중에는 곧 전부를 차지할 것이라고 생각하여 거절하였다.

결국 모이투라에서 전투가 벌어졌다. 피르볼그족의 수는 다난족보다 많았지만

네메드족 후예의 행방과 피르볼그족-다난족의 전쟁 발발_파르홀른족 전멸 후 네메드족이 에린에 도래했으나 결국 멸망했고, 그 후예 중 브리오탄은 브리튼인의 선조가 되었으며, 세윈의 후손들은 훗날 피르볼그족으로 에린에 재도 래했다. 피르볼그족은 에린을 삼분하여 다스렸지만, 새로 상륙한 다난족의 왕 누아다가 에린의 분할 통치를 제안하 자 피르볼그족의 오허이 왕은 이를 거절하며 전쟁이 발발했다.

오허이는 누아다와 항상 같은 수로 전투를 한다는 약속을 하였기 때문에 전쟁은 4일간 계속되었다. 목이 말라 백 명의 부하를 거느리고 물을 찾아 나선 오허이 왕을 급습한 누아다는 그를 살해하였다. 하지만 누아다는 피르볼그 최강의 전사 시렝과의 결투에서 시렝의 강력한 일격에 당해 방패가 쪼개지고 팔이 절단되었다.

그러자 누아다와 동맹을 맺었던 노르웨이의 아엔가바가 시렝을 공격하였고, 그 사이 다그다 모르가 누아다를 보호했다. 다그다의 부하 50명의 호위를 받으며 누아다는 전장에서 이탈했다.

이후 스렝이 일대일 결투를 신청하자 누아다는 시렝이 한쪽 팔을 묶고 싸우라는 조건을 달아 그의 결투를 받아들였다. 그러나 시렝은 그의 요구를 거절하였다. 지속된 전투 결과 피르볼그는 패배하였다.

패배 직전까지 몰려서도 시렝과 3백 명의 피르볼그족의 생존자들은 최후의 일인까지 싸우기로 맹세했다. 이에 누아다는 그들의 의지를 숭고히 평가하여 에린

피르볼그족의 패배와 누아다의 실각, 그리고 다난족의 암울한 통치_모이투라 전투에서 피르볼그족은 결국 패배하고, 3백 명의 생존자들이 끈질기게 저항하자 다난족은 에린 땅의 5분의 1을 할애하며 싸움을 멈췄다. 한편, 팔이 잘려 불구자가 된 다난족의 왕 누아다는 켈트 전통에 따라 왕위를 잃고, 포모르 혼혈 귀족 브레스 맥엘라한이 왕위를 계승했다.

땅의 5분의 1을 주겠다고 제의했다. 양측은 이것을 수락하고 싸움을 멈추었다. 피르볼그족은 코나크타(오늘날의 코노트)에서 살았으며, 이곳의 주민들은 17세기까지 시렝을 자신들의 선조로 추앙했다.

한편, 에린 땅의 새로운 정복자가 된 다난족의 누아다는 불구자는 왕이 될 수 없다는 켈트족의 전통에 따라 왕의 자격을 잃는다. 누아다의 왕위는 포모르 혼혈 귀족인 브레스 맥엘라한이 계승하게 된다.

다난족과 포모르족은 그리스 신화의 올림포스 신족과 티탄 신족의 관계처럼 숙적의 관계였는데, 브레스의 치세 동안 포모르족은 다난족에게 막대한 양의 공물을 요구했다. 다난족은 새로운 왕의 억압적 통치와 인색함에 점점 불만이 쌓여 갔다. 이 시기, 누아다는 잘린 팔 대신 의술의 신 디안케트가 만들어 준 은의 팔을 달고 있었는데 그것을 디안케트의 아들 미아흐가 찾아와 살과 피로 된 팔을 새로 달아 주었다.

브레스가 7년 만에 쫓겨나자 다난족은 누아다를 다시 왕위로 옹립했고, 누아다는 이후로 20년을 더 다스렸다.

왕위에서 쫓겨난 브레스는 포모르족의 발로르에게 투항하여 힘으로 왕위를 되찾으려 전쟁이 벌어졌다. 이때 젊고 원기 왕성한 루 라브다가 누아다 진영에 합류하자 누아다 왕은 이 팔방미인 젊은이가 포모르의 침략에 맞서 다난족을 이끌 수 있다고 판단하고 왕위를 물려주었다.

이윽고 모이투라 2차 전투가 일어나자 누아다는 발로르에게 죽임을 당해 목이 잘렸으나 루 라브다가 발로르를 죽여 누아다의 복수를 하고 다난족을 승리로 이끌었다.

밀레시안 종족은 신족인 다난족을 물리치고 에린을 차지한 인간 종족으로, 현 아일랜드인들은 자신들이 밀레시안의 후예라고 믿고 있다. 그들은 이베리아 반도 북서부(오늘날의 갈리시아와 포르투갈 북부)에서 도래한 종족으로 다난족과 치열한 전투를 벌인다.

밀레시안은 밀레 에스파인의 후예들로, 고이델계 켈트인들을 상징하는 것으로 보인다. 밀레시안은 다난족의 세 왕비 에리우, 반바, 포들라와 마주쳤고, 그녀들의 이름으로 이 섬을 부르겠다고 했다.

그래서 에리우의 이름에서 '에이레', 즉 아일랜드라는 이름이 유래하였다. 반바와 폴라는 문어체에서 아일랜드를 가리키는 말로 사용된다.

쿠 훌린 영웅 신화

얼스터 신화는 현재의 북아일랜드에 해당하는 얼스터 지방을 무대로 한 영웅전설로, 붉은 가지 기사단의 대장인 쿠 훌린의 이야기가 그 중심을 이루고 있다. 쿠 훌린 이야기는 페르시아의 로스탐, 게르만의 힐데브란트의 노래, 그 리스의 헤라클레스와 유사성을 찾을 수 있으며, 이들은 인도유럽어족의 어떤 원형을 공유하는 것이 아닌가 생각되기도 한다.

쿠 훌린은 아일랜드 신화의 네 가지 대계 중 얼스터 대계와 스코틀랜드 맨섬의 신화에 등장하는 영웅이다. 아버지는 광명신 루 라와더이고 어머니는 얼스터의 왕 코노르(콘코바르 막 네사)의 여동생 데크티네이다.

어느 겨울날 얼스터의 왕 코노르가 여동생 데크티네 공주를 데리고 밭을 망치는 새를 쫓기 위해 성 밖으로 나가게 되었다. 그런데 새를 쫓는 사이 날이 저물어 일행은 숲속의 어떤 집에서 묵어 가게 되었다. 친절한 주인 부부는 왕과 전사들을 정성껏 대접하였다. 그날 밤 데크티네 공주는 헛간에서 주인아주머니의 갑작스러운 출산을 돕게 되었고, 잠시 후 귀여운 남자아이가 태어났다. 그런데 다음 날 아침 눈을 뜨자 간밤에 묵었던 집도, 주인 부부도 없고 갓난아기만 일행 곁에 남겨져 있었다.

데크티네는 아기를 성으로 데려와 정성껏 키웠지만 아기는 얼마 후 병으로 죽고 말았다. 아기의 죽음을 슬퍼하며 흐느끼다가 갈증을 느낀 데크티네는 물을 마셨는데 물속에 있던 작은 벌레가 그녀의 몸속으로 들어가 버렸다.

그날 밤 데크티네의 꿈속에 빛의 신인 루가 나타나 데크티네가 키웠던 아기는 자신의 아기며 그 아기는 다시 그녀의 자궁 안에서 자라고 있으니 아기가 태어나면 이름을 세탄타로 지으라고 하였다. 루의 예언대로 얼마 후 아기가 태어났고 데

쿠 훌린의 탄생과 어린 시절_영웅 쿠 훌린은 광명신 루 라와더와 얼스터 공주 데크티네 사이에서 태어났다. 코노르 왕 일행이 숲속에서 묵게 된 밤, 데크티네는 갑자기 나타난 아기를 키웠으나 죽었고, 이후 꿈속에서 빛의 신 루의 계시를 받아 다시 임신하여 아들 세탄타를 낳았다. 신의 아들답게 어려서부터 뛰어난 힘과 재능을 보인 세탄타는, 쿨란의 연회에 가던 코노르 왕과 귀족들마저 기다리게 할 정도로 놀이에 몰두하며 범상치 않은 어린 시절을 보냈다.

크티네는 아기의 이름을 세탄타로 지었다.

신의 아이라서 그런지 아이는 어렸을 때부터 그 지역의 소년들 가운데 가장 힘이 강했고 모든 경기를 승리로 이끌었다. 어느 날 쿨란이라는 부유한 대장장이의 저택에서 열리는 연회에 참석하기 위해 코노르 왕을 비롯한 많은 귀족이 길을 떠났다. 코노르 왕은 길가에서 아이들과 하키를 하고 있는 세탄타를 발견하고 함께 가자고 했지만 세탄타는 경기가 끝나고 가겠다고 하였다.

코노르 왕이 쿨란의 집에 도착해서 보니 저택은 사나운 개 한 마리가 지키고 있었다. 이 개는 백 마리의 사냥개가 한꺼번에 덤벼도 지지 않을 정도로 힘이 세고 용맹스러웠다. 연회가 시작되자 쿨란은 저택의 경비를 위해 이 개를 풀어놓는 것을 허락해 달라고 하였다. 코노르 왕은 세탄타가 나중에 오겠다고 한 것을 깜빡 잊고는 개를 풀어놓는 것을 허락하였다. 연회가 무르익을 무렵 저택 밖에서 갑자기 개 짖는 소리가 요란하게 들려 왔고, 이제야 세탄타가 오기로 한 것을 떠올린 왕은

세탄타, 쿨란의 맹견이 되다(쿠 훌린의 탄생)_쿨란 대장장이의 연회에 참석하기로 한 코노르 왕은 쿨란의 용맹한 경비견을 풀어놓도록 허락했지만, 어린 세탄타를 잊고 있었다. 사나운 개에게 위험이 닥칠까 우려했던 왕 앞에서 세탄타는 이미 개를 제압하고 서 있었다. 자신의 용맹함을 보여준 세탄타는 주인의 슬픔을 달래기 위해 자신이 개의 역할을 대신하겠다고 약속했고, 이에 감탄한 왕은 그에게 '쿨란의 맹견'이라는 뜻의 '쿠 훌린'이라는 이름을 선사했다.

서둘러 저택 밖으로 나갔다. 그런데 그곳에는 놀랍게도 저택을 지키는 사나운 개를 죽인 세탄타가 서 있었고 연회에 모인 사람들은 모두 그의 힘과 용기를 칭송하였다. 하지만 애견을 잃은 쿨란은 분노했고 그런 그를 달래기 위해 세탄타가 말했다.

"이 개의 새끼를 어미처럼 강하고 충실한 개로 키워 주겠소. 그리고 새끼가 클 때까지는 내가 대신 이 저택을 지켜 주겠고."

사람들은 세탄타의 마음 씀씀이에 감탄했고 왕은 그의 용기를 기리기 위해 이날부터 그를 '쿠 훌린(쿨란의 맹견)'으로 부르게 되었다고 한다. 이때 그의 나이는 겨우 일곱 살밖에 되지 않았다.

쿠 훌린은 평소에는 흑발에 회색 눈을 지닌 수염이 없는 아름다운 미소년의 모습이었다가도 전투 욕에 사로잡히면 온몸에 고열을 발하며 괴물 같은 모습으로 바뀌었다. 그럴 때면 쿠 훌린의 머리카락이 곤두서면서 한쪽 눈은 뇌 쪽으로, 다른 한쪽 눈은 뺨으로 늘어지며, 입은 크게 찢어지고 근육이 부풀어 올랐다. 또한 다리의 뼈와 근육은 반대 방향으로 젖혀지며, 머리 위에서는 피분수가 뿜어져 나오며, 이마에서는 영웅의 빛을 발하는 용과 같은 모습으로 변했다.

이런 괴물 같은 모습으로 변하는 것에 대해서 여러 가지 일화가 있는데 그중의 하나가 그의 첫 활약과 관계가 있다.

어느 날 사제 카스바드가 제자에게 오늘 처음으로 무기를 든 자는 어떤 영웅보다 이름을 날리게 되지만 단명할 것이라고 말하는 것을 쿠 훌린이 듣고 말았다. 남자는 굵고 짧게 살아야 한다고 생각한 것인지 그는 즉시 코노르 왕에게 가서 무기와 전차를 달라고 했으며, 그대로 전차를 몰아 얼스터의 적인 네흐탄과 그의 아들들을 토벌하러 나갔다.

이때 첫 전투의 흥분으로 쿠 훌린은 괴물의 모습으로 변했으며, 얼스터의 용사들을 여러 명 살해한 네흐탄 전사 세 명의 목을 베어 버렸다. 하지만 전쟁이 끝나도 그의 폭주가 풀리지 않았고 코노르 왕은 그를 진정시키기 위해서 벌거벗은 처녀 백 명이 그를 맞이하게 하였다. 알몸의 처녀들을 본 쿠 훌린은 부끄러움에 잠잠해졌고 그 틈을 타서 전사들이 쿠 훌린을 차가운 물의 욕조에 던져 버렸다.

그러자 처음에는 욕조가 폭발했으나 두 번째 욕조는 끓어올랐으며 세 번째 욕조에 겨우 끓어오르던 열기를 가라앉히고 정신을 차리게 되었다고 한다.

천생 전사의 체질을 타고난 쿠 훌린에게도 어느새 사랑하는 여인이 생겼으니, 바로 권모술수가 넘치는 포르갈 모나크의 딸인 에버르였다. 그녀는 아름다운 외모와 목소리를 가지고 있었으며, 달콤한 말재간과 뛰어난 바느질 솜씨를 지녔을 뿐만 아니라 지혜롭고 순결한 아일랜드 최고의 처녀였다. 쿠 훌린은 그녀에게 청혼을 했지만 포르갈은 큰딸 피얼이 아직 결혼하지 못했다는 이유로 청혼을 거절했다. 그래도 안심이 안 되었던 포르갈은 갈리아의 왕으로 변장하여 얼스터로 찾아가 쿠 훌린이 알바(스코틀랜드)로 가서 여전사 스카하크에게 수련을 받고 오라고 권하였다. 그는 쿠 훌린이 수련을 못 견디고 알바에서 죽기를 바라는 마음으로 그런

쿠 훌린의 사랑과 포르갈의 음모_천생 전사 쿠 훌린은 아름답고 지혜로운 포르갈 모나크의 딸 에버르에게 반해 청혼했지만, 포르갈은 이를 거절하고 쿠 훌린이 혹독한 수련 끝에 죽기를 바라며 그를 알바의 여전사 스카하크에게 보내 수련받도록 계략을 꾸몄다. 또한 포르갈은 에버르를 먼스터의 왕 루가이드와 맺어주려 했으나 루가이드는 에버르가 쿠 훌린을 사랑함을 알고 보복이 두려워 결혼을 거부하면서 포르갈의 음모는 계속해서 꼬여 갔다.

명을 내린 것이었다.

이후 포르갈은 먼스터의 왕과 에버르를 결혼시키려고 중매를 꾸몄지만 에버르가 쿠 훌린을 사랑한다는 사실을 알게 된 먼스터의 왕 루가이드는 쿠 훌린에게 죽을까 봐 그녀와 결혼하기를 거부했다.

한편, 쿠 훌린이 그림자의 나라에 가려면 발이 푹푹 빠지는 '불운의 들'을 지나가야만 했다. 쿠 훌린이 어떻게 지나가면 좋을지 방법을 고심하고 있을 때 아버지인 태양신 루가 나타나 그에게 수레바퀴를 주면서 수레바퀴를 굴리며 그 뒤를 따라가면 된다고 일러주었다.

쿠 훌린이 수레바퀴를 굴리자 바퀴에서 뿜어져 나온 불길이 푹푹 꺼지는 바닥의 물기를 말려 주어 불운의 들을 쉽게 통과할 수 있었다.

그 다음 쿠 훌린이 도착한 곳은 '절벽 위의 다리'라고 불리는 곳으로, 이 다리의 가운데 부분에 이르면 그 부분이 갑자기 돛대처럼 높이 솟아올라 다리를 건너려는

쿠 훌린의 고난과 스카하크의 제자가 되다_에버르와의 사랑을 위해 여전사 스카하크에게 수련을 받으러 가는 쿠 훌린의 길은 험난했다. 그는 발이 빠지는 '불운의 들'을 태양신 루가 준 수레바퀴의 도움으로 건넜고, 세 번의 실패 끝에 솟아오르는 '절벽 위의 다리'를 뛰어넘어 통과했다. 마지막으로 야수들이 득실거리는 '위험한 골짜기'를 칼솜씨로 헤쳐나간 쿠 훌린은 스카하크의 성에 도착, 그녀의 가슴에 칼을 들이대며 제자가 되기를 요구했다.

사람을 멀리 날려 버리는 곳이었다. 쿠 훌린은 세 번을 내리 실패했지만 네 번째 시도 때 높이 뛰어올라 다리를 건너는 것에 성공하였다.

고생 끝에 쿠 훌린은 그림자의 나라에 도착하였다. 하지만 스카하크의 성에 도착하려면 야수들이 우글거리는 '위험한 골짜기'를 지나야만 했다.

쿠 훌린은 덤벼드는 야수들을 칼을 휘둘러 모조리 쓰러뜨리며 스카하크가 있는 성에 가서 그녀의 가슴에 칼을 들이대고 자신을 제자로 삼지 않으면 죽이겠다고 협박하였다. 스카하크는 쿠 훌린의 용맹을 높이 사서 제자로 받아들였다.

스카하크의 밑에서 수련을 하면서도 쿠 훌린은 조용히 수련만 하지 않았다. 먼저 스카하크에게는 우어하크라는 딸이 있었는데 그녀는 처음에는 쿠 훌린에게 좋은 인상을 가지고 있지 않았다. 그녀가 쿠 훌린의 시중을 들 때 쿠 훌린이 장난으로 그녀의 손가락을 꺾었기 때문이다. 그 사실을 알게 된 우어하크의 약혼자는 분노하여 쿠 훌린에게 대결을 신청했지만 패배하여 죽음을 맞았고 그 뒤 그녀는 강

쿠 훌린의 수련과 이퍼의 비극적인 만남_스카하크 밑에서 수련하던 쿠 훌린은 그녀의 딸 우어하크와 연인이 되었다. 이후 스카하크와 라이벌 이퍼의 싸움에 개입하게 된 쿠 훌린은 속임수를 써서 이퍼를 제압했다. 그는 이퍼를 겁탈한 후, 만약 아들을 낳으면 '콘라'라 이름 짓고 7년 뒤 아일랜드로 보내라는 말을 남기며 비극적인 인연을 만들었다.

한 쿠 훌린에게 끌리게 되어 그와 연인이 되었다. 그리고 스카하크에게는 이퍼라는 라이벌이 있었다. 그녀는 스카하크의 쌍둥이 자매로, 그림자 나라의 지배권을 두고 스카하크와 싸우고 있었다. 하루는 이퍼가 공격해 오자 스카하크는 쿠 훌린을 위험에서 보호하려고 하루 종일 잠들게 하는 약을 마시게 하여 재운 뒤 싸우러 나갔다. 하지만 쿠 훌린은 한 시간 만에 눈을 뜨고 스카하크의 군대를 따라서 전투에 참가했다.

쿠 훌린이 이퍼의 전사들을 무참히 학살하자 전력의 손실을 두려워한 이퍼는 일기토로 승부를 내자고 스카하크에게 제안을 하였다. 스카하크는 이 제안을 받아들이고 이퍼와 일기토를 펼치는데 스카하크가 점점 밀리기 시작했다. 그러자 쿠 훌린이 이퍼가 소중하게 여기는 말과 마차가 절벽에서 떨어졌다고 외쳤고, 이퍼가 이 거짓말에 정신이 팔린 틈을 타서 쿠 훌린이 달려들어 그녀를 제압하고 그대로 겁탈해 버렸다. 쿠 훌린은 그녀에게 황금 반지를 주고 아이가 아들이면 콘라라고 이름 짓고 7년 후에 이 반지를 주고 아일랜드로 보내라고 하였다.

그렇게 수련을 마친 쿠 훌린이 그림자 나라를 떠날 때가 되자 스카하크는 쿠 훌린에게 마법의 창 게 볼그를 선물로 주었다. 쿠 훌린은 스카하크에게 마법과 무술을 사사받았고 이마어마한 무기까지 받아 무서울 것이 없었는지 고향에 돌아오자마자 낫을 단 전차를 타고 포르갈의 궁으로 달려갔다. 그리고 에버르를 지키려고 하는 그녀의 용감한 친척들을 학살했고 포르갈은 쿠 훌린을 속여 그림자 나라로 보낸 것에 제발이 저려 도망치다 사망했다. 결국 쿠 훌린은 에버르를 자신의 전차에 태우고 얼스터의 성으로 돌아와 그녀와 결혼에 성공하였다.

쿠 훌린과 메브 여왕

에버르와 결혼하여 평화로운 나날을 보내던 쿠 훌린이 17세가 된 어느 날 그의 일생에 가장 큰 영향을 받은 대사건이 터지게 된다. 이것은 얼스터 신화 이야기 중에서 가장 유명한 사건으로, 쿠 훌린의 초인적인 활약이 묘사되는 쿠 훌린과 메브 여왕의 전쟁인 틴 보 쿨리뉴(쿨리의 가축 약탈)이다.

얼스터의 이웃 나라인 코나크타의 여왕 메브와 그녀의 남편인 알릴 막 마타는 누구의 가축이 더 뛰어난지 서로 자랑을 하고 있었는데, 여왕은 남편의 흰뿔소인 핀베나크를 당해낼 가축이 없었다. 핀베나크는 그 그림자에 백 명의 전사가 쉴 수 있을 정도로 거대하며, 몇십 명의 사람을 젖으로 먹여 살릴 수 있는 엄청난 소였다.

남편에게 뒤지기 싫었던 메브 여왕은 얼스터에 사신을 보내 얼스터의 소문난 갈색 황소인 돈 쿠얼릉거를 일 년 동안만 빌려달라고 요청하였다. 돈 쿠얼릉거는 등에 30명의 아이를 태울 수 있을 정도로 거대하며, 하루에 50마리의 새끼를 암소에게 낳게 할 수 있기 때문에 알릴의 핀베나크에게 전혀 뒤질 것이 없는 소였다.

원래 돈 쿠얼릉거는 먼스터 지역의 돼지치기인 프루크였다. 프루크는 코나크타의 돼지치기 루크트와 싸움이 붙어 변신술을 겨뤘다. 그러다 둘이 지렁이로 둔갑한 순간 지나가던 암소 두 마리가 그들을 삼켜 버렸고, 프루크와 루크트는 소로 환생하였다. 프루크는 '쿠얼릉거의 갈색소'인 돈 쿠얼릉거가 되었고 루크트는 '흰뿔소' 핀베나크가 되었다.

돈 쿠얼릉거의 소 주인은 울라의 다러 막 피어크너라는 자였고, 핀베나크는 코나크타의 메브 여왕의 소떼에 들어갔다가 다시 여왕의 남편 알릴의 소떼로 들어갔다. 사랑과 죽음의 여신 모리안은 암소를 한 마리 가지고 있었는데 이 암소를 쿠얼릉

코나크타 메브 여왕의 탐욕_메브는 남편 알릴 왕의 거대한 소 핀베나크에 대적할 자신의 소가 없자 얼스터의 전설적인 갈색 황소 돈 쿠얼릉거를 탐냈다. 원래 두 돼지치기의 환생이었던 핀베나크와 돈 쿠얼릉거의 비범함을 익히 알고 있던 메브는 남편보다 우위를 점하고 싶은 욕심에 돈 쿠얼릉거를 빌리려 얼스터 왕에게 파격적인 제안을 했다. 그러나 사신의 무례함으로 얼스터 왕이 분노하여 제안을 거절하자 메브는 결국 무력을 동원하기로 결심한다.

거로 데려가 돈 쿠얼릉거와 흘레를 붙였다. 거기서 태어난 송아지를 핀베나크와 싸움을 붙였더니 핀베나크가 겨우 이겼다. 그것을 본 여왕 메브는 송아지의 아비 소와 핀베나크를 싸움 붙여 봐야겠다고 마음먹었다. 게다가 핀베나크가 알릴의 소유로 남편이 자기보다 부유해졌기 때문에 메브는 더더욱 돈 쿠얼릉거를 자기 소로 삼기를 원했다. 메브는 얼스터 왕에게 막대한 땅과 보물, 그리고 자신과 하룻밤 잘 수 있는 조건까지 내걸며 자신에게 1년간 소를 빌려달라는 전갈을 보냈다.

얼스터 왕은 메브 여왕의 제안을 받아들였다. 그는 처음에는 기꺼이 소를 빌려줄 생각이었다. 그러나 메브 여왕의 사신 중 한 사람이 술이 너무 과한 나머지 얼스터 왕에게 자진해서 황소를 빌려 주지 않으면 여왕이 그것을 빼앗을 것이라는 무례한 말을 하는 바람에 화가 나서 절대 빌려 주지 않겠다고 선언하였다.

이에 분노한 메브는 자신의 일곱 아들이 이끄는 코나크타의 군대와 이웃 나라인 렌스터의 전사들, 마지막으로 코노르 국왕에게 반기를 든 얼스터의 반란군들로 연

메브의 얼스터 침략과 쿠 훌린의 고독한 저항_메브 여왕은 돈 쿠얼릉거 소를 빼앗기 위해 자신의 일곱 아들과 페르구스 막 로크가 이끄는 대규모 연합군을 조직하여 얼스터를 침략했다. 그러나 공교롭게도 마하 여신의 저주로 얼스터의 전사들은 마법의 병에 걸려 움직일 수 없었고, 오직 17세의 쿠 훌린만이 홀로 나라를 지켜야 하는 상황에 처했다. 메브는 손쉬운 승리를 예상했지만, 예언자는 오히려 쿠 훌린이 엄청난 업적을 남길 것이라고 예고하였다.

합군을 조직하고는 페르구스 막 로크를 총사령관으로 임명하였다. 그리고 자신도 반짝이는 황금 장식으로 머리를 치장하고 녹색 망토를 두르고 긴 창을 끼고 직접 전차에 올라 얼스터를 침략하였다.

얼스터는 코노르 왕의 조상 중 한 사람에게 모욕을 당한 마하 여신의 저주 때문에 매년 여러 날 동안 마법의 병에 걸려 옴짝달싹 못 하는 시기가 있는데, 하필 그 시기가 메브가 침략하는 날과 맞아떨어져 얼스터에서 싸울 수 있는 장수는 17세의 쿠 훌린 단 한 사람밖에 없었다.

수많은 병사와 영웅을 거느린 메브와 쿠 훌린 단 한 명의 싸움이니 메브는 자신의 승리를 장담하면서 예언자를 불러 승리를 예언하라고 일렀다. 하지만 예언가는 메브의 군대에 불길한 일이 일어날 것이며 쿠 훌린이 엄청난 업적을 남길 것이라고 예언하였다.

처음에 메브는 이 예언을 믿지 않았다. 하지만 쿠 훌린이 메브의 병사들에게 '한

쪽 다리와 손과 눈만으로 나뭇가지를 휘어 원을 만들어야 이곳을 통과할 수 있다’
는 기아스(기아스는 일종의 저주라고 할 수 있는데, 누군가가 그 금기를 어기게 되면 불명예를 당하
거나 심지어 죽을 수도 있다. 한편, 다른 사람의 기아스를 알아내면 힘을 얻을 수 있다고도 한다)를 걸
어 메브 군의 진군 속도를 늦춘 뒤 게릴라 전술을 펴는 것을 보고는 점점 예언이
사실이 되어 가는 것이 아닌지 초조해했다. 예언대로 쿠 훌린은 메브의 병사들을
하루에 백 명씩 죽였으며 여왕 메브에게도 겁을 주기 위해서 그녀가 항상 어깨에
올리고 다니는 애완용 다람쥐에게 돌을 던져 죽여서 그녀를 공포에 빠뜨렸다.

메브 여왕은 병사들이 계속해서 죽어 나가자 이대로는 더 이상 안 되겠다고 생
각하고 그를 직접 만나 보기로 하였다. 처음 쿠 훌린과 대면한 메브는 하루에 자
신의 병사 백 명을 죽이는 존재가 겨우 17세의 소년이라는 데 깜짝 놀란다. 하지만
곧 현실을 직시한 여왕은 쿠 훌린에게 막대한 재물과 영토를 줄 테니 자신의 군대
에 가담해 달라고 회유한다.

그러나 쿠 훌린은 여왕의 제안을 단호히 거절한다. 대신 쿠 훌린이 날마다 자신
과 싸울 용기가 있는 전사와 일기토를 벌이는 동안에는 병사들이 진격할 수 있으
나 자신이 그 전사를 죽이는 순간 진군을 멈춰야 한다는 제안을 한다. 하루에 백
명을 잃는 것보다는 한 명을 잃는 것이 낫다고 생각한 여왕은 쿠 훌린의 이 제안에
동의한다.

쿠 훌린의 첫 대결 상대는 여왕 메브와 알릴 왕의 양아들인 에타코몰로, 굉장히
오만한 남자였다. 그가 페르구스 막 로크와 함께 쿠 훌린을 찾아가 일대일 대결의
교섭을 하러 갔는데, 그 자리에서 쿠 훌린을 모욕했다가 쿠 훌린이 휘두른 칼에 두
동강나 버렸다.

전투를 해야 군대를 전진시킬 수 있는데 선뜻 나서려는 용사가 없자 메브는 쿠
훌린의 목을 베어 온 자에게는 자신의 딸인 핀다바르를 주겠다고 선언하였다.

여왕의 딸과 결혼하면 나중에 코나크타의 왕이 될 것이며, 핀다바르는 굉장히

쿠 훌린의 위용과 전설적인 결투_메브 여왕이 이끄는 연합군의 첫 번째 상대는 오만한 에타코몰로였으나 그는 쿠 훌린을 모욕하다가 목숨을 잃었다. 메브는 쿠 훌린을 죽이는 자에게 딸을 주겠다고 선언하며 수많은 전사들의 도전을 유도했지만, 모두 쿠 훌린의 상대가 되지 못하고 쓰러졌다. 심지어 신의 혈통을 이어받은 유력한 전사이자 쿠 훌린의 옛 인연이기도 한 프로이히 막 이데트조차 핀다바르와의 결혼을 꿈꾸며 도전했으나 끝내 죽음을 맞았다.

아름다웠기 때문에 많은 전사가 쿠 훌린에게 결투를 신청했으나 모두 죽어 나갔다. 그러자 코나크타의 전사 프로이히 막 이데트가 쿠 훌린에게 결투를 신청하였다. 그는 이데트와 여신 베빈드의 아들로 쿠 훌린처럼 신의 혈통을 이어받은 전사였다. 그는 예전부터 메브의 딸인 핀다바르를 마음에 두고 있었기 때문에 그녀와 결혼하기 위해 물의 요정과 싸운 적이 있으며, 과거 쿠 훌린의 젖형제이던 코날 게르나하와 함께 공동 전선을 펼친 적이 있는 등 얼스터와도 인연이 많은 전사였다. 하지만 그런 그도 쿠 훌린을 당해내지 못하고 패배하였으며, 그의 주검은 녹색 장신구를 두른 150명의 처녀들이 거두어 갔다.

한편, 쿠 훌린의 활약에 대한 소문은 신들의 세계까지 퍼져 나갔으며 죽음과 사랑의 여신인 모리안은 그에게 반하고 말았다. 여신은 인간 여전사의 모습으로 변신하고 그를 찾아가 사랑을 고백하며 도와주겠다고 하였다. 하지만 쿠 훌린은 매몰차게도 여자의 도움 같은 것은 필요 없다고 말했다. 그러자 자존심이 상한 모리

모리안의 방해 속 쿠 훌린과 로호의 변신 대결_증오에 찬 모리안 여신은 이름난 전사 로호 막 모 페미스와의 대결에서 쿠 훌린을 방해했다. 로호는 젊은 쿠 훌린과의 싸움을 거부했으나 모리안이 만든 가짜 수염으로 인해 결투에 임하게 된다. 로호는 어린 암소, 장어, 늑대로 연이어 변신하며 쿠 훌린을 공격했으나 쿠 훌린은 변신하는 족족 그에게 치명상을 입히며 모든 시도를 제압했고, 자신의 불패의 강함을 다시 한번 입증했다.

안은 사랑과 도움을 받지 않겠다면 증오와 적의를 주겠다면서 까마귀로 변신하여 날아가 버렸고, 그제야 쿠 훌린은 그녀가 모리안 여신이라는 것을 깨닫게 되었다.

증오로 분노한 여신은 쿠 훌린이 코나크타의 전사 로호 막 모 페미스와 싸울 때 그를 방해하기 시작했다. 로호는 뛰어난 실력으로 아일랜드에서 이름을 날렸던 전사였다. 처음에 그는 수염이 나지 않은 꼬마와는 싸울 수 없다며 쿠 훌린과의 결투를 거부했다. 하지만 모리안 여신은 쿠 훌린의 턱에 검은 딸기즙을 칠해 수염처럼 보이게 하여 로호와 싸우게 하였다. 로호는 먼저 어린 암소로 변신해 쿠 훌린에게 달려들었으나 쿠 훌린은 암소의 다리를 부러뜨렸다. 쿠 훌린이 대결을 계속하여 개울로 들어가자 로호는 장어로 변해 쿠 훌린의 다리를 휘감았으나 쿠 훌린은 장어를 짓밟아 자신으로부터 떨어지게 했다. 마지막으로 늑대로 변신해 쿠 훌린의 오른팔을 물었으나 늑대의 한쪽 눈을 뽑아 떨어져 나가게 했다.

쿠 훌린이 로호를 무찌르고 나서 모리안은 암소의 젖을 짜는 노파로 변신해 다

쿠 훌린과 모리안의 화해, 그리고 페르구스의 책략_로호를 물리친 쿠 훌린은 변신으로 상처 입은 모리안 여신에게 감사를 표하며 그녀의 상처를 치유했고, 이에 감동한 모리안은 그의 친구가 되었다. 연합군 전사들이 쿠 훌린에게 계속 패하자 메브 여왕은 쿠 훌린의 양부인 총사령관 페르구스 막 로크에게 싸움을 명령했다. 페르구스는 주저했지만, 결국 무기를 가져가지 않고 쿠 훌린에게 후퇴를 부탁하여 그를 후퇴시키고 메브를 납득시켰다.

시 쿠 훌린 앞에 나타나는데, 동물로 변신했을 때 입은 부상을 그대로 입고 있었다. 모리안이 쿠 훌린에게 우유를 세 번 대접하고 그때마다 쿠 훌린이 그녀에게 감사를 표하자 모리안의 상처들이 나았다.

자신이 집요하게 방해했음에도 결국 승리하는 쿠 훌린의 모습을 본 모리안 여신은 강한 전사인 그를 미워할 수 없었고 쿠 훌린과 친구가 되었다.

자신이 보내는 전사들이 전부 쿠 훌린에게 죽어 나가자 메브는 총사령관이며 쿠 훌린의 양부며 남성 700명에 맞먹는 괴력을 가진 영웅인 페르구스 막 로크에게 가서 쿠 훌린과 싸울 것을 명령했다.

페르구스는 처음에는 거절했지만 메브의 계속되는 요구에 어쩔 수 없이 싸우러 나갔지만, 일격으로 세 개의 산을 무너뜨릴 수 있는 자신의 무기 칼라드볼그는 일부러 가져가지 않았다. 그리고 쿠 훌린에게는 적당히 싸우다가 도망쳐 달라고 부탁하였고, 대신 자신도 쿠 훌린이 원할 때 언제라도 도망치겠다고 약속하였다. 그의 요청대로 쿠 훌린은 적당히 싸우다 도망쳤고, 일단 쿠 훌린을 후퇴시켰기 때문에 메브도 페르구스에게 뭐라고 할 수 없었다.

자신의 진영에서 뛰어난 전사들은 물론이며 강한 힘을 지닌 페르구스나 칼라틴 일족의 물량 공세까지 통하지 않자 메브는 마지막 수단으로 자신의 연합군들 중에서 가장 위대한 전사인 페르디어드를 불렀다.

페르디어드는 쿠 훌린과 함께 스카하크의 제자였으며 같은 방을 사용했을 정도로 사이가 좋았기 때문에 그와의 싸움을 거절하였다. 그러자 메브는 아름다운 미모를 자랑하는 자신의 딸 핀다바르를 보내 페르디어드에게 술을 따라 주라고 하였다. 미인이 술을 따라 주자 페르디어드는 계속해서 술을 받아먹어 취하게 되었고, 메브는 취해 있는 페르디어드로부터 쿠 훌린과 대결하겠다는 약속을 받았다.

술에서 깬 그가 여전히 쿠 훌린과 싸우는 것을 내키지 않아 하자 메브는 음유 시인들에게 페르디어드는 자신이 스스로 한 약속도 지키지 않는 비겁자라는 노래를 부르게 하여 전사로서의 긍지를 더럽혔다고 협박하여 쿠 훌린과 싸우게 만들었다.

두 사람은 첫째 날은 투창으로 싸웠고, 둘째 날에는 검으로, 셋째 날에는 장창을 사용하여 격렬한 싸움을 벌였다. 하지만 밤이 되면 싸움을 멈추고 서로의 싸움을 칭찬하며 함께 식사를 나누었다. 마지막 싸움이 되는 넷째 날 페르디어드는 홍옥을 박은 투구에 황금으로 치장된 검, 그리고 50개의 돌기가 나 있는 청동 방패로 완전무장을 한 뒤, 게 볼그에 대한 대책으로 배에는 평평한 돌을 달고 몇 겹이나 되는 옷으로 몸을 감싼 뒤 전력을 다해 쿠 훌린과 승부를 펼쳤다. 그는 쿠 훌린을 죽음 직전까지 몰아넣었지만 게 볼그의 일격을 모두 막아내지 못하고 목숨을 잃고 말았다. 쿠 훌린은 통곡하며 페르디어드의 시체를 얼스터로 가져가 친구를 칭송하고 그의 죽음을 애도하는 슬픔의 시를 지어 주었다.

쿠 훌린은 계속되는 싸움으로 많이 다치고 지쳤지만 충분히 시간을 끌어 주었고, 그 덕분에 얼스터의 병사들의 저주가 풀려 다시 싸울 수 있게 되었다. 쿠 훌린

쿠 훌린의 페르디어드 승리와 전쟁 종결_쿠 훌린은 친구이자 숙적인 페르디어드와 나흘간의 치열한 결투 끝에 게 볼그로 그를 죽이고 깊은 슬픔에 잠겼다. 쿠 훌린의 희생으로 얼스터 전사들의 저주가 풀려 합류하자 전세는 역전되었고, 쿠 훌린은 페르구스에게 약속대로 후퇴할 것을 상기시켰다. 이에 페르구스가 철수하자 메브의 연합군은 와해되었고, 쿠 훌린은 여왕을 생포했으나 죽이지 않고 돌려보내며 길었던 '쿠얼릉거의 소 원정'을 승리로 마무리 지었다.

한 명과 메브 연합군의 대결이었던 싸움의 양상은 이제 얼스터 군과 메브 연합군의 싸움으로 바뀌었고, 전투가 한창일 때 쿠 훌린은 페르구스에게 지난번의 일기토 때 자신이 도망가 주었으니 이번에는 페르구스가 거짓으로 물러날 차례임을 알려주었다. 이에 약속대로 페르구스가 달아나자 메브의 연합군은 총사령관을 잃고 와해되었다. 부상당한 메브 여왕도 쿠 훌린이 생포했지만 죽이지 않고 그냥 돌려보냈다.

쿠 훌린의 최후

쿠 훌린이 메브 여왕을 추격하자 절친인 페르디어드가 여왕을 보호했으나 그는 쿠 훌린과의 결투에서 목숨을 잃는다. 결국 메브 여왕은 쿠 훌린에게 자비를 구걸하는 신세가 되었다. 쿠 훌린은 여자를 죽이는 것은 옳지 않다고 생각했기에 그녀를 그냥 살려 주었으며, 코나크타로 후퇴하는 여왕을 애흘론까지 따라가면서 호위해 주었다. 여왕을 살려 준 것은 쿠 훌린에게 평생 후회할 행동이었다.

스카하크의 제자 시절 쿠 훌린에게 제압당한 뒤 그의 요구로 관계를 가졌던 이퍼는 아들 콘늘라를 낳았다. 얼마 후 쿠 훌린이 에버르와 결혼하자 질투심을 느낀 이퍼는 이제 화해하여 잘 지내고 있는 스카하크에게 아들 콘늘라에게 무술을 전수해 줄 것을 부탁하였다. 콘늘라는 스카하크 밑에서 열심히 수련하여 뛰어난 무술을 지니게 되었다. 특히 투석기 기술이 뛰어나 갈매기를 상처 없이 떨어뜨리는 신기를 구사할 정도였다. 그는 아버지와 아버지의 붉은 가지 기사단의 이야기를 들으며 자랐고 그들에 대한 동경을 품으며 자랐다.

콘늘라가 뛰어난 전사가 되자 이퍼는 사랑의 배신을 한 쿠 훌린에게 복수하기 위해 아들에게 기아스를 내린 뒤 그를 얼스터로 보냈다. 그때 이퍼가 아들에게 건 기아스는 나아가는 길을 바꾸지 말 것, 걸어오는 싸움을 거절하지 말 것, 마지막으로 절대 자신의 정체를 밝히지 말 것이었다.

콘늘라는 쿠 훌린이 이퍼와 헤어질 때 준 금반지를 끼고 쿠 훌린이 사는 둔잘간에 다다르게 되었다. 이방인이 마을에 들어오자 붉은 가지 기사단의 전사 중 하나인 코날이 콘늘라에게 이름과 혈통을 물었지만 콘늘라는 자신에게 걸린 기아스 때문에 정체를 밝히는 것을 거부했고, 그 사실을 모르는 코날은 정체를 밝히지 않는 태도가 불손하다 생각하여 그에게 결투를 신청했다. 역시 기아스 때문에 걸어오는

비극적인 아버지와의 재회 서막_쿠 훌린에게 제압당해 아들 콘늘라를 낳은 이퍼는 쿠 훌린이 에버르와 결혼하자 복수심에 콘늘라를 스카하크에게 수련시켜 뛰어난 전사로 키웠다. 이퍼는 아들에게 싸움을 피하지 말며, 정체를 밝히지 말라는 기아스를 걸어 얼스터로 보냈다. 둔달간에 도착한 콘늘라는 정체를 묻는 붉은 가지 기사단의 코날을 기아스 때문에 거절하며 쓰러뜨렸고, 이에 코날은 쿠 훌린에게 이 사실을 알리며 비극적인 부자 상봉을 예고했다.

결투를 거절할 수 없었던 그는 코날과 싸우게 되었다. 제아무리 코날이 붉은 가지 기사단의 전사라 하더라도 상대는 쿠 훌린의 자식이며 스카하크의 제자였기 때문에 전리품으로 무기까지 빼앗기고 말았다. 코날은 정체불명의 소년에게 위협을 느끼고 붉은 가지 기사단 최강인 쿠 훌린에게 이 사실을 알렸다.

쿠 훌린은 콘늘라가 자신의 아들인지 몰랐지만 콘늘라는 쿠 훌린을 보는 순간 자신의 아버지임을 직감하고 전력을 다해 싸웠다. 두 사람은 초반엔 팽팽한 대결을 펼쳤지만 스카하크가 콘늘라에게 게 볼그에 대한 방어를 가르치지 않았기 때문에 게 볼그에 치명상을 입고 말았다. 쿠 훌린은 그가 낀 반지를 보고는 자신의 아들임을 알았고 콘늘라는 아버지와 동경하던 붉은 가지 기사단의 용사들에게 인사를 한 뒤 쿠 훌린의 품속에서 숨을 거두었다.

자신의 손으로 아들을 죽인 것에 상심한 쿠 훌린은 폭주해 버렸고, 광란에 빠진 그가 얼스터의 주민들에게 피해를 입히는 것을 막기 위해 드루이드가 파도를 군대의 모습으로 바꾸어 지칠 때까지 싸우게 했다. 쿠 훌린은 사흘 동안 쉬지 않고 계속해서 몰려오는 파도와 싸웠다.

쿠 훌린에게는 여러 애인이 있었지만 에버르가 그에게 질투를 부린 것은 쿠 훌린이 요정왕이자 바다의 신인 마난난 막 레르의 아내 판드와 연애를 할 때뿐이었다.

마난난이 그녀를 떠나자 세 명의 포모르가 아일랜드 해의 지배권을 노리고 그녀를 공격했다. 쿠 훌린은 그녀가 자신과 결혼해 주는 조건으로 그녀를 도와주겠다고 했다.

판드는 마지못해 그렇게 하겠다고 약속했으나 막상 쿠 훌린을 보자 그에게 반하고 말았다. 마난난은 쿠 훌린은 필멸자이고 판드는 불멸자인 요정이기에 두 사람의 관계는 불행할 수밖에 없다는 것을 알았다. 쿠 훌린의 존재로 인해 요정들이 파괴될지도 몰랐다.

여왕 메브는 쿠 훌린에게 패배하기 전에 갈색 황소인 돈 쿠얼릉거를 코나크타에 끌고 갔다. 그런데 쿠얼릉거는 핀베나크를 만나자마자 격렬하게 싸워 흰뿔소를 죽였지만 돈 쿠얼릉거도 치명상을 입고 에린 섬 곳곳을 떠돌아다니다 자기 고향 쿠얼릉거에 다다라 쓰러져 죽었다.

메브 여왕은 패배를 설욕하기 위해 쿠 훌린이 죽인 전사들의 가족들을 찾아가 복수 연맹을 결성하였다. 그중에는 쿠 훌린에게 죽임을 당한 칼라틴도 있었다. 칼라틴에게는 세 자매가 있었는데 그녀들은 복수를 위해서 알바와 바빌론에서 마법을 배우고 돌아왔다. 그리고 쿠 훌린에게 아버지를 잃었던 먼스터의 왕자 루가이트 막 콘 로이와 먼스터의 백성들, 쿠 훌린의 손에 아버지를 잃은 타라의 왕자 에르크 막 카이르브레 니아드페르와 타라의 백성들이 메브에게 가담하였다. 렌스터의 왕 또한 메브와 협력하기로 하였다. 메브는 얼스터의 전사들이 마하 여신의 저주로 무기력증에 걸리는 날을 노리고 얼스터를 침공하였다.

코노르 왕은 쿠 훌린을 보호하기 위해 그를 이멘 마하로 데려와 궁전 안의 모든

쿠 훌린의 죽음을 부르는 마지막 출정_코노르 왕은 쿠 훌린을 전쟁에서 떼어놓으려 했으나 칼라틴의 세 딸이 마법으로 전쟁 상황을 속여 쿠 훌린을 자극했다. 결국 이들은 그의 정부로 변장해 얼스터의 파괴를 알리는 거짓말로 쿠 훌린을 속여냈다. 쿠 훌린은 불길한 징조들과 주위의 만류에도 불구하고 무기를 들고 전장에 나서는 운명적인 마지막 전투를 향해 발걸음을 옮겼다.

숙녀와 가수, 시인을 시켜 그의 관심을 전쟁에서 멀어지게 했다. 하지만 칼라틴의 세 딸이 풀과 엉겅퀴와 말뷧버섯과 마른잎들을 모아 군대의 모습으로 바꿔서 마법으로 전쟁을 하는 것처럼 함성과 외침과 나팔소리와 무기 부딪치는 소리가 울려 퍼지게 하자 쿠 훌린은 자신의 도움 없이 전투가 일어나고 있다는 수치스러운 생각에 칼을 들었다.

주위에서는 온 힘을 다해 쿠 훌린을 만류하다가 할 수 없이 쿠 훌린을 아일랜드 사람들이 한꺼번에 외쳐도 안에 있는 사람에게는 들리지 않는다는 귀머거리 골짜기로 옮겼다.

그러나 칼라틴의 세 딸은 포기하지 않고 찾아와 마법을 썼다. 쿠 훌린은 불안해졌지만 카스바드가 만류하자 겨우 진정했다. 그러자 칼라틴의 세 딸 중 한 명이 새로운 계략을 내서 쿠 훌린의 정부로 변장하고 그에게 다가와, 둔잘간이 불타고 무르셈나가 폐허가 되고 얼스터 전역이 파괴되었다고 부르짖었다. 쿠 훌린은 그녀에게 속아서 마침내 무기를 들고 갑옷을 입었으며, 말리는 말을 무시하고 전차에 말을 매라고 뢰크에게 알렸다.

'마하의 회색 말'이 고삐를 거부하며 피눈물을 흘리고, 어머니 데히티러가 가져온 포도주는 세 번이나 피로 변하는 징조가 일어났다. 출전하던 중 여울에서 옷과 갑옷을 빨고 있는 쉬의 처녀는 그것이 곧 죽게 될 쿠 훌린의 옷과 갑옷이라고 말했다.

쿠 훌린이 전장으로 향하던 중 세 명의 노파를 만났는데, 그들은 개고기를 구워 먹고 있었으며 쿠 훌린에게도 함께 먹자고 했다. 쿠 훌린은 개고기를 먹으면 안 된다는 기아스가 있어서 개고기를 먹으면 안 되었지만, 대접하는 음식을 거절해서는 안 된다는 기아스도 있어서 어쩔 수 없이 개고기를 먹어 버렸고, 기아스를 어긴 대가로 몸의 절반이 마비되었다.

이 노파들은 쿠 훌린의 기아스를 깨뜨리기 위해 파견된 공작원이었고, 개고기를 먹어 쿠 훌린의 몸의 절반이 마비되자 적들이 전차를 몰고 쿠 훌린에게 달려들었다. 쿠 훌린은 세 명의 왕을 죽이게 될 거라는 예언을 받은 세 자루의 창을 가지고 있었는데, 이것은 본래 칼라틴 일족의 물건으로 전투에서 이긴 전리품으로 챙긴 것이었다. 칼라틴의 딸들이 이 사실을 알고 그 창들을 쿠 훌린을 죽이기 위해 사용하기로 했으며, 그 창들을 빼앗는 작전에 세 명의 음유 시인들이 담당하게 되었다.

첫 번째 시인이 쿠 훌린이 싸우고 있을 때 다가와 "창을 주지 않으면 쿠 훌린을 풍자한 노래를 부르고 다니겠다"고 하자 쿠 훌린은 "지금까지 누구에게도 선물을 거절해서 풍자당한 적은 없다"며 창을 던져 시인을 죽였다. 그러자 먼스터의 왕자 루이가 그 창을 집어 들어 마부의 왕이며 쿠 훌린의 마부인 뢰크를 죽였다.

두 번째 시인이 "창을 주지 않으면 얼스터 전체를 풍자한 노래를 부르고 다니겠다"고 하자 쿠 훌린은 "얼스터가 자신 때문에 풍자를 당할 수는 없다"며 창을 던져 시인을 죽였다. 이번에는 타라의 왕자 에르크가 그 창을 집어 들어, 말들의 왕이며 쿠 훌린의 전차를 끄는 마하의 회색 말에 치명상을 입혔다.

운명에 맞선 쿠 훌린의 마지막 순간_쿠 훌린은 두 가지 기아스를 어겨 몸이 마비된 채 적들의 계략에 넘어가 자신의 창으로 마부와 말을 잃고 결국 자신마저 치명상을 입었다. 그는 바위에 몸을 묶고 선 채로 최후를 맞이했으며, 친구 모리안이 그의 시신을 지켰다.

세 번째 시인이 "창을 주지 않으면 쿠 훌린의 모든 친척을 풍자한 노래를 부르고 다니겠다"고 하자 쿠 훌린은 "자신 때문에 친척들이 풍자당할 수는 없다"며 다시 창을 던져 시인을 죽였다. 그러자 마부 뢰크를 죽인 먼스터의 왕자 루이가 다시 그 창을 집어 들어 영웅의 왕인 쿠 훌린에게 치명상을 입혔다.

쿠 훌린은 옆구리에서 튀어나온 내장을 뱃속으로 밀어 넣은 뒤 호수로 달아나 물을 한 모금 마시고는 서 있는 상태에서 죽기 위해 바위기둥에 몸을 묶었다. 자신의 주인을 살리고 싶었던 마하의 회색 말이 부상을 입은 몸을 끌고 달려와 적들을 짓밟고 물어서 죽였으나 쿠 훌린은 결국 숨을 거두었고 마하의 회색 말도 힘이 다하여 죽고 말았다. 그 영혼은 주인의 시체 곁에 깃들었다고 한다.

쿠 훌린의 친구가 되었던 모리안은 쿠 훌린의 적들이 그의 시체를 훼손하는 것을 막기 위해 까마귀로 변신해서 그의 어깨에 앉았다. 이렇게 쿠 훌린은 27세의 젊은 나이로 파란만장한 삶을 마쳤다.

아서 왕 신화

아서 왕은 6세기경 영국의 신화적 인물이며 켈트 민족에 속하는 영웅이다. '아서 왕 이야기'는 켈트족의 다양한 신화와 전설에 기독교 전승까지 덧씌워진 것으로, 여러 중세 작가, 특히 프랑스 출신의 작가들이 아서의 출생에 대한 일화, 기사들이 벌이는 모험, 왕비인 귀네비어와 기사인 랜슬롯 경의 불륜의 사랑 등 여러 가지 다양한 이야기를 만들어 냈다.

예언자이자 마법사인 멀린이 어렸을 때 잉글랜드는 보르티겐 왕이 다스리고 있었다. 인부들이 성을 지으려고 하자 자꾸 주춧돌이 무너져 내리는 것을 보고 멀린은 이렇게 예언하였다.

"성을 지을 땅의 지하 깊숙한 곳에 용 두 마리가 살고 있기 때문이오."

인부들이 땅을 파자 붉은 용과 흰 용이 싸움을 벌이기 시작했는데, 이에 대해 멀린은 다음과 같이 예언하였다.

"두 마리의 용은 왕위의 계승자인 선왕의 동생 우더와 펜드래곤의 침입을 나타내는 것이오."

멀린의 예언대로 보르티겐 왕을 죽이고 펜드래곤이 왕위에 올랐는데 펜드래곤이 전쟁에서 죽자 우더가 왕위를 이어받았다. 그 후 우더는 우더 펜드래곤이라 불리게 하였다.

왕이 된 우더 펜드래곤은 이그레인이라는 여성에게 반해 있었는데, 그녀는 유부녀였고 콘월의 영주 골로이스의 아내였다. 그래서 멀린은 우더 펜드래곤에게 마법을 걸어, 이그레인의 남편 골로이스의 모습으로 변신시켜 그녀와 동침할 수 있도록 해 주었다. 그리고 그 대가로 둘 사이에서 태어난 아서를 데려갔다. 멀린은 엑터 경이라는 기사에게 아서를 맡겨 그의 아들로 자라게 하였다.

아서 왕의 탄생과 엑스칼리버의 발견_ 아서는 엑터 경에게 맡겨져 성장했다. 어느 날, 마상시합 도중 케이 경의 검을 구하려던 아서는 우연히 무쇠 모루에 박힌 '이 검을 뽑는 자야말로 브리튼의 왕이다'라고 쓰인 검을 손쉽게 뽑아냈고, 이는 수많은 영웅이 뽑지 못했던 검이자 그의 운명적인 왕권 계승을 알리는 신호가 되었다.

어느 해 정월 초하룻날 런던에서 마상시합이 열렸다. 소년으로 성장한 아서는 엑터 경과 그의 아들 케이 경과 함께 시합에 참가하기 위해 런던으로 향하였다. 가는 도중에 깜빡 잊고 검을 여관에 두고 온 케이 경을 위해 아서는 여관으로 발길을 되돌렸다. 그러나 여관은 문이 잠겨 있고 주인은 외출 중이었다. 아서는 할 수 없이 무쇠 모루에 꽂혀 있는 검을 뽑아 가야겠다고 생각했다. 성당의 부지 안에는 대리석처럼 크고 네모난 바위가 놓여 있었는데 그 위에는 두꺼운 철판이 얹혀 있었다. 이 바위와 철판은 크리스마스 날 갑자기 성당 부지 안에 나타난 것이었다. 그리고 철판의 중앙에는 아름다운 검 한 자루가 무쇠 모루에 꽂혀 있었는데, 이 검에는 '이 검을 뽑는 자야말로 브리튼의 왕이다'라는 글귀가 씌어 있었다.

그때까지 수많은 사람이 이 검을 뽑기 위해 안간힘을 썼어도 검은 꿈쩍도 하지 않았다. 그런데 검에 얽힌 사연을 전혀 모르는 아서가 칼자루를 잡았더니 검이 쑥 뽑혔다.

아서 왕의 등극과 명검 엑스칼리버의 위용_엑터 경의 고백으로 자신의 왕족 혈통을 알게 된 아서는 제후들의 인정을 받아 브리튼의 왕으로 즉위했다. 그는 초기 명검을 잃은 후 멀린의 도움으로 호수의 여신에게서 '엑스칼리버'라는 전설적인 검을 받아들였다. 엑스칼리버의 힘을 빌린 아서 왕은 연전연승하며 영국을 통일하고 게르만족을 몰아냈으며, 나아가 로마 황제의 침략까지 물리치며 천하무적의 전사이자 위대한 통치자로 명성을 떨쳤다.

엑터 경은 케이 경으로부터 아서가 바위에 박힌 검을 뽑았다는 소식을 듣고 아서에게 말했다.

"당신은 내 아들이 아니고 고귀한 피를 이어받은 분입니다."

제후와 귀족들의 인정을 받은 후 아서는 브리튼의 국왕이 되었다. 드디어 그 유명한 아서 왕이 탄생한 것이다.

아서 왕에게 명검이 두 자루 있었다. 한 자루는 왕이 될 자만이 뽑을 수 있는 무쇠 모루에 꽂혀 있는 검이었다. 이 검은 펠리노어와 결투를 벌이다 두 동강이 나고 말았다. 이에 멀린의 주선으로 호수의 여신에게서 한 자루의 검을 받았는데, 이 검이 그 유명한 '엑스칼리버'라는 명검이다.

명검을 얻은 아서 왕은 매번 전투에서 승리를 거두어 천하무적의 전사가 되었다. 아서 왕은 엑스칼리버의 힘을 빌려 영국을 통일하고 게르만족을 바다 너머로 쫓아냈으며, 나아가 로마 황제를 자칭하는 침략자를 물리쳤다. 그리고 수십 년 동

아서 왕의 결혼, 원탁의 기사단 창설 그리고 왕국의 위기_영국을 통일한 아서 왕은 레오데그란스 왕의 딸 귀네비어와 결혼하고, 결혼 선물로 멀린이 우더 펜드래곤에게 준 원탁을 받았다. 아서 왕은 이 원탁을 중심으로 용맹한 기사들을 모아 원탁의 기사단을 창설했고, 이들은 화려한 무용담을 펼치며 평화로운 시절을 보냈다. 그러나 왕비 귀네비어와 랜슬롯의 밀애, 그리고 아서 왕의 누이 모건 르 페이의 음모로 왕국은 점차 위기에 빠지게 되었다.

안 평화가 지속되자 자연스레 엑스칼리버를 뽑지 않게 되었다.

아서 왕이 영국을 통일하자 레오데그란스 왕의 딸인 귀네비어와 결혼을 시켰다. 또한 결혼기념으로 아서 왕에게 원탁을 주었다. 이 원탁은 원래 마법사 멀린이 아서 왕의 아버지 우더 펜드래곤에게 만들어 주었고, 우더 펜드래곤은 레오데그란스 왕에게 주었다.

원탁의 기사들은 랜슬롯을 비롯하여 갤러해드와 트리스탄 등 150명의 기사가 둘러앉을 수 있는데, 원탁의 기사단에는 용사가 많아 그들은 식사를 함께 하면서 그들의 화려한 무용담과 사랑 이야기를 꽃피웠다.

하지만 말년에 원탁의 기사 중 한 사람인 랜슬롯 경과 왕비 귀네비어의 밀애와 아서 왕의 누이인 모건 르 페이라는 마녀의 음모로 왕국은 위기에 빠지게 되었다.

모건이 마법의 힘을 빌어 아서 왕과의 사이에서 낳은 사생아인 모드레드가 아서 왕에게 반기를 들어 왕국이 내란 상태에 빠져들게 되었고, 모드레드와 아서 왕은 서로에게 치명상을 입혔으며 쌍방의 기사 중에 생존자는 몇 명 되지 않았다.

치명상을 입은 아서 왕은 싸움에서 살아남은 기사 중 한 사람인 베디비어 경에게 엑스칼리버를 호수에 던져 넣으라고 명령했다. 하지만 베디비어 경은 그 검을 차마 버리지 못하여 몰래 감추어 놓고 아서 곁으로 돌아갔다.

아서는 돌아온 베디비어 경에게 검을 던졌을 때의 광경을 묻자 베디비어 경이 아무 일도 없었다고 대답했다. 호수에 검을 던지면 어떤 일이 일어날지를 알고 있었던 아서는 그를 거짓말쟁이라며 꾸짖었다.

베디비어 경은 할 수 없이 다시 엑스칼리버를 들고 호수로 가서 던져 버렸다. 그러자 수면에서 요정의 손이 나와 떨어지는 엑스칼리버를 받아들고 천천히 세 번을 휘두르더니 다시 호수 속으로 가라앉아 버렸다.

베디비어 경은 아서 왕에게 그 광경을 전하려고 다시 돌아왔다. 하지만 아서 왕은 이미 아발론으로 떠나고 없었다. 이후 영국은 한동안 내전 상태에 돌입하게 되면서 색슨족과 게르만족에 의해 켈트족은 차츰 세력에서 밀려나기 시작했다. 켈트족의 민간 전설에 따르면, 그들이 절실히 원할 때 아서 왕이 다시 엑스칼리버를 들고 아발론에서 돌아올 것이라고 한다.

명검 엑스칼리버의 위용_엑스칼리버는 아서 왕의 권위와 정의로운 통치를 상징하는 전설적인 성검으로, 아서가 바위에서 뽑거나 호수의 요정에게 받아 왕으로 인정받는 계기가 되었으며, 아서 왕의 시대가 끝난 후 호수로 돌아가 훗날 아서 왕이 다시 나타날 때를 기다린다는 전설은 현재까지도 다양한 문화 콘텐츠에 영감을 주고 있다.

니벨룽의 노래

니벨룽의 노래는 게르만족의 민족 이동기의 다양한 신화와 전설들을 13세기 초에 영웅 서사시의 형태로 창작한 영웅 신화이다. 이 영웅 서사시는 2부로 구성되어 있는데, 1부는 크림힐트와 지크프리트의 결혼 및 지크프리트의 죽음을, 2부는 훈족 왕의 아내가 된 크림힐트의 복수를 다루고 있다.

어느 날 왕 군터의 누이동생인 크림힐트가 불길한 꿈을 꾸었다. 그녀가 꾼 꿈은 훗날 자신이 사랑하게 될 남편이 죽는 악몽이었다. 한편, 네덜란드의 왕자 지크프리트는 크림힐트가 머무는 보름에 있는 부르군트 왕성을 방문했다. 그가 부르군트에 방문한 목적은 아름답기로 소문난 크림힐트에게 구혼하기 위한 것이었다.

지크프리트는 전에 니벨룽의 소인족(小人族)을 정복했을 때 보물을 얻었는데, 당시 그 보물을 지키고 있던 드래곤(용)을 퇴치할 때 그 용의 피를 뒤집어쓰고 불사신(不死身)의 몸이 되었다. 하지만 등의 일부분에 보리수 나뭇잎이 붙어 있어서 피가 묻지 않아 그곳이 유일한 약점이 되었다.

그런데 지크프리트는 약 1년 가까이 부르군트 성에 머물다가 겨우 크림힐트를 만날 수 있었다. 이때 보름의 왕이자 크림힐트의 오빠인 군터 역시 지크프리트처럼 아이슬란드의 여왕 브룬힐트를 사모하여 구혼하려고 했다. 하지만 브룬힐트는 아름다운 여성이었지만 용맹함을 갖춘 여전사였다. 그녀는 무예를 겨루어 자신을 이길 수 있는 자에게 남편의 자격을 주겠다고 했다. 하지만 자신에게 진 사람은 죽음을 택해야 했다.

군터는 여왕보다 무예가 출중하지 못해 이길 수 없었다. 이런 이유로 그는 가슴만 태우고 있었다. 그런데 마침 용맹한 지크프리트를 보자 그의 의중을 파악하고

합동 결혼_지크프리트는 크림힐트를 만났지만, 그녀의 오빠인 군터 왕이 여왕 브룬힐트에게 청혼하려 했으나 그녀의 무예를 이길 수 없어 고민했다. 군터는 지크프리트에게 여왕 제압을 도와주면 크림힐트와의 결혼을 허락하겠다고 제안했고, 지크프리트는 투명 망토로 군터를 도와 브룬힐트를 이기게 했다. 군터는 브룬힐트와, 지크프리트는 크림힐트와 합동 결혼식을 올렸으나, 브룬힐트는 약골인 군터에게 실망하여 첫날밤 그를 묶어 매달았다.

제안했다.

그 제안은 지크프리트가 군터를 도와 브룬힐트를 제압한다면 크림힐트와 결혼을 허락하겠다는 것이었다. 지크프리트는 흔쾌히 수락하고 눈에 보이지 않는 투명 망토로 모습을 감추고 군터를 도와서 그가 브룬힐트에게 승리를 거둘 수 있게 함으로써 결혼을 성사시켰다.

약속대로 보름에 도착한 브룬힐트는 군터와 결혼하고 동시에 지크프리트와 크림힐트도 합동 결혼식을 올렸다. 하지만 브룬힐트가 막상 결혼하고 보니 군터는 아이슬란드에서 자신과 겨룰 때와 달리 한참 약골이었고, 이에 대한 불만과 의문 때문에 첫날밤 그와의 동침을 거부했다. 심지어 몸이 달아오른 군터가 덤벼들자 아예 군터를 묶어서 매달아 놓는 지경이었다.

이에 지크프리트는 다음 날 밤에 다시 투명 망토를 두르고 브룬힐트를 힘으로 제압하여 억지로 군터가 그녀를 취하게 했다. 군터와 브룬힐트가 성관계를 가진

지크프리트와 브룬힐트의 갈등_10년 후, 축제에서 브룬힐트와 크림힐트 사이에 남편의 서열을 두고 언쟁이 벌어졌다. 지크프리트를 군터의 시종으로 오해하던 브룬힐트가 그의 명성을 불쾌해하자, 지크프리트가 군터의 결혼을 도왔다는 사실을 모르던 크림힐트가 반박하다가 결국 지크프리트가 브룬힐트를 제압했던 과거의 비밀과 증거(허리띠, 반지)를 폭로했다. 이 폭로로 모욕감에 휩싸인 브룬힐트는 지크프리트에게 맹렬한 복수심을 품게 되었다.

것은 확실하나 전승에 따라서는 그전에 투명 상태의 지크프리트가 군터보다 먼저 그녀의 처녀성을 취했다고도 전해진다.

지크프리트는 이때 브룬힐트의 허리띠와 반지를 빼앗았는데, 자신의 처녀성을 상징하는 두 물건을 빼앗기자 괴력을 잃고 평범한 여인으로 변했다. 그리고 군터를 남편으로 인정하고 섬기겠다고 했다.

지크프리트는 브룬힐트에게 노획한 허리띠와 반지를 아내인 크림힐트에게 주었다. 힘들게 첫날밤을 치른 후 지크프리트 부부는 네덜란드의 크산텐으로 돌아갔다. 이후 몇 년간 두 부부는 별 탈 없이 살았으며 각자 자식도 낳았다.

10년 후 지크프리트 부부가 부르군트의 축제에 초대되었다. 그런데 브룬힐트와 크림힐트가 남편의 서열을 놓고 크게 말다툼이 벌어졌다. 과거 지크프리트가 군터의 결혼을 도와주기 위해 동행할 때 군터의 시종으로 변장하였으므로 브룬힐트는 지크프리트를 군터의 신하로 생각하였다. 따라서 지크프리트가 군터보다 명망이 높고 군터를 윗사람으로 섬기지 않는 쫓에 대해 불만을 품었고, 크림힐트에게 지크프리트가 명성이 높다는 이유로 자신의 남편과 맞먹으려고 해서는 안 된다고 주장하였다.

반면, 지크프리트가 시종으로 변장했다는 사실을 몰랐던 크림힐트는 브룬힐트의 주장에 어이가 없어 했다. 자신의 남편은 엄연히 크산텐의 왕자로 군터보다 못할 게 없다고 반박했다.

두 사람은 서로 자기 남편이 더 낫다고 싸우다가 점점 분위기가 격해졌는데, 결국 크림힐트가 홧김에 군터와 브룬힐트가 결혼한 것은 지크프리트가 도와주었기 때문이라며 오랫동안 감춰 왔던 비밀을 폭로하였다. 심지어 브룬힐트를 제압한 것도 지크프리트였다며 그 증거로 브룬힐트의 허리띠와 반지를 내밀었다. 크림힐트의 폭로에 브룬힐트는 큰 충격에 휩싸여 한동안 말을 잇지 못했다. 이렇게 하여 모욕감에 치를 떤 브룬힐트는 지크프리트에게 증오의 복수심을 품게 되었다.

브룬힐트는 복수를 하기 위해 군터의 부하인 하겐을 자기편으로 끌어들였다. 하겐은 애초부터 지크프리트의 높은 명성과 무용이 자신의 주군 군터에게 위협이 될 것으로 판단하고 지크프리트를 경계했는데, 그를 제거할 확실한 명분이 생기자 브룬힐트의 편이 되었다. 군터 역시 표면상으로 자기 여동생인 크림힐트의 행동을 용서하긴 했지만 속으로는 분노했기에 하겐이 지크프리트를 암살하려는 음모에 대해 못 이기는 척 묵인하였다.

하겐은 크림힐트에게 지크프리트가 위험에 처할 때 자신이 지켜주겠다는 말로 꼬드기자 그녀는 지크프리트의 옷에 그의 약점인 부위를 가리키는 십자 표시를 해두었고, 결국 지크프리트는 사냥 도중 하겐에게 등에 창을 찔려 죽고 말았다.

크림힐트는 지크프리트의 죽음을 슬퍼하며 그 범인을 찾고자 지크프리트의 시체를 놓고 모든 부르군트의 신하가 그 앞을 지나가도록 하였다. 하겐이 앞에 나오자 지크프리트의 시체는 갑자기 피를 쏟아냈다. 이 징조를 보고 크림힐트는 하겐

크림힐트의 피의 복수_지크프리트의 시체가 하겐 앞에서 피를 쏟자 크림힐트는 하겐이 범인임을 확신했고, 복수를 위해 지크프리트의 보물을 모아 용사들을 규합하려 했다. 그러나 군터와 하겐이 보물과 검 '발뭉'을 라인강에 숨기자 크림힐트는 군터의 목을 베어 황금의 소유자가 사라졌음을 주장하며 하겐을 추궁했다. 결국 분노한 크림힐트가 발뭉으로 하겐마저 죽였고, 이에 분개한 힐데브란트가 크림힐트의 목을 베며 모두의 비극적인 최후를 맞이했다.

이 범인임을 추궁하고 하겐도 이를 인정하였다. 하겐은 자신은 군터에게 충성하고 있기 때문에 왕과 왕비를 위해 어쩔 수 없는 선택이었다고 변명하였다.

크림힐트가 남편의 복수를 위해 지크프리트가 용을 죽이고 얻은 보물로 많은 수의 용사들을 모으려고 하자 이에 위협을 느낀 군터와 하겐은 지크프리트의 명검 발뭉과 이 보물을 빼앗아 라인강 어딘가에 숨겨 버렸다. 크림힐트는 하겐에게 빼앗은 지크프리트의 검 발뭉을 들고 하겐에게 라인의 황금이 있는 곳을 실토하라고 추궁하였다. 하겐이 라인의 황금의 소유자는 오직 군터뿐이라고 말하며 대답하기를 거부하자 크림힐트는 오빠인 군터의 목을 잘라 하겐에게 보여 주고, "이제 네가 말한 황금의 소유자는 사라졌으니 나의 것"이라고 주장하였다. 분노한 하겐은 라인의 황금이 있는 곳은 절대로 대답하지 않을 것이라고 단언하였다. 화를 참지 못한 크림힐트는 발뭉으로 하겐의 목을 베어 버리는데, 나약한 여자에게 용사 하겐이 살해당한 것에 분개한 디트리히의 신하 힐데브란트가 곧바로 크림힐트의 목을 베어 버렸다.

　모든 영웅 신화처럼 이 니벨룽의 노래도 437년에 있었던 한 가지 역사적 사실을 근거로 하고 있다. 이 역사적 사실이란 훈족이 중부 라인 지방에서 부르군트 왕국을 멸망시킨 일이 있으며, 453년에 훈족의 왕 아틸라가 갑자기 잠자리에서 각혈(咯血)하고 게르만 계통의 왕비 곁에서 급사한 일이 있었다. 그런데 일반 국민에게 이것은 왕비가 일족의 복수를 위하여 왕을 살해한 것으로 전승되었고, 부르군트 일족의 멸망의 노래도 여기에 기원한 것이며, 이것이 니벨룽의 노래 속에 통합된 것으로 볼 수 있다.

오스트리아 툴론은 중세 영웅 서사시 《니벨룽겐의 노래》와 깊은 연관을 맺는 '니벨룽겐 도시' 중 하나로, 이곳에 세워진 '니벨룽겐 분수'는 해당 서사시를 기념한다. 이 분수는 서사시의 주인공 크림힐트가 훈족의 왕 에첼과 결혼하기 위해 툴론을 지나던 여정을 상징적으로 묘사한다. 특히 크림힐트가 강물에서 요정들을 만났다는 전설의 강변에 자리 잡고 있으며, 서사시 속 인물들이 섬세하게 조각되어 신화적 서사를 생생하게 전달한다.

신화로 보는 세계사

그리스·로마 문명의 신화

그리스 신화는 아름답고 인간적인 신들의 세계를 묘사하지만, 그 이면에는 잔인하고 폭력적인 속성들이 복합적으로 존재한다. 이러한 그리스 신화는 지중해를 통한 무역과 잦은 침략이라는 지리적 특성 속에서 고대 근동 문명의 외래 이야기와 기존 그리스 본토의 신화가 혼합되어 형성된 것이다. 특히 미노아와 미케네 문명의 융합 과정에서 제우스를 비롯한 신들의 서사가 현재의 익숙한 형태로 정립되었으며, 이처럼 복합적 기원을 가진 신화는 고대 그리스인의 삶과 사회에서 종교적, 문화적으로 핵심적인 구심점 역할을 하며 공동체의 결속을 다지는 데 중요한 기능을 수행했다.

펠라스고이 신화

그리스-에게 지역 선주민 펠라스고이를 정복한 인도유럽어족이 기존 신화와 융합하여 그리스 신화를 만들었다.
에게 역사는 펠라스고이의 크레타(미노스) 문명과 이후 인도유럽어족에 의해 발흥한 미케네 문명으로 나뉜다.

펠라스고이 해상 문명의 창조 신화에는 태초의 여신 에우리노메가 있었다. 에우리노메는 그리스 신화에서 대양의 신 오케아노스의 딸이자 제우스와 결혼해서 삼미신을 낳은 여신이다.

대개의 신화에서 대지의 여신을 태초의 신으로 삼은 것과는 반대로 그리스 신화에서는 바다의 여신을 태초의 신으로 삼았다는 것은 그리스 신화가 해양 문명의 특색을 잘 나타내는 신화라는 것을 알 수 있다.

에우리노메는 혼돈 속에서 홀로 태어나 춤을 추다가 남쪽으로 향했다. 여신이 가는 길마다 바람이 불었고 파도는 잔잔한 파문을 일으켰다. 그러던 중 북쪽에서 바람이 불자 여신은 그것을 잡아 양손에 넣고 부드럽게 비볐다. 그러자 이 북풍은 커다란 구렁이가 되었다. 이 구렁이는 오피온이라고 불렸다. 여신은 오피온 앞에서 원초적이고 열정적인 몸짓으로 춤을 추어댔다. 요염한 여신의 몸짓을 바라보던 오피온의 차가운 몸에서도 마침내 뜨거운 욕정이 꿈틀대기 시작하였다.

흥분을 견디다 못한 오피온은 그의 거대한 몸으로 여신의 신성한 사지를 칭칭 감으며 그녀와 결합하고 말았다. 이렇게 하여 보레아스라고도 불리는 이 북풍은 여신을 임신시켰다.

임신을 한 여신은 한 마리 비둘기로 변신하여 파도 위에 둥지를 틀었다. 그리고

태초의 여신 에우리노메_그리스-에게 지역 선주민 펠라스고이 해상 문명의 창조 신화는 바다의 여신 에우리노메를 태초의 존재로 묘사한다. 혼돈에서 홀로 태어난 에우리노메는 북풍으로 구렁이 오피온을 만들고 그와 결합하여 우주의 알을 낳아 태양, 달, 대지 등 모든 만물을 창조한다. 오피온의 오만을 응징하며 그를 추방한 여신은 일곱 행성과 티탄 커플을 만들어 우주를 정돈했다. 이 신화는 대지 여신 중심의 다른 신화와 달리 해상 문명의 특성을 보여준다.

시간이 되자 여신은 우주의 알을 낳았다. 오피온은 여신의 명령에 따라서 자신의 몸으로 알을 일곱 번 휘감아 그 알이 부화될 때까지 칭칭 감고 있었다.

마침내 알이 갈라지면서 그들의 자식인 태양, 달, 별 그리고 산과 강, 모든 식물과 동물들이 있는 대지가 태어났다. 이렇게 부부가 된 에우리노메와 오피온은 그들의 거처로 올림포스 산을 골랐다.

그러나 이들의 신혼살림은 곧바로 파경을 맞이하게 되었다. 남편 오피온이 우주 창조자는 자신이라고 주장했기 때문이다. 오피온의 이런 오만에 대한 에우리노메의 반응은 간단하지만 매우 결정적인 것이었다.

여신은 얼굴도 붉히지 않고 벌떡 일어나서 발로 오피온의 머리를 짓밟아 버린 것이다. 뜻밖의 기습에 이빨이 모두 부러져 버린 오피온은 그 길로 지하의 어두운 동굴로 추방당하고 말았다. 오피온을 잔인하게 쫓아 버린 여신은 우주의 일곱 행성을 창조하였다. 그런 다음 여신은 티탄족 남신 한 명과 여신 한 명을 짝으로 하는 일곱 커플을 만들고, 그들 각각에게 하나의 행성들을 맡겨 다스리도록 하였다.

태양: 테이아와 히페리온

달: 포에베와 아틀라스

화성: 디오네와 크리오스

수성: 메티스와 코에오스

목성: 테미스와 에우리메돈

금성: 테티스와 오케아노스

토성: 레아와 크로노스

펠라스고스의 탄생

이렇게 우주가 정리되면서 최초의 펠라스고이 사람인 펠라스고스가 생겨났다. 그리스의 펠로폰네소스 반도 중부에 위치해 있던 아르카디아 지방에서 태어난 이 펠라스고이족의 조상은 뒤이어 태어난 그의 종족들에게 오두막집을 짓고 나무 열 매로 연명하며 짐승 가죽으로 옷을 만들어 입는 법을 알려주었다. 이때부터 만들 어 입던 짐승 가죽 옷은 훗날 사냥꾼이나 가난한 사람들이 입고 다니던 것과 같은 것이었다고 한다.

그리스의 창세 신화

그리스 신화의 세상 창조는 카오스로부터 모든 것이 발생하였다. 카오스는 '혼돈(混沌)'을 명사화하여 '캄캄한 텅 빈 공간'을 의미한다. 여기에서 암흑과 밤이 생겼고 만물의 모든 가능성을 숨긴 종자가 혼합되었으며 이로 인해 가이아를 비롯하여 에레보스 등 태초의 신들이 생겨났다.

태초의 세상은 지루한 공허인 카오스에서 시작되었다. 이 공허가 끝나자 가이아(대지)와 에레보스(암흑)를 모태로 바다와 하늘, 숲과 산이 생겨났다. 그 다음에 사랑의 신인 에로스가 생겨났다. 에로스는 카오스 위에 떠 있던 닉스(밤)의 알에서 태어났다. 그리고 에로스가 가지고 있던 화살과 횃불로 모든 사물에 생기를 넣어 생명과 환희가 나왔다. 사랑의 힘으로 가이아는 홀로 하늘의 신인 우라노스와 바다와 물의 신인 폰토스를 태어나게 했다.

우라노스와 폰토스는 남신으로, 그들은 광활한 세상의 여신인 어머니 가이아를 덮치며 쉬지 않고 결합하여 수많은 자식을 낳았다. 하지만 우라노스가 계속해서 가이아를 덮은 채 딱 붙어 있었기 때문에 자식들은 가이아의 뱃속에서 나갈 수 없었다.

대지의 여신 가이아와 하늘의 신 우라노스 사이에서 태어난 12남매는 바로 '티탄족', 즉 거대한 신들의 족속(거신족)이다. 여섯 아들 중 맏이는 거대한 바다의 신인 오케아노스이고, 둘째 아들은 '하늘 덮개'라는 뜻의 코이오스, 셋째는 '높은 곳을 달리는 자'라는 뜻의 히페리온, 넷째는 크리오스, 다섯째는 이아페토스, 여섯째는 '시간'이라는 뜻의 크로노스가 나왔다. 이들 중 다섯째인 이아페토스에게서 '먼저 아는 자'라는 뜻을 지닌 프로메테우스가 태어나고, 여섯째에게서 올림포스 신들이

티탄 신족의 탄생과 특성_대지의 여신 가이아와 하늘의 신 우라노스 사이에서 태어난 12남매가 바로 '티탄족', 즉 거대한 신들의 족속이다. 이들은 바다의 신 오케아노스, 시간의 신 크로노스 등 여섯 아들과 레아, 므네모시네(기억), 테미스(이치) 등 여섯 딸로 이루어져 있다. 이들 최초의 신들은 웅장하고 아름다운 용모를 지녔으며, 대자연의 힘이나 추상적 개념을 의인화한 존재들이다. 티탄 신족은 남매간의 결합을 통해 그 혈통을 이어갔다.

나왔다.

또한 여섯 명의 딸들은 첫째는 테이아가, 둘째는 '동물의 안주인'이라는 뜻의 레아가, 셋째는 '기억'이라는 뜻의 므네모시네, 이어서 포이베, 테튀스, 테미스가 태어난다. 이 중에서 테미스는 '이치'라는 뜻의 여신으로, 어떤 사물이나 사태의 이치를 따지고 재판하는 일을 하는 중요한 여신이다.

그들은 최초의 신답게 모두 기골이 장대하였고 용모도 준수하고 아름다웠다. 티탄 신족의 일부는 대자연의 힘을 나타내고 있으며, 일부는 테미스(규율의 여신), 므네모시네(기억의 여신)처럼 추상적 개념을 의인화한 것도 있다. 티탄 신족은 눈이 맞는 남매끼리 결합하여 자식들을 낳기 시작했다.

티탄 신족 다음으로 태어난 자식들은 외눈박이 괴물인 키클롭스 삼형제와 팔이 백 개에 머리가 쉰 개인 거인 헤카톤케이레스 삼형제가 있다. 흉측한 키클롭스와 헤카톤케이레스에게 두려움을 느낀 우라노스는 그들을 땅속 깊은 곳 '무한지옥(無

우라노스의 폭정과 크로노스의 반역 서곡_대지의 여신 가이아에게서 외눈박이 키클롭스 삼형제와 백수 거인 헤카톤케이레스 삼형제가 태어나자 하늘의 신 우라노스는 이들을 두려워하여 땅속 깊은 타르타로스에 가두었다. 이에 고통받던 가이아는 우라노스를 제거할 방도를 모색했고, 막내아들 크로노스는 강철 낫으로 아버지의 생식기를 잘라 권좌를 찬탈하겠다고 자청하며 신들의 역사가 전환점을 맞게 된다.

限地獄)'이라는 뜻의 타르타로스 감옥에 가두었다.

가이아는 대지의 가장 깊은 곳인 자신의 뱃속에 키클롭스 삼형제와 헤카톤케이레스 삼형제를 가두어 버렸지만 이들이 자신의 뱃속에서 벌이는 소동을 견딜 수가 없었다.

가이아는 자신이 바라지도 않던 자식들을 낳게 한 우라노스를 제거하지 않으면 자신에게 또 다른 자식들이 생길 수도 있다고 생각하고 후환을 없앨 방도를 티탄 신족 12남매와 상의했다. 별 뾰족한 수를 찾지 못해 고민하던 중 12남매의 막내아들인 크로노스가 어머니에게 강철로 된 낫을 하나 만들어 주면 자신이 우라노스의 생식기를 잘라 버리겠노라고 강력하게 말했다. 그러자 가이아는 자신의 몸속에 흐르는 무쇠의 맥에서 낫을 하나 만들어 크로노스에게 주었다.

이윽고 밤이 되자 우라노스가 어김없이 검은 구름을 몰며 가이아를 덮쳤다. 그러자 자식의 씨를 뿌리는 우라노스의 성기가 부풀어 올랐고, 이때를 놓치지 않고

우라노스의 몰락과 새로운 탄생_크로노스에 의해 우라노스의 생식기가 잘리자 그의 피는 대지 가이아에게 떨어져 복수의 여신 에리니에스와 거인 기간테스를 탄생시켰다. 한편, 잘린 생식기에서 나온 사랑의 정기는 바다 거품 속에서 아름다운 미의 여신 아프로디테로 환생하였다. 이 사건으로 우라노스는 가이아로부터 영원히 분리되어 하늘이 되고, 신들의 새로운 시대가 열렸다.

크로노스가 낫으로 우라노스의 생식기를 잘라 버렸다.

뜻밖의 일격에 당황한 우라노스는 비명을 지르며 이렇게 말했다.

"내 생식기에서 피가 솟구쳐 나왔으니 이는 예삿일이 아니다."

우라노스의 염려처럼 그의 성기에서 피의 정기와 사랑의 정기가 함께 나왔다. 이때 피의 정기가 가이아의 몸속에 떨어졌고, 그러자 가이아는 뜻하지 않게 또 자식들을 낳았다. 이때 낳은 자식들이 복수의 여신인 에리니에스 자매들과 괴상한 짓만 골라서 하는 거인인 기간테스 형제들이다.

우라노스는 막내아들인 크로노스로부터 뜻하지 않은 공격을 받고 가이아로부터 떨어져 지금의 땅과 하늘처럼 되어 버렸다. 그리고 우라노스의 잘린 성기에서 나온 사랑의 정기는 바다로 떨어져 거품이 되어 떠돌다가 훗날 키프로스 섬에서 아름다운 미의 여신인 아프로디테로 태어난다.

우라노스를 물리친 크로노스는 신들의 왕이 되었다. 그리고 티탄 신족 레아와

크로노스의 공포 정치와 제우스의 탄생_우라노스를 물리치고 신들의 왕이 된 크로노스는 티탄 신족 레아와 결혼했다. 그러나 그는 가이아와의 약속을 저버리고 흉측한 형제들을 타르타로스에 가두어 가이아와의 갈등을 빚었다. 또한, 우라노스의 저주로 인해 자신의 자식들(하데스, 포세이돈 등)을 태어나자마자 삼키는 악행을 저질렀다. 이에 레아는 비통함 속에서도 막내아들 제우스를 지켜내며 새로운 신들의 시대를 위한 희망을 품게 되었다.

결혼을 했다. 그는 왕이 되자 어머니 가이아와의 약속을 저버렸다. 그 약속은 타르타로스 감옥에 갇힌 형제들을 풀어주는 것이었는데 그들의 생김새가 두려워서 약속을 지키지 않았다. 이렇게 되자 크로노스와 가이아는 서로 갈등하는 사이가 되었다.

크로노스의 악행은 여기서 그치지 않았다. 크로노스의 아내가 하데스, 포세이돈, 헤스티아, 데메테르, 헤라 등 5남매를 낳으면 낳는 즉시 우라노스처럼 자식들을 집어삼키기 시작했다. 이것은 우라노스의 저주였다. 레아도 가이아처럼 슬픔에 잠겼다. 그럼에도 그녀는 크로노스의 아이를 더 갖게 되었다. 그 막내가 바로 제우스였다.

레아는 더 이상 아이를 희생시킬 수 없다고 생각하고는 마지막으로 낳은 아들 제우스를 살리고 싶어서 대지의 여신인 가이아에게 하소연을 했고, 가이아는 레아에게 방법을 알려주었다. 가이아 여신은 아기만한 바윗덩어리를 하나 강보에 싸

제우스의 탄생과 구원_자식을 삼키는 크로노스의 폭정 속에서 레아는 막내아들 제우스를 지키고자 대지의 여신 가이아에게 도움을 청했다. 가이아의 계책으로 레아는 제우스 대신 돌덩이를 크로노스에게 삼키게 하여 아들을 구원했다. 무사히 살아남은 어린 제우스는 크레타 섬에서 님프들의 보살핌 아래 성장했으며, 이는 훗날 크로노스를 물리치고 올림포스 신들의 왕이 될 그의 운명의 시작이었다.

가지고 와서는 이 바윗덩어리와 아기를 바꿔치기한 뒤 제우스를 안고 어디론가 사라져 버렸다.

그러던 어느 날 크로노스가 레아 곁에 놓인 강보에 싸인 것을 가리키며 "저것이 무엇이냐?"고 물었다. 그러자 레아는 크로노스에게 '대지의 속살'이라고 거짓말을 한다. 레아가 자신을 속이리라고는 전혀 생각지 못한 크로노스는 레아가 준 돌을 자식이라 여기고 삼켜 버렸다.

겨우 살아남은 아기인 제우스는 크레타 섬, 숲의 님프인 나이아데스에게 맡겨 키우게 했다. 이 아이가 바로 나중에 크로노스를 물리치고 신들의 왕이 되는 제우스이다.

신들의 전쟁

그리스 신화는 고대 그리스 종교의 한 부분을 이루고 있기에 그리스의 신과 영웅, 우주관, 그리고 그리스 고유의 종교 의례와 의식 행위의 기원 및 의미에 대한 신화와 전설을 말한다. 그리스 신화는 세계의 기원과 신, 여신, 영웅과 같은 다양한 인물의 삶과 모험 등의 이러한 이야기는 구비 전승을 통해서 널리 퍼지게 된 것으로, 오늘날에는 그리스 신화를 그리스 문학의 시작으로 보고 있다.

제우스는 크로노스 몰래 크레타 섬에서 무럭무럭 자랐다. 그는 그곳에서 암염소 아말테아의 젖을 먹고 숲의 님프들의 보호를 받으며 평온한 어린 시절을 보냈다. 어린 제우스가 울음을 터뜨릴 때는 님프들이 크로노스에게 들키지 않게 북을 치는 등 시끄럽게 하여 울음소리를 못 듣게 하였다.

청년이 돼서야 자신의 내력을 알게 된 제우스는 '이치'를 주관하는 테미스 여신을 찾아갔다. 제우스가 크로노스가 삼킨 5남매를 되살리기 위한 방도를 묻자 테미스 여신은 먼저 어머니 레아를 찾아가 자기가 시키는 대로 하면 크로노스의 뱃속에 있는 형제들을 구할 수 있을 것이라고 귀띔해 준다.

제우스는 그 길로 어머니 레아를 찾아가 크로노스의 시중꾼으로 써 줄 것을 부탁한다. 레아는 가이아의 귀띔도 있고 해서 제우스가 자신의 아들인 줄 알면 크로노스가 또 삼키려 들까 봐 모른 체하고 제우스가 하자는 대로 한다. 이에 제우스는 신들이 마시는 암브로시아라는 음식과 넥타르라는 신주(神酒)를 드리는 일을 자청하고 나선다.

제우스는 이 신찬과 신주에 은밀하게 토하게 하는 약을 넣었다. 아무것도 모르는 크로노스는 음식을 먹고 나서 배를 움켜쥐고는 뱃속에 있는 것을 모두 토해냈다. 크로노스는 일찍이 자식들을 삼킨 역순으로 포세이돈, 하데스, 헤라, 데메테

제우스의 계략: 형제들의 구원_자신의 내력을 알게 된 제우스는 테미스와 어머니 레아의 도움을 받아 크로노스의 자식들을 구출할 계책을 꾸몄다. 그는 크로노스의 신주에 구토제를 섞어 먹였고, 이로 인해 크로노스는 삼켰던 포세이돈, 하데스, 헤라, 데메테르, 헤스티아 등 다섯 형제자매와 돌덩이까지 모두 토해냈다. 결국 크로노스는 제우스의 계략에 속았음을 깨닫고 체념했으며, 이 사건은 제우스가 올림포스의 주인이 되는 결정적인 발판이 되었다.

르, 헤스티아 등 다섯 형제자매를 차례로 토해냈다. 마지막으로 바윗덩어리를 토해내고 나서야 크로노스는 제우스에게 속았음을 알고는 체념하고 만다.

제우스는 아버지인 크로노스를 세계의 끝으로 보내어 영원히 그곳에서 살게 하였다. 이제 신들의 나라에는 제우스가 제왕의 자리에 올랐다.

티탄 신족은 그리스 신화에 등장하는 거대하고 강력한 신의 종족으로 다음 세대인 올림포스 신들이 세상을 지배하기 전 이른바 '황금 시대'를 다스렸다.

남성 티탄들을 티타네스, 여성 티탄들을 티타니데스라고 한다. 앞서 보았듯이 가이아의 막내아들 크로노스가 우라노스를 몰아내고 세상을 지배했다면 똑같은 방식으로 가이아의 막내아들 제우스가 역시 아버지인 크로노스에게 반기를 들고 일어나 크로노스를 권좌에서 내쫓았다. 그런데 얼마 후 크로노스의 편을 든 오르티스 산에 웅거하고 있던 티탄 신족들이 올림포스를 공격해 왔다.

이 싸움을 '티타노마키아'라고 하는데, 티탄 신족 중에 티탄 12형제와 프로메테

티타노마키야: 올림포스 신들의 승리_제우스가 아버지 크로노스를 몰아내자 티탄 신족은 올림포스를 공격하는 티타노마키야가 발발했다. 초반에 밀리던 올림포스 신들은 제우스의 가이아의 조언에 따라 타르타로스에 갇혀 있던 키클롭스 삼형제와 헤카톤케이레스 삼형제를 구출했다. 이들이 제우스에게 벼락을, 포세이돈에게 삼지창을, 하데스에게 투구를 만들어 주면서 전세는 역전되었고, 제우스는 9년에 걸친 전쟁 끝에 티탄 신족을 물리친다.

우스는 제우스 편에 서서 전쟁을 치렀다. 그러나 전쟁은 거인인 티탄 신족이 우세하였다.

앞서 우라노스의 성기를 자르고 지배자가 된 티탄의 막내 크로노스는 티탄들만 해방시킨 채 외모가 흉한 헤카톤케이레스와 키클롭스는 그대로 지옥에 가두어 놓았다. 초반 전쟁에서 수세에 몰린 올림포스의 신들은 당황했고, 이에 제우스는 할머니에게 가서 전쟁에서 이길 방법을 물었다. 그러자 제우스의 할머니인 가이아는 제우스에게 타르타로스에 갇혀 있는 자들을 풀어 오라고 하였다. 제우스는 가이아의 말에 따라 타르타로스 감옥에 갇혀 있던 외눈박이 거인 키클롭스 삼형제와 헤카톤케이레스 삼형제를 구출하여 자신을 돕도록 하였다.

타르타로스에서 대장장이 일을 하는 키클롭스 삼형제는 포세이돈에게 삼지창 '트라이아나'를 선물하고, 하데스에게는 머리에 쓰면 상대방에게 보이지 않는 황금 투구 '퀴네에'를 만들어 주었다. 그리고 제우스에게는 그 유명한 '벼락'을 선물로

가이아의 분노: 기간토마키아의 발발_제우스가 티탄 신족을 타르타로스에 감금하자 분노한 대지의 여신 가이아는 올림포스 신들을 향해 거대한 자식들인 기간테스를 보냈다. 신의 자식임에도 신과 인간이 협력해야만 죽일 수 있는 기간테스들은 아무런 선전 포고 없이 올림포스를 습격하며 새로운 대전쟁 '기간토마키아'를 일으켰다. 이로써 신들은 또다시 거대한 위협에 직면하게 되었다.

주었다. 또한 팔이 백 개와 머리가 쉰 개가 달린 거인 헤카톤케이레스의 등장으로 전세는 올림포스 신들에게로 역전되었다. 이들의 도움을 받은 제우스는 9년에 걸친 전쟁 끝에 티탄 신족을 물리치고 승리하였다.

제우스가 티탄 신족을 타르타로스 감옥에 감금하자 가이아는 그들을 선처할 것을 부탁했다. 그러나 제우스는 들어주지 않았다. 화가 난 가이아는 자신의 또 다른 아이들인 기간테스를 동원하여 제우스를 공격하게 했다.

기간테스는 신의 자식들이지만 영생불멸의 신적 존재는 아니다. 신과 인간이 협력하여 기간테스를 죽이려고 하면 그들은 죽음을 맞을 수밖에 없는 존재로 거대한 몸집을 가지고 있었다.

기간테스들은 아무런 선전 포고도 없이 올림포스를 공격하였다. 올림포스의 신들도 전열을 가다듬고 기간테스들의 공격에 용감히 맞서 싸웠다. 이 기간테스와의 전쟁을 '기간토마키아'라고 부른다.

기간토마키아: 헤라클레스의 개입과 승리_기간테스들은 신들만의 힘으로는 죽지 않는다는 신탁 때문에 전쟁은 장기화되었다. 이에 제우스는 아테나를 통해 자신의 아들이자 필멸의 영웅 헤라클레스를 불러들였다. 결국 인간 헤라클레스의 결정적인 도움으로 올림포스 신들은 강력한 기간테스들을 물리치고 치열했던 기간토마키아에서 최종적인 승리를 거머쥐었다.

번개와 천둥으로 무장한 제우스가 앞장서고 그 옆에는 승리의 여신 니케가 있었다. 포세이돈과 헤파이스토스, 아폴론, 아레스도 각자 무장을 하고 나와 싸웠다.

기간테스들의 전투력도 만만치 않아서 전쟁은 오랜 기간 지속되면서 쉽게 우열을 가리지 못했다. 그 이유는 기간테스가 신들의 손에 의해 결코 죽지 않으며, 신들이 인간의 도움을 받을 때에만 비로소 기간테스를 죽일 수 있다는 신탁이 내려졌기 때문이다.

그래서 제우스는 아테나를 헤라클레스에게 보내어 그를 동맹자로 불러오게 한다. 기간테스는 제우스의 아들이자 필멸의 인간인 헤라클레스의 도움을 받은 올림포스 신들에 의해 최후를 맞이한다.

신 중의 신인 제우스는 대신(大神)이라고 불린다. 이 대신 제우스 밑에는 주신(主神)과 아신(亞神)과 종신(從神)이 있다. 주신은 '으뜸신'이라는 뜻이다. 먼저 대신인 제우스가 있고, 제우스의 아내이자 신성한 결혼의 수호 여신인 헤라, 바다의 신이자 곧 바다인 포세이돈, 저승을 다스리는 저승의 신 하데스, 곡식을 다스리는 여신 데메테르, 헤라 여신을 도와 인간의 가정과 부엌일을 돕는 헤스티아 등 여섯 신은 제우스와 형제자매간이다.

그리고 나머지 여섯 신은 제우스의 아들딸이다. 태양과 음악과 의술을 관장하는 아폴론, 달과 사냥의 여신인 아르테미스, 천상의 심부름꾼이자 상업의 신인 헤르메스, 만들지 못하는 것이 없는 대장장이 신 헤파이스토스, 지혜와 정의로운 전쟁의 여신 아테나, 무지막지한 전쟁의 신 아레스가 그들이다.

으뜸신들의 아래에는 아신(亞神)들이 있다. 아신은 으뜸신들에 버금가는 신이라는 뜻이다. 먼저 제우스와 헤라의 딸인 '청춘'이라는 뜻을 지닌 헤베가 있다. 또한 므네모시네 여신의 딸들로 이루어진 무사이 9자매가 있다. 예술의 여신들인 이들 무사이를 영어로는 뮤즈라고 하며 무사이들이 사는 신전을 '무사이온'이라 하며 영어로는 '뮤지움'이라고 한다. 신성한 결혼의 수호 여신 헤라 곁에는 에일레이튀이아라는 출산을 주관하는 버금 여신이 있다. 그 옆에는 심부름을 주관하는 이리스라는 버금 여신이 있다.

이 밖에 으뜸신들의 몸치장을 돕는 카리테스 여신들도 버금신이다. 카리테스 여신의 주위에는 정의의 여신 디케, 평화의 여신 에이레네, 미풍양속의 여신 에우노미아가 앉는다. 화목의 여신 이름은 하르모니아다. 이 하르모니아가 들어오면 슬며시 자리를 피하는 여신이 바로 '불화'라는 뜻의 에리스 여신이다.

프로메테우스 신화

프로메테우스는 고대 그리스 신화에서 올림포스의 신들보다 한 세대 앞서는 티탄족에 속하는 신이다. '먼저 생각하는 사람, 선지자(先知者)'라는 뜻이다. 그는 신의 불을 훔쳐 인간에게 전해 주었다는 이야기로부터 신의 불을 '광명'으로 보아 인간이 신의 지식을 얻어 각성하게 되었다는 상징으로 유추되기도 한다.

프로메테우스는 인간이 창조되기 전에 지상에 살고 있던 거인족인 티탄 신족의 이아페토스의 아들이며 그의 이름은 '먼저 생각하는 사람'이라는 뜻을 가지고 있다.

프로메테우스와 그의 동생 에피메테우스는 인간을 만들거나 인간과 그 밖의 다른 동물들이 살아가는 데 필요한 능력을 주는 일을 위임받고 있었다. 에피메테우스가 이 일에 착수하였고, 프로메테우스는 일이 다 되면 그것을 감독하기로 하였다. 그래서 에피메테우스는 동물들에게 용기, 힘, 속도, 지혜 등 여러 가지 선물을 주기 시작하였다. 어떤 동물에게는 날개를 주고, 다른 동물에게는 손톱이나 발톱을 주고, 또 다른 동물에게는 몸을 보호할 수 있는 조가비를 주는 따위였다.

그런데 에피메테우스가 동물들에게 너무 많은 선물을 주다 보니 정작 만물의 영장이 될 인간의 차례가 오자 에피메테우스는 인간에게 줄 것이 남아 있지 않았다. 당황한 그는 형인 프로메테우스에게 달려가 도움을 청했다.

프로메테우스는 아테나의 도움으로 하늘로 올라가 태양의 이륜차에서 불을 훔쳐 인간에게 가져다주었다. 이 선물로 인하여 인간은 다른 동물보다 우월한 존재가 되었다. 이 불을 사용해 인간은 다른 동물을 정복할 무기와 토지를 경작할 도구를 만들 수 있었으며, 거처를 따뜻하게 하여 추위와 두려움 속에서도 살 수 있게 되었다. 나아가서는 여러 가지 기술을 터득하고 상거래의 수단이 되는 화폐를 만

프로메테우스의 인간 사랑과 제우스의 분노_ 프로메테우스는 하늘에서 불을 훔쳐 인간에게 전함으로써 그들의 삶을 크게 발전시켰다. 나아가 그는 제물 배분에서 제우스를 기만하여 인간에게 유리하게 함으로써 신에게 바쳐질 몫을 가로챘다. 이에 분노한 제우스가 불을 거두었으나 프로메테우스는 다시 불을 훔쳐 인간에게 돌려주었다. 이러한 프로메테우스의 반항과 기만에 격분한 제우스는 프로메테우스와 인간 모두에게 가혹한 형벌을 내릴 것을 결심한다.

들 수 있게 되었다.

제우스에 대한 프로메테우스의 반항은 계속되었다. 인간이 신에게 바칠 제물을 두고서 신과 협정을 맺을 때 프로메테우스는 제우스를 감쪽같이 속여 제우스를 분노하게 했다.

프로메테우스는 소를 잡아 신의 몫과 인간의 몫으로 나눌 때 소의 뼈를 가지런히 정렬하여 이를 윤기가 흐르는 비계로 감싸고, 살코기와 내장을 가죽으로 감싸 제우스 신에게 무엇을 가져갈 것인지 선택하게 하였다. 제우스는 보기 좋은 뼈다귀가 포장된 것을 선택하였다.

프로메테우스의 계략에 속은 제우스는 분노하여 프로메테우스가 들고 있던 불을 빼앗았다. 하지만 프로메테우스는 제우스를 또 한 번 속이고 꺼지지 않는 불을 회양목 안에 넣어 인간에게 몰래 주었다. 화가 난 제우스는 프로메테우스와 인간들에게 아주 잔인한 방법으로 벌 줄 궁리를 하게 되었다.

판도라의 탄생: 신들의 형벌_프로메테우스의 지속적인 반항과 인간에게 불을 준 죄를 벌하기 위해 제우스는 최초의 여자인 판도라를 창조했다. 대장장이 신 헤파이스토스가 흙으로 빚은 판도라는 아테나로부터 옷과 면사포를, 아프로디테로부터 아름다움을, 헤르메스로부터는 교활한 심성 등 여러 신들에게 다양한 특성을 부여받았다. 이같이 완성된 판도라는 인류에게 재앙을 가져올 제우스의 형벌로서 프로메테우스의 동생 에피메테우스에게 보내졌다.

당시 여자는 아직 만들어지지 않았었다. 이상한 이야기이지만 제우스가 여자를 만들어 프로메테우스와 그의 동생에게 보냈다. 그것은 두 형제에 대해서는 하늘로부터 불을 훔친 외람된 짓을 벌하기 위함이요, 인간에 대해서는 그 선물을 받은 죄를 벌하기 위해서였는데, 그 최초의 여자는 판도라였다.

그녀는 하늘에서 만들어졌는데, 그녀를 완성시키기 위하여 대장장이 신 헤파이스토스가 흙에다 물을 섞어 여신과 닮게 빚은 형상에 목소리와 힘을 불어 넣자 아테나는 그 피조물에 직접 만든 옷과 허리띠를 둘러주고 면사포를 씌워 주었다고 한다. 여기에 미의 여신 아프로디테는 아름다움과 치명적인 매력을 더해 주었고, 헤르메스는 기만과 속임수, 아첨과 꾀와 같은 교활한 심성을 심어 주었다. 그 밖에 다른 신들 역시 각각의 특성을 부여하여 제우스의 의도대로 첫 번째 여인이 탄생했다. 이같이 만들어진 판도라는 지상으로 내려와 에피메테우스에게 주어졌다. 에피메테우스는 프로메테우스로부터 제우스와 그의 선물을 경계하라는 주의를 받

판도라의 상자: 희망만 남긴 재앙_에피메테우스의 집에 인간에게 해로운 재앙들이 담긴 상자가 있었는데, 호기심에 이끌린 판도라가 상자를 열자 세상에 온갖 고통과 불행이 퍼져나갔다. 질병과 정신적 고통 등 무수한 재액들이 튀어 나와 인간을 괴롭히게 되었으나 판도라가 놀라 상자를 닫았을 때 상자 밑바닥에는 유일하게 '희망'만이 남아 있었다. 이는 인간에게 닥친 시련 속에서도 희망이 사라지지 않았음을 보여주는 상징적인 사건이다.

앉음에도 불구하고 기꺼이 그녀를 아내로 맞아들였다.

에피메테우스의 집에는 상자가 한 개 있었다. 그 속에는 인간에게 무척 해로운 물건이 들어 있었는데, 그러한 것은 인간에게 새로운 집을 만들어 줄 때 필요치 않았기 때문에 상자 속에 넣어 두었던 것이다.

판도라는 이 상자 속에 무엇이 들어 있는지 알고 싶었다. 그래서 어느 날 그녀는 뚜껑을 열고 들여다보았다. 그러자 곧 인간을 괴롭히는 무수한 재액이 그 속에서 튀어나왔다. 이를테면, 육체를 괴롭히는 것으로는 관절염, 류머티즘, 복통 등이고, 정신을 괴롭히는 것으로는 질투, 원한, 복수 등이 튀어나와 세상에 널리 퍼졌다. 판도라는 놀라서 재빨리 뚜껑을 덮으려 하였으나 이미 상자 속에 들어 있던 재앙은 다 달아나고 오직 하나만이 맨 밑에 남아 있었는데 그것은 희망이었다.

프로메테우스는 인류의 벗으로서 제우스가 인간에 대해 노하였을 때 인간을 위해 중간에 개입하고, 그들에게 문명과 기술을 가르친 것으로 표현되었다. 그러나

프로메테우스의 영원한 고통과 저항의 상징_인간의 벗인 프로메테우스는 제우스의 노여움에도 불구하고 인류에게 문명과 기술을 전수하고 그들을 대변했다. 이에 제우스는 그를 카우카소스 산의 바위에 쇠사슬로 묶고 독수리가 매일 그의 간을 쪼아 먹는 영원한 고통을 내렸다. 프로메테우스는 제우스의 왕위 보전 비밀을 알고 있었음에도 그에게 이 비밀을 가르쳐주지 않았고, 불의한 압제에 맞선 영웅적인 인내와 저항 의지의 상징으로 자리매김했다.

그것은 제우스의 노여움을 사는 행동이었다. 제우스는 그를 카우카소스 산 위의 바위에 쇠사슬로 묶어 놓았다. 독수리가 와서 그의 간을 쪼아 먹었는데, 쪼아 먹고 나면 간은 밤 사이에 또 생기고 다음 날 다시 독수리가 와서 파먹었다.

프로메테우스가 제우스의 뜻에 복종하려고만 했더라면 이와 같은 고통을 면할 수도 있었을 것이다. 왜냐하면, 그는 제우스의 왕위 보전에 관한 비밀을 알고 있었고, 이 비밀을 그에게 가르쳐 주기만 하면 곧바로 그의 총애를 받을 수 있기 때문이었다. 그러나 그는 이와 같은 행위를 경멸한 것이었다. 그 후로 그는 부당한 수난에 대한 영웅적인 인내와 압제에 반항하는 의지력의 상징이 되었다.

프로메테우스의 형벌을 집행하던 독수리를 활로 쏘아 죽이고 끔찍한 고통에서 놓여나게 해 준 인물이 헤라클레스였다.

87

아이네이아스 신화

트로이 전쟁의 영웅으로서 신화 속 아프로디테와 트로이 안키세스의 아들이다. 트로이가 그리스에 의해 함락된 후 그의 아버지와 아들과 함께 7년 동안의 유랑 끝에 이탈리아의 라티움에 상륙하였다. 아이네이아스는 그곳의 왕 라티누스의 딸과 결혼하여 새로운 도시를 건설하였고 이후 로마제국의 건국 시조로 묘사되고 있다.

아이네이아스는 트로이 왕족인 안키세스와 여신 비너스(그리스 신화의 아프로디테)의 아들이었다. 그는 이다 산에서 다섯 살 때까지 요정들이 기르다가 그 이후로는 아버지 안키세스가 트로이로 데려와서 길렀다고 한다. 그리스군이 트로이로 쳐들어와 트로이 전쟁이 발발하자 아이네이아스는 사촌 헥토르를 도와 혁혁한 공을 세웠다.

아킬레우스는 신들에게도 많은 사랑을 받았다. 디오메데스와 일기토를 하게 되었을 때는 어머니 비너스가 그를 도와 위기를 넘길 수 있었고, 아킬레우스와의 싸움에서는 넵투누스(그리스 신화의 포세이돈)가 그를 도왔다.

트로이의 프리아모스 왕은 자신의 딸 크레우사를 아이네이아스에게 아내로 주었고 둘 사이에 아들 아스카니우스가 태어났다.

트로이 전쟁은 10년 간 지루하게 펼쳐졌다. 그러나 전쟁 기간 동안 그리스의 영웅 아킬레우스를 비롯하여 트로이의 영웅 헥토르 등 많은 전사가 죽어 갔다. 이에 그리스 진영의 오디세우스는 거대한 목마를 만들라고 지시하고는 완성된 목마를 트로이 해변에 두고 철수를 가장하였다.

그리스군이 물러난 전장에서 트로이 진영은 거대한 목마를 두고 격론이 벌어졌다. 아폴론을 섬기는 신관 라오콘은 목마를 성안에 끌어들이는 것을 반대하였다.

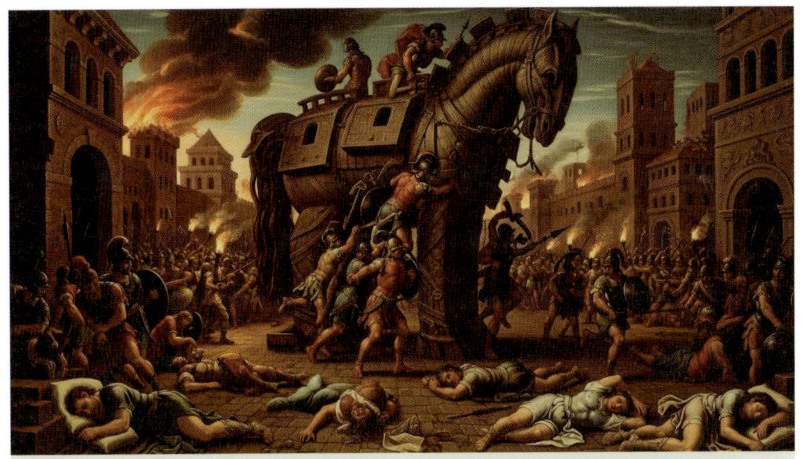

트로이 목마: 도시의 몰락_라오콘의 경고가 신들의 노여움 탓이라 오인한 트로이인들은 목마를 성스러운 물건으로 여겨 성안으로 들였다. 승리의 환호와 잔치로 밤새 지쳐 잠든 사이, 목마 안에 숨어 있던 그리스군이 빠져나와 귀환한 본대에 성문을 열어주었다. 평화로웠던 밤은 곧 불길과 함께 피로 물들었고, 백성들은 무참히 살육당하며 견고했던 트로이의 함락은 비극적인 기만 속에서 이루어졌다.

이때 두 마리의 큰 뱀이 바다로 떠올라 육지로 향해 다가왔기 때문에 군중들은 사방으로 도망쳤다. 뱀은 라오콘이 두 아이를 데리고 서 있는 곳으로 왔다. 뱀은 먼저 아이들을 공격하여 그 몸을 친친 감고 얼굴에 독기를 내뿜었다. 라오콘이 아이들을 구출하려고 하였으나 뱀이 그의 몸을 감고 말았다. 그는 뱀을 뿌리치려고 온 힘을 다하였으나 뱀은 그와 그의 아이들의 목을 졸랐다.

사람들에게 이 사건은 라오콘이 목마에 대하여 무례한 말을 하였기 때문에 신들이 노한 징조라고 여겨졌다. 그래서 그들은 더 이상 주저하지 않고 목마를 성스러운 물건으로 생각했으며, 적당한 의식을 갖추어 성안으로 끌고 갈 준비를 했다.

의식은 노래와 승리의 환호 속에서 치러졌고, 온종일 잔치가 계속되었다. 밤이 되자 목마의 뱃속에 들어 있던 무사들이 목마에서 빠져나와 어둠을 타고 귀환한 그리스군에 성문을 열어 주었다. 성은 불탔고 잔치로 인한 피곤함에 지쳐 잠이 든 백성들은 참살되었다. 마침내 트로이는 정복되어 갔다.

아이네이아스의 트로이 탈출_트로이의 멸망 속에서 아이네이아스는 꿈속 헥토르의 경고를 받고, 불타는 트로이의 성물과 함께 새 국가를 건설하라는 명을 받았다. 그는 늙은 아버지 안키세스를 업고 어린 아들 아스카니우스의 손을 잡고 성을 탈출했다. 하지만 혼란 중에 아내 크레우사를 잃었고, 그녀의 망령으로부터 더 이상 자신을 찾지 말라는 당부를 들으며 비극적인 탈출을 마무리했다. 이는 훗날 로마 건국의 초석이 되는 영웅의 여정이었다.

한편, 트로이 왕궁과는 다소 먼 거리에 위치하고 있던 아이네이아스의 집은 아직 그리스군의 손길이 닿지 않았다. 불안하여 좀처럼 잠 못 이루고 뒤척이며 선잠에 빠져 있는 아이네이아스의 꿈에 하데스의 말을 몰고 있는 헥토르가 나타났다.

"아이네이아스여, 잠에서 깨어나게. 트로이가 멸망하고 있으니 어서 가족들을 데리고 도망쳐야 하네. 내가 우리 트로이의 성물을 갖다 놓았으니 그것을 가지고 떠나길 바라네. 자네는 여신의 아들이기에 또 다른 트로이를 건설하여야만 하네. 그러니 지금 벌어진 비극적 참상에 괴로워 말고 어서 이곳을 떠나게."

아이네이아스는 생생한 꿈속 외침에 눈을 번쩍 떴다. 그리고 그의 시야에는 빛나는 트로이의 성물이 들어왔다. 그는 자리에서 급히 일어나 트로이 왕궁을 바라보았다. 이미 그곳에는 화염에 휩싸여 불길이 일고 있었다.

아이네이아스는 늙은 아버지 안키세스를 등에 업고 어린 아들 아스카니우스의 손을 잡고 불타는 트로이 성을 탈출하였다. 뒤를 따르던 아내 크레우사의 모습이

아이네이아스의 고난의 항해와 카르타고 표류_트로이를 탈출한 아이네이아스는 유민들과 함께 새 정착지를 찾아 고난의 항해를 시작했다. 하피와의 전투, 스킬라의 유혹 등 수많은 위험을 넘었지만, 트로이에 적개심을 가진 유노 여신은 그들을 끊임없이 방해했다. 유노의 명령을 받은 바람의 신 아이올루스가 함대를 풍랑에 휩쓸리게 했으나 넵투누스의 도움으로 간신히 함대는 구출되어 아프리카 북부의 카르타고 항으로 표류하게 되었다.

보이지 않자 아이네이아스는 다시 성으로 들어가 찾았으나 아내의 망령이 나타나 더 이상 찾지 말 것을 당부하였다.

아이네이아스는 다른 트로이 유민들과 이다 산에 잠시 머물며 배를 만든 뒤 새로운 정착지를 찾아 항해를 떠났다. 항해 도중에 하피들과 한바탕 싸움을 치렀고 오디세우스처럼 스킬라의 유혹에서 탈출하였다. 그리고 트라키아와 마케도니아 연안을 지나서 카르타고에 이르렀다.

트로이에 적개심을 갖고 있는 유노(그리스 신화의 헤라) 여신은 트로이가 함락된 후 목숨을 건져 아이네이아스 지휘 아래 시칠리아로 피신하는 트로이 함대를 파멸시키려고 하였다. 바람의 신 아이올루스는 유노의 명령으로 트로이 함대가 풍랑에 휩쓸리도록 하지만 넵투누스의 개입으로 함대는 구출되어 카르타고 항으로 피신하여 디도 여왕을 만났다. 디도 여왕은 현재 튀니시아인 카르타고의 창건자이자 첫 여왕이다.

카르타고, 신들의 계획 속 아이네이아스_유피테르(제우스)는 비너스에게 트로이 유민의 로마 건설 예언을 전하고, 메르쿠리우스(헤르메스)를 보내 디도 여왕이 이들을 환대하도록 이끈다. 어머니 비너스의 도움으로 디도와 카르타고에 대한 정보를 얻은 아이네이아스는 여왕의 환대를 받게 되고, 비너스의 영향력 아래 디도는 아이네이아스에게 깊은 호감을 갖게 된다.

유피테르(그리스 신화의 제우스)는 비너스에게 트로이 유랑민이 라비니움에 정착한 후 알바 롱가를 거쳐 로마를 건설하게 되리라 예언하였다. 메르쿠리우스(그리스 신화의 헤르메스)는 카르타고의 여왕 디도가 트로이 유랑민에게 호감을 갖도록 유도하였다.

한편, 아이네이아스는 사냥꾼으로 변장한 어머니 비너스를 만나 카르타고와 디도에 관해 정보를 얻었다. 얼마 후 아이네이아스와 그가 이끄는 유랑민은 디도로부터 환영을 받음과 동시에 디도는 비너스의 영향으로 아이네이아스에게 호감을 갖게 되었다. 환영 만찬회에서 디도는 트로이의 최후와 아이네이아스의 7년간에 걸친 유랑생활에 대해 이야기해 줄 것을 청하였다.

디도는 비너스의 아들 큐피드(그리스 신화의 에로스)의 장난으로 아이네이아스를 사랑하게 되었다. 그녀는 죽은 전남편에 대한 맹세를 지키기 위해 수절하고 있었으나 아이네이아스를 만나 서로 사랑에 빠졌다. 그리하여 왕홀을 아이네이아스에게

디도와 아이네이아스의 비극적 사랑과 카르타고의 운명_큐피드의 장난으로 아이네이아스를 사랑하게 된 디도 여왕은 그에게 공동 통치를 제안했다. 그러나 새 나라를 세우라는 신탁을 받은 아이네이아스는 결국 그녀를 떠나야 했다. 디도는 떠나지 말 것을 애원했지만 거절당하자, 아이네이아스의 후손에게 영원한 적개심을 저주했으며, 아이네이아스가 떠난 뒤 디도는 절망 속에서 스스로 목숨을 끊으며 비극적인 사랑을 끝맺었다.

내주며 카르타고를 함께 다스리려고 하였다.

하지만 새로운 나라를 건국하라는 신탁을 받은 여신의 아들 아이네이아스는 디도의 곁을 떠나야 했다. 디도 여왕은 떠나지 말 것을 애원했지만 거절당했다. 이에 그녀는 자신의 자손과 아이네이아스의 자손은 적이 될 것이라 저주했으며, 이 말대로 훗날 로마와 카르타고가 싸우게 되는 포에니 전쟁이 발발하게 된다.

디도는 차라리 아이네이아스와 함께 떠날까 등 수많은 고민을 했으나 결코 혼자서는 제대로 된 부인으로 존중받지 못할 것이며, 간신히 정착한 백성들에게 다시 떠나자고 할 수도 없는 등 답을 찾지 못하고, 아이네이아스가 떠나자 화장용 장작을 쌓고 아이네이아스가 준 칼에 몸을 던져 자살한다.

이후 아이네이아스는 시칠리아를 거쳐 이탈리아 연안을 거슬러 라티움에 상륙했다. 라티움의 왕 라티누스는 원래 자신의 딸인 라비니아를 투르누스에게 시집보내려 했으나 죽은 아버지가 꿈속에 나타나 "라비니아와 결혼할 사람은 먼 곳에서

아이네이아스, 로마의 기틀을 마련하다_ 아이네이아스는 이탈리아 라티움에 상륙했고, 라티누스 왕은 조상 신의 계시로 그에게 딸 라비니아와의 결혼을 약속했다. 이에 라비니아의 약혼자였던 투르누스가 격분하여 전쟁을 일으켰고, 유노 여신까지 가세하여 아이네이아스를 방해했으나, 그는 투르누스와의 대결에서 승리했다. 결국 아이네이아스는 라비니아와 결혼하여 '라비니움'이라는 새로운 도시를 건설했는데, 이는 훗날 로마 제국의 전신이 되었다.

오는데 이 결혼을 통해 온 세계를 정복할 민족이 태어날 것이다"라고 하여 마침 도착한 아이네이아스에게 라비니아를 결혼시키려고 하였다.

파혼으로 격분한 투르누스는 아이네이아스와 전투를 벌이게 된다. 유노 여신은 이에 투르누스를 돕는데, 이는 아이네이아스의 어머니 비너스에게 황금 사과를 빼앗긴 데 대한 복수였다. 그러나 결국 아이네이아스는 투르누스와의 일대일 싸움에서 투르누스를 죽이고 승리를 선포하였다.

이후 라비니아와 결혼하여 라비니움을 세우는데 이는 로마의 전신이 되었다. 트로이 전쟁 당시 아폴론은 "아이네이아스의 자손이 트로이를 지배할 것이다"라고 예언했는데 그 예언대로 아이네이아스의 자손인 로마 제국이 그리스는 물론 트로이가 있는 소아시아까지 지배하게 되어 예언이 맞았다.

88

로물루스 신화

로물루스는 알바 롱가의 왕 누미토르의 딸 레아 실비아의 아들 형제 중 형으로 팔라티노 언덕에 세력을 구축했다. 아벤티노 언덕에 자리를 잡은 레무스와 경쟁한 끝에 기원전 753년 4월 21일 레무스를 죽이고 다른 5개 언덕의 동맹체로서 로마를 건국한다.

투르누스와의 전쟁에서 승리한 아이네이아스는 라비니아와 결혼하였다. 그리고 라티누스 왕으로부터 라티움의 통치권을 물려받았다. 그는 트로이 유민과 라틴족을 결합시킨 새로운 나라를 건설하고 라비니아의 이름을 따서 나라의 이름을 라비니움이라고 명명하였다.

라비니아와 아이네이아스 사이에서는 아들 실비우스가 태어났다. 하지만 아이네이아스는 실비우스의 탄생을 보지 못하고 그 전에 숨을 거두었다. 실비우스는 유복자로 태어난 것이다. 아이네이아스가 죽은 뒤 라비니움의 왕위에 오른 사람은 아이네이아스와 전장(戰場)에서 생사를 넘나들며 고투했던 트로이에서 데려온 아들 아스카니우스였다. 그러자 실비우스를 임신 중이던 라비니아는 아스카니우스가 자신의 아들을 해칠까 두려워 숲으로 피신하여 티루스라는 목동의 집에서 아이를 낳았다.

라비니아는 티루스와 모의하여 아스카니우스에 대한 라티움 원주민들의 미움을 부추기면서 자신의 아들인 실비우스의 세력을 키웠다. 이에 아스카니우스는 이복형제 실비우스에게 라비니움을 양보하고 로마의 남동쪽에 위치한 알바 산 기슭으로 옮겨 새로운 나라를 건설한다. 이 나라가 훗날 로마 제국의 모태가 되는 알바 롱가였다. 그 후 아스카니우스가 후손을 남기지 못하고 눈을 감게 되자 이복형제

알바 롱가의 왕위 계승과 아물리우스의 찬탈_알바 롱가는 실비우스의 혈통에 따라 왕위가 이어졌으며, 후대 왕들 또한 실비우스의 이름을 계승했다. 13대 왕 누미토르는 부왕의 뒤를 이어 왕위에 올랐으나 동생 아물리우스가 재물을 이용하여 손쉽게 왕위를 찬탈하고 말았다. 아물리우스는 복수를 두려워하여 누미토르의 딸 레아 실비아를 베스타 여신의 신녀로 만들어 대가 끊기게 함으로써 자신의 권력을 공고히 했다.

인 실비우스를 불러들여 자신의 뒤를 이어 알바 롱가의 왕에 오르게 하였다.

실비우스는 알바 롱가를 29년 동안 지배한 후 할아버지의 이름을 따서 아이네이아스 실비우스라고 불린 아들에게 왕위를 물려주었다. 실비우스 이후로 알바 롱가의 왕들은 모두 실비우스라는 이름도 함께 물려받았다. 알바 롱가 왕조는 실비우스의 혈통에 의해 계속 이어지다가 누미토르의 대에 이르게 된다.

누미토르는 알바 롱가 왕국의 13대 왕 프로카스의 맏아들로, 부왕이 죽은 뒤 왕위를 물려받았지만 동생 아물리우스가 형 누미토르에게 모든 것을 똑같이 나누자고 제안하고, 왕국을 선택하겠느냐 아니면 트로이에서 가져온 황금과 보물을 갖겠느냐고 물었다. 그러자 누미토르는 왕위를 선택했다. 하지만 아물리우스가 그 후 재물을 이용해 손쉽게 왕위를 찬탈했다. 그는 누미토르의 딸이 아들을 낳게 되면 자신에게 복수하리라 생각하고 그녀를 베스타 여신의 신녀로 만들어 버렸다. 그녀의 이름은 레아 실비아였다.

레아 실비아의 비극과 로물루스, 레무스의 탄생_레아 실비아는 강가에서 잠이 들었다가 군신 아레스에게 겁탈당하여 임신하게 되었다. 이 사실을 안 숙부 아물리우스 왕은 격노하여 그녀를 죽이려 했으나 딸 안토의 간청으로 목숨을 살려주는 대신 감금했다. 레아 실비아가 쌍둥이 아들을 낳자 아물리우스는 아이들을 강물에 버리도록 명했고, 두 아기는 바구니에 담겨 거센 강물 위에 버려지며 비극적인 운명과 함께 로물루스와 레무스 형제의 서막을 열었다.

그런데 신을 섬기는 레아 실비아는 강가에서 잠깐 잠이 들었다. 이 모습을 본 군신 아레스가 그녀를 보고는 한눈에 반하고 말았다. 아레스는 하늘에서 내려와 그녀를 겁탈하였다. 그러나 레아 실비아는 자신이 겁탈당하는지 몰랐다. 그녀가 잠에서 깨어나기 전에 모든 일이 이루어졌기 때문이다. 그 결과 레아 실비아는 임신하였다.

이 사실을 안 아물리우스는 레아 실비아를 극형에 처하려고 했다. 그러나 아물리우스의 딸 안토가 탄원해 왕은 레아 실비아의 목숨을 살려 주고 몰래 해산하는 것을 방지하기 위해 감금시켰다.

이윽고 레아 실비아는 몸집이 크고 잘생긴 두 아들을 낳았다. 그러자 아물리우스는 사람을 시켜 아이들을 갖다 버리게 했다. 쌍둥이 형제를 바구니에 담아 강으로 데려간 사람은 강이 세차고 사납게 흐르는 것을 보자 가까이 가기가 두려워 바구니를 그냥 강둑에 내려놓고 돌아갔다.

로물루스와 레무스: 암늑대와 딱따구리의 양육_강둑에 버려졌던 쌍둥이 로물루스와 레무스는 팔라티누스 언덕 기슭의 무화과나무 아래 웅덩이에서 기적적으로 살아남았다. 전설에 따르면, 막 새끼를 낳은 암늑대가 두 아이에게 젖을 먹여 키웠고, 딱따구리 또한 먹이를 물어다 주며 이들을 보살폈다고 한다. 이는 군신 아레스가 자신의 자식들을 위해 보낸 존재들이라는 이야기도 전해지며, 두 아이는 자연의 신비로운 보호 아래 성장할 수 있었다.

그 후 강물이 점점 불어나자 마침내 바구니가 흘러내려가 팔라티누스 언덕 기슭에 있는 무화과나무 아래까지 밀려 내려가면서 웅덩이에 걸렸다. 전설에 따르면, 두 아이는 이때 방금 새끼를 낳은 암늑대에게 발견되었다고 한다. 암늑대는 두 아이를 자기 새끼들과 함께 젖을 먹여 돌보았다. 또 딱따구리도 날아와 암늑대와 함께 아이들을 돌보았다. 일설에 따르면, 이 늑대와 딱따구리는 아레스가 자기 자식을 위해 보낸 것이라고 한다.

하지만 어떤 사람들은 아이들의 양어머니 이름에서 이런 전설이 생겼다고 생각한다. 루포이라는 라틴어는 늑대뿐만 아니라 몸가짐이 헤픈 여자를 의미하기도 하는데, 이 쌍둥이를 기른 파우스툴루스의 아내 아카 라렌티아가 바로 그런 여자였다는 것이다.

아무튼 아물리우스의 돼지치기인 파우스툴루스가 두 아이를 자기 집으로 데려가 자식처럼 키웠다.

로물루스 · 레무스 형제의 성장과 정체성 확인의 서막_로물루스와 레무스 형제는 억압받는 이들을 도우며 명성을 얻었다. 이후 우연한 사건으로 레무스가 사로잡혀 외할아버지 누미토르에게 넘겨지자 누미토르는 레무스의 늠름한 모습과 자신이 늑대의 젖을 먹고 자랐으며, 버려진 바구니에 글자가 새겨져 있다는 출생 이야기에 신성한 기운을 느꼈다. 이에 누미토르는 감금된 딸 레아 실비아를 만나 자신의 손주들에 대한 진실을 밝힐 중요한 결심을 하게 된다.

두 아이는 늑대의 젖을 먹고 컸기 때문에 각각 로물루스와 레무스(젖꼭지를 뜻하는 '루마'에서 유래되었다)라 불렸다. 두 형제는 모두 자라면서 불굴의 용기와 남자다운 면모를 보여 주었지만 로물루스 쪽이 더 총명하고 지략이 뛰어났다. 두 사람은 친구나 후배들로부터 사랑을 받았지만 아물리우스의 신하들은 두 형제를 무시하고 얕보았다. 그러나 그들은 개의치 않고 사냥이나 달리기, 도적 물리치기 등에 몰두하며 억압받는 사람들을 도와주었다. 이리하여 쌍둥이 형제는 점차 유명해져 갔다.

누미토르는 레무스가 자신의 손자인 줄 모르고 아물리우스가 두려워 그를 찾아가서 정당하게 판결을 내려 줄 것을 요구했지만 아물리우스는 민심이 두려워 누미토르에게 레무스의 처벌을 맡기기로 했다. 그리하여 레무스를 데리고 돌아온 누미토르는 그의 늠름한 체격과 품위, 얼굴에서 풍기는 용기와 드높은 기상을 보고 어떤 신성한 힘이 작용하고 있다고 느꼈다. 그래서 네가 누구이며 어떻게 성장했느냐고 물었다. 그러자 레무스는 이렇게 대답했다.

출생의 비밀이 드러나다: 파우스툴루스의 고백_레무스가 붙잡힌 소식을 들은 양아버지 파우스툴루스는 로물루스에게 출생 비밀을 알려주었고, 쌍둥이가 버려졌던 바구니를 들고 누미토르를 찾아갔다. 그러나 왕의 보초에게 체포되어 몸수색 중 바구니가 발견되었고, 이는 우연히 그 자리에 있던 쌍둥이를 버린 보초에 의해 확인되었다. 이로써 아물리우스는 아이들이 살아 있음을 알게 되었고, 파우스툴루스는 상황을 모면하기 위해 거짓 해명을 늘어놓았다.

"저희는 길러 주신 분들의 자식들로 생각해 왔습니다만, 들리는 소문에 따르면 저희 형제의 출생은 비밀에 싸여 있다고 합니다. 그리고 젖을 먹고 자란 이야기는 더욱 신기합니다. 늑대가 와서 젖을 먹여 주고 딱따구리가 먹을 것을 물어다 주며 길렀다고 합니다. 저희를 담아 강에 버렸던 바구니가 지금도 남아 있고 그것을 묶었던 놋쇠 띠에는 글자가 새겨져 있습니다. 그것이 부모를 알아낼 수 있는 단서가 될지도 모르지만 지금 죽게 된다면 그게 무슨 소용이 있겠습니까?"

그 말을 들은 누미토르는 뭔가 짚이는 것이 있어 아직도 감금되어 있는 딸을 어떻게든 만나야겠다고 생각했다.

한편, 레무스가 잡혀갔다는 소식을 들은 파우스툴루스가 로물루스에게 출생의 비밀을 이야기해 주고는 바구니를 들고 즉시 누미토르를 찾아갔다. 이때 성문을 지키던 왕의 보초들이 그를 수상하게 여기고 체포한 뒤 몸을 수색하다가 바구니를 발견했는데, 우연히도 그들 가운데 쌍둥이를 내다 버린 사람이 있었다. 그 보초가

아물리우스의 최후와 폭정의 종말_레무스의 출생 비밀이 밝혀지자 아물리우스는 당황하여 상황 파악에 나섰다. 그러나 누미토르와 가까운 신하의 설득으로 누미토르와 레무스가 서로의 관계를 확신하게 되고, 로물루스가 외부에서 군사를 이끌고 다가오면서 반란의 불길은 걷잡을 수 없이 커졌다. 결국 레무스가 성내에서 폭동을 일으키고 로물루스가 성밖에서 공격하자 아물리우스는 순식간에 제압당해 죽음을 맞이하며 그의 찬탈했던 권력은 끝을 보았다.

바구니를 알아보고 곧 이 사실을 아물리우스에게 알려 진상 조사가 시작되었다. 그래서 파우스툴루스는 어쩔 수 없이 아이들이 살아 있다고 자백하긴 했지만, 그들은 평범한 양치기로 아주 멀리 떨어진 곳에서 살고 있고, 또 자신은 누미토르의 딸 레아 실비아가 아이들이 잘 있으리라는 희망을 간직하기 위해 종종 그 바구니를 만져 보고 싶어해서 그것을 갖고 가던 중이라고 말했다.

그러자 아물리우스는 황급히 누미토르에게 전령을 보내어 아이들로부터 무슨 소식을 듣고 있는지 알아보게 했다. 누미토르와 가까웠던 그 신하는 레무스와 누미토르를 만나자 그들이 서로 할아버지와 손자 관계라는 확신을 심어 주고, 자신도 도와줄 테니 어서 빨리 행동에 나서라고 충고했다. 게다가 사태가 더 이상 망설일 수 없는 지경에 이르고 있었다. 로물루스가 이미 아물리우스를 증오하는 많은 사람을 이끌고 다가오고 있었기 때문이다. 결국 이 사태는 걷잡을 수 없이 커져서 레무스는 성안에서 폭동을 일으키고 로물루스는 성밖에서 공격을 가하는 바람에

로물루스 · 레무스: 새로운 도시 건설과 번성_아물리우스 왕의 몰락 후, 로물루스와 레무스 형제는 외할아버지 누미토르에게 왕위를 돌려주고 자신들이 자랐던 곳에 새로운 도시를 건설하기로 했다. 이들은 모든 도망자를 환영하는 성소를 개방하고, 노예, 채무자, 심지어 살인자까지도 보호하는 파격적인 정책을 펼쳤다. 그 결과 도시는 짧은 시간 안에 빠르게 성장하여 초기부터 1천 가구 이상이 몰려들며 크게 번성하기 시작했다.

폭군 아물리우스는 어떻게 손을 써 볼 사이도 없이 우왕좌왕하다가 붙잡혀 죽임을 당하고 말았다.

그 후 모든 문제가 처리되자 두 형제는 더 이상 평민으로 알바 롱가에 머무르고 싶지도 않고, 또 살아 있는 외할아버지에게서 왕위를 물려받고 싶지도 않아 통치권을 외할아버지에게 넘겨주고 어머니의 명예를 회복시켜 준 뒤에 자신들은 어릴 때 지냈던 곳에 도시를 세우기로 결심했다.

새 도시의 기반을 닦은 뒤에 쌍둥이 형제는 도망자들을 위한 성소를 개방하고 그곳을 아실레우스 신의 신전이라고 불렀다. 그들은 어떤 사람이든 환영하고, 노예도 주인에게 돌려보내지 않으며, 채무자도 채권자에게 넘기지 않고, 살인자도 판사에게 인도하지 않겠다고 선언했다. 그리하여 그곳에 사람들이 몰려들기 시작해 도시가 짧은 시간에 크게 번성했다. 초기에 이미 1천 가구가 넘었다고 한다.

그런데 이 무렵에 도시를 건설할 장소를 둘러싸고 두 형제가 의견 차이를 보이

로물루스와 레무스: 도시 건설과 형제의 비극_새로운 도시 건설 부지를 두고 로물루스와 레무스는 첨예하게 대립했고, 새점을 통해 신의 뜻을 묻기로 했다. 로물루스가 더 많은 독수리를 보았다고 주장하며 주도권을 잡자, 불만을 품은 레무스는 로물루스가 쌓던 성벽을 조롱하며 뛰어넘었다. 이에 격분한 로물루스(또는 그의 부하 켈레르)는 레무스를 살해했고, 이 비극적인 사건으로 로물루스는 로마의 단독 건국자가 되어 도시를 건설하게 된다.

게 되었다. 로물루스는 로마 퀴드라타 혹은 스퀘어 로마라고 불리는 장소를, 레무스는 아벤티네 산 위에 있는 평평한 땅을 고집했다. 그래서 두 사람은 새들이 날아오는 것을 보고 점을 쳐 결정하기로 하고 서로 약간 떨어져 있었다. 그러자 곧 레무스가 있는 쪽으로 여섯 마리의 독수리가 날아오고, 로물루스가 있는 쪽으로 열두 마리의 독수리가 날아왔다.

하지만 일설에 따르면 로물루스가 숫자를 거짓으로 꾸며냈다고 한다. 레무스가 그에게 다가갔을 때에야 비로소 열두 마리의 독수리가 보였다는 것이다. 로마인이 새를 보고 예언하고, 특히 독수리를 중시하는 것은 이 일에서 비롯된 것이다.

레무스는 자신이 속은 것을 알고 몹시 기분이 나빠 로물루스가 성벽을 쌓기 위해 땅을 팔 때 이것을 방해하다가 맞아 죽었다. 일설에 의하면, 로물루스의 부하인 켈레르는 로물루스에 의해 성벽 건설의 책임자로 임명되었는데, 누구든 성벽을 가로넘는 자는 죽음을 면치 못할 것이라고 선언하였다. 그럼에도 화가 난 레무스는

로물루스의 팔라티누스 언덕_로물루스 건국 신화의 핵심인 동시에 쌍둥이 형제의 신비로운 양육지이자 새점을 통해 로마의 시작점이 된 팔라티누스 언덕은 테베레 강 인근의 전략적 입지와 자연적 방어 능력을 겸비한 지형적 우위를 바탕으로 '로마 퀴드라타'로 대표되는 초기 로마 도시의 실제적 기반을 제공했으며, 초기 인구와 문화의 활발한 유입 및 융합을 촉진하며 고대 로마 사회와 문화 발달에 결정적인 영향을 미친 지대한 역사적 의의를 갖는, 단순한 지형을 넘어 로마 문명 발흥과 정체성 확립에 있어 불가결한 핵심 요소로서 오늘날까지도 그 중요성이 강조되는 장소이다.

한창 건설 중인 성벽의 낮은 곳을 뛰어넘었다.

"이런 성벽으로 어떻게 적의 침략으로부터 시민을 안전하게 보호할 수 있겠느냐?"

레무스의 조롱에 화가 난 켈레르는 곡괭이를 내리쳐 일격에 그를 살해하였다. 이때 파우스툴루스와 그의 형제인 플리스티누스도 살해당했다.

로물루스는 레무스와 양부 및 양숙부를 레모니아 산에 묻고 도시를 건설하는 일에 착수했다. 사람들은 먼저 오늘날 코미티움이라 불리는 곳 주위에 둥글게 도랑을 파고 모든 물건의 첫 열매와 자신들의 고향 흙을 던져 넣었다. 그리고 이곳을 중심으로 도시의 윤곽을 둥글게 표시하고, 로물루스가 암수 한 쌍의 소에 청동제 쟁기를 매달고 경계선을 따라 땅을 갈았다. 사람들은 뒤따라가며 갈아 놓은 흙이 밖으로 나가지 않게 안쪽으로 모았다. 이 선이 성벽의 윤곽이 되었다.

이 도시가 창건된 날짜를 일반적으로 4월 21일로 보고 있다. 로마인은 이날을 도시의 탄생일로 삼고 해마다 신성하게 기리고 있다. 로물루스는 도시를 세운 뒤 군대를 조직하고 가장 뛰어난 백 명을 뽑아 정무회를 만들었다. 또 그들을 파트리키안, 즉 귀족으로 삼고 그 모임을 원로원이라 명명했다.

카피톨리나 늑대상_카피톨리나 늑대상은 로마 건국 신화의 상징으로 로물루스와 레무스를 양육하는 암늑대를 묘사한 청동상으로, 수세기 동안 기원전 5세기경 에트루리아 시대의 고대 작품으로 알려졌으나 최근 과학적 분석을 통해 중세 시대에 제작된 것으로 밝혀지면서 그 역사적 평가에 대한 논쟁에도 불구하고 로마의 중요한 아이콘으로 자리매김하고 있다.

인류의 가장 오래된 상상력의 역사

신화로 보는 세계사

- 1판 1쇄 인쇄 __ 2026년 1월 15일
- 1판 1쇄 발행 __ 2026년 1월 20일

- 엮 은 이 __ 최희성
- 펴 낸 이 __ 박효완

- 아트디렉터 __ 김주영
- 주   간 __ 이선종
- 홍   보 __ 임종욱
- 마 케 팅 __ 윤세민
- 물류지원 __ 비엔북스

- 발 행 처 __ 아이템하우스
- 등록번호 __ 제2001-000315호
- 등 록 일 __ 2001년 8월 7일

- 주   소 __ 서울특별시 마포구 동교로 75 (망원동), 전원빌딩 301호
- 전   화 __ 02-332-4337
- 팩   스 __ 02-3141-4347
- 이 메 일 __ itembook@nate.com

ISBN 979-11-5777-176-9 03900
※ 파본이나 잘못된 책은 교환해 드립니다.